입재집

이 책은 2018~2019년도 정부(교육부)의 재원으로 한국고전번역원의 지원을 받아 수행된 '권역별거점연구소협동번역사업'의 결과물임.

This work was supported by Institute for the Translation of Korean Classics - Grant funded by the Korean Government.

한국고전번역원 한국문집번역총서 / 경북대학교 영남문화연구원

입재집 9

立齋集

정종로 지음 김영옥 옮김

鄭宗魯

일러두기

1. 이 책의 번역 대본은 한국고전번역원에서 간행한 한국문집총간 제253~254집에 실린 《입재집(立齋集)》으로 하였다. 번역 대본의 원문 텍스트와 원문 이미지는 한국고전종합DB(http://db.itkc.or.kr)에서 확인할 수 있다.
2. 내용이 간단한 역주는 간주(間註)로, 긴 역주는 각주(脚註)로 처리하였다.
3. 한자는 필요한 경우 이해를 돕기 위하여 넣었으며, 운문(韻文)은 원문을 병기하였다.
4. 맞춤법과 띄어쓰기는 한글 맞춤법과 표준어 규정을 따랐다.
5. 이 책에서 사용한 부호는 다음과 같다.
   ( ) : 번역문과 음이 같은 한자를 묶는다.
   〔 〕 : 번역문과 뜻은 같으나 음이 다른 한자를 묶는다.
   " " : 대화 등의 인용문을 묶는다.
   ' ' : " " 안의 재인용 또는 강조 문구를 묶는다.
   「 」 : ' ' 안의 재인용을 묶는다.
   『 』 : 「 」 안의 재인용을 묶는다.
   《 》 : 책명 및 각주의 전거(典據)를 묶는다.
   〈 〉 : 책의 편명 및 운문·산문의 제목을 묶는다.
   □ : 글자의 자리를 비워 둠을 나타낸다.
   ▨ : 마멸 또는 삭제된 원문 글자의 자리를 나타낸다.

차례

입재집 제34권

갈명碣銘

입재집 제35권

갈명碣銘

입재집 제36권

갈명碣銘

입재집 제37권

갈명碣銘

입재집

제34권

갈명 碣銘

갈명 碣銘

병산 선생 김공 묘갈명 병서

絣山先生金公墓碣銘 並序

아, 옛날 우리 명묘(明廟) 을사년(1545, 명종15)에 문정왕후(文定王后)가 수렴청정을 하였는데, 폐부(肺腑)의 신하인 윤원형(尹元衡)[1]이 평소 윤임(尹任)[2]과 불화가 있었기에 때를 보아 유감을 드러내려 하였고, 아울러 유관(柳灌)[3]과 유인숙(柳仁淑)[4]을 대역

1 윤원형(尹元衡) : ?~1565. 본관은 파평(坡平), 자는 언평(彦平)이다. 중종의 제2 계비 문정왕후(文定王后)의 동생이자 명종의 외삼촌으로, 소윤(小尹)으로 일컬어졌다. 반대파를 제거하기 위해 을사사화(乙巳士禍)를 일으켜 많은 신진 사대부를 숙청하였으나, 문정왕후 사후에 몰락하였다.

2 윤임(尹任) : 1487~1545. 본관은 파평, 자는 임지(任之)이다. 중종의 제1 계비 장경왕후(章敬王后)의 오빠로, 대윤(大尹)으로 일컬어졌다. 윤원형 일파가 일으킨 을사사화로 인해 남해로 귀양 가던 중 충주에서 사사(賜死)되었다.

3 유관(柳灌) : 1484~1545. 본관은 문화(文化), 자는 관지(灌之), 호는 송암(松庵)이며, 시호는 충숙(忠肅)이다. 을사사화에서 윤임(尹任), 유인숙(柳仁淑) 등과 함께 삼흉(三兇)으로 몰려, 종사(宗社)를 모위(謀危)했다는 죄목으로 서천으로 귀양 가던 중 온양에서 사사되었다. 1570년(선조3) 신원되었고, 1577년 복작(復爵)되었다.

4 유인숙(柳仁淑) : 1485~1545. 본관은 진주(晉州), 자는 원명(原明), 호는 정수

죄로 엮어서 장차 죽이려 하였다. 당시에 이에 항변하여 다른 의견을 내었다가 혹은 주살되고 혹은 귀양 간 사람들이 모두 당시의 명현(名賢)들이었는데, 병산(缾山) 선생 김공(金公)도 그 가운데 한 사람이다. 선조(宣祖)께서 즉위하여 상국(相國) 동고(東皐) 이준경(李浚慶)[5]의 말을 받아들여 이들을 모두 특별히 사면하였으니, 죽은 사람은 관직을 추증하고 산 사람은 관등을 뛰어넘어 승진시켰는데, 김공 또한 그 가운데 한 사람이다.

대개 공이 남해(南海)로 귀양 간 것이 이때에 이르러 무릇 19년이 되었는데, 학행(學行)이 순수하게 갖추어져 경연(經筵)을 보좌할 만하다는 것으로써 동고(東皐)의 추천을 받았다. 몇 년 되지 않아 지위가 대사간(大司諫)에 이르렀는데, 곧 또 정언(正言) 박점(朴漸)[6]이 허명무실(虛名無實)하여 국사(國事)를 그르치기 쉽다고 논핵하여 배척하였다. 전후로 수립한 공의 사적이 모두 국사(國史)와 야사(野史)에 분명하게 실려 있다. 그러나 묘도(墓道)에

(靜叟)이며, 시호는 문정(文貞)이다. 을사사화에서 윤임, 유관(柳灌) 등과 함께 종사를 모위했다는 죄목으로 무장으로 귀양 가던 도중 진위현(振威縣) 갈원(葛院)에서 사사되었다.

5 이준경(李浚慶) : 1499~1572. 본관은 광주(廣州), 자는 원길(原吉), 호는 동고(東皐), 홍련거사(紅蓮居士)이며, 시호는 충정(忠正)이다. 1567년 선조를 왕으로 세우고 원상(院相)으로서 국정을 보좌하였다. 기묘사화와 을사사화로 죄를 받은 사람들을 신원하였다. 저서로는 《동고유고(東皐遺稿)》, 《조선풍속(朝鮮風俗)》 등이 있다. 선조 묘정에 배향되고, 충청도 청안(淸安)의 구계서원(龜溪書院)에 제향되었다.

6 박점(朴漸) : 1532~?. 본관은 고령(高靈), 자는 경진(景進), 호는 복암(復菴)이다. 도승지, 이조 참의 등을 역임하였으나, 당쟁에 휘말려 서인이 몰락할 때 관직을 삭탈당한 후 다시는 벼슬길에 나가지 않았다.

는 이를 드러내 새긴 비석이 없으므로 선생의 후손 만직(萬直)이 눌은(訥隱) 이광정(李光庭)[7] 공이 찬술한 행장[8]을 나에게 보여 주며 한마디 말을 부탁하였다. 삼가 행장을 살펴보고 다음과 같이 쓴다.

선생은 휘가 난상(鸞祥)이고 자가 계응(季應)으로 김씨이다. 김씨는 신라에서 나왔는데, 청도(淸道)를 본관으로 삼는 김씨는 고려 시대 영헌공(英憲公) 지대(之岱)로부터 시작하였고, 그 뒤에 대대로 높은 관직을 한 사람이 이어졌다. 오산군(鰲山君) 한귀(漢貴)를 지나, 4세를 내려와 호강공(胡剛公) 휘 점(漸)이 있었으니, 점은 우리 조선에 벼슬하여 관직이 좌참찬(左參贊)이 되었다. 이분이 공의 고조가 된다. 증조는 휘가 유손(裕孫)이니 목사(牧使)에 증직되었다. 조(祖)는 휘가 영우(靈雨)이니 첨지중추부사(僉知中樞府事)를 지냈다. 고(考)는 휘가 현(俔)이니 습독(習讀)[9]을 지냈으며, 비(妣)는 안동 김씨(安東金氏)이니 생원(生員) 김윤서(金允序)의 따님으로, 정덕(正德)[10] 정묘년(1507, 중종2) 5월 모일에 공을 낳았다.

7 눌은(訥隱) 이광정(李光庭) : 1674~1756. 본관은 원주(原州), 자는 천상(天祥), 호는 눌은이다. 문장과 행의로 여러 번 추천을 받았으나, 후학을 기르는 데 전념하였다. 문장은 선진(先秦)의 풍치가 있다고 평가받았다. 저서로는 《눌은집(訥隱集)》이 있다.

8 찬술한 행장 : 《눌은집》 권18에 〈통정대부 사간원 대사간 병산 김 선생 행장(通政大夫司諫院大司諫絣山金先生行狀)〉이 실려 있다.

9 습독(習讀) : 전문(專門)을 필요로 하는 일을 위하여 강습하는 관원으로, 주로 한학 강이관(漢學講肄官)과 이문 습독관(吏文習讀官)을 가리킨다.

10 정덕(正德) : 명(明)나라 무종(武宗)의 연호로, 1506년부터 1521년까지이다.

공은 어려서 아버지를 여의고 참봉 벼슬을 한 백씨(伯氏) 봉상(鳳祥)[11]에게 공부를 하였다. 22세에 국자시(國子試)에 입격하였고, 31세에 명경과(明經科)에 합격하였다. 4년 뒤에 시강원 사서(侍講院司書)에 제수되었고, 또 3년 뒤에 사간원 정언(司諫院正言)으로서 을사(乙巳)의 변(變)[12]을 당하였다. 이보다 앞서 윤원형(尹元衡)의 무리인 임백령(林百齡)[13]과 민제인(閔齊仁)[14]이 백인걸(白仁傑)[15] 공과 유희춘(柳希春)[16] 공 및 선생을 불렀으나 모두 거

11 봉상(鳳祥) : 김봉상(金鳳祥, 1496～1545). 자는 백응(伯應)으로, 1522년(중종 17) 생원에 입격하여 사재감 참봉, 영릉 참봉 등을 역임하였다. 충암(沖庵) 김정(金淨) 등과 교류하면서 학문을 연구하였다.

12 을사(乙巳)의 변(變) : 을사사화(乙巳士禍). 조선 명종(明宗) 즉위년(1545)에 소윤이 대윤을 몰아내는 과정에서 사림(士林)이 화를 당한 사건으로, 외척(外戚) 간의 정치적 갈등으로 인해 발생하였다.

13 임백령(林百齡) : ?～1546. 본관은 선산(善山), 자는 인순(仁順), 호는 괴마(槐馬)이며, 시호는 문충(文忠)이다. 을사사화를 주도한 공로로 정난위사공신(定難衛社功臣) 1등에 책록되고 숭선군(崇善君)에 봉해졌으며 보국숭록대부(輔國崇祿大夫)에 올랐으나, 1570년에 을사 간당으로 지목되어 훈작이 삭탈되었다.

14 민제인(閔齊仁) : 1493～1549. 본관은 여흥(驪興), 자는 희중(希仲), 호는 입암(立巖)이다. 을사사화 때 윤임 일파의 처단에 관여한 공로로 추성위사홍제보익공신(推誠衛社弘濟保翼功臣) 2등에 책록되고 여원군(驪原君)에 봉해졌으나, 그 뒤 윤원형 일파에 의해 녹훈이 삭제되고 공주로 유배되어 그곳에서 죽었다. 저서로는 《입암집(立巖集)》이 있다.

15 백인걸(白仁傑) : 1497～1579. 본관은 수원, 자는 사위(士偉), 호는 휴암(休菴)이며, 시호는 문경(文敬)이다. 조광조(趙光祖)의 문인이다. 기묘사화 후 명종 대까지 계속되는 훈구 세력의 발호에 맞서 사림파를 유지하는 데 중요한 구실을 하였으며, 을사사화 때 화를 입었다. 저서로는 《휴암집(休菴集)》이 있다.

16 유희춘(柳希春) : 1513～1577. 본관은 선산(善山), 자는 인중(仁仲), 호는 미암

절하고 가지 않았었다. 이 당시에는 민제인이 도헌(都憲 대사헌(大司憲))이 되어 대사간 김광준(金光準)[17]과 함께 중학(中學)[18]에 모여 합사(合司)[19]해서 힘으로 위협하며 세 사람의 신하를 논핵하였다.

선생은 "바야흐로 지금 주상께서 어리고 나라가 어지러운데 간사한 무리들의 자잘한 말로 대신을 논핵하는 것은 옳지 않다."라고 이르며 동료인 송희규(宋希奎)[20] 공, 정희등(鄭希登)[21] 공, 이언침(李彦忱)[22] 공, 김저(金儲)[23] 공, 민기문(閔起文)[24] 공, 박광우

(眉巖)이며, 시호는 문절(文節)이다. 1547년(명종2) 양재역(良才驛) 벽서 사건에 연루되어 제주도에 유배되었다가 곧 함경도 종성에 안치되었다. 저서로는 《미암일기(眉巖日記)》, 《주자어류전해(朱子語類箋解)》 등이 있다.

17 김광준(金光準) : ?~1553. 본관은 상주(尙州)이다. 소윤(小尹)의 한 사람으로서 을사사화(乙巳士禍)를 일으켜 공신호(功臣號)를 받고 상락군(上洛君)에 책봉되었으며, 대사헌(大司憲), 이조 판서(吏曹判書), 우찬성(右贊成) 등을 지냈다.

18 중학(中學) : 국가에서 선비를 양성하기 위하여 서울의 중앙에 세운 학교로, 동서남 세 곳에 세운 동학(東學), 서학(西學), 남학(南學)과 함께 사학(四學)의 하나이다.

19 합사(合司) : 온 관사(官司)가 합하여 행동하는 것을 말한다.

20 송희규(宋希奎) : 1494~1558. 본관은 야로(冶爐), 자는 천장(天章), 호는 야계산옹(倻溪散翁)이며, 시호는 충숙(忠肅)이다. 1519년(중종14) 문과에 급제하였고, 장령으로 윤원형(尹元衡)의 전횡을 탄핵하다가 유배당하였다. 그 뒤 풀려 나와 고향 성주 고산(高山)에 은거하였다. 저서로는 《야계집(倻溪集)》이 있다.

21 정희등(鄭希登) : 1506~1545. 본관은 동래(東萊), 자는 원룡(元龍)이며, 시호는 의민(毅愍)이다. 내외의 관직을 두루 역임하였다. 을사사화 때 윤원형 등이 윤임 등을 제거하려고 했을 때 극력 반대하다가 혹독한 고문을 당하고, 용천으로 유배 가던 도중에 죽었다. 1568년(선조1)에 신원되고, 이조 판서로 추증되었다.

22 이언침(李彦忱) : 1507~1547. 본관은 연안(延安)이다. 을사사화 직전에 민제인 등이 주관한 중학재(中學齋) 모임에서 윤원형 일파의 회유와 협박에 굴하지 않았으며, 정미년(丁未年)에 서천(舒川)에 유배되어 죽었다.

(朴光佑)[25] 공 및 백공(白公), 유공(柳公) 같은 이들과 함께 불가(不可)함을 견지하였으니, 언어와 안색이 매우 준엄하였다. 민제인이 간절히 빌었지만 어찌하지 못하고 떠났더니,[26] 이윽고 여러 공이 모두 그 일에 연좌되어 파직되었고, 세 신하는 끝내 무고로 인하여 죽었다. 3년 지난 뒤에 양재역(良才驛)에서 벽서(壁書)[27]

23 김저(金儲) : 1512~1547. 본관은 경주(慶州), 자는 학광(學光)이며, 시호는 충민(忠愍)이다. 1539년(중종34) 문과에 급제하고, 검열, 교리, 지평 등을 역임하였다. 을사사화 때 삭탈관직당하고, 1546년(명종1)에 삼수(三水)에 유배되었다가 사사되었다. 선조 즉위 후에 복권되었고, 정조 때 이조 판서에 추증되었다.

24 민기문(閔起文) : 1511~1574. 본관은 여흥(驪興), 자는 숙도(叔道), 호는 역암(櫟菴)이다. 1540년(중종35) 문과에 급제하여 훈련원 도사에 이르렀으나 을사사화 때 임천(林川)에 부처되었다. 그 뒤 선조가 즉위하자 홍문관 전한을 시작으로 여러 관직을 두루 거쳤다.

25 박광우(朴光佑) : 1495~1545. 본관은 상주(尙州), 자는 국이(國耳), 호는 필재(蓽齋), 잠소당(潛昭堂)이다. 1536년(중종31) 재령 군수로서 문장에 능하여 원접사(遠接使)를 수행하였고, 1545년 사간이 되었으나 을사사화로 하옥, 이어 동선역(洞仙驛)에 유배되어 죽었다.

26 민제인이……떠났더니 : 〈김공 행장〉에 "민제인이 종일토록 간절히 빌었지만 결국 어쩔 수 없었다. 그러나 여러 공들은 모두 파직되었다.〔齊仁懇乞終日, 卒不得已, 而諸公皆坐罷.〕"라고 하였다. 《訥隱集 卷18 缾山金先生行狀》

27 양재역(良才驛)에서 벽서(壁書) : 양재역 벽서 사건(良才驛壁書事件)을 가리킨다. 1547년 9월에 부제학 정언각(鄭彦慤)과 선전관 이로(李櫓)가 경기도 과천의 양재역에서 "여주(女主)가 위에서 정권을 장악하고 간신 이기 등이 아래에서 권력을 농단하니, 나라가 망할 것은 불을 보듯 뻔하다.〔女主執政于上, 奸臣李芑等弄權於下, 國之將亡, 可立而待.〕"라는 내용의 벽서를 발견하여 임금에게 올림에 따라 일어났다. 이에 윤원형 등이 이전 을사사화 때 처벌이 미흡하여 이 사건이 일어났다고 주장하며 이언적(李彦迪), 노수신 등 20여 명을 추가로 유배하였다. 이때 처벌된 사람 가운데 사림계 인물이 많았으므로 정미사화(丁未士禍)라고도 부른다.

가 나온 것으로 여러 명현(名賢)들에게 죄가 가중되었는데, 공이 남해로 귀양 간 것은 이 때문이었다. 문정왕후가 세상을 떠나고 나서야 비로소 단양(丹陽)으로 양이(量移)[28]되었다.

동고 이준경이 이미 공을 천거하였고, 고봉(高峯) 기대승(奇大升)[29]이 또 급급하게 수용(收用)하여 불차(不次)로써 탁용(擢用)[30]해야 한다는 뜻으로 진계(陳啓)하였다. 공의 관직이 집의(執義)로부터 호조 참의(戶曹參議), 대사성(大司成), 공조 참의(工曹參議), 이조 참의(吏曹參議)를 거쳐 대사간(大司諫)에 이른 것은 이 때문이다. 이 당시에는 원흉이 이미 제거되었고 많은 어진 사람들이 서로 이어 등용되었으니, 조정과 재야가 서로 경하하며 지극히 어진 정치가 이룩될 수 있겠다고 여겼는데, 끝내 그렇게 되지 못하였으니, 아, 어찌 천명이 아니겠는가.

바야흐로 선생이 박점(朴漸)을 내치려고 할 때 사람들이 혹 선생을 탓하니, 선생이 말하기를 "내가 쫓겨난 지 수십 년 만에 다행히 임금께서 거두어 녹용(錄用)해 주신 덕을 입었는데, 어찌 조정이 옳지 못한 사람을 등용하도록 놔두어 그 은혜를 저버릴 수

28 양이(量移) : 귀양 간 사람의 정상을 참작하여 조금 나은 지방으로 옮겨 주는 것이다.

29 기대승(奇大升) : 1527~1572. 본관은 행주(幸州), 자는 명언(明彦), 호는 고봉(高峯)이다. 32세에 이황(李滉)의 제자가 되었고, 이황과 12년 동안 서한을 주고받으면서 8년 동안 사단칠정(四端七情)을 논한 편지가 유명하다. 광주(光州) 월봉서원(月峯書院)에 배향(配享)되었으며, 저서로는 《고봉집(高峯集)》, 《주자문록(朱子文錄)》 등이 있다.

30 불차(不次)로써 탁용(擢用) : 불차탁용(不次擢用). 관계(官階)의 차례를 밟지 않고 승진시켜 발탁함을 말한다.

있겠는가."라고 하였다. 대개 이해가 바로 융경(隆慶) 경오년(1570, 선조3)이고, 이해 12월에 선생이 졸(卒)하였으니, 64세를 살았다. 유명(遺命)에 따라 교동(喬桐) 대우동(大牛洞)의 부모님 묘소 아래 정좌(丁坐) 언덕에 장사 지냈다.

처음에 선생의 백씨(伯氏)는 김충암(金冲庵)[31] 등 여러 선배들을 종유(從遊)하였으니, 그 배운 것을 가지고 선생을 가르쳤다. 선생이 국자시(國子試)에 입격하였을 때, 퇴도(退陶 퇴계(退溪) 이황(李滉)) 선생과 함께 동방급제(同榜及第)[32]하였다. 중년에 물러나 병산(餠山)에 살면서[33] 퇴도 선생과 절차탁마하고 종유(從遊)한 즐거움이 많았으며, 만년에는 또 더불어 조정에 함께 있어서 왕복한 서찰이 거의 한 다발이 되었으니, 그 학행(學行)이 순수하게 갖추어짐을 여기에서 또한 징험할 수 있다.

선생은 성품이 지극히 효성스러워 어머니를 섬김에 뜻과 몸을 잘 봉양하였고, 병이 드신 어머니를 간호함에 지극한 정성을 다하지 않음이 없었으니, 힘을 다해 몸소 약을 채취하고 손수 술을 빚

31 김충암(金冲庵) : 김정(金淨, 1486~1521)으로, 본관은 경주(慶州), 자는 원충(元冲), 호는 충암이며, 시호는 문간(文簡)이다. 조광조의 정치적 성장을 도왔고, 사림파의 대표적인 존재로서, 그들의 세력 기반을 굳히기 위해 현량과(賢良科)의 설치를 적극 주장하였다. 저서로는 《충암집(冲庵集)》이 있다.

32 동방급제(同榜及第) : 같은 해 과거에 급제하여 방목(榜目)에 같이 오른 사람을 말한다.

33 병산(餠山)에 살면서 : 정언으로 재직 중이던 김난상은 윤원형의 의견에 반대하다가 파직되고, 1546년(명종1)에 영천(榮川), 현 경북 영주(榮州) 병산으로 물러나 호를 병산이라 하고, 젊은 시절부터 지우였던 이황과 교류하며 학문을 연마하였다.

어 효험이 나타나기를 기대하였다. 사람들이 그 효성에 감동하여 비록 중국의 약재로 희귀한 물건이라 할지라도 필요한 것을 도와주어 어려움이 없게 하였다.

형제간에 우애가 돈독하였고, 의리상 재물을 나누어 달리하지 않으면서 함께 밥을 해 먹으며 같이 살 것을 약속하였고, 일상생활에 쓰이는 여러 물품을 모두 백씨의 말을 들었으니, 가인(家人)이 감히 하나의 물건도 마음대로 하지 않았다. 백씨(伯氏)가 세상을 떠나고 나서는 그 행적을 기술하고 이 선생(李先生)에게 묘갈명을 청하여[34] 사라지지 않도록 하였다. 대저 그 지닌 근본이 이미 이와 같았으니 수립해 놓은 행적의 탁월함이 어찌 이러하지 않을 수 있겠는가. 선조(先朝 정조(正朝)) 병오년(1786, 정조10)에 이르러 오산서원(梧山書院)[35]에 제향되었다.

부인은 봉화 금씨(奉化琴氏)이니 기묘천인(己卯薦人)[36]인 진사 금원정(琴元貞)[37]의 따님이다. 아들이 없어서 백씨의 아들 호변

34 이 선생(李先生)에게 묘갈명을 청하여 : 이 선생은 퇴계(退溪) 이황(李滉)을 가리킨다. 그가 찬술한 묘갈명은 《퇴계집(退溪集)》 권47에 실려 있는 〈통사랑 영릉 참봉 김군 묘갈명(通仕郎英陵參奉金君墓碣銘)〉이다.

35 오산서원(梧山書院) : 경북 영주시 가흥에 건립하여 김난상(金鸞祥)을 봉안하여 향사를 받들다가 1871년(고종8)에 철폐되었다. 1944년에 사당과 매양정을 복원하였다.

36 기묘천인(己卯薦人) : 중종 때 조광조(趙光祖) 등의 건의에 따라 한(漢)나라의 현량방정과(賢良方正科)를 모방해서 실시한 현량과(賢良科)인 기묘천과(己卯薦科)를 말하는데, 기묘년인 중종 14년(1519) 4월에 120명의 후보자를 근정전(勤政殿)에 모아서 시험을 치르고 김식(金湜), 박훈(朴薰) 등 28명을 뽑았다.

37 금원정(琴元貞) : 자는 정숙(正叔), 호는 농수(聾叟), 문촌계수(文村溪叟)이

(虎變)을 후사로 삼았으니, 계공랑(啓功郎)이다. 호변의 아들은 효선(孝先)으로 참봉을 지냈고, 효선의 아들은 진(溍)으로 생원이니, 모두 후사로 들어왔다.[38] 명은 다음과 같다.

하늘과 땅 사이에 정기가 있어	有氣兩間
순수하고 굳세면서도 발랐으니	純剛且正
을사년 변고를 당한 여러 명현들이	乙巳羣賢
균일하게 품부받아서 성품이 되었네	均稟爲性
당시 대비의 수렴청정한 때를 만나	時丁垂簾
악한 척신이 제멋대로 흉계를 부려	肺壬逞臆
저 세 사람 신하들을 무고로 엮어	誣彼三臣
장차 나라에 재앙이 미치려 하였네	將禍于國
곧음을 잡고서 항변을 함에	秉直抗言
또한 병산 선생도 있었더라	亦有先生
결국 흉악한 칼날에 저촉되어	竟觸凶鋒
머나먼 남해로 귀양을 갔네	遠流南瀛
이십 년 모진 풍상을 겪고서도	廿載風霜
기개와 절의가 오히려 굳세었네	氣節猶勍
조정으로 돌아와 간흉 물리침에	還朝斥姦

다. 1501년(연산군7) 진사시(進士試)에 입격하였고, 기묘년(1519)에 효우(孝友)로 천거되었다.

38 호변의……들어왔다 : 양자로 들인 호변에게 자식이 없어 그의 형인 연천 현감(漣川縣監) 호신(虎臣)의 4자 효선(孝先)을 후사로 들였다. 효선 또한 자식이 없어 그의 동생 선전관(宣傳官) 기선(起先)의 아들 진(溍)을 후사로 들였다.

정의로운 기색이 더욱더 드러났네	義色采形
그 뿌리가 되는 근원을 찾아보면	推厥本原
학문이 순정하고 덕행이 갖춰졌네	學淳行備
충암 선생의 학통을 이어받았고	冲庵餘緖
퇴계 선생과 정의로 교유하였네	陶門交誼
효성과 우애의 돈독함은	孝友之篤
더욱 뒷사람들의 모범이 되었네	尤後人式
만년에 높은 지위에 나아간 것[39]은	晩際連茹
진실로 추곡[40]에 말미암아서였네	寔由推轂
생황 소리 울리는 성군의 정치[41]를	笙鏞聖治
온 백성이 바야흐로 눈 닦고 바랐건만	衆方拭眸
공이 갑자기 이 세상을 떠났으니	公遽不留
천도가 너무나도 탄식스러워라	天道堪吁

39 높은……것 : 원문은 '연여(連茹)'로 곧 연이어 서로 이끄는 것을 말한다. 《주역》 〈태괘(泰卦) 초구(初九)〉에 "띠 풀이 서로 연이어 있는 뿌리를 뽑는 것과 같아 동류들과 함께 감이니, 길하다.〔拔茅連茹, 以其彙征, 吉.〕"라고 한 데서 온 말로, 전하여 현사(賢士)들이 서로 이끌고 함께 조정에 나아가는 것을 의미한다. 여기서는 정사가 안정되고 현인들이 대거 조정에 진출할 당시에 그들과 함께 나아갔다는 말이다.

40 추곡(推轂) : 옛날에 제왕이 장수를 파견할 때에 수레바퀴를 밀어 주면서 "곤내(閫內)는 과인이 제어할 테니, 곤외(閫外)의 일은 그대가 제어하라."라고 하며 전권(全權)을 위임했다는 고사에서 나온 말이다. 《史記 卷102 馮唐列傳》 전하여 남을 추천함을 의미한다. 여기서는 김난상이 이준경의 추천을 받은 일을 말한다.

41 생황……정치 : 훌륭한 임금의 덕이 사람뿐 아니라 금수에게까지 미친다는 뜻으로, 《서경(書經)》 〈익직(益稷)〉에 "생황과 종을 간간이 연주하니 새와 짐승이 와서 덩실덩실 춤을 춘다.〔笙鏞以間, 鳥獸蹌蹌.〕"라고 한 데서 유래하였다.

오직 저 교동 땅 언덕에	惟桐之原
그윽한 공의 유택이 있으니	有幽其宮
바다 물결이 넘실넘실하듯	海波瀰瀰
그 명성 함께하여 무궁하리라	名與無窮

성균관 사성 죽재 곽공 묘갈명 병서

成均館司成竹齋郭公墓碣銘 並序

《시경》에 중산보(仲山甫)의 덕(德)을 칭송하여 "강해도 뱉지 아니한다."[42]라고 하였고, 맹자가 말하기를 "말로 양주(楊朱)와 묵적(墨翟)을 막을 수 있는 자는 성인(聖人)의 무리이다."[43]라고 하였다. 지금 강포한 자를 두려워하지 않고 또 불씨(佛氏)를 통렬히 물리칠 수 있는 사람이 있다면, 이는 "중산보(仲山甫)의 덕을 지녔고, 성인의 무리가 됨이 분명하다."라고 말할 수 있다.

고(故) 죽재(竹齋) 곽공(郭公)은 휘가 간(趕)이고 자가 원정(元靜)으로, 태어나면서부터 호방한 자질을 타고났고 문장을 일찍 성취하였으며, 《주역》에 또한 조예가 깊었다. 나이 18세에 과거에 합격하였다. 역임한 이력으로, 내직에서는 곧 공조(工曹)·형조(刑曹)·예조(禮曹)의 좌랑(佐郎)과 정랑(正郎), 통례원 통례(通禮院通禮), 성균관 사성(成均館司成), 장악원 판사(掌樂院判事), 사재감 정(司宰監正), 종부시 정(宗簿寺正)에 지나지 않았

42 강해도……한다 : 《시경(詩經)》 〈증민(烝民)〉에 "중산보의 덕이 유순하고 아름다워 법이 되도다.……부드러워도 삼키지 아니하고, 강해도 뱉어 내지 아니하나니, 홀아비와 과부를 업신여기지 않고, 강포한 자를 두려워하지 아니하누나.〔仲山甫之德, 柔嘉維則.……柔亦不茹, 剛亦不吐, 不侮矜寡, 不畏彊禦.〕"라고 하였다. 언론(言論)이 꼿꼿하여 강포한 자에 대해서도 겁내지 않고 탄핵할 것이라는 뜻이다.

43 말로……무리이다 : 맹자가 한 말로, 원문은 "能言距楊墨者, 聖人之徒也."이다. 《孟子 滕文公下》

고, 외직에서는 청풍 군수(淸風郡守), 김산 군수(金山郡守), 정선 군수(旌善郡守), 흥해 군수(興海郡守), 영천 군수(永川郡守), 원주 목사(原州牧使), 공주 목사(公州牧使), 강릉 부사(江陵府使)에 지나지 않았을 따름이다.

공이 대동 승(大同丞)이 되어 수은 어사(搜銀御史)를 겸하고 있을 때, 당시의 재상 심통원(沈通源)[44]이 연경에 갔다가 돌아오면서 무겁게 싣고 온 짐수레를 압록강(鴨綠江) 가에서 불태우고, 치계(馳啓)하여 그의 직분을 파하여 백의(白衣)로 강을 건너게 하였다.[45] 그러고는 대궐에 투소(投疏)한 다음 사모(紗帽)를 뒤집어쓰고 말 위에서 춤을 추며 떠나면서 거짓으로 미친 척하여 화

44 심통원(沈通源) : 1499～1572. 본관은 청송(靑松), 자는 사용(士容), 호는 욱재(勗齋)이다. 좌승지, 경상도 관찰사, 예조 참판, 좌의정 등을 역임하고 기로소(耆老所)에 들어갔다. 1551년(명종6) 권력 남용과 뇌물을 받은 혐의로 삼사의 탄핵을 받고 사직하였다.

45 심통원(沈通源)이……하였다 : 최흥벽(崔興壁)이 지은 곽공의 행장에 "임자년(1552, 명종7)에 외직으로 나가 대동 찰방이 되어 수은 어사를 겸하였다. 당시 재상 심통원이 연경에 갔다가 돌아올 때 짐수레가 성대하여 도로를 요란하게 하자, 공이 즉시 나가 그 짐을 수색하여 압록강 가에서 다 불살랐다.……심통원이 마침내 파직을 당하여 백의로 압록강을 건너니 조야의 사람들이 모두 칭찬하고 즐거워하였다. 그러나 심통원의 유감은 뼈에 사무쳤을 것이니, 척신의 세력에 의지하여 반드시 몰래 중상함이 있을 것이다. 공은 벗어나지 못할 줄 알고 대궐에 투소하고 나서 광화문 앞에서부터 사모를 거꾸로 쓰고 말 위에서 춤을 추며 떠났으니, 대개 거짓 미친 행태로 스스로 피하였던 것이다.〔壬子出爲大同察訪, 兼搜隱御史. 時相沈通源赴京還, 盛輜重攪擾道路, 公卽出而搜其裝, 盡焚之於鴨綠江頭.……通源遂見罷, 以白衣越江, 朝野皆稱快, 而其憾則已次骨矣. 藉戚畹勢, 必欲有以陰中之. 公知不免, 卽投疏闕下, 自光化門前, 倒著紗帽, 手舞馬上而去, 蓋佯狂以自避也.〕"라고 하였다. 《蠹窩集 卷14 竹齋郭公行狀》

를 피하였던 것은 이미 보통 사람보다 매우 뛰어난 용기였다.

10여 년 뒤에야 비로소 전적(典籍)에 제수될 수 있었다. 전적은 언론의 책임을 맡은 직이 아니었지만, 자전(慈殿 문정왕후(文定王后))이 불교를 숭상하고 믿어서 양종(兩宗)의 명[46]을 내리자, 임금부터 곡진히 따르시기에 이르는 것을 보고, 공이 항소(抗疏)하여 말하기를, "불교는 아비도 없고 임금도 없으니, 사람의 마음을 무너뜨리고 국가를 재앙에 빠뜨림이 심합니다. 예로부터 불교를 숭상하고 믿는 독실함이 양(梁)나라 무제(武帝)와 고려 공민왕(恭愍王) 같은 경우가 있지 않았지만, 혹 굶주려 죽는 지경에 이르렀고,[47] 혹 나라를 망하게 하였습니다.[48] 전하의 광명(光明) 정대(正大)한 정교(政敎)와 호령(號令)으로 양종의 명을 어찌하여 오늘

46 양종(兩宗)의 명 : 문정왕후(文定王后)가 이미 양종(兩宗)의 선과(禪科)를 복구하고 원각사를 다시 세우려 하였다. 양종은 선종(禪宗)과 교종(敎宗)을 말한다.

47 굶주려……이르렀고 : 양(梁)나라 무제(武帝)가 처음에는 도교(道敎)와 불교(佛敎)를 모두 믿다가, 나중에는 도교를 버리고 오로지 불교를 독신(篤信)하여, 수백 권의 불서(佛書)를 짓고 불경(佛經)을 강론하며 무차대회(無遮大會)를 여는가 하면, 동태사(同泰寺)에서 사신(舍身)과 속신(贖身) 공양(供養)을 한다면서 정사를 돌보지 않고 억대의 재화를 낭비하다가 끝내는 후경(侯景)의 난을 당해 굶어 죽었다. 《梁書 卷1 武帝本紀》

48 나라를 망하게 하였습니다 : 《태종실록》에 "공민왕은 부처 섬기기를 더욱 부지런히 하여, 처음에는 보허로 스승을 삼고, 뒤에는 나옹으로 스승을 삼아, 운암사를 지어 항상 백 명의 중을 기르고, 연복사를 수리하여 해마다 문수회를 베풀었다. 보허와 나옹은 모두 사리가 있고 득도하였다고 칭하였으나, 공민왕의 화를 구제하지 못하였고, 마침내 나라가 망하고 말았다.〔恭愍王事佛尤勤, 初以普虛爲師, 後師懶翁, 作雲庵寺, 常養百僧, 修演福寺, 歲設文殊會. 普虛懶翁俱有舍利, 號稱得道, 無救恭愍之禍, 卒以亡國.〕"라고 하였다. 《국역 태종실록 5년 11월 21일》

에 갑자기 내리시는지요. 더구나 양종의 설치는 곧 조종(祖宗)께서 뒤늦게 후회하신 것인데, 따라 지키고자 하심이 옳겠습니까. 지금 군액(軍額)이 날로 줄어드니 진실로 마땅히 구제할 방법이 있어야 합니다. 하지만 나라 안에 승려의 무리들이 몇십만인지 알지 못하니, 모두 환속(還俗)하여 농부로 돌아가도록 한다면 다만 군액을 충당할 수 있을 뿐만이 아닐 것입니다. 옛날에 이른바 '그 사람들을 사람으로 만들고, 그 거처를 보통 사람의 집으로 만든다.'[49]라는 것이 이를 말함이 아니겠습니까.

자식이 부모에게 세 번 간(諫)해도 들어주지 않거든 목 놓아 울면서 따르고[50] 허물이 없기를 기약하는 것은 곧 효(孝)입니다. 대개 자전(慈殿)의 허물은 곧 전하의 허물입니다. 전하께서 자전에게 유혹되지 마시고, 반드시 대순(大舜)이 점점 다스렸던 것[51]으로 모범을 삼으신다면 자전의 마음을 돌리기가 어렵지 않을 것

49 그 사람들을……만든다 : 한유(韓愈)의 〈원도(原道)〉에 "이단의 사람들을 사람으로 만들고, 그 읽는 책을 불살라 없애고, 그 거처를 보통 사람의 집으로 만들어 선왕의 도를 밝혀 그들을 인도하면 홀아비, 과부, 고아, 늙어 자식 없는 이, 병든 이들을 봉양할 수 있다.〔人其人, 火其書, 廬其居, 明先王之道, 以道之, 鰥寡孤獨廢疾者, 有養也.〕"라고 한 데서 가져왔다. 《古文眞寶 後集》

50 자식이……따르고 : 《예기(禮記)》 〈곡례 하(曲禮下)〉에, "자식이 어버이를 섬김에 세 번 간해도 들어주지 않거든 목 놓아 울면서 따른다.〔子之事親也, 三諫而不聽, 則號泣而隨之.〕"라고 한 말에서 가져왔다.

51 대순(大舜)이……것 : 《서경(書經)》 〈요전(堯典)〉에, 요(堯)임금이 사람을 천거하라고 하자, 사악이 말하기를, "소경의 아들이니, 아버지는 완악하고 어머니는 어리석으며 아우 상은 오만한데도 능히 효로 화하게 하여 점점 다스려져서 간악한 데에 이르지 않게 하였습니다.〔瞽子, 父頑母嚚象傲, 克諧以孝, 烝烝乂, 不格姦.〕"라고 하였다.

입니다."라고 하였다. 글은 올렸지만 끝내 답이 없었다. 하지만 그 말이 시무(時務)에 마땅한 점이 있을 뿐만이 아니었으니, 임금을 인도하고 이단을 물리친 엄함이 과연 어떠하였던가. 오호라, 이렇듯이 강하고 바름으로써 가령 조정에 우뚝 서서[52] 바로잡고 보좌하는 직책을 맡았더라면 분명하고 우뚝하게 수립함이 마땅히 여기에 그치지 않았을 텐데, 끝내 어쩔 수 없이 견책을 당하였으니, 어찌하랴.

곽씨(郭氏)는 현풍(玄風)을 본관으로 하였으니, 고려 시대 금오위 교위(金吾衛校尉) 자의(子儀)가 비조(鼻祖)이다. 조선에 들어와 판사재감(判司宰監) 경(瓊)과 의영고사(義盈庫使)[53] 득종(得宗)이 5, 6세조가 된다. 고조는 휘가 안방(安邦)이니 군사(郡事)를 지냈고 청백리에 녹선(錄選)되었다. 증조는 휘가 승화(承華)이니 진사이며, 김한훤(金寒暄)[54]과 더불어 점필재(佔畢齋)[55]의 문하

52 조정에 우뚝 서서 : 원문은 '악립조단(鶚立朝端)'으로, 후한(後漢) 때 공융(孔融)이 예형(禰衡)을 추천하면서 "사나운 새가 수백 마리 있어도 한 마리의 독수리보다 못하니, 예형을 조정에 세우면 필시 볼만한 점이 있을 것이다.〔鷙鳥累百, 不如一鶚, 使衡立朝, 必有可觀.〕"라고 말한 데서 가져왔다. 《後漢書 卷80 禰衡列傳》

53 의영고사(義盈庫使) : 의영고는 조선 시대 궁중에서 쓰이는 기름·꿀·과일 등의 물품을 관리하던 관서이다.

54 김한훤(金寒暄) : 김굉필(金宏弼, 1454~1504)로, 본관은 서흥(瑞興), 자는 대유(大猷), 호는 사옹(蓑翁), 한훤당(寒暄堂)이며, 시호는 문경(文敬)이다. 김종직(金宗直)의 문인이며, 평생 《소학》에 심취하여 스스로 '소학동자'라 일컬었다. 갑자사화 때 극형에 처해졌다. 정여창(鄭汝昌), 조광조(趙光祖), 이언적(李彦迪), 이황(李滉)과 함께 오현(五賢)으로 문묘에 종사되었다. 저서로는 《경현록(景賢錄)》, 《한훤당집(寒暄堂集)》, 《가범(家範)》 등이 있다.

에서 공부하였는데, '김·곽 양 수재(金郭兩秀才)'라고 칭찬을 받았다. 조(祖)는 휘가 모(某)이니[56] 현감을 지냈고 좌통례(左通禮)에 증직되었다. 고(考)는 휘가 지견(之堅)이고, 비(妣)는 상산 김씨(商山金氏)이니 부사(府使) 김수돈(金守敦)의 따님이다.

공은 가정(嘉靖) 기축년(1529, 중종24)에 태어나 계사년(1593, 선조26)에 졸(卒)하였으니, 향년 65세이다. 선영(先塋)을 따라 본현(本縣) 구지(九池) 임좌(壬坐) 언덕에 장사 지냈다. 부인은 밀양 박씨(密陽朴氏)이니 감찰(監察) 박순(朴純)의 따님이다. 아들 재용(再容)은 장사랑(將仕郎)을 지냈고, 재정(再定)은 참의(參議)에 증직되었으며, 딸은 승지(承旨) 이언영(李彦英)에게 시집갔다. 측실(側室)의 아들은 순생(舜生)이고, 딸은 학유(學諭) 박사제(朴思齊)의 첩이 되었다. 재용은 아들이 넷이니 집(嶕), 추(崷), 인(嶙), 겸(岒)이다. 재정은 생원 인(嶙)을 데려다 후사로 삼았다. 집은 아들이 넷이니, 생원 홍재(弘栽), 홍식(弘埴), 홍원(弘垣), 진사 홍장(弘章)이다. 추는 아들이 둘이니, 홍기(弘基), 홍해(弘垓)이다. 인은 아들이 셋이니, 지평(持平) 홍지(弘址), 홍도(弘

55 점필재(佔畢齋) : 김종직(金宗直, 1431~1492)으로, 본관은 선산(善山), 자는 계온(季昷), 호는 점필재이며, 시호는 문충(文忠)이다. 무오사화로 부관참시(剖棺斬屍)를 당하였으며 중종반정으로 신원되었다. 밀양의 예림서원(藝林書院), 선산의 금오서원(金烏書院) 등에 제향되었다. 저서로는 《점필재집(佔畢齋集)》, 《청구풍아(靑丘風雅)》 등이 있다.

56 조(祖)는 휘가 모(某)이니 : 최흥벽(崔興璧, 1739~1812)이 지은 〈죽재 곽공 행장〉에 "조는 휘가 위이고 현감을 지냈으며 좌통례에 증직되었다.〔祖諱瑋縣監, 贈左通禮.〕"라고 하여, 조부의 휘가 위(瑋)임을 알 수 있다. 《蠹窩集 卷14 竹齋郭公行狀》

堵), 생원 홍규(弘圭)이다. 겸은 아들이 둘이니, 홍연(弘埏)과 홍채(弘埰)이다.

하루는 공의 후손 무(埅)가 두와(蠹窩) 최흥벽(崔興璧)이 찬술한 행장[57]을 가지고 와서 나에게 보여 주며 공의 묘갈명을 부탁하였다. 명은 다음과 같다.

내가 일찍이 김동강(金東岡) 사우록(師友錄)을 보니, 공은 동강[58] 및 정 문목(鄭文穆),[59] 최수우(崔守愚)[60] 등 여러 현인들과 맺은 교분이 매우 돈독하였다. 또 듣건대, 공은 낙동강 가에 정자

57 두와(蠹窩)……행장 : 최흥벽은 본관이 경주(慶州), 자가 사교(士敎), 호가 두와, 국옹(菊翁), 국전(菊田)으로, 최흥원(崔興遠, 1705~1786)과 이상정(李象靖, 1710~1781)의 문인이다. 저서로는 《두와집(蠹窩集)》이 있다. 곽간(郭趕)의 행장은 《두와집》 권14에 실려 있다.

58 동강(東岡) : 김우옹(金宇顒, 1540~1603)의 호이다. 본관은 의성(義城), 자는 숙부(肅夫)이다. 조식(曺植)의 문인으로, 관직은 대사헌, 이조 참판을 지냈다. 1589년(선조22) 기축옥사 때에 유배되었다가 임진왜란 때에 석방되었다. 저서로는 《동강집(東岡集)》, 편저로는 《경연강의(經筵講義)》 등이 있다.

59 정 문목(鄭文穆) : 정구(鄭逑, 1543~1620)를 가리킨다. 본관은 청주(淸州), 자는 도가(道可), 호는 한강(寒岡)이며, 시호는 문목(文穆)이다. 조식, 이황의 문인이다. 공조 참판, 대사헌 등을 역임하였다. 저서로는 《한강집(寒岡集)》이 있다.

60 최수우(崔守愚) : 최영경(崔永慶, 1529~1590)으로, 본관은 화순(和順), 자는 효원(孝元), 호는 수우당(守愚堂)이다. 조식의 문인으로, 여러 차례 벼슬에 임명되었으나 나가지 않다가, 1584년(선조17) 교정청 낭관(校正廳郎官)이 되어 《경서훈해(經書訓解)》의 교정에 참여하고 곧 낙향하였으나, 1589년 정여립의 모반 사건 때 무고로 국문 도중에 옥사하였다. 그 후 신원되어 대사헌에 증직되고, 진주 덕천서원에 제향되었다.

하나를 지어 창주(滄洲)라 이름하고, 날마다 그곳에서 술 마시고 시를 읊조리며 물고기, 두꺼비와 즐거이 짝이 되었다고 하니, 그 수양한 바의 바름과 스스로 터득한 지취(志趣)를 대개 상상해 볼 수 있다. 나는 공이 평소 곧은 도를 행하여 구애된 바가 없었던 이유가 이 때문이라는 것을 알았다.

吾嘗觀金東岡師友錄 公與東岡曁鄭文穆崔守愚諸賢 交契甚篤 又聞公築一亭於洛水之上 名之曰滄洲 日觴詠其中 樂與魚蝦爲儔 其所養之正 自得之趣 槩可想已 吾知公生平所以直道行而無所拘者 其以是歟

집현전 학사 격재 손공 묘갈명 병서

集賢殿學士格齋孫公墓碣銘 並序

우리나라가 경태(景泰) 연간에 선양(禪讓)을 받던 날[61] 단종의 신하가 된 사람이 무릇 열두 명이었다. 그 가운데 여섯 명은 모두 한꺼번에 죽음에 나아갔고,[62] 여섯 명은 모두 세상을 피해 나가지 않아서, 큰 절개를 갖추고 큰 윤리를 부지하였다.[63] 이 당시에 격재(格齋) 선생 손공(孫公) 같은 분 또한 스스로 지조를 지켜서 선왕(先王)에게 충심(忠心)을 바친 사람이다. 저으기 삼가 정묘(正廟)께서 지으신 〈제금성군문(祭錦城君文)〉[64]을 보니 다만 죽은 여섯 사람과 산 여섯 사람을 일컬어 "신하로서 신하의 직분을 다하였다."

61 경태(景泰)……날 : 세조(世祖)가 경태(景泰) 6년(1455, 세조1)에 단종에게 선양(禪讓)을 받아 황조(皇朝)에 명을 청하였는데, 이듬해인 병자년에 경황제(景皇帝)가 봉전(封典)을 준허(准許)하는 동시에 고명과 면복을 내려 주었다. 경태는 명(明)나라 경제(景帝)의 연호이다.

62 여섯……나아갔고 : 사육신(死六臣)을 가리키니, 박팽년(朴彭年), 이개(李塏), 성삼문(成三問), 하위지(河緯地), 유성원(柳誠源), 유응부(兪應孚) 등이다.

63 여섯……부지하였다 : 생육신(生六臣) 즉 단종(端宗)이 수양대군(首陽大君)에게 왕위를 빼앗기자 벼슬을 버리고 절의(節義)를 지킨 여섯 신하를 가리킨다.

64 정묘(正廟)께서 지으신 제금성군문(祭錦城君文) : 《관란유고사적(觀瀾遺稿事蹟)》 권4에 실려 있는 〈사제금성대군문 일단(賜祭錦城大君文一段) 신해년(1791, 정조15) 정종 친제(親制)〉에 "노릉지를 읽고 눈물 흘리지 않으면 사람이 아니다. 죽은 여섯 사람과 산 여섯 사람은 신하로서 신하의 직분을 다하였다.〔讀魯陵志, 不涕非人. 死六生六, 爲臣盡臣.〕"라고 하였다.

라고만 하고, 오직 공에 대한 언급은 하지 않았으니, 어찌 공의 사적(事蹟)이 밝게 드러남이 저들과 같지 않기 때문이겠는가.

삼가 살펴보건대, 공은 휘가 조서(肇瑞)이고 자가 인보(引甫)이며 격재(格齋)는 그 호이다. 일직(一直) 손씨(孫氏)는 고려 때부터 현달한 문중이다. 삼중대광 판삼사사(三重大匡判三司事)를 지냈고 직성군(直城君)에 봉해졌고 시호가 정평(靖平)이며 휘가 홍량(洪亮)인 분이 공의 고조(高祖)가 된다. 증조는 휘가 득수(得壽)이니 밀직사 좌대언(密直司左代言)을 지냈다. 조는 휘가 영유(永裕)이니 검교 한성윤(檢校漢城尹)을 지냈다. 고(考)는 휘가 관조(寬祖)이니 장흥고 사(長興庫使)를 지냈으며, 비(妣)는 경주 김씨(慶州金氏)이니 서운 부정(書雲副正)을 지낸 김흡(金翕)의 따님이다.

공은 어려서부터 기량과 국량이 영특하게 드러났고 일찍이 성취함이 있었다. 처음 배움에 나아가서는 과정의 공부를 권고하기를 기다리지 않고도 부지런히 공부하여 게을리하지 않았다. 경서(經書)를 읽을 때는 은미한 말과 오묘한 뜻을 반드시 반복해 읽어서 환히 꿰뚫은 이후에 그쳤다. 〈사물잠(四勿箴)〉[65]이 일상생활에 가장 절실한 것이라 여기고 평소에 매양 장중하게 외워서 복응(服膺)하는 바탕으로 삼았다. 손에서 《심경(心經)》, 《근사록

65 사물잠(四勿箴) : 안회(顔回)가 극기복례(克己復禮)의 조목을 물으니, 공자(孔子)가 "예가 아니면 보지 말며 예가 아니면 듣지 말며 예가 아니면 말하지 말며 예가 아니면 동하지 말라.〔非禮勿視, 非禮勿聽, 非禮勿言, 非禮勿動.〕"라고 하였다. 《論語 顔淵》 이천(伊川) 정이(程頤)가 이 네 가지 경계에 대해 시잠(視箴), 청잠(聽箴), 언잠(言箴), 동잠(動箴)을 지었다.

(近思錄)》을 놓지 않고 밤낮으로 연구하였다. 점필재(佔畢齋 김종직(金宗直, 1431~1492))와 취금헌(醉琴軒)[66] 두 현인과 맺은 교분이 깊고 친밀하였고, 경학(經學)에 대해 강론하고 토론하여 사문(斯文)을 흥기시키는 것을 일삼았으니, 한훤당(寒暄堂 김굉필(金宏弼, 1454~1504))과 일두(一蠹)[67] 두 선생이 모두 존숭하고 섬겼다.

선덕(宣德) 임자년(1432, 세종14)에 생원(生員)에 입격하였다. 을묘년(1435)에 문과(文科) 급제하여 집현전 학사(集賢殿學士)가 되었다. 그 뒤에 병조 정랑(兵曹正郎)으로서 외직에 나가 지봉산 군사(知鳳山郡事)가 되었다.

경태(景泰) 을해년(1455, 세조1)에 세조(世祖)가 즉위하였다. 이듬해 병자년(1456)에 육신(六臣)의 옥사(獄事)가 일어났다. 공은 이때부터 관직을 버리고 고향으로 돌아왔다. 배우러 오는 무리들을 사절하였고, 발걸음은 문밖을 나가지 않았다. 점필재(佔畢齋)가 시를 지어 주었으니,

연래에 포홀[68]을 이미 임금께 돌려보냈노니　　年來袍笏已還君

66 취금헌(醉琴軒) : 박팽년(朴彭年, 1417~1456)을 가리킨다. 사육신의 한 사람으로 본관은 순천, 자는 인수(仁叟), 호는 취금헌이며, 시호는 충정(忠正)이다. 집현전 관원으로 경술(經術)과 문장, 필법이 뛰어나 집대성(集大成)이라는 칭호를 받았다. 단종 복위 운동을 계획하다 발각되어 처형되었고, 뒤에 관작이 회복되었으며 장릉 충신단에 배향되었다.

67 일두(一蠹) : 정여창(鄭汝昌, 1450~1504)을 가리킨다. 본관은 진주(晉州), 자는 백욱(伯勖), 호는 일두이며, 시호는 문헌공(文獻公)이다. 김종직(金宗直)의 문인으로, 경사(經史)에 통달하였다. 무오사화 때 경성으로 유배 가서 죽었다. 정구(鄭逑)의 《문헌공실기(文獻公實記)》에 그 유집(遺集)이 전한다.

높이 누워 어찌 일찍이 구름 밖을 꿈꾸겠는가　　高臥何曾夢外雲

라는 구절이 있다.[69] 정축년(1457)에 노릉(魯陵 단종)이 승하하였다는 소식을 듣고는 실성통곡하여 거의 목숨이 끊어질 뻔했다가 살아났고, 피눈물을 흘리며 심상(心喪)을 복행하면서 항상 아직 죽지 못한 사람으로 자처(自處)하였다. 호조 참의(戶曹參議)에 임명되었으나 나아가지 않았고, 유명(遺命)으로 을해년(1455, 세조 즉위년) 이전의 관함(官啣)을 묘갈에 쓰라고 하였다. 묘소는 달성부(達城府) 하동(下東) 직전동(稷田洞)에 있다. 묘갈은 을유년(1465, 세조11)에 세웠으니 정축년과의 시차는 9년이다.

공의 사적(事蹟)은 이와 같은 데 불과하고, 그 생졸(生卒) 연월일(年月日)도 아울러 자세하지 않다. 유고(遺稿) 네 권을 간행하였지만 또한 회록(回祿 불귀신 이름)의 재앙을 입어서, 지금은 단지 당송(唐宋) 시를 차운하여 지은 시 한 권[70]과 세상에 전해지는

68 포홀(袍笏) : 조복에 홀을 쥐는 것을 말한다.

69 점필재(佔畢齋)가……있다 : 《점필재집(佔畢齋集)》 권4에 〈담수의 운에 화답하여 손 봉산에게 바치다〔和談叟韻呈孫鳳山〕〉라는 시가 두 수 있는데, 그중 둘째 시의 구절이다. 그 시의 승구는 "높이 누워 어찌 일찍이 대궐을 꿈꾸겠는가.〔高臥何嘗夢五雲〕"라고 되어 있다.

70 당송(唐宋)……권 : 손조서(孫肇瑞)의 문집으로 《격재집》이 있는데, 권2에 〈갱시(賡詩)〉가 있으니, 5언 차당시운(次唐詩韻)과 7언 차송시운(次宋詩韻)이 있고, 그 서문(序文)에 "을해년에 관직을 버리고 한가로이 살면서 시를 읊조려 스스로 즐기면서 당송 시의 절구를 이어서 지었다. 대개 이 편은 곧 시사가 한 번 변한 뒤에 뜻을 의탁하여 지은 것이다.〔乙亥棄官閒居, 詠詩自娛, 賡唐宋詩絶句韻, 蓋此篇卽時事一變後託意而作也.〕"라고 하였다.

것 가운데서 얻은 시문(詩文) 서너 편이 있을 뿐이다. 하지만 공이 잡아 지킨 큰 절개는 이미 우뚝하게 뛰어남이 저와 같았다. 바야흐로 문을 닫고 지내던 날에 읊은 것 가운데,

두우[71]도 또한 나와 같아　　杜宇亦如我
무단히 밤이 다하도록 우는구나[72]　　無端終夜啼

라고 한 것, 그리고 "하늘이 서북으로 기울어도[73] 지탱할 계책이 없네.〔天傾西北撑無計〕",[74] "꿈에 주공과 더불어 외로운 임금을 도

71 두우(杜宇) : 두견새. 촉(蜀)나라 임금의 이름으로 망제(望帝)라고 불리었는데, 그가 선위(禪位)하고 떠나간 뒤 혼령이 변하여 두견새가 되었다고 한다.《華陽國志 蜀志》

72 두우도……우는구나 :《격재집》 권2〈춘원(春怨)〉 시로, "두우도 또한 나와 같아, 무단히 밤이 다하도록 우는구나. 나는 새는 도리어 날개가 있으니, 뜻에 따라 동서로 마음대로 나는구나.〔杜宇亦如我, 無端晝夜啼. 飛禽還有翼, 隨意任東西.〕"라고 되어 있다.

73 하늘이 서북으로 기울어도 :《열자(列子)》〈탕문(湯問)〉에 "공공씨가 전욱과 서로 제왕이 되려고 겨루다가 노하여 부주산을 들이받는 바람에 하늘을 받치던 기둥이 부러지고 땅을 묶어 둔 밧줄이 끊어지게 되었다. 이에 하늘은 서북쪽으로 기울어 일월성신이 그쪽으로 옮겨 가고, 땅은 동남쪽을 채우지 못해 온갖 내와 물이 그쪽으로 돌아갔다.〔共工氏與顓頊爭爲帝, 怒而觸不周之山, 折天柱, 絶地維. 故天傾西北, 日月辰星就焉, 地不滿東南, 故百川水潦歸焉.〕"라고 한 데서 가져온 것으로, 임금이 바뀐 것을 비유하였다.

74 하늘이……없네 :《격재집》 권2〈추야(秋夜)〉에 "항상 천위가 서북으로 기울어 짐을 근심하였더니, 지탱하고자 해도 계책이 없어 삼경에 앉아 있네.〔常悶天圍西北傾, 欲撑無計坐三更.〕"라고 한 시의 구절에서 가져왔다.

왔네.〔夢與周公佐孤君〕"[75]라고 한 것과 같은 구절에는 마음이 울적하여 상전(桑田)이 벽해(碧海)가 되어도 다함없는 유감이 있으니, 사람으로 하여금 눈물을 훔치고 감정이 일어나 마치 자신이 당한 일처럼 여기게 한다. 오호라, 슬프도다.

혹자는 공이 자취를 숨기고 살았던 것으로 절개를 드러내고 죽은 것만 못하다고 한다. 하지만 은(殷)나라의 삼인(三仁) 가운데 한 분은 죽었고 두 분은 살았지만, 공자는 세 분 모두 어질다고 인정하였다.[76] 대개 이는 모두 지성측달(至誠惻怛)한 마음에서 나와서 임금 사랑하는 마음을 온전히 하였기 때문이니, 이를 의심해서야 되겠는가. 또 더구나 수사(收司 규찰하여 찾아내는 것)의 법률이 공에게는 미치지 않았으며, 위호(位號)가 이미 정해지고 사직(社稷)이 예전과 같아졌으니 구구하게 사일(事一)의 의리[77]를 그 사이에 시행할 바가 없었기에 단지 물러나 은거해서 생을 마치는 것 외에 다시 무엇을 할 수 있었겠는가. 한스러워할 만한 것은 우리 숙종조(肅宗朝)에 이르러 이미 단종의 지위를 추복(追復)하고,

75 꿈에……도왔네 : 《격재집》 권2 〈소궤(小机)〉에 "너에게 기대 달게 자다가 홀연 꿈속에서, 주공이 나와 더불어 외로운 임금을 도왔네.〔賴爾甘眠倏交夢, 周公與我佐孤君.〕"라고 한 구절에서 가져왔다.

76 은(殷)나라의……인정하였다 : 《논어》 〈미자(微子)〉에 "미자는 떠났고 기자는 종이 되었고 비간은 간하다가 죽었다. 공자가 말하기를 '은나라에 세 인자가 있었다.〔微子去之, 箕子爲之奴, 比干諫而死, 孔子曰殷有三仁焉.〕"라고 하였다.

77 사일(事一)의 의리 : 생삼사일(生三事一)의 의리. 어버이와 스승과 임금을 한가지로 섬기는 의리를 말한다. 《국어(國語)》 〈진어(晉語)1〉에 "백성은 세 분의 은혜로 살아가니, 섬기기를 한가지로 해야 한다.〔民生於三, 事之如一.〕"라고 한 데서 유래하였다.

또 육신(六臣)의 관작을 회복하라고 명하였는데, 만약 이때에 임금께 공에 대해 아뢰는 사람이 있었다면, 반드시 포숭(褒崇)의 은전(恩典)이 있었을 테지만, 그렇게 되지 못한 점이다.

하지만 또 공의 경학(經學)과 문장(文章)은 박아(博雅)함과 순정(純正)함으로 일컬어져서 점필재 옹과 상하를 다투었고, 또 한훤당(寒暄堂), 일두(一蠹) 같은 대현(大賢)을 얻었으니, 이들은 공을 따라 공부하였다. 아버지 상(喪)을 당하여서는 또한 삼 년 뒤에 어머니 상을 추복(追服)[78]함으로써 정려(旌閭)를 받는 데 이르렀으니, 그 절의(節義)가 근본한 바가 있음을 여기에서 알 수 있다. 애석하게도, 공의 아름다운 말씀과 선한 행실은 이것 외에는 후세에 전하는 바가 없다.

부인 숙인(淑人)은 진양 하씨(晉陽河氏)이니 광흥창 승(廣興倉丞) 하숙(河潚)의 따님으로, 진천군(晉川君)에 봉해지고 시호가 원정(元正)인 하집(河楫)[79]의 후손이다. 아들 하나를 낳았으니 정(洴)이고, 딸 하나를 낳았으니 생원 손석(孫晳)에게 시집갔다. 정

78 어머니 상을 추복(追服) : 어머니가 죽은 당시에는 어려서 복(服)을 입지 못하였다가 자란 뒤에 추후로 상복을 입는 것이다.

79 하집(河楫) : 저본에는 하위(河褘)로 되어 있으나, 《신증동국여지승람》 제30권 〈경상도 진주목〉 '인물' 조에 "하집은 벼슬이 찬성사에 이르러서 진천군(晉川君)으로 봉함을 받았고, 시호는 원정(元正)이다."라고 하였고, 하연(河演, 1376~1453)의 문집인 《경재집(敬齋集)》 권2 〈세보서(世譜序)〉를 살펴보면 "토성이 삼한으로 나온 것이 넷이니 하, 정, 소, 강이다.……우리 집안은 구성으로 사가 중의 하나이다.……정승이 휘 집을 낳았으니 진산 부원군에 봉해지고 시호는 원정공이다.〔土姓出自三韓者四 曰河曰鄭曰蘇曰姜,……吾家舊姓, 四家之一.……政丞生諱楫, 晉川府院君, 謚元正公.〕"라고 되어 있다. 여기에 근거하여 하집으로 수정하였다.

(洴)의 아들은 윤하(胤河)로 광흥창 승(廣興倉丞)을 지냈다. 이분이 아들 둘을 낳았으니 순무(荀茂)와 순욱(荀彧)이고, 딸 하나를 낳았으니 부사직(副司直) 고맹원(高孟元)에게 시집갔다.

공의 11세손 양겸(養謙)이 공의 유사(遺事)를 가지고 와서 나에게 보이며 말하기를, "우리 선조(先祖)는 이미 청호서원(淸湖書院)[80]에 제향되었습니다마는, 오직 묘도(墓道)에 드러내 새긴 비석이 없습니다. 원컨대, 집사께서 한마디 말씀을 해 주십시오."라고 하였다. 나는 사양하였지만 받아들여지지 않아서 마침내 위와 같이 차례하여 쓰고 이어서 다음과 같이 말한다.

사군자가 세상에 나가서 벼슬을 할 적에, 진실로 나의 임금을 향한 일편단심이 밝은 해를 꿰뚫고 푸른 하늘에 질정할 수 있다면, 곧 칠 척의 몸이 다행히 보전되어 마음에 빛이 나는 자가 불행히 온전하지 못한 자와 더불어 처음에는 같지 않음이 없었다. 나는 생각건대 단종의 신하는 마땅히 공과 아울러 열세 사람이 되어야 하니, 의당 사림이 함께 제향을 드려서 추숭하여 보답함이 끝이 없어야 하리라.

士君子出而仕也 苟其向吾君一片丹衷 可以貫白日而質蒼穹 卽七尺之軀 幸而全其炳若乎中者 與不幸而不得全者 未始不同 余謂端廟之臣 當幷公爲十三人 宜士林之共爲尸祝 以崇報之無窮哉

80 청호서원(淸湖書院) : 현 대구광역시 수성구 황금동에 소재하는 서원으로, 1685년(숙종11) 건립하여 손조서(孫肇瑞), 손처눌(孫處訥), 유시번(柳時藩), 정호인(鄭好仁)을 제향하였다.

함경북도 병마사 금은 박공 묘갈명 병서
咸鏡北道兵馬使琴隱朴公墓碣銘 並序

함양(咸陽) 박생(朴生) 의전(宜銓)이 그의 13대조 금은공(琴隱公)의 유사(遺事)를 받들고 문소(聞韶 현 경북 의성)에서 와 나에게 보여 주면서 그 묘갈명을 부탁하며 말하기를, "선조(先祖)의 문적(文蹟)은 의당 여기에 그치지 않습니다마는, 여러 번의 전쟁을 겪는 동안 잃어버려서 거의 다 없어졌고, 다만 유시(遺詩) 일절(一絶)이 있습니다. 그 외에는 《영천향교요(永川鄉校謠)》와 최상국(崔相國) 윤덕(潤德)[81]의 《동정지(東征誌)》, 《문소읍지(聞韶邑志)》가 근거할 만한 것이 됩니다. 관작(官爵)과 이력(履歷)에 이르러서는 가승(家乘)과 족보(族譜)에 실려 있으니, 《동정지》와 더불어 합해서 한 통의 문장을 만들었습니다. 일찍이 이미 귀음(龜陰) 김영공(金令公)에게 행장[82]을 부탁하였습니다. 그러나 묘도(墓道)에 드러내 새긴 비석이 없습니다. 원컨대, 한마디 말씀을 해 후세에

81 최상국(崔相國) 윤덕(潤德) : 최윤덕(崔潤德, 1376~1445). 본관은 통천(通川), 자는 여화(汝和), 백수(白修), 호는 임곡(霖谷)이며, 시호는 정렬(貞烈)이다. 우군총제, 중군도총제 등을 역임하였다. 세종의 묘정에 배향되었고, 통천의 상렬사(尙烈祠)와 안주의 청천사(淸川祠)에 제향되었다.

82 김영공(金令公)에게 행장 : 김영공은 김굉(金㙆, 1739~1816)을 가리키니 본관은 의성(義城), 자는 자야(子野), 호는 귀와(龜窩)이다. 저서로는 《귀와집(龜窩集)》이 있다. 박공 행장은 《귀와집》 권13에 〈금은 박공 행장(琴隱朴公行狀)〉으로 실려 있다.

전하여 미덥게 해 주십시오."라고 하였다. 나는 승낙은 했지만 아직 짓지 못하였더니, 지금 그 문중의 원로 춘엽(春燁) 보(甫)가 또 와서 거듭 부탁하기에 마침내 다음과 같이 차례하여 쓴다.

공은 휘가 성양(成陽)이니, 고려 시대 상주국(上柱國) 신유(臣蕤)와 판삼사사(判三司事) 지량(之亮)이 공에게 6세조와 5세조가 된다. 전객령(典客令)을 지낸 휘 원두(元枓), 판호부사(判戶部事)를 지낸 휘 사직(司直), 중랑장(中郎將)을 지낸 휘 윤후(允厚)가 공의 증조부, 조부, 아버지가 된다. 공은 고려가 망할 때에 문소(聞韶)의 봉두산(鳳頭山) 아래 엄시현(掩柴峴)에 은거하였다. 조선 태조(太祖)가 여러 번 불렀지만 나아가지 않고, 거문고 타고 책 읽기로써 스스로 즐거움으로 삼았다.[83] 이로 인하여 금은(琴隱)을 호로 삼았다.

당시에 조정에서는 섬나라 오랑캐들이 남쪽 변방을 침략하여 어지럽히는 것을 근심하였는데, 공을 천거하여 원수(元帥)로 삼으니, 공은 스스로 '내가 일찍이 고려에 벼슬하지 않았으니 생민(生民)의 급한 일을 구제해야겠다.'라고 생각하고, 마침내 임명을 받아들였다. 남쪽으로 부산포(釜山浦)에 내려가 한 번 싸워서 크게 승리하고 돌아왔다. 영천(永川)을 지날 때, 태재(泰齋) 유방선(柳方善)[84]이 평소 공과 더불어 잘 지냈기에 공에게 축하하는 시를

83 스스로 즐거움으로 삼았다 : 저본에는 '자오(自誤)'로 되어 있으나, 《귀와집》의 〈금은 박공 행장〉에 '자오(自娛)'로 되어 있고 문맥상으로도 타당할 듯하여 수정 번역하였다.

84 태재(泰齋) 유방선(柳方善) : 1388~1443. 본관은 서산(瑞山), 자는 자계(子繼), 호는 태재이다. 권근(權近), 변계량(卞季良)의 문인이다. 1405년(태종5)에 국

지어 말하기를,

호산 만 리에 위엄의 풍모를 떨치니	湖山萬里振威風
변방을 안정시킨 제일의 공을 자부하리	自負安邊第一功
사졸은 고요하고 백성은 생업에 종사하니	士卒靜閒民樂業
밤이 깊어 밝은 달 비치는 수루는 비었네[85]	夜深明月戍樓空

라고 하였다. 고을 사람들이 연이어 화운하였으니, 이로 인하여 《향교요(鄕校謠)》라고 이름하였다고 한다.

이윽고 복명(復命)하고 나서 질직이 승진하여 총제(摠制)가 되었다. 얼마 있다가 본도(本道) 좌영(左營)의 병마사(兵馬使)에 제수되었다. 유공(柳公)이 또 시를 지어 주어 말하기를,

일찍이 공훈과 업적이 능연[86]에 올랐으니	早將勳業上凌煙
군막에서 병법 얘기함에 누가 앞서겠는가	坐幄談兵孰敢先

자 사마시에 합격하여 태학에 들어갔다. 가화(家禍)를 당하여 청주(淸州)로 유배되었다가 영천(永川)으로 이배되었다. 영천 서산(西山) 송곡(松谷) 아래 태재(泰齋)를 짓고 후생들을 가르쳤다. 저서로는 《태재집(泰齋集)》이 있다.

85 시를 지어……하였다 : 《태재집(泰齋集)》 권2에 실린 〈증박원융(贈朴元戎) 성양(成陽)〉 두 수 가운데 한 수이다.

86 능연(凌煙) : 능연각(凌煙閣)으로, 공신각(功臣閣)을 의미한다. 당(唐)나라 태종이 정관(貞觀) 17년(643)에 장손무기(長孫無忌), 두여회(杜如晦), 위징(魏徵), 방현령(房玄齡) 등 훈신(勳臣) 24명의 초상화를 그려서 여기에 걸어 놓게 하였다. 《新唐書 卷2 太宗皇帝本紀》

오늘 영남의 부절(符節) 부월(斧鉞) 잡으니　　今日嶺南持節鉞
섬 오랑캐들 어찌 또 변방을 엿볼 수 있으랴　　島夷那得更窺邊

라고 하였다. 임기가 다하기에 이르러서 총제로 소환되었는데[87] 임금의 명을 받들어 집을 옮겨 서울로 들어가서 서문 밖 근동(芹洞) 후미진 마을에 거주하였다.

태종(太宗)이 즉위하여 전라 안렴사(全羅按廉使)를 제수하니, 공은 다스림에 문교(文教)를 숭상하였고 성대한 치적(治積)이 있었다. 당시에 북쪽 변방에 또 파저야인(婆猪野人)의 근심이 있었다. 공은 함경 북병사(咸鏡北兵使)로 이배(移拜)되어, 장차 부임하려 할 때 부인(夫人)이 죽어서 공이 널을 보내고 고향으로 돌아왔다. 시(詩)를 지어 죽음을 애도하여 이르기를,

백마가 차갑게 울며 관문 북쪽으로 가다가　　白馬寒嘶關北去
붉은 만장(輓章)으로 멀리 영남에 돌아왔네　　丹旐遙向嶺南歸
변방의 구름 만 리에 눈보라 몰아칠 때에　　塞雲萬里多風雪
누가 있어 정인에게 멀리 옷을 부쳐 주랴　　誰憶征人寄遠衣

라고 하였으니, 곧 공이 남긴 시 한 수이다.

세종(世宗) 초에 섬 오랑캐들이 다시 변방 고을을 약탈함에, 공은 우군절제사(右軍節制使)의 지위로서 도절제사(都節制使) 이

87 임기가……소환되었는데 : 〈금은 박공 행장〉을 살펴보면 "임기가 다하기에 미쳐 주상께서 본직이었던 총제로 소환하였다.〔及瓜, 上以本職摠制召還.〕"라고 하였다.

종무(李從茂)[88]를 따랐으니 대병(大兵)을 거느리고 거제(巨濟)의 두지포(豆知浦)에 나아가 정박하였는데, 오랑캐들이 위세를 바라보고 달아나자, 공이 우군(右軍)을 독려하여 추격해서 크게 격파하였다. 승첩이 아뢰어져서 특별히 도총부 도총관(都摠府都摠管)에 승진되었으니, 이 일이 《동정지(東征誌)》에 실려 있다. 《읍지(邑誌)》에는 곧 "공은 문(文)과 무(武)의 재능을 겸비하여 네 조정〔태조, 정종, 태종, 세종〕을 두루 섬겼는데, 과거 시험을 거치지 않고도 이력(履歷)이 이와 같았으니, 명성과 명망을 알 수 있다."라고 하였다.

오호라, 큰 명성을 무궁하게 드리울 수 있는 옛사람이 어찌 반드시 그 사적(事蹟)이 많이 전해지기만 하겠는가. 또 《시경(詩經)》에서 칭송한 바 윤길보(尹吉甫) 같은 경우 "만국이 법으로 삼는도다."라고 하였지만, 그 무(武)가 "잠깐 험윤(玁狁)을 정벌하여 태원(太原)에 이른 데"[89] 불과함일 뿐이었고, 그 문(文) 또한 "심

88 이종무(李從茂) : 1360~1425. 고려 우왕(禑王)~조선 세종(世宗) 때의 무신으로, 1400년(정종2) 상장군으로 제2차 왕자의 난에 공을 세워 좌명공신(佐命功臣)에 녹훈되었고, 1419년(세종1) 대마도(對馬島)를 정벌하여 찬성사(贊成事)에 올랐다. 《국조보감(國朝寶鑑)》에 "대마도의 왜인이 변방을 침범하였다. 상왕이 삼군도체찰사 이종무를 파견하여 삼군을 거느리고 가서 정벌하게 하였다."라는 기록이 있다. 《국역 국조보감5 세종 1년(1419)》

89 윤길보(尹吉甫)……데 : 《시경》에 "잠깐 험윤을 정벌하여 태원에 이르니, 문무를 겸비한 길보여, 만국이 법으로 삼는도다.〔薄伐玁狁, 至于大原, 文武吉甫, 萬邦爲憲.〕"라고 하였다. 이 시는 주(周)나라 왕실이 쇠미해진 틈을 타서 험윤(玁狁)이 서울까지 쳐들어오자 선왕(宣王)이 윤길보에게 험윤을 정벌하도록 명하여, 윤길보가 군대를 거느리고 가서 공을 세우고 돌아왔다는 내용이다. 《詩經 小雅 六月》

장(深長)함이 맑은 바람과 같도다."라고 송(頌)한 것[90]에 불과하다는 말이니, 이 외에는 전해지지 않는다. 그럼에도 천하(天下) 사람들이 만세(萬世)토록 공경하고 우러러 그를 칭송한 바의 것이 과연 어떠하였던가.

지금 공의 유사(遺事)는 참으로 간략하다마는, 살펴보건대 그 처음 하읍(下邑)에 은거하였을 때 여러 번 불러도 나아가지 않은 것은 대개 고려에 대대로 신하가 되었던 의리를 위한 것일 뿐만이 아니었다. 그것은 높은 관직[91]을 뜬구름처럼 보았던 뜻이었으니, 진실로 무너진 것을 격발하고 나약한 이를 세우기에 충분하였다. 그리고 생민(生民)을 위하여 생각을 바꾸어 관직에 나아가게 되어서는, 밖으로 미친 왜구들을 소탕하고 안으로 나라의 강역을 안정시킨 것이 이미 험윤(玁狁)의 정벌과 다름이 없었다. 그리고 만시(輓詩) 일절(一絶)에서 또한 문장이 마음속에 온축되어 있었음을 알 수 있으니, 가령 대아(大雅)를 떨쳐 일으키는 자리에 둘 수 있었다면, '목여(穆如)'에 뒤따르는 글이 아닐 줄 또 어찌 알겠는가. 그렇다면 공이 빛을 드리워 후세를 비추는 것이 이것만으로도 또한 넉넉하니, 대저 어찌 한스러워 하겠는가.

공의 부인은 곧 정씨(鄭氏)이니 첨사(僉事) 정승계(鄭承桂)의

90 그 문(文)……것 : 《시경》에 "길보가 노래를 지으니, 심장(深長)함이 맑은 바람과 같도다.〔吉甫作誦, 穆如淸風.〕"라고 한 구절이 있다. 《詩經 大雅 烝民》

91 높은 관직 : 원문은 '헌면(軒冕)'으로, 수레와 면류관이니 관작과 봉록 등 높은 벼슬을 뜻하는데, 《장자(莊子)》 〈선성(善性)〉에 "헌면이 몸에 있는 것은 본래 성명처럼 내 몸에 있는 것이 아니고, 외물이 뜻밖에 우연히 와서 잠시 붙어 있는 것이다.〔軒冕在身, 非性命也, 物之儻來寄也.〕"라는 말에서 가져왔다.

따님이다. 아들이 셋이니 판관(判官) 충무(冲武), 생원 충문(冲文), 호군(護軍) 충덕(冲德)이다. 판관 충무는 아들이 여덟이니 부사직(副司直) 유부(有阜), 현감(縣監) 이부(李阜), 생원 경부(慶阜), 현감 창부(昌阜), 문과에 급제한 통례(通禮) 안부(安阜), 선교랑(宣教郎) 숭부(崇阜), 충순위(忠順衛) 근부(根阜), 생원 종부(從阜)이고, 딸이 셋이니 상장군(上將軍) 유계원(柳繼源), 현감 손영조(孫榮祖), 김이(金頤)에게 시집갔다. 유부는 아들이 여섯이니 참봉 경인(景仁), 경의(景義), 건공장군(建功將軍) 경례(景禮), 훈도(訓導) 경지(景智), 참봉 경신(景信), 호군(護軍) 경용(景勇)이다. 이부는 아들이 하나이니 운준(云準)이고, 딸이 둘이니 김윤(金胤), 진사 진간(陳諫)에게 시집갔다. 경부는 딸이 둘이니 진사 이세남(李世男), 장준(張俊)에게 시집갔다. 창부는 아들이 둘이니 봉손(奉孫)과 봉정(奉正)이고, 딸이 셋이니 정중손(丁仲孫), 강윤신(姜允信), 성우원(成友元)에게 시집갔다. 안부는 아들이 하나이니 문과에 급제한 찰방 운준(云俊)이고, 딸이 하나이니 영상(領相) 최숙생(崔淑生, 1457~1520)에게 시집갔다. 숭부는 아들이 하나이니 운건(云健)이고, 딸이 하나이니 회재(晦齋) 이 선생(李先生)[92]의 배필이다. 근부는 아들이 넷이니 참봉 경복(景福), 경준(景俊), 경언(景彦), 경우(景佑)이고, 딸이 하나이니 절도사(節度

92 회재(晦齋) 이 선생(李先生) : 이언적(李彦迪, 1491~1553)을 가리킨다. 본관은 여주(驪州), 자는 복고(復古), 호는 회재이다. 양재역 벽서 사건에 무고하게 연루되어 강계로 유배되었고, 그곳에서 많은 저술을 남겼다. 저서로는 《회재집(晦齋集)》, 《봉선잡의(奉先雜儀)》, 《대학장구보유(大學章句補遺)》 등이 있다.

使) 손윤홍(孫允弘)에게 시집갔다. 종부는 아들이 셋이니 경운(景雲), 경한(景漢), 참봉 경성(景星)이고, 딸이 하나이니 홍우범(洪禹範)에게 시집갔다. 나머지는 기록하지 않는다. 공의 묘는 봉두산(鳳頭山) 자좌(子坐) 언덕에 있다. 명은 다음과 같다.

은거해서는 높은 풍모를 떨치었고 處振高風
출사해서는 빼어난 업적 드러냈네 出著英績
참으로 그 업적 징험할 수 있으니 信蹟有徵
유사가 소략한 것이 아니로다 遺事匪畧

이조 참의 죽재 윤공 묘갈명 병서

吏曹參議竹齋尹公墓碣銘 並序

영양(永陽)[93] 윤동길(尹東吉) 보(甫)가 그 족숙(族叔) 윤화신(尹華莘) 등과 함께 장차 그 10세조로 이조 참의(吏曹參議)를 지낸 호가 죽재(竹齋)이고 휘가 긍(兢)이며 자가 경부(敬夫)인 분의 묘에 묘갈을 세우려고, 그 종손(宗孫) 고(故) 별검(別檢) 윤천각(尹天覺)[94]이 지은 행장 및 《동국여지승람(東國輿地勝覽)》, 《대동운부군옥(大東韻府群玉)》, 남추강(南秋江)의 《사우록(師友錄)》,[95] 《문헌공실기(文獻公實記)》, 《소대수언(昭代粹言)》, 《태학성전(太學成典)》 등에 산재해 드러나 있는 유사(遺事)를, 그 족제(族弟)

93 영양(永陽) : 경상도 영천(永川)의 옛 이름이다. 영천은 신라 때에 절야화군(切也火郡)이라고 하다가 임고(臨皐)로 고쳤다. 고려 초기에 도동(道同)과 임천(臨川)의 두 현을 합하여 영주(永州)로 고쳤는데 고울부(高鬱府)라고도 일컬었다. 태종 계사년(1413, 태종13)에 영천군으로 고쳤다. 익양(益陽)이라고도 한다. 《燃藜室記述別集 卷16》

94 윤천각(尹天覺) : 1710～1747. 본관은 영양(永陽), 자는 여선(汝先), 호는 영빈(穎濱)이다. 병와(甁窩) 이형상(李衡祥)의 제자이다. 문과에 급제하여 별검(別檢), 승문원 박사(承文院博士) 등을 역임하였다.

95 남추강(南秋江)의 사우록(師友錄) : 남추강은 남효온(南孝溫, 1454～1492)을 가리킨다. 그가 지은 《사우명행록(師友名行錄)》에, 정여창(鄭汝昌)을 천거한 대목이 있으니 "경술년에 참의 윤긍이 그의 효행과 학문은 사림 중에 으뜸이라고 천거하여 특별히 소격서 참봉을 시켜서 불렀으나 자욱은 글을 올려 면직을 청하였다. 상이 하교하여 그를 포상하니, 명성이 더욱 높았다.〔庚戌年, 參議尹兢薦其孝與學, 士林無比, 特召爲昭格署參奉, 自勗上書請免. 上下敎褒之, 名益重.〕"라는 구절이 있다.

윤효각(尹孝覺)을 시켜 받들고 와서 나에게 보이며 명을 지어 줄 것을 부탁하면서 말하기를, "저희 선조(先祖)는 세대가 이미 멀어졌고, 중간에 또 전쟁의 참화를 겪어서 훌륭한 행실과 아름다운 사적이 모두 마멸되어 전하는 것이 없고, 다만 이렇듯 약간만이 남아 있을 뿐입니다. 하지만 오히려 그 대개를 알 수는 있습니다. 원컨대, 어른께서 다행히 한마디 말을 해 주시어 드러내 새겨서 후세에 전하여 미덥게 할 수 있게 해 주십시오."라고 하였다. 나는 사양하였지만 받아들여지지 않아서 시험 삼아 열람해 보았다.

공은 어릴 때부터 하늘로부터 효행을 타고났고, 집안의 도(道)도 매우 엄하였다. 이미 장성하여서는 학문을 좋아하여 공부에 게으르지 않았다. 16세에 사마 양시(司馬兩試)에 합격하였다. 세종 경오년(1450, 세종32)에 등제(登第)하였고, 세조 을유년(1465, 세조11)에 나주 교수(羅州敎授)가 되었다. 정해년(1467)에 경상도 병마평사(慶尙道兵馬評事)가 되었다. 예종(睿宗) 기축년(1469)에 전라도 병마평사(全羅道兵馬評事)로 옮겼다.

성종 계사년(1473, 성종4)에 통훈대부(通訓大夫)에 올랐고, 외직으로 나가 함평 현감(咸平縣監)에 보임되었다. 을사년(1485)에 영해 부사(寧海府使)에 제수되었고, 내직으로 들어와서 이조 정랑(吏曹正郎)이 되었다. 일찍이 연회에서 임금을 모실 적에 임금께서 "우리 집에 쥐가 있는가."라고 물으니, 좌우의 신하들이 깜짝 놀라 감히 대답하지 못하였다. 공이 홀로 말하기를 "고양이를 기르는 집에는 쥐가 마음대로 다니지 못합니다."라고 하자, 임금께서 가상히 여기시고, 특별히 초질(超秩 단계를 넘어 제수함)하여 통정대부(通政大夫)로 올리라고 명하였다.

경술년(1490)에 이조 참의(吏曹參議)에 임명되었는데, 전형(銓衡)을 맡아 행함이 맑고도 공평하였다. 맨 먼저 정일두(鄭一蠹), 김한훤(金寒暄)[96]을 천거하여 참봉이 되게 하였으니, 조야(朝野)의 사람들이 모두 그 밝은 감식안에 감복하였다. 얼마 있다가 늙고 병이 들었다는 이유로 치사(致仕)하였다. 군(郡)의 서쪽 팔공산(八公山) 아래에 자리를 정해 집을 짓고, 한 방에 단정히 앉아서 좌우에 도서(圖書)를 두고 〈정향풍잠(正鄕風箴)〉을 지어서 후진들을 규계하고 가르쳤다. 임자년(1492)에 이르러 생을 마쳤으니, 군의 서쪽 신원동(新原洞) 경좌(庚坐) 언덕에 장사 지냈다. 여러 신필(信筆)들이 기록한 것은 대개 이와 같았다. 그 생년(生年)과 향년(享年)이 얼마인지는 모두 드러나지 않는다.

그러나 공이 살았던 때는 국초(國初)와의 시기가 멀지 않은 때로 원기(元氣)가 모인 바가 반드시 후세와 달랐으니, 재주와 식견이 남보다 뛰어났고 문사를 지음이 일찍이 이루어졌음은 실로 당연하다고 하겠다. 더구나 우리 예종과 성종 조에는 정치와 교화가 융성하고 여러 철인들이 한꺼번에 나왔는데도, 공이 특별히 성군(聖君)의 마음 씀을 입어 이조 참의에 임명되기에 이르렀음에 있어서랴. 대개 "쥐가 있는가."라는 임금의 질문에, "고양이를 기르면 됩니다."라고 답한 것은, 군신(君臣) 간에 은근히 비추어 가리켜 비유함이 실로 치란(治亂) 흥망(興亡)에 바탕을 두었고, 한마

96 정일두(鄭一蠹), 김한훤(金寒暄) : 정일두는 정여창(鄭汝昌, 1450~1504)이다. 김한훤은 김굉필(金宏弼, 1454~1504)로, 본관은 서흥(瑞興), 자는 대유(大猷), 호는 한훤당이며, 시호는 문경(文敬)이다.

디 말을 하는 사이에 천(天)과 인(人)이 메아리처럼 합하여 인물을 권형(權衡)하는 관직을 제수받기에 이르렀으니, 그 전도양양함이 또한 어떠했겠는가.

대개 오직 어진 사람이라야 어진 사람을 알아본다. 공이 한훤당(寒暄堂)과 일두(一蠹) 두 선생을 천거한 것을 보면, 공의 어짊도 곧 이러하다는 것을 알 수 있다. 이에 더욱 뛰어난 선비를 구하여 국사(國事)를 함께함에 의당 쉬웠을 것이다. 그러나 공은 곧 초연히 멀리 떠나 호산(湖山)의 사이에 물러나 늙어 가며 일생을 마쳤으니, 이는 세력과 이익을 탐하지 않고, 족함을 알고 위태롭지 않은[97] 경계를 견고히 지킨 것으로, 이미 완악한 이를 청렴하게 하고 나약한 이를 수립하게 하기에 충분하다. 그 뒤에 당화(黨禍)가 일어난 것으로 살펴보면, 또한 어찌 기미를 보고 명철보신(明哲保身)[98]하는 뜻을 얻은 데에서 나온 것이 아닌 줄 알겠는가. 이와 같으니 단지 이는 이미 백세에 이름을 드리우기에 충분하거늘, 유사(遺事)가 크게 전하지 않음을 어찌 한스러워하겠는가. 마침내 세계(世系)와 자손(子孫)을 다음에 하나하나 서술하고 이어

97 족함을……않은 : 원문은 '지족불태(知足不殆)'로, 그칠 줄을 알고 족한 것을 알고서 교만하게 굴지 말아야 한다는 것이다. 《도덕경(道德經)》 44장에 "족함을 알면 욕되지 않게 되고, 그칠 줄을 알면 위태롭지 않게 되어 장구할 수 있다.〔知足不辱, 知止不殆, 可以長久.〕"라고 한 말에서 가져왔다.

98 명철보신(明哲保身) : 난세(亂世)에 함부로 말을 하지 않음으로써 자신의 몸을 보전하는 것을 말한다. 《시경(詩經)》 〈증민(烝民)〉에 "이미 사리에 밝고 또 일에 밝아 그 몸을 보전하도다.〔旣明且哲, 以保其身.〕"라고 한 데서 유래하였다. 주희(朱熹)의 집전에 "명은 이치에 밝은 것을 이르고, 철은 일에 대해 자세히 아는 것을 이른다.〔明謂明於理, 哲謂察於事.〕"라고 하였다.

서 명을 한다.

윤씨(尹氏)는 대개 본관이 영천(永川)이다. 고려조에 정당문학(政堂文學)을 지낸 고울부 백(高鬱府伯) 문도공(文度公) 윤승관(尹承琯)과 삼중대광 문하찬성사(三重大匡門下贊成事) 겸 집현전태학사(兼集賢殿太學士)였고 익성군(益城郡)에 봉해진 윤위보(尹渭保)가 있었다. 한림 지제고(翰林知制誥)를 지냈고 휘가 수태(壽台)인 분에 이르렀으니, 이분이 공의 증조(曾祖)이다. 조는 휘가 순(淳)이니 우리 태조(太祖) 때에 과거 급제하였고 관직은 집의(執義)를 지냈다. 고(考)는 휘가 헌(憲)이니 생원이고, 비(妣)는 성산 여씨(星山呂氏)이니 사간(司諫) 여빈주(呂賓周)의 따님이다.

부인 숙부인(淑夫人)은 영양 남씨(英陽南氏)이니 현령(縣令) 남수(南須)의 따님이고, 공의 묘 아래 백 보 지점에 장사 지냈다. 아들이 둘 있으니 무형(畝亨)과 견형(畎亨)이고, 딸이 둘이니 유중량(柳仲良)과 문개(文愷)에게 시집갔다. 무형은 아들 찬이 있다. 견형은 딸이 하나이니 서괄(徐适)에게 시집갔다. 찬은 아들이 둘이니 원좌(元佐)와 원우(元佑)이다. 원좌는 아들이 둘이니 빙(聘)과 담(聃)인데, 빙은 조남명(曹南冥)[99] 문하에서 공부하였고, 두 사람 다 효성과 우애로 칭찬을 받았다. 나머지는 기록하지 않는다. 명은 다음과 같다.

99 조남명(曹南冥) : 조식(曺植, 1501～1572)을 가리킨다. 본관은 창녕(昌寧), 자는 건중(楗中), 호는 남명이며, 시호는 문정(文貞)이다. 출사하지 않고 학문과 제자 교육에 힘썼으며 이황(李滉)과 더불어 영남 사림의 지도자적인 역할을 하였다.

대개 이미 순박한 기운을 모아서 태어났고　夫旣鍾淳氣而生矣
또한 성대한 시대 되려 할 때에 일어났네　又將際昌辰而興矣
위로는 골목에서 만난 군주[100]가 있었고　上有遇巷之主
아래로는 연여[101]의 붕우들이 있었도다　下有連茹之朋
어찌 봉황이 날아든 지[102] 얼마 안 되어　何鳳儀之未幾
기러기 하늘로 날아감[103]이 이와 같았는가　而鴻冥之乃爾
애석하여라, 곤산의 옥이 잔편만 남아서　惜崑玉只餘殘片
다만 사람으로 하여금 보배로운 채색을 상상해 그만둘 수 없게 한다　徒使人想象寶彩而不能已也

100 골목에서 만난 군주 : 원문은 '우항(遇巷)'으로, 《주역(周易)》 〈규괘(睽卦) 구이(九二)〉에 "골목에서 군주를 만나면 허물이 없으리라.〔遇主于巷, 无咎.〕"라고 한 데서 나온 말로, 완곡하게 군주와 합치되기를 구한다는 뜻이다.

101 연여(連茹) : 발모 연여(拔茅連茹)의 약칭인데, 잔디를 뽑으면 뿌리까지 연결되어 나온다는 말로, 《주역(周易)》 〈태괘(泰卦) 초구(初九)〉 본의(本義)에 "세 양이 아래에 있어서 서로 연결하여 나아감은, 띠 풀의 엉켜 있는 뿌리를 뽑는 상이니, 가는 것이 길하다.〔三陽在下, 相連而進, 拔茅連茹之象, 征行之吉也.〕"라고 한 데서 가져온 말이다.

102 봉황이 날아든 지 : 원문은 '봉의(鳳儀)'로, 봉황의 자태와 같이 아름다운 사람들이 있는 조정, 즉 성인이 다스리는 조정을 말한다. 《서경(書經)》 〈익직(益稷)〉에 "소소(簫韶)가 구성(九成)이 되매 봉황이 와서 축하하는 춤을 추었다.〔簫韶九成, 鳳凰來儀.〕"라고 한 데서 온 말이다.

103 기러기 하늘로 날아감 : 원문은 '홍명(鴻冥)'으로, 큰 인물이 떠났음을 의미한다. 한(漢)나라 양웅(揚雄)의 《법언(法言)》 〈문명(問明)〉에 "다스려지면 보고 어지러우면 숨으니 가물가물 나는 기러기를 활 쏘는 사람이 어찌 잡으랴.〔治則見, 亂則隱, 鴻飛冥冥, 弋人何慕焉.〕"라고 한 말에서 유래하였다.

축산 부원군 국파 전공 묘갈명 병서

笁山府院君菊坡全公墓碣銘 並序

공은 휘가 원발(元發)이고 성은 전씨(全氏)이며 국파(菊坡)는 그 호이다. 증조(曾祖) 충경(忠敬)은 고려 시대에 전법부 총랑(典法部摠郎)을 지냈고, 조(祖) 대년(大年)은 판도 총랑(版圖摠郎)을 지냈고, 고(考) 진(璡)은 응양군(鷹揚軍) 민부 전서(民部典書)를 지냈으니, 모두 문과(文科)에 급제하여 벼슬에 나아갔다. 공 또한 과거에 급제하여 조정에 현달하였다.

당시에 중국(中國 원(元)나라)에서 동국(東國 우리나라)의 어질고 문학에 뛰어난 선비를 선발하여 시험을 보았는데, 충숙왕(忠肅王)이 공을 천거하였더니, 들어가서 과거 시험에 응시하여 장원 급제하였고, 벼슬이 금자영록대부(金紫榮祿大夫) 병부 상서(兵部尙書) 겸 집현전 태학사(兼集賢殿太學士)에 이르렀다. 이보다 앞서 중국이 우리나라에 해마다 준마(駿馬)와 금은(金銀)과 견백(絹帛)을 바치도록 함에 우리나라가 그 폐단을 견디지 못할 정도였는데, 공이 간절히 아뢰어 특별히 견감(蠲減)을 받았었고, 명(明)나라에 이르기까지 또한 그대로 유지하였다. 얼마 있다가 공이 아버지 상(喪)을 당하여 돌아오자, 왕이 그 공로로 축산 부원군(笁山府院君)에 봉하고, 또 축산(笁山)[104] 아래 한 구역에 집을 하사하여

104 축산(笁山) : 경상도 예천(醴泉)과 상주(尙州) 사이에 있던 고을 이름으로, 후에 예천에 병합되었다.

총애를 보였다.

공민왕(恭愍王)이 즉위하기에 이르러서, 공은 권세 있는 간신이 마음대로 정사를 행함을 보고 물러나 축산 아래에 거처하며 익재(益齋) 이제현(李齊賢),[105] 척약(惕若) 김구용(金九容),[106] 난계(蘭溪) 김득배(金得培)[107] 등과 더불어 도의(道義)로 사귀면서 서로 매우 기뻐하며 지냈다. 공이 세상을 떠나고 나서 얼마 되지 않아 고려의 운명이 바뀌었고, 공의 유사(遺事) 또한 마멸되어 전하는 것이 없다. 하지만 나라 사람들이 그 덕을 사모함이 쇠퇴하지 않았기에, 의논하여 제향(祭享)하고자 하였다.

8세손 찬(贊)에 이르렀으니, 도산(陶山)의 이 선생(李先生 퇴계(退溪) 이황(李滉))에게 공부하였는데 간간이 말이 여기에 미치게 되면, 선생이 말하기를, "공은 세상에 보기 드문 어진 사람이니 융

105 익재(益齋) 이제현(李齊賢) : 1287~1367. 본관은 경주(慶州), 자는 중사(仲思), 호는 익재, 역옹(櫟翁)이며, 시호는 문충(文忠)이다. 문하시중(門下侍中)을 지냈고, 충선왕(忠宣王)을 수행하여 원(元)나라에 가서 명사들과 교유하면서 외교 활동을 펼쳐 고려 왕실의 안정에 기여했다. 저서로는 《역옹패설(櫟翁稗說)》이 있다.

106 척약(惕若) 김구용(金九容) : 1338~1384. 본관은 안동(安東), 자는 경지(敬之), 호는 척약재(惕若齋), 육우당(六友堂)이다. 좌사의대부(左司議大夫), 판전교시사(判典校寺事) 등을 지냈다. 1384년(우왕10) 행례사(行禮使)가 되어 요동(遼東)에 들어갔다가 사교(私交)를 했다는 죄목으로 붙잡혀 그곳에서 유배 중에 사망하였다. 저서로는 《척약재집(惕若齋集)》이 있다.

107 난계(蘭溪) 김득배(金得培) : 1312~1362. 본관은 상산(商山), 자는 국자(國滋), 호는 난계이며, 시호는 문충(文忠)이다. 1330년(충숙왕17) 문과에 급제하여 정당문학(政堂文學)을 지냈다. 김용(金鏞)의 모해로 상주(尙州)에서 효수되었다. 당시 포은이 시신을 거두어 장사 지내고 제문을 지었는데, 그 글이 《동문선(東文選)》 권109에 실려 있다.

숭하게 보답함이 마땅하다."라고 하였다. 영조조에 이르러 또 세공(歲貢)을 견감했던 일로써 임금이 하교(下教)하여 말하기를, "우리 동국이 나라가 부유하고 백성이 편안한 것이 과연 누구의 힘이겠는가."라고 하셨다. 이 때문에 고을의 사림(士林)들이 공이 머물며 지냈던 곳에 나아가 소천(蘇川)[108]에 사당을 세웠다. 그러나 오직 그 묘소에는 오히려 표함이 없었다. 공의 여러 후손들이 바야흐로 합의 도모하여 묘갈을 세우기로 하고, 그 14세손 명채(明采) 씨가 《읍지(邑誌)》와 《서원기(書院記)》 및 족보 서(序) 등 여러 신필(信筆)들에서 채록하여 나에게 보이며 묘갈명을 지어 달라고 부탁하였다.

대개 공의 아들 한(僩)은 사복시 정(司僕寺正)을 지냈고, 손자 직(直)은 현감(縣監)을 지냈고, 홍(弘)은 소윤(少尹)을 지냈고 근(謹)은 군사(郡事)를 지냈으며, 그리고 해(該)와 표(慓)와 경(敬)이 있다. 증현손에 이르기까지 대과(大科)와 소과(小科)에 급제한 사람은 모모이다. 9대손 이성(以性)[109]에 이르러서는 나의 선조(先祖) 문장공(文莊公)[110]의 문하에 유학(遊學)하였고, 또한 문과에

108 소천(蘇川) : 소천서원(蘇川書院). 경상도 용궁(龍宮) 무이리 소천동에 있다. 1692년(숙종18)에 지방 유림의 공의로 전원발(全元發)의 학문과 덕행을 추모하기 위해 정사(精舍)를 설립하여 위패를 모셨다. 1701년에 사액을 받았다. 1869년(고종6) 흥선대원군의 서원철폐령으로 없어졌다가 1968년에 지방 유림들에 의해 복원되었다.

109 이성(以性) : 전이성(全以性, 1578~1646)으로, 자는 성지(性之), 호는 운계(雲溪)이다. 1606년(선조39) 문과에 급제하여 종부시 정(宗簿寺正), 합천 현감 등을 지냈고 도승지(都承旨)에 증직되었다.

110 문장공(文莊公) : 정경세(鄭經世, 1563~1633)의 시호이다. 본관은 진주(晉

급제하여 부사(府使)를 지냈으며 도승지(都承旨)에 증직되었다.

오호라, 공의 사적을 지금에야 비에 새겨 드러낼 수 있으니, 어쩌면 또한 때가 있어서 그런 것이리라. 묘는 축산 서쪽 분퇴동(分退洞) 오향(午向) 언덕에 있다. 명은 다음과 같다.

동국(東國)이 최고운(崔孤雲)[111] 이래로 이목은(李牧隱)[112] 외에는 중국(中國)에 들어가 벼슬하여 공(功)의 베풂이 지금에 이르러 몸과 명예가 모두 완전한 사람이 오직 국파(菊坡)가 있을 뿐이다. 그러니 의당 백세토록 묘식(廟食)을 하고, 묘에도 또한 표시하여 더욱 영구히 보존하고 지켜야 하리라.

東國自崔孤雲李牧隱之外 其入仕中國 功施到今 身名俱完者 惟菊坡有焉 宜其廟食百世 而墓亦表識之 以益保守永久哉

州), 자는 경임(景任), 호는 우복(愚伏)이다. 유성룡의 제자로 이황의 학통을 계승하였는데 특히 주자서(朱子書) 연구와 예학(禮學)에 조예가 깊었다. 저서로는《우복집(愚伏集)》이 있다.

111 최고운(崔孤雲) : 고운은 최치원(崔致遠, 857~?)의 자이다. 본관은 경주, 다른 자는 해운(海雲)이며, 시호는 문창후(文昌侯)이다. 12세의 어린 나이로 당(唐)나라에 유학하여 과거에 급제하였으며, 특히 문장에 뛰어나 당나라에서 문명(文名)을 크게 떨쳤다. 저서로는《계원필경집(桂園筆耕集)》이 있다.

112 이목은(李牧隱) : 목은은 이색(李穡, 1328~1396)의 호이다. 본관은 한산(韓山), 자는 영숙(穎叔)이며, 시호는 문정(文靖)이다. 이제현(李齊賢)의 문인으로, 삼은(三隱)의 한 사람이다. 원(元)나라에 들어가 과거에 급제하였으며, 귀국하여 우대언(右代言), 대사성(大司成) 등을 역임하였다. 성리학에 밝았으며 문하에 권근(權近), 김종직(金宗直), 변계량(卞季良) 등을 배출하였다. 조선 개국 후 태조가 여러 번 불렀으나 절개를 지키고 나가지 않았다. 저서로는《목은문고(牧隱文藁)》,《목은시고(牧隱詩藁)》 등이 있다.

참봉 김공 묘갈명 병서
參奉金公墓碣銘 並序

주상 18년 갑인년(1794, 정조18) 겨울에 성산(星山)의 사림(士林)이 고(故) 참봉 김공 및 그 손자 사봉(沙峯)[113]과 증손 퇴은(退隱)[114] 두 공을 모두 성주(星州)의 덕천사(德泉祠)[115]에 제향(祭享)하고, 나에게 봉안문과 고유문을 지어 달라고 부탁하였다. 나는 사양하였으나 받아들여지지 않아서 이미 거친 말로 책임을 면하였었다. 이듬해 을묘년(1795) 봄에 공의 9세손 지범(之範)씨가 나의 벗 조호연(趙虎然)[116]이 찬술한 행장을 가지고 와서 나

113 사봉(沙峯) : 김천택(金天澤, 1555~1595)의 호이다. 본관은 의성(義城), 자는 대형(大亨)이다. 1585년(선조18) 무과에 급제하여 생원에 입격하였다. 임진왜란 때 의병을 일으켜 곽재우와 함께 화왕산성을 지키다가 성중에서 죽었다.

114 퇴은(退隱) : 김집(金檝, 1575~1639)의 호이다. 자는 공제(公濟)로, 김천택의 아들이다. 정구(鄭球)의 문인으로 학행이 뛰어났다.

115 덕천사(德泉祠) : 덕천서원(德泉書院) 사당. 경북 성주군 수륜면에 있는 덕천서원은 1794년(정조18) 지방 유림의 공의로 김관석(金關石), 김천택(金天澤), 김주(金輳), 김집(金檝)의 학문과 덕행을 추모하기 위해 창건하여 김관석을 주벽으로 4인의 위패를 모셨다. 그 뒤 흥선대원군의 서원철폐령으로 1868년(고종5)에 훼철되어 복원하지 못하였으며, 설단(設壇)하여 매년 3월과 9월 중정에 향사를 지낸다.

116 조호연(趙虎然) : 조목수(趙沐洙, 1736~1807)를 가리킨다. 본관은 풍양(豐壤), 자는 사위(士威), 호는 구당(舊堂)이며, 호연은 다른 이름이다. 1758년(영조34)에 사마시에 합격하였고, 1796년(정조20)에 사도세자의 죽음을 둘러싼 임오의리(壬午義理)를 주장하는 응지소(應旨疏)를 올릴 때 소수(疏首)로 추대되어, 상소 초안을 작성하였다. 저서로는 《구당집(舊堂集)》이 있다.

에게 보이며 묘갈명 지어 줄 것을 부탁하였다. 나는 또 사양하였지만 받아들여지지 않아서 삼가 차례하여 다음과 같이 쓴다.

공은 휘가 관석(關石)이고 자가 의중(倚中)이며 김씨이다. 이 김씨는 신라 시대 경순왕(敬順王)의 아들 석(錫)이 비로소 의성(義城)을 식읍(食邑)으로 받아서 그대로 본관으로 삼았다. 고려 시대에 휘 용비(龍庇)[117]가 있었으니 태자첨사(太子詹事)로서 백성들에게 공덕(功德)이 있어 고을 사람들이 지금까지 제사를 올린다. 공의 5세조 휘 용초(用超)[118]는 우리 태조를 도와서 원종공신(原從功臣)에 책록되었고 호남 병마절도사(湖南兵馬節度使)를 지냈다. 고조는 휘가 홍(弘)이니 진사(進士)이다. 증조는 휘가 종사(宗師)이니 참의(參議)에 증직되었다. 조는 휘가 귀손(貴孫)이니 부사직(副司直)을 지냈다. 고(考)는 휘가 윤적(允迪)이니 효성과 우애가 돈독하였고 은덕(隱德)이 있었으며, 비(妣)는 월성 이씨(月城李氏)이니 이산근(李山根)의 따님으로, 홍치(弘治) 을축년(1505, 연산군11)[119]에 공을 낳았다.

117 용비(龍庇) : 김용비(金龍庇). 김석(金錫)의 9세손으로, 고려 말에 의성 일원에서 날뛰던 도적들을 물리쳐 민심을 수습하였다. 의성 군민들이 공덕을 기리는 진민사(鎭民祠)를 세워 제사를 올렸다.

118 용초(用超) : 김용초(金用超, 1329~1406). 시호가 문절(文節)로, 고려 말에 홍건적을 물리쳤고, 이성계(李成桂)를 도와 왜구를 물리쳐 여러 번 전공을 세웠다. 개국원종공신(開國原從功臣)에 책록되었고, 관찰사를 제수받았다. 벼슬에서 물러나 성주로 이거하였다.

119 홍치(弘治) 을축년(1505, 연산군11) : 저본에는 기축년(己丑年)으로 되어 있으나, 홍치 연간에는 기축년이 없고, 몰년(沒年)을 헤아려 보아, 을축년(乙丑年)이 홍치 18년에 해당하므로 여기에 근거하여 수정해서 번역하였다.

공은 어릴 때부터 단정하고 중후하며 공손하고 온화하였다. 여러 어린아이들과 어울려 놀지 않았고, 항상 부모님을 곁에서 모시고 편안히 앉아서 글을 읽었으며, 일찍이 잠시도 떠나지 않고 가르쳐 인도함을 잘 받아들였다. 언어와 행동을 망녕되게 하지 않아 엄연하게 성인(成人)의 위의와 법도를 지녔다. 타고난 본성이 지극히 효성스러웠으니, 맛난 음식이나 진귀한 과일을 하나 얻으면 반드시 어버이께 드리고 자신이 먼저 입에 넣지 않았다. 사람들이 모두 육씨(陸氏) 집의 귤을 품은 아이[120]로 칭찬하였다.

장성하기에 이르러서는 더욱 어버이를 받들어 따르는 도리를 극진히 하였으니, 부드러운 태도와 기쁜 얼굴색으로 받들어 오직 어버이 뜻을 조금이라도 어길까 근심하였고, 좌우로 봉양함에 달고 맛난 것을 올리려고 지극히 힘썼다. 어버이가 한밤중에 혹 배가 고플까 염려하여 침석 곁에 항상 불시(不時)의 요청에 대비할 것을 두었다. 선공(先公)이 일찍이 기이한 질병을 앓았는데 백약(百藥)이 효과가 없었다. 공은 매일 밤 목욕하고 하늘에 기도하여 자신의 몸으로 대신하기를 청하였고, 아버지 병이 마침내 낫고서야 그만두었으니, 이를 들은 자들이 모두 "효성에 하늘이 감동하

120 육씨(陸氏)……아이 : 삼국(三國) 시대 오(吳)나라의 효자(孝子) 육적(陸績)이 나이 6세 되던 해에 원술(袁術)을 찾아가 알현했는데, 이때 원술이 귤을 대접하자, 육적이 귤 세 개를 몰래 품속에 넣어 두었다가, 떠나려고 절을 할 때에 그 귤이 땅에 떨어지므로, 원술이 말하기를 "육랑은 남의 집에 손님으로 와서 왜 귤을 품에 넣었는가.〔陸郎作賓客而懷橘乎〕"라고 하자, 육적이 무릎을 꿇고 대답하기를 "돌아가서 어머니께 드리려고 하였습니다.〔欲歸遺母〕"라고 하니, 원술이 그를 대단히 기특하게 여겼다는 고사에서 온 말이다. 《三國志 卷57 吳書 陸績傳》

였다."라고들 하였다. 이에 조정에서 특별히 제릉 참봉(齊陵參奉 제릉은 태조비 신의왕후의 능호)을 제수하였는데, 공은 스스로 부족하여 몸 둘 바가 없는 듯이 하면서 말하기를, "불효(不孝)한 사람으로서 곧 이 관직을 얻어서야 되겠는가."라고 하고는 마침내 나아가지 않았고, 유명(遺命)으로 신주(神主) 및 묘갈에 이 직함을 쓰지 말라고 하였다. 가정(嘉靖) 임인년(1542, 중종37)에 공은 나이 38세로 세상을 마쳤다. 주(州) 남쪽 토곡리(土谷里) 간좌(艮坐) 언덕에 장사 지냈다.

부인은 순천 박씨(順天朴氏)이니 박탄(朴坦)의 따님이고 판윤(判尹) 박가권(朴可權)[121]의 5대손이다. 일찍 과부가 되었지만 가정을 법도로 잘 다스려 아버지를 잃은 아이들을 가르쳐 문학(文學)을 성취하게 하였으니, 자손들이 과거에 급제한 경사가 부인(夫人)의 세대에 많이 나왔다. 공보다 56년 뒤에 손자 정용(廷龍)[122]의 예안(禮安) 임소(任所)에서 세상을 떠났다. 당시에는 섬나라 오랑캐의 난(亂 정유재란(丁酉再亂))으로 인하여 상주(尙州) 사벌리(沙伐里)에 임시로 모셔 두었는데, 뒤에 두 번째 되는 경인년(1710, 숙종36)에 이장하여 공의 묘 아래에 부장하였다.

아들 넷을 두었으니, 부호군(副護軍) 담로(聃老), 담년(聃年),

121 박가권(朴可權) : ?~1426. 고려 말에 개성 판윤을 지냈다. 이성계의 세력에 불복하여 가야산 죽백촌(竹栢村)에 들어가 은거하고 이곳에 정착하여 세거를 이루었다. 그 자손들이 현재 경북 성주군의 윤동마을과 수륜면에 집성촌을 이루며 살고 있다.

122 정용(廷龍) : 김정용(金廷龍, 1561~1619). 자는 시견(時見), 호는 월담(月潭)이며, 한강(寒岡) 정구(鄭逑)의 문인이다. 1595년(선조28)에 급제하였고, 예안 현감(禮安縣監), 풍기 군수(豊基郡守), 이조 정랑(吏曹正郎) 등을 역임하였다.

참봉 담수(聃壽), 생원 담기(聃騏)이다. 담로는 아들이 넷이니 천택(天澤)은 생원이며 곧 사봉(沙峯)이고, 천설(天渫)은 주부(主簿)를 지냈고, 천해(天瀣)는 전적(典籍)을 지냈고, 천호(天灝)는 무부장(武部將)을 지냈다. 담년은 아들이 하나이니 천흡(天洽)이다. 담수는 아들이 다섯이니 문과에 급제하여 군수(郡守)를 지낸 정용(廷龍), 정헌(廷獻), 정직(廷稷), 정설(廷契), 진사 정견(廷堅)이다. 담기는 아들이 없어서 정직을 후사로 삼았다. 천택은 아들이 둘이니 집(檝)은 집의(執義)에 증직되었으며 곧 퇴은(退隱)이고, 니(柅)가 있다. 천설은 아들이 둘이니 과(科)는 생원이고, 노(櫓)가 있다. 천해는 아들이 둘이니 황(榥)은 생원이고, 진(榗)이 있다. 천호는 아들이 셋이니 탈(棁), 추(樞), 정(楨)이다. 천흡은 아들이 둘이니 진사 대진(大進), 대술(大述)이 있다. 정용은 아들이 넷이니 이원(以元)과 이형(以亨)은 모두 진사이고, 이리(以利), 이정(以貞)이 있다. 정헌은 아들이 둘이니 이욱(以郁), 이빈(以彬)이다. 정직은 아들이 둘이니 호군(護軍) 이태(以泰), 진사 이겸(以謙)이다. 정설은 아들이 둘이니 이윤(以潤), 이중(以重)이다. 정견은 아들이 셋이니 이건(以健), 문과에 급제한 좌랑(佐郎) 이재(以載), 이명(以命)이다. 다 기록하지 않는다.

공은 칠봉공(七峯公)[123] 모(某)에게 단문(袒免)의 친(親)[124]이

123 칠봉공(七峯公) : 김희삼(金希參, 1507~1560)을 가리킨다. 본관은 의성, 자는 사로(師魯), 호는 칠봉, 진재(進齋)이다. 이황(李滉), 조식(曺植)과 도의로 교유하였다. 1531년(중종26) 문과에 급제하여 병조 좌랑, 삼척 부사 등을 역임하였다. 저서로는 《칠봉집(七峯集)》이 있다.

124 단문(袒免)의 친(親) : 상례(喪禮)에 있어 단문에 해당되는 친족으로, 고조부

되고 나이가 서로 비슷하며 뜻도 또한 같았으니, 밤낮으로 종유(從遊)하며 도의(道義)를 강론하고 연마하였다. 때로는 글을 짓는 여가에 천석(泉石) 사이에서 시를 외고 읊조리며 유유자득하였고, 평소 영화와 이익을 염두에 두지 않았다. 이것이 그 행의(行誼)의 도타움이 저와 같은 데 이른 것이니, 또 어찌 오직 타고난 자질에 근본한 것일 뿐이겠는가. 나는 그래서 즐겨 이를 지을 적에 말이 거듭되기에 이르러도 그칠 줄을 알지 못한다. 명은 다음과 같다.

자식이 어버이의 덕에 보답하고자 함에 하늘과 같아서 끝이 없으니, 비록 증민(曾閔)[125]의 효행처럼 하더라도 오히려 조금도 책임을 다하지 못할까 두려워한다. 마땅하여라, 공이 효도한 것으로 자처하지 않고, 죽어서도 오히려 미관(微官)의 제수를 사양하였도다. 하지만 깊이 이치를 터득함이 있지 않았다면 또한 그렇게 할 수가 없나니, 여기에서 보면 공의 학문을 또한 알 수 있다.

子欲報親之德 昊天罔極 雖如曾閔之爲 猶懼無毫毛塞焉 宜公之不以孝自居 而歿猶辭微官之除 然非其深有得於理 亦不能爾也 觀於此公之學 又可知已

의 형제자매, 증조부의 종형제자매, 조부의 재종형제자매, 부(父)의 삼종형제자매를 말한다. 단문은 곧 복(服)을 입지 않고 도포나 두루마기의 오른쪽 소매를 맺고 사각건(四角巾)을 써서 애도의 뜻을 표하는 상례이다. 《經國大典 禮典 喪葬》

125 증민(曾閔) : 효행에 뛰어난 공자의 제자 증삼(曾參)과 민자건(閔子騫)을 가리킨다.

각회 송공 묘갈명 병서

覺悔宋公墓碣銘 並序

공은 휘가 이회(以晦)이고 성(姓)이 송씨(宋氏)이며 각회(覺悔)는 그 자호(自號)이다. 시조는 송유익(宋惟翊)으로 고려 때 추밀원 부사(樞密院副使)를 지냈다. 3세를 내려와 정열공(貞烈公) 휘 송례(松禮)[126]에 이르렀으니, 송례는 난을 평정한 공로로 여량군(礪良君)에 봉해졌다. 이로 인하여 여량을 본관으로 삼았다. 조선에 들어와서 휘 윤번(允蕃)은 병조 참판(兵曹參判)을 지냈고, 휘 전(琠)은 나주 목사(羅州牧使)를 지냈고, 휘 복산(福山)은 한성부윤(漢城府尹)을 지냈으며, 복산이 휘 숙기(叔琪)를 낳았다. 숙기는 사헌부 지평(司憲府持平)을 지냈고 이조 참판(吏曹參判)에 증직되었으며 공에게 고조(高祖)가 된다. 증조는 휘가 세휘(洗輝)이니 부사직(副司直)을 지냈으며, 연산군 때 정치가 어지럽자 관직을 버리고 상주에 우거하였는데, 자손들이 그대로 거주하였다. 조부는 휘가 당(瑭)이니 통정(通政)이 되었다. 고(考)는 휘가 양(亮)이니 효행으로 관직이 주부(主簿)가 되었고 제향을 받았다.[127]

126 송례(松禮) : 송송례(宋松禮, ?~1289). 자는 입인(立仁), 시호는 정렬(貞烈)이다. 고려 원종 때 문하성 직사(門下省直事)로서 홍규(洪奎)와 함께 권신 임유무(林惟茂)를 죽이고 왕정(王政)을 복고시켰다.

127 제향을 받았다 : 1685년(숙종12) 경상도 상주(尙州)에 건립한 효곡서원(孝谷書院)에 제향되었다. 1724년(경종4) 상주 공성면 용신리 효곡산 아래 현 위치에 중건하고 김충(金沖), 고인계(高仁繼)를 추배하였다.

비(妣) 숙인(淑人)은 밀양 박씨(密陽朴氏)이니 사인(士人) 박언기(朴彦箕)의 따님이다.

공은 성품이 강직하면서도 어질었고, 평소에 효의(孝義)를 돈독히 한 것으로 일컬어졌다. 만력(萬曆) 임진년(1592, 선조25)에 왜구가 대거 침입하여 우리나라 고을 경계를 침범하자, 사람들이 모두 새나 짐승처럼 숨었고 성전(聖殿)을 지키는 자가 없었다. 공은 위험을 무릅쓰고 성전에 들어가 위판(位版)과 감(龕)을 받들어 땅속에 잘 묻어 두었고, 돌아와서 부모님을 모시고 병란을 피해 산골짜기로 들어갔다. 어머니를 업고 달아날 때에 어머니가 막 병을 앓고 있어서 술로 낫게 해야 하기에, 술병을 곧 자신의 목에 메고 갔다. 또 누룩 쌀을 얻어 바위틈 사이에서 몰래 술을 빚어서 난리 중에도 약물 치료를 폐하지 않았다. 하루는 왜적이 갑자기 부모님 가까이로 다가가자, 공이 크게 소리치면서 자신의 몸으로 막아서 부모님을 벗어나게 하다가 끝내 해(害)를 당하였으니, 오호라, 장렬하도다.

난리가 이미 평정되자 고을의 여러 어진 사람들이 모두 "뛰어난 절개는 없어져서는 안 된다."라고 하였다. 숙묘(肅廟) 무인년(1698, 숙종24)에 이르러서 이 일이 조정에 알려졌고, 영묘(英廟) 을묘년(1735, 영조11)에 비로소 정려(旌閭)가 내렸다. 공의 여동생도 또한 공과 더불어 같은 날 장렬하게 죽었으니, 아울러 정려가 내렸다. 한 집안에 두 사람의 절개가 있으니 또 얼마나 위대한가.

공은 모에 봉해진 모 씨에게 장가를 들었으나 후사가 없었다. 장지(葬地)는 모 지역 모향 언덕에 있다. 방손(傍孫) 계창(啓昌) 등이 장차 공을 위해 묘갈을 세우려고 나에게 명을 청하였다. 명은 다음과 같다.

성현을 위해서는 의롭게 죽음을 피하지 않았고 爲聖賢不避死義也
부모를 위해서는 능히 효도에 목숨을 다 바쳤다 爲父母克致死孝也
효성스러웠고 의로웠으니 죽어도 또한 쾌족하지만 孝且義死亦佼
오직 후사가 없으니 하늘은 대체 무슨 까닭인가 獨無后天曷故
나는 알겠노니, 백세 뒤에 공의 묘소를 지나는 자는
吾知百世之下過公墓者
반드시 가리키면서 슬퍼할 자가 있으리란 것을
其必有指點而嗟悼者矣

현감 양담 곽공 묘갈명 병서
縣監瀼潭郭公墓碣銘 並序

보잘것없는 내가 일찍이 《함녕지(咸寧誌)》를 보았더니, 거기에 양담(瀼潭) 곽공(郭公)에 대한 일이 한둘 실려 있었는데, 이르기를 "임진왜란 때 의병을 일으켜 왜적을 토벌하였고, 관직이 현감(縣監)에 이르렀으며, 효도와 우애를 힘써 행하였고, 관직에 있을 때는 청렴결백하였다."라고 하였다. 가만히 공경하고 감탄하였더니, 지금 그 방손(傍孫) 문상(文祥) 등이 장차 공의 묘갈을 세우려고 가장(家狀)을 가지고 와서 보잘것없는 나에게 보이며 묘갈명을 부탁하였다. 가장이 《함녕지》에 비해 비교적 상세하니, 즐거이 말하지 않을 수 있겠는가.

살펴보니, 공은 휘가 수인(守仁)이고 자가 경택(景宅)이며 양담(瀼潭)은 그 호이다. 곽씨(郭氏)는 본관이 서원(西原 청주(淸州))이니, 시조는 휘가 상(祥)으로, 신라 시대에 시중(侍中) 벼슬을 하였다. 중세(中世)에 문성공(文成公) 원(元),[128] 순현공(順顯公) 상(尙),[129] 문충공(文忠公) 탄(坦),[130] 문간공(文簡公) 기(琦)[131]가

128 문성공(文成公) 원(元) : 곽원(郭元, ?~1029)을 가리킨다. 고려 때의 문신으로, 문과에 급제하여 형부 상서(刑部尙書), 참지정사(參知政事) 등을 역임하였으며, 청렴하고 문장을 잘 지었다. 시호가 문성(文成)이다. 《高麗史 卷94 郭元列傳》

129 순현공(順顯公) 상(尙) : 곽상(郭尙, 1034~1106)을 가리킨다. 자는 원로(元老)이다. 추밀원 좌승지(樞密院左承旨)를 지냈으며 시호가 순현(順顯)이다. 《高麗史 卷97 郭尙列傳》

있었으니 모두 청백하다는 명망과 곧은 절개로 '고려 명신록(高麗名臣錄)'에 실려 있고, 문과 급제자가 12대를 이어졌으며 고관 대관이 이어졌다. 고조(高祖)는 휘가 존중(存中)이니 이조 참판(吏曹參判)을 지냈으며 서울에서 칠곡(柒谷)으로 거처를 옮겼다. 증조는 휘가 계종(繼宗)이니 참봉(參奉)을 지냈다. 조부는 휘가 상(商)이니 훈도(訓道)를 지냈다. 고(考)는 휘가 임(琳)이니 습독(習讀)을 지냈고, 또 함창(咸昌)으로 옮겨 거주하였다. 비(妣) 의인(宜人)은 창녕 조씨(昌寧曺氏)이니 수의부위(修義副尉) 조식(曺軾)의 따님으로, 가정(嘉靖) 정유년(1537, 중종32) 9월 모일에 공을 낳았다.

공은 영특함이 남들보다 뛰어났고, 문예(文藝)가 일찍 이루어졌으며, 널리 경서와 사서에 통달하여 그 당시의 동류들이 모두 옷깃을 여미고 추중하고 따랐다. 을유년(1585, 선조18)에 사마시(司馬試)에 합격하였다. 임진왜란 때 창의(倡義)하여 강우(江右)의 여러 선배(先輩)들과 함께 황령사(黃嶺寺)[132]에 모여 왜적을

130 문충공(文忠公) 탄(坦) : 곽상(郭尙)의 아들이다. 《고려사》 〈곽상열전〉에 "아들은 탄과 여이다.〔子坦輿〕"라고 하였다.

131 문간공(文簡公) 기(琦) : 곽탄의 손자이다.

132 황령사(黃嶺寺) : 경상도 함창현 황령산에 있다. 신라 선덕여왕 7년(638)에 의상대사가 창건했다는 기록이 있고, 1254년(고종41) 10월, 몽고군 차라대(車羅大)가 백화산성을 침공했을 때 황령사 승려 홍지(洪之)가 관민병(官民兵)을 거느리고 나가 격퇴하였다는 기록이 《삼국사기》에 있는 것으로 보아 고려 때 존재했던 사찰임을 알 수 있다. 임진왜란 때는 상주 지역 창의진(倡義鎭)이 조직된 곳으로, "현의 서쪽 황령산에 있다.〔在縣西黃嶺山〕"라는 기록이 있다. 《新增東國輿地勝覽 卷29 慶尙道 咸昌縣 佛宇》

토벌하기로 병사들과 맹세하였는데, 중요한 일에 대한 계책이 공에게서 나온 것이 많았다.

갑오년(1594) 겨울에 관천(館薦 성균관의 천거)으로 황산 찰방(黃山察訪)이 되었다. 을미년(1595) 봄에 임지에 부임했을 때는 병란이 일어난 지 이미 4년이 지나서 역(驛)이 쇠하고 피폐함이 심하였는데, 공이 마음을 다해 직분을 봉행하니, 얼마 되지 않아서 다시 살아났다. 우인(郵人)이 칭송하며 말하기를, "우리 공이 아니었다면 이 역은 잡초가 우거져 황폐하게 되었을 것이다."라고 하였다.

무술년(1598)에 임금의 특별교지로 창녕 현감(昌寧縣監)이 되었다. 당시는 큰 난리를 겪은 뒤이고 또 거듭 기근이 들었다. 공은 청렴함과 간약함으로 정사를 행하였다. 달마다 받는 봉록을 덜어서 민역(民役)을 견감(蠲減)해 주고, 엄하고 분명하게 아전들을 단속하였으며, 문행(文行)으로 선비들에게 권하니, 고을의 풍속이 장차 크게 변화하려 하였다. 그런데 북인(北人)이 바야흐로 권세를 휘두르매, 공은 관직에 있는 것을 즐거워하지 않고 5개월 만에 관직을 버리고 돌아왔다. 창녕 사람들이 비석을 세워 추념(追念)하였다.

공이 관직을 버리고 돌아올 때, 낙동강에 이르러 짐 속에 채소칼이 있는 것을 보고 강물에 던지라고 명하며 말하기를, "내가 어찌 조그마한 것이라도 관의 물건에 누를 끼치겠는가."라고 하였다. 집에 거처할 때 자주 쌀독이 비었지만[133] 편안한 듯이 하였다.

133 자주 쌀독이 비었지만 : 원문은 '누공(屢空)'으로, 자주 끼니를 굶는다는 말이

병오년(1606) 12월 모일에 병으로 졸(卒)하였으니, 70세를 살았다. 함창현 남쪽 율곡(栗谷) 선영 아래 자좌(子坐) 언덕에 장사지냈다. 부인 숙인(淑人) 진성 이씨(眞城李氏)는 부장하였다.

공은 타고난 본성이 맑고 밝으며 강하고 과감하였고, 충성스럽고 곧으며 자상하고 은혜로웠고, 또 깨끗한 지조를 지녔다. 그 학업과 정사(政事)에 나타난 것이 이미 이와 같았다. 효심으로 부모를 섬겼으니, 부모님의 뜻과 몸을 봉양함에 극진하게 하지 않음이 없었다. 전후 부모님의 상(喪)에 슬퍼하여 몸이 상하면서도 상례를 극진히 행하였고, 중문(中門)에 발을 들이지 않았다. 후상(後喪)에는 여묘(廬墓)에서 아침저녁으로 곡하기를 3년 동안 하였고, 매달 초하루가 아니면 집에 발걸음을 하지 않았다. 기제사 때마다 애통해하기를 처음 상을 당했을 때처럼 하였다. 여러 아우들에게 우애롭게 하여 그 정성과 사랑을 극진히 하였다. 자질(子姪)들을 가르침에 엄하면서도 법도가 있었다. 의(義)로써 친족에게 화목하게 하였고, 온화함으로써 남을 대하였으며, 비록 노복이나 천한 아랫사람일지라도 사납게 성냄으로 나무란 적이 없었다.

공은 젊어서부터 성현(聖賢)의 글을 강론하고 연마하여 뜻을 세움이 견고하였고 공부를 함이 지극히 도타웠다. 만년에는 더욱 그 맛을 알아서 매양 고인(古人)의 위기지학(爲己之學)의 절실하고 요긴한 가르침으로 후진들에게 말해 주기를 그치지 않았다. 공의 행실에 그 근본함이 있음을 또한 알 수 있다.

니 안빈낙도(安貧樂道)를 뜻한다. "공자의 제자 안회(顔回)가 도(道)의 경지를 즐기면서 자주 끼니를 걸렀다.〔回也, 其庶乎, 屢空.〕"라는 말에서 가져왔다. 《論語 先進》

부인 이씨는 찰방(察訪) 이굉(李宏)[134]의 따님이고 퇴계(退溪) 선생 형의 손녀로, 군자(君子)의 짝이 되어 법을 어김이 없었다. 공은 아들이 없어서 중질(仲姪) 용성(龍成)을 아들로 삼았으니, 용성은 훈도(訓導)를 지냈다. 훈도의 아들은 호군(護軍) 이한(以翰), 이병(以屛)이 있고, 딸은 김관(金琯)과 박성호(朴聲豪)에게 각각 시집갔다. 명은 다음과 같다.

공이 창의한 것 및 효우(孝友)와 청렴결백은 《함녕지》에 그 대략이 기록되어 있다. 나는 다만 그 행적을 모아 이를 실증하고, 아울러 공의 정사와 문학을 드러내어 이를 보는 자가 자세히 알 수 있도록 하였다.

公之倡義及孝友淸白 咸寧誌誌其畧矣 余特采其蹟以實之 幷著其政事文學 俾覽者有以悉焉

134 이굉(李宏) : 조선 전기의 문신. 퇴계 이황(李滉)의 조카이자 문인(門人)으로, 찰방(察訪)을 지냈고, 시문(詩文)에 능하였다.

찰방 호재 곽공 묘갈명 병서

察訪浩齋郭公墓碣銘 並序

아, 옛날 우리 명종(明宗)과 선조(宣祖) 시대는 문운(文運)이 크게 열리고 인재(人才)가 성대하게 나왔다. 그 시대에 태어난 선비는 비유컨대 곤포(崑圃)[135]의 옥과 같고 등림(鄧林)[136]의 재목과 같아서, 비록 그 관직의 지위가 낮고 미미하거나 사업(事業)이 심히 드러나지 않았다 하더라도 모두 뛰어난 기량을 간직하고 있어서 후세에 표출하기에 충분하다. 호재(浩齋) 곽공(郭公) 또한 그런 사람 가운데 한 분이다.

살피건대, 공은 휘가 수지(守智)이고 자가 경함(景含)이며 서원 곽씨(西原郭氏)로 호재(浩齋)는 그 자호(自號)이다. 세계(世系)와 관함(官銜)은 백씨(伯氏)인 양담공(瀼潭公)의 묘갈문에 모두 서술하였다. 공은 가정(嘉靖) 을묘년(1555, 명종10) 정월 모일에 태어났다. 아름다운 모습[137]이 사람들을 감동시켰고, 간약하

135 곤포(崑圃) : 곤포는 곤륜산(崑崙山)의 꼭대기에 있는 현포(玄圃) 즉 선경(仙境)을 말한 것으로, 전하여 곤륜산을 가리킨다. 예로부터 곤륜산에는 옥이 아주 많이 생산되었다.

136 등림(鄧林) : 좋은 재목이 무성하다는 신선의 숲으로 전설상의 지명이니, 《회남자(淮南子)》에 "과보가 지팡이를 버린 것이 등림이 되었다.〔夸父棄其策是爲鄧林〕"라고 한 데에서 유래하였다.

137 아름다운 모습 : 원문은 '부채(符彩)'이니, 미옥(美玉)의 광채로, 밖으로 드러나는 빼어난 의용(儀容)을 비유한다. 《산해경(山海經)》 〈북산경(北山經)〉에 "북쪽

면서도 중후하고 재기(才器)와 도량(度量)을 지녔으며, 글 읽기를 좋아하고 글짓기를 잘하였다. 겨우 성동(成童 15세)의 나이에 이미 과거 시험 준비생 가운데 넉넉히 수재가 되었고, 퇴옹(退翁 퇴계(退溪) 이황(李滉))을 돈독하게 흠모하였다. 풍기(豐基)에서 처가살이할 때에 매달 반드시 도산서원(陶山書院)[138] 사당에 달려가서 참배하였다. 또 여러 문로(門老)들을 종유(從遊)하여 퇴옹이 남기신 지결(指訣)을 강론하여 묻고 그것을 따라 실천해서 덕을 증진시키고 학업을 닦는 데 게을리하지 않았다.

을유년(1585, 선조18)에 사마시(司馬試)에 합격하였다. 임진왜란 때 왜적들을 피해 소백산(小白山)에 들어갔다가, 대가(大駕 임금의 수레)가 서쪽으로 몽진(蒙塵)하게 되었다는 소식을 듣고는 통곡하며 산을 나왔다. 백씨 양담공 및 고을의 여러 어진 분들과 함께 창의하여 의병을 규합해서 왜적을 토벌하겠다고 병사들과 맹세하였다. 또 소(疏)를 올려 감사(監司)와 안집사(按集使)가 겁에 질려 머뭇대던 상황 및 군국(軍國)에 관계된 일을 매우 절실하게 논하니, 주상께서 넉넉한 비답을 내려 말하기를, "알지 못하겠노라, 진경(眞卿)은 어떤 상황이었던 의사(義士)였던가."[139]라고 하

120리 되는 곳을 연산이라 하는데 영석이 많이 난다.〔北百二十里, 曰燕山, 多嬰石.〕"라고 하였으니, 진나라 곽박(郭璞)이 주(注)하기를, "돌이 옥과 같아 아름다운 결과 색채를 띠고 있으니 이른바 연석이라는 것이다.〔言石似玉, 有符彩嬰帶, 所謂燕石者.〕"라고 한 것에서 유래하였다.

138 도산서원(陶山書院) : 조선 선조(宣祖) 때 경상도 안동(安東)에 창건한 서원이다. 1575년(선조8)에 사액(賜額)되고, 이황(李滉)의 위패를 모셨으며, 영남 유림의 정신적 지주 역할을 하였다.

셨다. 당시에 겸암(謙庵) 유운룡(柳雲龍)[140] 공이 풍기 군수(豐基郡守)로 있었는데, 공의 충성과 책략이 쓸 만하다는 것을 알고, 무릇 병사를 뽑아 훈련시키는 일과 기계(器械)를 수선하고 성첩(城堞)을 지키는 일, 천장(天將)을 접대하는 일, 주린 백성을 진휼하여 구제하는 일, 그리고 둔전(屯田) 등의 일을 다 공에게 맡기니, 공은 처하는 상황에 따라 정성을 다해서 즉시 힘쓰지 않음이 없었다.

계사년(1593)에 공로와 능함으로 천거되어 집경전 참봉(集慶殿參奉)에 제수되었다. 갑오년(1594)에 건원릉 참봉(健元陵參奉)으로 옮겼다. 무술년(1598)에 송라 찰방(松羅察訪)에 제수되어, 피폐하고 병든 것을 줄이고 제거하니 우졸(郵卒)이 크게 소생하였다. 얼마 되지 않아서 관(官)에서 졸(卒)하였으니, 곧 그해 10월 모일이고 44세를 살았다. 함창현 남쪽 화동(禾洞) 간좌(艮坐) 등

139 진경(眞卿)은……의사(義士)였던가 : 진경은 당(唐)나라 현종(玄宗) 때의 신하로 노군공(魯郡公)에 봉해진 안진경(顔眞卿)을 가리킨다. 안녹산(安祿山)의 난 때 평원 태수(平原太守)로 있었는데, 당시에 하북의 24개 군(郡)이 모두 무너져 안녹산에게 항복하였지만 안진경은 평원 지역을 온전히 지켰고, 의병을 모집하여 적을 토벌하였다. 그 일이 보고되자 현종이 기뻐하면서 "짐은 알지 못하겠노라. 안진경의 상황이 어떠했는데, 한 바가 이와 같을 수 있었던가.〔朕不識顔眞卿形狀何如, 所爲得如此.〕"라고 말을 하였다. 《舊唐書 卷128 顔眞卿列傳》 여기서는 호재 곽공을 비유해서 말한 것이다.

140 겸암(謙庵) 유운룡(柳雲龍) : 1539~1601. 본관은 풍산(豐山), 자는 응현(應見), 호는 겸암이며, 시호는 문경(文景)으로, 이황의 문인이다. 임진왜란 때 풍기 군수(豐基郡守)로 부임하여 백성들의 생업을 보호하는 데 힘썼다. 저서로는 《겸암집(謙菴集)》이 있다.

성에 반장(返葬)하였다.

공은 효성으로 부모님을 섬겼다. 어버이가 세상을 떠나심에 몸이 훼척하여 거의 지탱하지 못할 정도였다. 후상(後喪)에는 여묘(廬墓)를 살면서 상제(喪制)을 마쳤고, 기일(忌日)에는 애통하게 부르짖기를 마치 단괄(袒括)[141] 때처럼 하였다. 우애와 화목함을 모두 지극히 하였으며 종족(宗族)과 오랜 교분이 있는 이를 구휼함에 아끼는 바가 없었다. 평소에 항상 서책 읽기를 폐하지 않았으니, 비록 병란(兵亂) 중일지라도 조금 틈이 나기만 하면 손에 책을 잡고 보았다. 전배(前輩)를 만날 때면 군무(軍務)를 이야기하는 것 외에, 반드시 질의(質疑)하여 더 배우기를 청해서 스스로 반드시 터득하기를 구하였다. 대개 그 행의(行誼)와 지업(志業)이 이와 같은 점이 있었건만, 불행하게도 왜구의 난리를 만나 중도(中道)에 세상을 떠났으니, 애석하도다. 저술한 것은 흩어지고 잃어버려 거의 없고, 지금 시문(詩文) 약간 권이 집안에 보관되어 있다.

부인은 공주 이씨(公州李氏)이니, 공숙공(恭肅公) 이명덕(李明德)[142]의 후손이고 진사(進士) 이극검(李克儉)의 따님으로, 단정

141 단괄(袒括) : 단문 괄발(袒免括髮). 시마(緦麻) 이하의 복(服)에서 두루마기 등 웃옷의 오른쪽 소매를 드러내는 것을 '단(袒)'이라 하고 관(冠)을 벗고 괄발(括髮)하여 머리에 사각건(四角巾)을 쓰는 것을 '문(免)'이라 하는데, 이는 상을 당한 동고조(同高祖) 종형제에게는 복(服)이 없으므로 단문을 하여 애의(哀意)를 표하는 상례(喪禮)이다. 여기서는 상을 처음 당했을 때를 의미한다.

142 이명덕(李明德) : 1373~1444. 자는 신지(新之), 호는 사봉(沙峯), 시호는 공숙이다. 1396년(태조5) 문과에 급제하였다. 이조 참판, 공조 판서, 지중추부사 등을 역임하고 우의정에 증직되었다.

하고 정숙하며 곧고 고요하여 심히 부인의 도(道)를 지녔으며, 공보다 뒤에 세상을 떠났고 공에게 부장하였다. 아들은 용백(龍伯)이 있으니 문과에 급제한 사예(司藝)이고, 딸은 정랑(正郎) 최철(崔喆), 강무선(姜茂先)에게 각각 시집갔다. 사예 용백의 아들은 이정(以楨)이니 영특하고 맑으며 문행(文行)이 있었다. 이정은 아들이 없어서 호군(護軍)을 지낸 재종(再從) 이한(以翰)의 아들 봉제(奉齊)를 양자로 들여 후사를 삼았다. 봉제는 기세(麒世), 인세(麟世), 봉세(鳳世), 귀세(龜世)를 낳았다. 나머지는 기록하지 않는다.

공의 7세손 효주(孝胄)가 장차 공의 묘갈을 세우려고 나에게 묘갈명을 부탁하였다. 명은 다음과 같다.

속에는 온축한 것이 있고	有蘊于中
밖으로 베푼 것이 있는 데다	有施于外
또 후세에 드리울 만한 점이 있으니	又有可垂於後
공이 어찌 끝내 숨겨지겠는가	公豈終晦

증 사헌부 지평 예효자 묘갈명 병서
贈司憲府持平芮孝子墓碣銘 並序

효자는 이름이 귀주(歸周)이고 자가 양경(讓卿)이며 성이 예씨(芮氏)로, 계통은 의흥(義興)에서 나왔다. 병조 참판(兵曹參判) 사문(思文), 한성부 우윤(漢城府右尹) 승석(承錫), 경주 부윤(慶州府尹) 충년(忠年)이 효자의 6, 7, 8세조이다.

효자는 인조(仁祖) 기묘년(1639, 인조17) 1월 모일에 태어났다. 타고난 성품이 지극히 효성스러웠다. 겨우 강보(襁褓)를 벗어난 나이에 이미 부모를 공경하고 사랑할 줄 알았으니, 젖을 먹을 때에는 반드시 꿇어앉아서 우러러 빨았다. 장성하여서는 부모님을 곁에서 모시고서 기뻐하고 즐거워하시도록 해 드렸고, 혼정신성(昏定晨省)[143]과 면곡(面告)[144]에 혹여라도 예(禮)를 어긴 적이 없었다. 집이 매우 가난하였지만 힘을 다해 맛난 음식을 올림에 모자람이 없도록 하였으니, 꿩과 비둘기가 스스로 주방에 들어오는 기이한 일이 있기까지 하였다. 부모님이 혹 편치 못한 점이 있으

143 혼정신성(昏定晨省) : 어버이를 봉양하는 것을 말한다. 《예기(禮記)》 〈곡례 상(曲禮上)〉에 "자식이 된 자는 어버이에 대해서, 겨울에는 따뜻하게 해 드리고 여름에는 시원하게 해 드려야 하며, 저녁에는 잠자리를 보살펴 드리고 아침에는 문안 인사를 올려야 한다.〔凡爲人子之體, 冬溫而夏凊, 昏定而晨省.〕"라는 말에서 가져왔다.

144 면곡(面告) : 출필곡반필면(出必告反必面)을 일컫는 말이다. 《예기》 〈곡례 상〉에 "자식이 되어서는 외출할 때는 반드시 아뢰고, 돌아와서는 반드시 얼굴을 뵙는다.〔夫爲人子者, 出必告, 反必面.〕"라고 한 데서 가져왔다.

면[145] 몸소 약을 마련해서 드시게 하였고, 얼굴에 근심하는 기색이 드러났다. 그리고 밤낮 띠를 풀지 않고 간호하여 병세가 조금이라도 심해지면 비록 매우 추운 겨울이라 할지라도 매일 밤 반드시 목욕하고 하늘에 기도하여 자신의 몸으로 대신하기를 청하였다.

아버지가 일찍이 설사병을 앓았는데 백약이 영험한 효과가 없었다. 의원이 말하기를, "입을 항문에 대고 숨을 불어넣어 열기가 배에 가득 차게 하면 낫습니다."라고 하자, 효자는 그 말을 따라 함을 5일 동안 그치지 않고 하였더니 끝내 효과를 보게 되었다. 아버지가 또 괴이한 질병을 얻어 기(氣)가 막히고 맥(脉)이 끊겼는데, 의원들은 모두 속수무책이었지만 효자는 손가락을 잘라 아버지께 피를 주입하기를 무릇 5일 동안 하여 소생하게 하였다. 이와 같이 한 것이 세 번이었다. 어머니가 일찍이 독종(毒腫)을 앓았는데, 의원이 "노루 고기를 붙이면 낫습니다."라고 말하였다. 효자는 화살을 끼고 언덕과 들판을 두루 다녔으나 획득한 것이 없어서 바야흐로 가슴을 치며 울고 있는데, 홀연 노루 한 마리가 쓰러져 있는 것을 보았다. 호랑이가 뜯어먹은 흔적이 있었는데 피가 아직 마르지 않았다. 그것을 가지고 돌아와 시험해 보니, 과연 효과가 있었다.

효자는 전후의 부모님 상(喪)에 여묘(廬墓)에 거처하며 죽을 먹었고, 아침저녁에는 무덤에 올라가 애달프게 부르짖었으며, 바

145 부모님이……있으면 : 《예기》 〈문왕세자(文王世子)〉에 "혹 편치 못한 일이 있을 때 내시가 문왕에게 고하면 문왕은 걱정스러운 얼굴빛을 하고 걸음걸이가 흔들렸다.〔其有不安節, 則內豎以告文王, 文王色憂, 行不能正履.〕"라고 한 말에서 가져왔다.

람이 불고 비가 내려도 피하지 않았다. 묘소 아래에 사는 사람들이 그 효성에 감동하여 혹 효자를 위해 눈을 쓸어 길을 열어 주었고, 나무하는 아이들과 목동들이 그 곡하는 소리가 들리면 또한 노래를 멈추었으며 감히 부근(斧斤)을 그 산에 가까이 가져가지 않았다. 효자는 늙어서 성묘할 수 없는 지경에 이르러서는 단(壇)을 만들어 종신토록 바라보며 절하였다.

매양 열성(列聖)의 기일(忌日)을 당하여서는 문득 소식(素食)을 하였다. 사람들이 혹 "나라의 은혜를 입지도 않았는데 견고히 부지함이 너무 지나칩니다."라고 말하니, 효자가 말하기를, "이 음식을 먹는 것과 이 옷을 입는 것이 나라의 은혜가 아니고 무엇이겠습니까."라고 하였다. 일찍이 서곡(鋤谷) 이공(李公)[146]에게 공부를 하였다. 이공이 세상을 떠났을 때, 효자는 당시 성시(省試)에 가는 길이었는데, 이 소식을 듣고는 시험장에 들어가지 않고 돌아와 심상(心喪) 삼 년을 행하였다.

효자는 형제들과 함께 살며 일찍이 나누어 따로 살지 않았다. 자질(子姪)들이 잘못을 하는 경우에는 문을 닫고 스스로를 책망하였다. 부모님이 다 돌아가시고 나서는 곧 과거 시험에 관한 공부를 그만두고, 산수(山水) 사이에 집을 지어 모초(慕初)라고 편액을 걸고 종일 단정히 앉아서 경전(經傳)을 완미하였으니, 스스로 터득한 의취가 많았다. 우담(愚潭) 정 선생(丁先生)[147]이 일찍이 효자를 보

146 서곡(鋤谷) 이공(李公) : 이원규(李元圭, 1597~1661)를 가리킨다. 본관은 홍양(興陽), 자는 기재(器哉), 호는 서곡이다. 영남 도사, 성균 사예(成均司藝), 통례원 우통례(通禮院右通禮) 등을 역임하였다.

고 절하며 말하기를, "공은 나의 스승입니다."라고 하였다.

효자는 나이 72세에 졸(卒)하였으니 곧 무자년(1708, 숙종34) 11월 모일이다. 용강(龍岡) 임좌(壬坐) 언덕에 장사 지냈다. 원근의 선비들이 영읍(營邑)에 호소하여 효자의 일을 고하여 올렸다. 영묘(英廟) 계유년(1753, 영조29)에 이르러 특명으로 사헌부 지평(司憲府持平)에 증직되었다. 지금 그 증손 수화(秀華)가 효자의 일을 가지고 와서 묘갈명을 부탁하였다. 그래서 위와 같이 차례하여 쓰고, 명을 붙인다.

내가 일찍이 괴이하게 여겼노니, 하늘이 효자의 정성에 감응하여 눈 속에서 죽순을 구하게 해 주고[148] 얼음 속에서 잉어를 얻게 해 주고,[149] 또 초목이 말라 죽게 하면서도[150] 효자로 하여금 그

147 우담(愚潭) 정 선생(丁先生) : 정시한(丁時翰, 1625~1707)을 가리킨다. 본관은 나주(羅州), 자는 군익(君翊), 호는 우담이다. 유일(遺逸)로 천거되어 진선(進善)을 지냈다. 인현왕후 폐위의 잘못을 상소했다가 파직되고 나서, 학문 연구와 후진 양성에 종사하였다.

148 눈……주고 : 삼국 시대 오(吳)나라 맹종(孟宗)의 효성을 말하는 것으로, 겨울에 대밭에 가서 울자 죽순이 돋아난 일을 말한다. 《삼국지》에 "오(吳)나라 맹종(孟宗)의 모친이 죽순 나물을 즐겼는데, 겨울철에 구할 수가 없었다. 그러자 맹종이 대밭으로 들어가 슬프게 우니, 죽순이 올라왔다."라고 한 데서 가져왔다. 《三國志 卷48 吳書 三嗣主傳》

149 얼음……주었고 : 진(晉)나라 왕상(王祥)의 효성을 말하는 것으로, "계모가 일찍이 산 물고기를 먹고 싶어 하였는데 당시는 얼음이 어는 매우 추운 날이었다. 왕상이 옷을 벗고 얼음을 깨고 물고기를 잡으러 물에 들어가려 하니, 얼음이 홀연 저절로 녹아 잉어 한 쌍이 튀어나왔다.〔母嘗欲生魚, 時天寒冰凍. 祥解衣, 將剖冰求之, 冰忽自解, 雙鯉躍出.〕"라고 한 데서 가져왔다. 《小學 善行 第6 明倫》

당시에는 드러나 영화롭게 하지 못하고, 이에 초택(草澤)에 매몰되어 예 효자(芮孝子) 같은 사람이 있게 하였음을. 어쩌면 또한 오히려 후세에 명교(名敎)를 주관하고 풍성(風聲)을 세우는 자를 기다려서 보답해 줌이 있으려는 것일런가. 만약 그렇다면 하늘의 뜻이 진실로 포증(褒贈)에만 그치지 않을 터이니, 오호라, 기다려 볼 만하도다, 기다려 볼 만하도다.

吾嘗怪天感孝子之誠 與之以雪筍氷鯉 又令草木枯死 而不能使孝子顯榮於當時 乃有埋沒草澤如芮孝子者 豈亦猶有待於後世之主名教樹風聲者 以報施之耶 若爾則天意固不止於褒贈而已 嗚呼 其可俟歟 其可俟也

150 초목이……하면서도 : 진(晉)나라 왕부(王裒)의 효성을 말하는 것으로, 왕부가 아버지 왕의(王儀)가 진 문제(晉文帝)의 사마(司馬)로 있으면서 직간을 했다가 비명(非命)하였는데, "아버지 묘 옆에 여막을 짓고 아침저녁으로 항상 묘에 이르러 절하고 무릎 꿇고 측백나무를 부여잡고 슬피 울어 그 눈물이 나무에 묻어 나무가 그 때문에 말라 죽었다.〔廬于墓側, 旦夕常至墓所, 拜跪, 攀栢悲號, 涕淚著樹, 樹爲之枯.〕"라는 일이 있었던 데서 가져왔다. 《小學 善行 第6 明倫》

처사 송공 묘갈명 병서

處士宋公墓碣銘 並序

공은 휘가 이진(以鎭)이고 자가 중보(中甫)이고 성은 송씨(宋氏)로 본관이 여산(礪山)이다. 여산 송씨는 시조가 송유익(宋惟翊)이니 고려 시대에 추밀부사(樞密副使)를 지냈다. 3세를 지나 휘 송례(松禮)에 이르렀으니, 송례는 난을 평정한 공으로 여량군(礪良君)에 봉해졌는데, 휘 분(玢)과 휘 서(瑞)는 모두 이를 습봉(襲封)하였다. 우리 조선에 들어와 병조 참판(兵曹參判)을 지낸 휘 윤번(允蕃), 나주 목사(羅州牧使)를 지낸 휘 전(琠)이 있었고, 한성부윤(漢城府尹)을 지낸 휘 복산(福山)이 있었으니, 복산이 공의 6세조가 된다. 고조는 휘가 숙기(叔琪)이니 이조 참판(吏曹參判)에 증직되었다. 증조는 휘가 세휘(洗輝)이니 부사직(副司直)을 지냈으며, 연산조(燕山朝)에 벼슬을 버리고 상주(商州)에 우거하였으므로 자손들이 그대로 살았다. 조부는 휘가 당(瑭)이니 통정대부(通政大夫)이다. 고(考)는 휘가 양(亮)이니 효도로 천거되어 주부(主簿)가 되었고, 비(妣) 숙인(淑人)은 밀양 박씨(密陽朴氏)이니 사인(士人) 박언기(朴彦箕)의 따님으로, 만력(萬曆) 정축년(1577, 선조10) 7월 모일에 공을 낳았다.

공은 헌걸차고 뛰어났으며 어려서부터 총명하였다. 일찍이 복재(復齋) 정국성(鄭國成)[151] 공에게 나아가 공부하여, 창려(昌黎)

151 복재(復齋) 정국성(鄭國成) : 1526~1592. 본관은 진주(晉州), 자는 숙거(叔

의 남산시(南山詩)[152]와 통감(通鑑) 반씨(潘氏)의 논(論)[153]을 수업받았는데, 한 번 읽으면 남김없이 다 외워 버리니 복재공(復齋公)이 매우 기특하게 여겼다.

임진왜란 때 고을 남쪽의 부로(父老)들이 무사(武士)들을 모집하여 한곳에 진(陣)을 치고 왜적을 막을 계책을 세웠다. 공의 집에서도 가서 따르고자 하였다. 공은 당시에 나이가 16세였는데, 불가하다고 하면서 말하기를, "저곳은 고립된 군진으로 싸움에 패하게 되면 모두 죽으니, 각각 험한 곳에 의거하였다가 혹 벗어날 수 있는 것만 못합니다."라고 하니, 집안사람들도 그렇다고 여기고 공의 말을 따랐다. 얼마 있지 않아서 과연 그렇게 되었는데, 공의 집만 온전하였다.

계사년(1593) 여름에 왜적이 갑자기 아버지 주부공(主簿公)을 위협하매, 공의 형 이회(以晦)가 몸으로 이를 막아서 어버이를 탈출시키고 죽었다.[154] 공이 이를 이어서 짧은 무기로 몇 번 접전하

擧), 호는 복재이다. 학행으로 천거되어 목청전 참봉(穆淸展參奉)에 제수되었으나 나아가지 않았다.

152 창려(昌黎)의 남산시(南山詩) : 창려는 당(唐)나라 한유(韓愈)의 자이다. 남산시는 한유가 종남산(終南山)에 올라가 그 승경(勝景)을 묘사한 시편의 이름이다. 오언고시(五言古詩) 204구로 되어 있는데, 필세(筆勢)가 지극히 웅건(雄健)하다. 두보(杜甫)의 북정시(北征詩)와 쌍벽을 이루는 걸작으로 회자되고 있다. 《韓昌黎集 卷1》

153 통감(通鑑) 반씨(潘氏)의 논(論) : 《자치통감총론(資治通鑑總論)》을 가리키니, 《통감총론》 혹은 《사론》으로 부르기도 한다. 반씨는 원(元)나라 무원(婺源) 사람 양절(陽節) 반영(潘榮)으로, 박학하여 여러 경전을 통달하였으며, 특히 사서(史書)에 더욱 뛰어났다.

154 공의 형……죽었다 : 이 일에 관해서는 앞의 〈각회 송공 묘갈명(覺悔宋公墓碣

였다. 공은 마구 뛰고 넘으며 벗어났고, 이어서 활을 당기며 풀쩍 뛰어 적을 향하니, 적들이 감히 진격하지 못하였다. 때마침 해가 또 저물어 드디어 아버지 주부공을 온전하게 하였다. 매양 그 효성스럽고 또 용감했던 것을 말함에 그치지 않았다.

공은 왜란이 평정되고 나서 나의 선조(先祖) 문장공(文莊公 정경세(鄭經世)를 가리킴)에게 수업을 받아 예학(禮學)을 강론하였다. 일찍이 친당(親黨)의 권유로 억지로 과거 시험에 나아갔으나, 합격하지 못하였다. 이로 인하여 과거 공부를 그만두고 전원에 은거하였다. 현묘(顯廟) 경자년(1660, 현종1) 11월 모일에 생을 마쳤으니 84세를 살았다. 이듬해 2월에 용상동(龍上洞) 진향(辰向) 언덕에 배(配) 진산 강씨(晉山姜氏)와 합장하였다.

공은 어버이를 사랑함이 매우 도타웠다. 어머니 박씨(朴氏)가 난리 중에 세상을 떠났는데, 공은 상(喪)을 치름에 한결같이 예제(禮制)에 맞게 하였다. 아버지 주부공(主簿公)을 받들어 좌우로 마음을 기쁘게 해 드리는 데[155] 모든 방도를 다하였다. 상을 당하여서는 몸이 훼척함이 예제를 넘었고, 여묘(廬墓)에서 삼년상을 다하였다. 기일(忌日)에는 반드시 목욕하고 친히 제수(祭需)를 마련함에 정결함과 정성을 지극히 하였다. 돌아가신 부모님을 위하여 별도로 전장(田庄)을 마련하고, 자손들에게 글을 남겨 말하기

銘)〉에 상세하게 실려 있다.

155 마음을……데 : 원문은 '색양(色養)'으로, 자식이 화기로운 낯빛으로 부모를 봉양하는 것, 혹은 자식이 부모의 안색을 살피면서 봉양하는 것을 말한다. 자하(子夏)가 효(孝)에 대해서 물었을 때, 공자가 '색난(色難)'이라고 대답한 데서 유래한 말이다. 《論語 爲政》

를, "뒷날 조천(祧遷)할 때 반드시 나의 사당에 받들어 모셔서 그 제사를 영원히 하라. 나는 입신양명(立身揚名)하여 어버이를 드러내는 효도를 하지 못하였고, 봉양 또한 극진히 하지 못하였다. 이렇게 하지 않는다면 장차 어떻게 나의 정성을 바치겠는가."라고 하였다.

공은 형의 자식을 자기 자식처럼 돌보아 주었으니 혼인을 반드시 먼저 하게 하였다. 일찍이 복재공(復齋公)에게 공부했다는 것으로써 복재공의 기일(忌日)에는 반드시 소식(素食)을 하고 그 제수(祭需)를 도와주었다. 《소학(小學)》과 《가례(家禮)》를 가지고 자제들을 가르쳤고, 온공(溫公)의 〈잡의(雜儀)〉[156]를 가지고 가정의 법도를 정하였다. 종족들에게 도탑고 화목하게 대하였고, 궁핍한 사람들을 구휼하였다. 남을 대하고 물(物)을 접할 때는 정성과 정다움을 극진히 하였다. 선행을 보면 반드시 드러내고, 악행을 보면 더럽혀질 것을 염려하였다. 후진들을 만나면 즐거이 고을의 선정(先正)의 아름다운 의범(儀範)을 들어 그들을 가르쳐 인도하였다.

공은 타고난 본성이 엄하고 과감하였다. 평소에 반드시 새벽에 일어나 세수하고 머리 빗고서 자리를 바루고 앉았으니 위풍 있는 모습이 시원스러웠다. 나이가 대질(大耋)[157]이 지났을 때도 신채

156 온공(溫公)의 잡의(雜儀) : 온공은 송나라 사마광(司馬光)을 가리키고, 잡의는 그가 지은 《거가잡의(居家雜儀)》를 가리키는 듯하니, 집안에서 지켜야 할 사소한 예절을 기록한 것을 말한다.

157 대질(大耋) : 노년기를 이르는 말로, 흔히 80세를 뜻하는 말로 쓰인다. 《주역》 〈이괘(離卦) 구삼(九三)〉에 "기우는 해가 서산에 걸려 있으니, 질장구를 두드려 노

(神采)가 오히려 밝게 빛났다. 어느 날 뜻하지 않게 작은 병을 앓다가 홀쩍 떠나 버렸으니, 또한 기이하다.

부인 강씨(姜氏)는 참의(參議)에 증직된 강여성(姜汝醒)의 따님으로, 효부(孝婦)로 칭찬을 받았다. 아들이 하나 있으니 덕부(德溥)이고, 딸은 첨지(僉知) 박선(朴璿), 사인(士人) 채극유(蔡克猷)에게 각각 시집갔다. 덕부의 아들은 생원(生員) 경(熲), 영(領)이 있고, 딸은 안응경(安應庚), 이지번(李之蕃)에게 각각 시집갔다. 나머지는 기록하지 않는다.

공의 7세손 계주(啓周)가 장차 공의 묘갈을 세우려고 신와(新窩) 이재관(李在寬)[158] 공이 찬술한 행장을 가지고 와서 나에게 보이며 명을 부탁하였다. 명은 다음과 같다.

아, 공의 태어남은	緊公之生
우연이 아닌 듯한데	若不偶然
어찌 귀함은 주지 않고	胡莫與貴
다만 나이만 주었던가	而徒錫年
어쩌면 두텁게 온축한 것을	豈將厚蘊
멀리까지 면면이 이으려는 것인가	以致遠綿
공은 자손들이 많으니	公多子孫

래하지 않으면 대질을 서글퍼함이어서 흉하리라.〔日昃之離, 不鼓缶而歌, 則大耋之嗟, 凶.〕"라고 한 데서 가져왔다.

158 신와(新窩) 이재관(李在寬) : 1620~1689. 본관은 흥양(興陽), 자는 휘언(徽彦), 호는 신와이다. 상주(尙州)에 살았다.

그중에 반드시 현자가 있을 터　中必有賢
극에 달하고 나면 이에 비상하니　既極乃飛
변하지 않는 것은 천리이리라　不爽者天

무민재 김공 묘갈명

无悶齋金公墓碣銘

김씨 성은 알지왕을 시조로 하는데	金之氏始閼智
고려 때 조가 있으매 시중의 지위에 올랐고	麗有祚侍中位
보문각 직제학으로 상산을 본관으로 했으니	直寶閣籍商山
그 뒤 십 대에 걸쳐 대대로 벼슬을 하였다	後十代代有官
문과 급제가 셋이고 무과 급제가 하나이며	文科三武科一
소과 합격 다섯이고 고을 수령이 넷이었다[159]	五折蓮四剖竹
호 일묵재 휘 광두[160]인 분에 이르러서는	逮默翁諱光斗
여러 현철들과 함께 서원에 배향되었네[161]	幷羣哲享俎豆

159 소과……넷이었다 : 원문의 '절연(折蓮)'은 본디 '연꽃을 꺾다'는 말로, 소과(小科)의 합격자 명부를 연방(蓮榜)이라 하기 때문에 소과에 합격함을 이렇게 표현한 것이다. 원문의 '부죽(剖竹)'은, 지방관으로 부임함을 이르는 말로, 남조(南朝) 송(宋)의 사령운(謝靈運)의 "바닷가 태수(太守)로 죽부(竹符)를 나눠 받고, 돛배 띄워 고향 동산 돌아보며 지나가네.〔剖竹守滄海, 枉帆過舊山.〕"라는 시구에서 가져온 것이다. 《文選 卷26 過始寧墅》

160 광두(光斗) : 김광두(金光斗, 1562~1608)로, 자는 여우(汝遇), 호는 일묵재(一默齋)이며, 유성룡(柳成龍)의 문인이다. 임진왜란 때 정경세(鄭經世), 이준(李埈), 전식(全湜) 등과 함께 경상도 함창(咸昌), 황령(黃嶺) 등지에서 의병을 모집하여 왜적과 싸웠다.

161 서원에 배향되었네 : 정종로(鄭宗魯)가 찬술한 〈성균 진사 일묵재 김공 행장〉에 "금상 병오년(1786, 정조10)에 이르러 고을의 인사들이 효곡서원에 공을 제향하였다.〔至今上丙午, 鄕人士躋享公於孝谷書院.〕"라는 기록이 있다. 《立齋集 卷47 成均進士一默齋金公行狀》 효곡서원(孝谷書院)은 1685년(숙종12) 송량(宋亮)을 배향한

그 넷째 아들은 매우 닮은 점이 있었으니	第四胤有克肖
이름을 보라 하고 자를 위보라 하였다네	名曰堡字衛甫
어머니는 문씨이니 감천을 본관으로 하였고	妣文氏籍甘泉
군자를 짝하고 나서 의당 어진 자식 두었네	旣嬪德宜娠賢
만력 연간 정유년(1597, 선조30)	時萬曆歲丁酉
달은 구월이고 날은 이십오일에	月維九日念五
상주(商州) 송령리에서 보를 낳았으니	生于商里松嶺
국량과 모습이 뛰어나고 추향이 바르네	器宇異趍嚮正
일찍이 나의 선조를 사사하였으니[162]	早師事吾先祖
심경을 수업받아 도로써 나아갔고	受心經造以道
또 창석[163]의 문하에 왕래하였으니	亦往來蒼石門
학문이 전일하고 나서 행실이 더욱 도타웠네	學旣專行益惇
효우를 돈독히 함에 정과 예를 극진히 했고	篤孝友盡情文

것이 모체이다. 1724년(경종4) 상주 공성면 용신리 효곡산 아래 현 위치에 중건하고, 김충(金沖), 고인계(高仁繼)를 추배하였으며, 1786년(정조10)에 김광두를 추배하였다. 1870년(고종7)에 훼철되었다가 1931년 강당을 복원하고 1968년 사당을 중건하고 복원 고유를 하였다.

162 나의 선조를 사사하였으니 : 나의 선조는 정경세(鄭經世, 1563~1633)를 가리킨다. 정경세의 본관은 진주(晉州), 자는 경임(景任), 호는 우복(愚伏)이며, 시호는 문장(文莊)이다. 예학에 조예가 깊었다. 저서로는 《우복집(愚伏集)》, 《상례참고(喪禮參考)》, 《주문작해》가 있다.

163 창석(蒼石) : 이준(李埈, 1560~1635)의 호이다. 본관은 흥양(興陽), 자는 숙평(叔平)이며, 시호는 문간(文簡)이다. 유성룡(柳成龍)의 문인으로, 1591년(선조24) 문과에 급제하여 집의(執義), 부제학(副提學) 등을 역임하였다. 저서로는 《창석집(蒼石集)》이 있다.

나의 가난을 즐기며 바깥 분분함을 잊었네	樂吾貧忘外紛
과거 공부 사양하고 동쪽 언덕[164]에 은거해	謝公車隱東岡
무민으로써 그 당에 편액을 걸어 놓고	以无悶扁其堂
날마다 흐르는 물 바위 사이를 거닐며	日徜徉水石間
동지들과 함께 강론하며 서로 기뻐했네	與同志講相歡
그 당시에 명망이 높던 서곡공[165]께서	鋤谷公望臨時
깊이 추중하며 편지를 보낸 적 있었네	推許深書嘗貽
어찌 저 후학들을 이끌지 않았으랴	盍引進彼後學
유림에 모범이 되었음을 알 수 있겠네	型儒林斯可識
대개 공은 타고난 자질이 중후하였고	蓋公質重而厚
모습이 존엄하고 성품이 침착 과감했네	貌尊嚴性沈毅
세찬 위엄으로 안 해도 사람들이 공경하니	不怒威所至敬
집안의 상하 사람이 한결같이 명을 따랐네	家上下一唯命
고을의 장소들이 감히 함부로 함이 없으니	鄕長少無敢戲
큰일이 있으면 반드시 공에게 의논하였네	有大事必就議
남의 궁함을 구휼함에 미치지 못한 듯이 하고	賙人窮如不及

164 동쪽 언덕 : 원문은 '동강(東岡)'으로, 벼슬에 나가지 않고 물러나 있는 곳을 뜻한다. 후한(後漢) 안제(安帝) 때, 주섭(周燮)이 벼슬에 나아가지 않자, 종족(宗族)이 그에게 "대저 덕을 닦아 수행하는 것은 나라를 다스리기 위함이다. 선세로부터 훈총이 줄을 이었는데, 그대만 어찌 유독 동강의 산비탈을 지키는가?〔夫修德立行, 所以爲國, 自先世以來, 勳寵相承, 君獨何爲守東岡之陂乎?〕"라고 말한 것에서 유래하였다. 《後漢書 卷53 周燮列傳》

165 서곡공(鋤谷公) : 이원규(李元圭, 1597~1661)를 가리킨다. 본관은 흥양(興陽), 자는 기재(器哉), 호는 서곡(鋤谷)이다. 영남 도사, 성균 사예(成均司藝), 통례원 우통예(通禮院右通禮) 등을 역임하였다.

선비의 어려움을 급히 여김에 못 해낼까 염려했네　急士難恐不克
뛰어난 여러 행실이 이렇듯 빛났으니　最羣行灼如斯
참으로 부형과 스승을 저버리지 않았네　信不負父與師
정사년(1677, 숙종3) 겨울 10월　歲丁巳冬十月
11일에 공이 이에 세상을 떠났으니　旬有一公乃卒
팔순 넘게 살았던 행적이 훌륭했네[166]　壽踰八視履祥
부인 송씨는 본관이 여량으로　配宋氏貫礪良
우곡 송량[167]이 곧 조부이시고　愚谷亮乃王父
판결사가 곧 그의 아버지이니[168]　判決事卽其考
군자의 짝이 되어 덕을 어김이 없었고　配君子無違德
자녀를 가르쳐 다 법을 따르게 했으며　教子女咸順則
여러 조카를 자신의 소생처럼 보았으니　視諸姪如己出

166 행적이 훌륭했네 : 《주역(周易)》 〈이괘(履卦) 상구(上九)〉에 "행실을 살펴보아 길흉을 상고하되, 주선한 것이 완벽하면 길하리라.〔視履考祥, 其旋元吉.〕"라는 말에서 원용하였다.

167 우곡(愚谷) 송량(宋亮) : 1534～1618. 본관은 여산(礪山), 자는 경명(景明), 호는 우곡이다. 학행으로 정구(鄭逑)의 천거로 헌릉 참봉(獻陵參奉)에 임명되었고, 유곡도 찰방(幽谷道察訪), 한성 참군(漢城參軍) 등을 역임하였다. 상주 효곡서원(孝谷書院)에 봉향되었다. 저서로는 《우곡집(愚谷集)》이 있다.

168 판결사(判決事)가……아버지이니 : 송이회(宋以誨)를 가리키니, 송량의 아들이다. 임진왜란을 당하여 향교의 위패가 일본군에게 훼손될 것을 우려하여 깨끗한 곳에 묻은 후 부모를 백화산으로 피신시켰으나 일본군이 몰려오자 아우 송이필(宋以弼)과 함께 부모를 구하고자 혼신의 힘을 다하니 부모는 화를 면했으나 송이회, 송이필 형제는 끝내 화를 입었다. 송량은, 자식은 나를 위해 목숨을 버렸는데 자신은 군왕을 위해 죽지 못하는 것을 한탄하고 상주의 의병부대인 상의군에 힘을 보탰다. 후일 이러한 사실이 조정에 알려져 1729년(정조7)에 정려되었다.

옛 우아한 이를 따라하여 짝이 되었네	追古媛以爲匹
신축년에 태어나 병진년에 돌아가셨고[169]	生辛丑歿丙辰
공과 함께 한 언덕에 같이 묻혔으니	與公墓同一原
묘소는 남성산 간좌에 있으며	南城山艮坐處
아들 여섯 명과 딸 두 명을 두었네	有六男及二女
동성의 손자는 스물둘을 얻었고	得姓孫二十二
외손 여섯 명도 모두 창성하네	外孫六幷昌熾
증현손은 많아서 다 쓰지 않으니	曾玄多不盡書
적선가에 경사가 남음이 있도다[170]	積善家慶有餘
관위의 성대함은 오히려 그만 못하였으니	官位盛猶莫如
내가 명문으로 쓴 이 말이 헛말이 아니네	我銘此語非虛

169 신축년에……돌아가셨고 : 신축년은 선조(宣祖) 34년인 1601년이고 병진년은 숙종(肅宗) 2년인 1676년이다.

170 적선가에……있도다 : 선행을 쌓은 집은 반드시 경사가 따른다는 말이다. 《주역(周易)》 〈곤괘(坤卦) 문언(文言)〉에 "선을 쌓은 집안에는 후손에게 반드시 경사가 있게 마련이고, 불선을 쌓은 집안에는 후손에게 반드시 재앙이 돌아오게 마련이다.〔積善之家, 必有餘慶, 積不善之家, 必有餘殃.〕"라고 한 말에서 유래하였다.

입재집

제35권

갈명 碣銘

갈명 碣銘

송만 김공 묘갈명 병서

松灣金公墓碣銘 並序

공은 휘가 혜(惠)이고 자가 회중(晦仲)이며 성은 김씨(金氏)이니, 고려 시대 보윤(甫尹) 수(需)의 후손이다. 그 본관을 상산(商山)으로 한 것은, 낙성군(洛城君)[1]이 처음 상산에 봉해졌을 때부터 시작하였다. 고조(高祖)는 휘가 화(鏵)이니 무과(武科)에 급제하여 부사(府使)를 지냈는데, 청렴하고 곧으며 판결을 잘하였다. 충암(冲庵) 김정(金淨)[2]이 그의 묘갈명을 지었다. 증조는 휘가 광율(匡律)이니 진사(進士)이다. 조(祖)는 휘가 겸(鎌)이니 생원(生

1 낙성군(洛城君) : 김선치(金先致, 1318~1398)를 가리킨다. 본관은 상주(尙州)로, 형 득배(得培), 아우 득제(得齊)가 모두 유장(儒將)이다. 고려 말에 상주로 퇴거(退去)하여 무인년(1398, 태조7)에 졸하니, 향년이 81세였다. 관직은 중대광(重大匡)의 품계에 이르고 낙성군에 봉해졌다.

2 충암(冲庵) 김정(金淨) : 1486~1521. 본관은 경주(慶州), 자는 원충(元冲), 충암은 그의 호이며 다른 호는 고봉(孤峯)이다. 중종 2년(1507) 문과에 급제하고, 도승지, 대사성, 예문관 제학을 역임하였다. 시호는 문간(文簡)이며 저서로는 《충암집(冲庵集)》이 있다. 《충암집》 권5에 〈순천 부사 김공 묘갈명(順天府使金公墓碣銘)〉이라고 제한 김화(金鏵)의 묘갈명이 실려 있다.

員)이다. 고(考)는 휘가 수길(綏吉)이니 효도한 것으로 정랑(正郞)에 증직되었다. 비(妣)는 전주 이씨(全州李氏)이니 명종 병인년(1566, 명종21) 모월 모일에 공을 낳았다.

공은 어릴 때부터 준수하고 뛰어났으며, 문예(文藝)가 일찍이 성취되었으니, 서애(西厓) 유성룡(柳成龍, 1542~1607) 선생 문하에서 공부하였다. 선묘(宣廟) 경인년(1590, 선조23)에 진사에 입격하여 경행(經行)으로 천거되어 참봉(參奉)이 되었고, 전중 어사(殿中御史)가 되기에 이르렀다.

을사년(1605)에 대전에 나아가 책문(策問)에 대답할 때, "학교(學校)를 세워 현재(賢才)를 등용함이 시급히 힘써야 할 일인데, 그 근본은 임금께서 스스로 새로워지는 데 달려 있습니다."라고 말하매, 마침내 장원(壯元)으로 뽑혔다. 병오년(1606)에 호조 좌랑(戶曹佐郞) 겸 춘추관 기사관(兼春秋館記事官)으로 옮겼다.

무신년(1608)에 제독(提督)에 임명되었다. 당시는 임진왜란을 겪은 지 얼마 되지 않아서 인심(人心)이 쉽게 요동하였다. 소재(所在)의 경계(經界)[3]가 옛 제도를 잃어, 관리들이 간사한 짓을 해서 백성들이 더욱 고통스러웠다. 조정에서는 공의 재주와 덕으로 부임해 가는 곳마다 진압해서 잘 다스릴 것이라고 여겼으니, 독우(督郵)로부터 통판(通判)이 되기까지 칠로(七路)의 막부를

3 경계(經界) : 땅을 다스리고 토지를 나누어서 도랑과 길과 봉식(封植)을 구분하는 경계를 구획함을 이른다. 《맹자》 〈등문공 상(滕文公上)〉에 "인정은 반드시 경계를 다스림으로부터 시작되는 것이니, 경계를 다스림이 바르지 못하면 정지가 균등하지 못하며, 곡록이 공평하지 못하게 된다.〔夫仁政必自經界始, 經界不正, 井地不均, 穀祿不平.〕"라고 하였다.

두루 보좌하였고, 영남의 경우는 재임하기도 하였다. 광해군 때 정치가 혼란하기에 이르자 10여 년 동안 집에서 지내면서 여러 어진 사람과 도의(道義)를 강론하고 연마하였다.

계해년(1623, 인조1) 인조 반정으로 여러 어진 사람들이 함께 나아갔는데,[4] 이때 공도 다시 등용되어 내직으로 들어가서는 예조(禮曹)의 낭관(郎官)이 되고, 외직으로 나가서는 풍기 군수(豐基郡守)가 되어 명성과 이룬 업적이 있었으니, 논하는 자들이 "온축한 것을 이제부터 펼칠 수 있겠다."라고 하였다. 이듬해 갑자년(1624) 모월 모일에 관부에서 세상을 떠났으니, 향년이 59세였다. 원근의 사람들이 애석하게 여겼고, 마을 서쪽 오가곡(吾佳谷)의 선영(先塋) 곁 묘향(卯向) 언덕에 장사 지냈다.

공은 어버이에게 효도하고 형제에게 우애로웠고 벗들에게 신의가 있었다. 성품이 너그럽고 온화하여 기쁨과 노여움을 얼굴색에 드러내지 않았다. 하지만 어떤 일을 만나서는 영특한 기운으로 떨쳐 일어나 바로 판별하지 아니함이 없었으니, 잘 다스려지는 조정에 등용됨이 이유가 있었던 것이다. 공은 일찍이 송만(松灣)이라고 스스로 호를 삼았다. 마을 사람과 고을의 여러 어진 이들이 바야흐로 사당을 세워 공을 제사 지내기를 의논하였다.

부인 숙인(淑人)은 영가 권씨(永嘉權氏)이니 습독(習讀) 권적

4 함께 나아갔는데 : 원문은 '휘정(彙征)'으로, 《주역(周易)》의 태괘(泰卦)는 하늘과 땅이 서로 자리를 바꾸어 사귀는 형상인데, 그 초구(初九)에 "띠 풀을 뽑음이라, 그 무리로써 가는 것이니 길하다.〔拔茅茹, 以其彙征, 吉.〕"라고 한 데서 인용하여, 군자(君子)가 벗들과 함께 나아감을 말한다. 선류(善類)가 많이 등용될 때를 이르는 말로 쓰인다.

(權適)[5]의 따님으로, 1남 2녀를 두었다. 장남은 창업(昌業)이니 종사랑(從仕郎)을 지냈고, 딸은 황하식(黃河湜), 하진영(河晉瀛)에게 시집갔다. 창업은 아들이 하나이니 통덕랑(通德郎) 오(碤)이다. 오는 아들이 셋이니 지망(之望), 통덕랑 구망(久望), 이망(以望)이 있고, 딸이 둘이니 이윤우(李潤雨), 이시사(李時社)에게 시집갔다. 지망은 아들이 넷이니, 경(坰), 자(垍), 식(埴) 그리고 양자로 나간 훈(塤)이다. 구망은 아들이 하나이니 유(堬)이다. 이망은 훈을 후사로 들였다. 경은 아들이 하나이니 상인(象仁)이다. 나머지는 기록하지 않는다. 명은 다음과 같다.

명종과 선조 시대에 유자들이 배출되었으니	明宣之世儒輩出
영명함을 드날림[6]에 공도 그중 한 사람이네	蜚英騰茂公其一
저 등림[7]의 재목이 다 빼어남에 비유되니	譬彼鄧林材皆絶

5 권적(權適) : 1094~1147. 본관은 영가(永嘉) 즉 안동(安東), 자는 득정(得正)이다. 이자현(李資玄)과 사귀며 학문을 닦았다. 예종(睿宗) 때 유학생으로 송(宋)나라 태학에서 수학하여 과거에 급제하고 귀국하였다. 벼슬은 국자 좨주(國子祭酒), 한림학사(翰林學士), 검교 태자태보(檢校太子太保) 등을 지냈다.

6 영명함을 드날림 : 원문은 '비영등무(蜚英騰茂)'로, 명성과 실제가 훌륭하게 서로 부합되는 것을 말한 것으로, "만세로 하여금 아름다운 명성 드날리고 무성한 실상을 비등하게 한다.〔俾萬世得蜚英聲騰茂實〕"라고 한 말에서 가져왔다. 《漢書 卷57 司馬相如列傳》

7 등림(鄧林) : 좋은 재목이 무성하다는 신선의 숲으로, 전설상의 지명이니, 《회남자(淮南子)》에 "과보가 지팡이를 버렸는데 그것이 등림이 되었다.〔夸父棄其策是爲鄧林〕"라고 한 데에서 온 말이다. 유종원(柳宗元)의 〈제최군민문(祭崔君敏文)〉에 "곤륜산(崑崙山)에서 나는 옥은 좋은 옥으로 인정받기 어렵고, 등림(鄧林)에서 자란

시대를 만나 중용되려 했지만 중도에 꺾였네	遇時將用中道折
아, 시대가 멀어졌고 사적이 많이 없어져서	嗟代已遠蹟多滅
우리가 돌에 새겨서 그 실상을 바치노라	我銘于石維其實

나무는 좋은 재목으로 인정받기 어렵다.〔產崑崙者難爲玉, 植鄧林者難爲木.〕"라고 한 말이 있다.

부호군 동호 이공 묘갈명 병서
副護軍東湖李公墓碣銘 並序

옛날 공헌(恭憲 명종(明宗)대왕), 소경(昭敬 선조(宣祖)대왕) 연간에 성주(星州 현재 경상북도 소재)에 삼처사(三處士)[8]가 나왔는데 세상에서 삼용(三容)이라고 불렀으니 모두 어머니가 같은 형제들이었다.

그 가운데 한 사람은 용재(容齋) 이홍기(李弘器) 백용(伯容)이고, 또 한 사람은 육일헌(六一軒) 이홍량(李弘量) 중용(仲容)이고, 또 한 사람은 모재(茅齋) 이홍우(李弘宇) 계용(季容)이다. 그들은 효성과 우애가 도탑고 지극하였으며 힘써 글을 읽고 의(義)를 행하였다. 한강(寒岡) 정 선생(鄭先生)[9]이 "세속에 모범이 되기에 충분하다."라고 하였고, 미수(眉叟) 허 문정공(許文正公)[10]이

8 삼처사(三處士) : 동호 이서의 조부인 수(樹)에게 아들 셋이 있으니, 첫째 이홍기(李弘器, 1531~1582), 둘째 이홍량(李弘量, 1531~1592), 막내 이홍우(李弘宇, 1535~1594)인데, 삼 형제가 모두 유행(儒行)으로 이름이 드러나 삼용처사라 불렸다. 이들 삼 형제의 효행과 덕행을 추모하기 위해서 1668년(현종9) 경상북도 고령군 성산면에 삼처사유허비(三處士遺墟碑)를 세웠다.

9 한강(寒岡) 정 선생(鄭先生) : 정구(鄭逑, 1543~1620)를 가리킨다. 본관은 청주(淸州), 자는 도가(道可), 한강은 그의 호이며, 시호는 문숙공(文肅公)이다. 조식(曹植)과 이황(李滉)에게 수학하였다. 저서로는 《한강집(寒岡集)》 등이 있다.

10 미수(眉叟) 허 문정공(許文正公) : 허목(許穆, 1595~1682)을 가리킨다. 본관은 양천(陽川), 자는 문보(文甫) 또는 화보(和甫), 미수는 그의 호이며, 시호는 문정(文正)이다. 저서로는 《동사(東事)》, 《경례유찬(經禮類纂)》, 《미수기언(眉叟記言)》 등이 있다.

그 묘도에 명(銘)을 지었다.

동호(東湖) 공은 휘가 서(紓)이니, 곧 현감(縣監) 이홍우(李弘宇) 계용(季容)의 아들이다. 또 한강 선생에게 공부를 하여 세상에 이름난 사람이다. 하루는 공의 후손 모 씨 등이 공의 행장을 받들고 와서 나에게 보이며 그 묘갈명을 지어 달라고 부탁하였다. 아, 한집에서 형제와 부자가 모두 어진 것이 어찌 특이한 일이 아니겠는가.

공은 자가 이직(以直)이고 그 선조는 광주(光州)를 본관으로 삼으니, 고려 때 봉익대부(奉翊大夫) 판도판각(版圖判閣)을 지낸 분[11]이 그의 8세조이다. 증조는 휘가 한손(漢孫)이니 부사과(副司果)를 지냈다. 조(祖)는 휘가 수(樹)이니 봉사(奉事)를 지냈다. 비(妣)는 진양 강씨(晉陽姜氏)이니 참봉(參奉) 강개(姜漑)의 따님으로, 가정(嘉靖) 병인년(1566, 명종21) 11월 모일에 공을 낳았다.

공은 총명함[12]이 보통 아이들보다 뛰어났다. 조금 성장하여서는 곧 사상(泗上 경북 칠곡군에 위치)에 있는 정구(鄭逑) 선생을 따라 공부하여 날마다 성취하는 바가 있었다. 을사년(1605, 선조38)에 진사(進士)에 입격하였다. 기유년(1609, 광해군1)에 황산도 찰방(黃山道察訪)에 제수되었는데, 어떤 일로 인하여 관직을 버리고 돌아왔다. 이때 정 선생이 향리에 은둔하고 있었다. 공도 또한 벼

11 고려……분 : 이순(李順)을 가리킨다. 《동호집》 권3 가장(家狀)에 "고려 때 휘 순이 있으니 벼슬이 봉익대부 판도판각에 이르렀고, 공에 이르러 8세가 된다.〔高麗時有諱順, 仕至奉翊大夫版圖判閣, 至公爲八世.〕"라고 하였다.

12 총명함 : 원문은 '기억(岐嶷)'이다. 《시경》 대아(大雅) 〈생민(生民)〉에 "실로 포복을 하사, 능히 숙성(夙成)하시네.〔誕實匍匐, 克岐克嶷.〕"라고 한 말에서 유래하였다.

슬에 나아갈 뜻이 없었으므로, 날마다 동문(同門)의 여러 어진 이와 함께 서로 강론 연마하면서 스승의 명으로 《오선생예설(五先生禮說)》[13]을 중편하였다.

병인년(1626, 인조4)에 사혹서 별제(司畜署別提)에 제수되었다. 정묘년(1627)에 임금을 호종(扈從)했던 공으로 육품(六品)에 서품되었으나 병으로 사양하고 고향으로 돌아왔다. 얼마 되지 않아 활인서 별제(活人署別提)에 제수되고, 무진년(1628)에 의금부도사(義禁府都事)에 제수되었으나, 모두 나가지 않고, 승호(承湖)가에 집을 지어 스스로 동호야로(東湖野老)라 호를 하고, 날마다 후학을 가르치고 인도하는 것으로 일을 삼았다.

경인년(1650, 효종1)은 공의 나이 85세 되는 해였다. 이때 관례에 따라 통정대부(通政大夫)로 품계가 올랐고, 얼마 있다가 부호군(副護軍)에 임명되었다. 신묘년(1651) 10월 모일에 세상을 떠났으니, 승호(承湖) 동쪽 묘향(卯向) 언덕에 장사 지냈다. 문인(門人)들이 사시(私諡)하여 덕요(德耀)라고 하였으니, 대개 정절(靖節)과 정요(貞曜)[14]의 뜻에서 가져온 것이라 한다.

13 오선생예설(五先生禮說) : 정구(鄭逑)가 송나라의 성리학자 정호(程顥), 정이(程頤), 사마광(司馬光), 장재(張載), 주자(朱子) 등 5인의 예설을 모아 만든 책이다. 관(冠), 혼(婚), 상(喪), 제(祭)와 잡례(雜禮) 등을 체계 있게 분류하여 전집(前集) 8권 3책, 후집(後集) 12권 4책으로 만들었다. 전집은 주로 천자와 제후에 대한 예를 다루었고, 후집은 일반 사대부에 관한 예를 다루었다.

14 정절(靖節)과 정요(貞曜) : 정절(靖節)은 도잠(陶潛)으로, 진(晉)나라 때 사람이다. 팽택현(彭澤縣)의 현령이 되었을 때 군(郡)에서 독우(督郵)를 보냈는데, 현리(縣吏)가 의관을 갖추고 그를 보러 오라고 하자 "오두미(五斗米)를 위하여 구차히 향리의 소아에게 허리를 굽힐 수 없다."라고 하고 그날로 인끈을 풀고는 〈귀거래사

공은 중후하면서도 방정 엄격하여 평소에 말없이 스스로를 잘 부지하였고, 엄숙하고 삼감으로 아랫사람에게 임하니 음성과 기색을 바꾸지 않고도 가정(家庭)이 엄숙하고 공손하였다. 검소하고 소박함을 좋아하여 일찍이 비단옷을 입거나 맛 좋은 음식을 먹지 않았고, 오직 술은 한량없이 마시되 또한 어지러운 지경에 이르지는 않았다. 내외척(內外戚) 간에 도탑고 화목하며 벗에게 신의가 있고 가난한 이를 구휼함에 마음을 극진히 하지 않은 바가 없었다. 평소에 지절(志節)을 잘 부지하여 남에게 부앙(俯仰)하기를 즐겨하지 않았다. 정구 선생이 세상을 떠나시자, 심상(心喪)으로 복을 다하였다. 회연서원(檜淵書院)[15] 건립을 창의(倡議)하고 신도비를 세우며, 선생의 문집과 여러 글을 간행함에 공이 힘쓴 것이 많았다.

일찍이 종질(從姪) 모에게 경계하여 말하기를, "초학자(初學者)

(歸去來辭)〉를 읊고 고향으로 돌아갔다. 세상 사람들이 정절(靖節) 선생이라 한다. 정요(貞曜)는 당나라 맹교(孟郊, 751~814)의 시호로, 그는 시를 잘하였는데 평생을 곤궁하게 살았으니, 46세에 겨우 진사(進士) 시험에 합격하여 각지의 변변찮은 관직들을 맡아 보았으며, 또 가정적으로도 불우하여 빈곤 속에서 죽자, 그의 친구들이 사시(私諡)를 정요(貞曜) 선생이라 하였다. 그의 자(字)는 동야(東野)이고, 《맹동야시집(孟東野詩集)》이 전한다.

15 회연서원(檜淵書院) : 경상북도 성주군(星州郡) 수륜면(修倫面) 신정리(新亭里)에 있다. 1622년(광해군14)에 지방 유림의 공의로 정구(鄭逑)와 이윤우(李潤雨)의 학문과 덕행을 추모하기 위해 창건하여 위패를 모셨다. 1690년(숙종16)에 '회연(檜淵)'이라 사액을 받아 선현 배향과 지방 교육의 일익을 담당하여 왔다. 1868년(고종5) 대원군의 서원철폐령으로 훼철되었으나 1974년에 정부의 보조와 지방 유림의 협력으로 복원하였다.

는 말을 많이 하지 말아야 하니, 말이 많으면 실상이 없다. 재주를 믿지 말아야 하니, 재주를 믿으면 교만하기 쉽다. 사치를 좋아하지 말아야 하니, 사치를 좋아하면 마음이 견고하지 않다. 높은 담론을 하지 말아야 하니, 높은 담론을 하면 단계를 뛰어넘음이 많다."라고 하였다. 또 말하기를, "배움은 편안하고 일정하며 고요하지 않으면 이루지 못하고, 업(業)은 부지런하고 애써서 하지 않으면 정밀하지 못하다."라고 하였다. 무릇 이 모두는 스스로 터득해서 한 말이다.

부인 포산 곽씨(苞山郭氏)는 참봉(參奉) 곽종윤(郭宗贇)의 따님이고, 승평 박씨(昇平朴氏)는 참판(參判) 박이장(朴而章)의 따님이다. 아들은 하나이니 이름이 명귀(命龜)이고 학행(學行)으로 직장(直長) 벼슬을 하였으나 일찍 죽었으며, 딸은 둘이니 진사 김이형(金以亨)과 영의정 허적(許積)에게 시집갔다. 서자(庶子)는 둘이니, 명달(命達)과 명신(命新)이고, 서녀(庶女)는 둘이니 김권(金權)과 정창근(鄭昌謹)에게 시집갔다. 명귀는 아들이 셋이니 두추(斗樞), 두정(斗晶), 두남(斗南)이고, 딸은 하나이니 대사헌(大司憲) 이원록(李元祿)에게 시집갔다. 이형은 아들이 하나이니 진사 원(垩)이고, 딸이 하나이니 유연(兪埏)에게 시집갔다. 허적은 후사가 없다. 두추는 아들이 둘이니 현(賢)과 분(蕡)이고, 딸이 하나이니 김중곤(金重崑)에게 시집갔다. 두정은 아들이 셋이니 지(贄)와 상(賞)과 빈(賓)이고, 딸이 둘이니 윤정래(尹鼎來)와 여한기(呂漢基)에게 시집갔다. 두남은 아들이 둘이니 정(貞)과 찬(贊)이고, 딸이 하나이니 유창하(柳昌河)에게 시집갔다. 증손 현손 이하는 기록하지 않는다. 명은 다음과 같다.

아름다워라, 세 분의 처사여 猗三處士
남쪽 고을에서 이름이 났도다 有名南州
공은 그 가문에서 태어났으니 公生其門
진실로 그 아름다움을 이었네 允襲厥休
사상의 한강 선생을 종유하여 從遊泗上
배운 것이 또한 넉넉하였어라 所學亦優
벼슬에 나아가길 구하지 않고 仕不求進
산수 자연에서 즐거이 지냈네 樂彼林邱
스승을 높이고 예설을 편수했으니 尊師編禮
아름다운 사적이 길이 남았네 徽蹟永留
더욱이 법으로 삼을 만한 것은 尤可法者
위엄이 있고 믿을 만함이라네[16] 威如之孚
명을 지어서 후세에 알리노니 銘以詔後
나의 말은 아첨함이 아니라네 我言非諛

16 위엄이……만함이라네 : 《주역》 〈가인(家人)〉 '상구(上九)' 효사에, "믿음과 위엄이 있으니, 끝내 길하다.〔有孚威如, 終吉.〕"라고 한 말에서 인용하였다.

증 이조 참판 성균 생원 복재 박공 묘갈명 병서
贈吏曹參判成均生員復齋朴公墓碣銘 並序

공은 휘가 양좌(良佐)이고 자가 신로(藎老)이다. 순천(順天)을 본관으로 하는 박씨(朴氏)는 고려 태조 때 좌상(左相) 박영규(朴英規)를 시조로 삼았다. 그 후세에 판윤(判尹) 박가권(朴可權)이 있으니, 고려가 망하자 성산(星山)의 남쪽에 은거하였다. 이분이 목사(牧使) 유성(柳星)을 낳으니 청백리(淸白吏)에 선발되었고, 공에게는 고조가 된다. 증조는 예손(禮孫)이니 부사맹(副司猛)을 지냈다. 조부는 한하(漢何)이니 사복시 정(司僕寺正)에 증직되었다. 고(考)는 참봉(參奉) 식(埴)이니 좌승지(左承旨)에 증직되었다. 비(妣)는 하빈 이씨(河濱李氏)이니 생원 이의필(李義必)의 따님이다.

공은 정덕(正德) 신사년(1521, 중종16) 모월 모일에 태어났고, 가정(嘉靖) 경자년(1540, 중종35) 사마시(司馬試)에 입격하였으며, 만력(萬曆) 기해년(1599, 선조32) 모월 모일에 졸(卒)하였으니 79세를 살았다. 합천군(陜川郡) 북쪽 나대곡(羅帶谷) 손좌(巽坐) 언덕에 장사 지냈다.

공은 사람됨이 청수(淸瘦)하고 성품이 고아(高雅)하였다. 장난치며 노는 어린 시절부터 아이들의 우두머리가 되었고, 붓과 벼루를 좋아하여 이미 노성(老成)한 기운을 가지고 있었으며, 남루한 걸인을 불쌍히 여겨 사사로이 자신의 옷과 음식을 주었다. 막 입학(入學)해서는 곧 글의 뜻을 이해함이 마치 예전부터 익숙한 것 같았다.

9세 때 집에 우연히 불이 났는데, 부모님이 바야흐로 깊이 잠이 드셨다. 공이 먼저 불이 난 것을 알고 급히 부모님을 끌고 부축해 밖으로 나오고, 곧바로 사당(祠堂)으로 달려가서 신주(神主)를 받들고 피하매, 사람들이 모두 기특하게 여겼다.

이미 성장해서는 효성을 다해 부모님을 받들었으니, 부드럽고 맛난 음식[17]을 차려 드림에 반드시 몸소 직접 맛보고 올렸다. 상(喪)을 당함에 이르러서는 몸을 상하여 거의 죽을 지경이 되었고, 상례는 한결같이 문공(文公 주희(朱熹))의 《가례(家禮)》를 따랐다. 전상(前喪) 때는 곧 승지공(承旨公 부친(父親))이 살아 계신다는 것으로 오히려 스스로 마음대로 할 수 없었으나, 그 뒤 부친상에 이르러서는 여묘(廬墓)에서 죽을 먹으며 삼년상을 다하였다.

상복을 벗고 나서는 곧 과거 공부를 그만두고 말하기를, "설령 과거에 급제한다 하더라도 내가 누구를 기쁘게 하겠는가."라고 하였다. 날마다 부모님의 묘역에 성묘하고, 아침저녁으로 가묘(家廟)에 절하는 것을 일상으로 삼았다. 규정(閨庭)이 온화하고 화목하여 재산을 나누어 줄 때에는 말로써 하고 문서를 작성하지 않았지만 다툼이 없었다. 야정(倻鄭)[18]이 어린 시절에 일찍이 공에

17 부드럽고 맛난 음식 : 원문은 '수수(滫瀡)'로, 《예기》에 "씀바귀나 부추는 햇것과 묵은 것을 섞어 쌀뜨물로 매끄럽게 하고 기름기로 기름지게 하여 입에 맞도록 한다.〔堇荁枌榆免薧, 滫瀡以滑之, 脂膏以膏之.〕"라고 한 데서 가져와, 음식을 부드럽고 연하게 하여 나이 드신 부모님의 입에 맞게 함을 말한다. 《禮記 內則》

18 야정(倻鄭) : 정인홍(鄭仁弘, 1535~1623)을 말한다. 정인홍이 가야산 아래 살았기 때문에 '야정'이라고 한다. 자는 덕원(德遠)이고 호는 내암(來菴)이며 본관은 서산(瑞山)이다. 저서로는 《내암집(來菴集)》이 있다.

게 공부하려 하였는데, 공이 그가 길인(吉人)이 아님을 알아보고서 늙고 혼미하다고 핑계 대며 사양하고 보냈다.

평소 거처함에 비록 매섭게 춥거나 매우 더운 날이라 할지라도 일찍이 관과 두건을 벗지 않았다. 하루 종일 단정히 앉아 성현(聖賢)의 글을 완미함에 존양성찰(存養省察)을 첫째 공부로 삼았다. 후진을 가르치고 인도함이 매우 엄격하였지만, 틈나는 시간에는 혹 편하고 조용히 앉게 하여 옛사람의 가언(嘉言)과 선행(善行)을 하나하나 들어 알려 주었다.

대개 공은 경전과 역사서에 널리 통달하였고 문사와 필법이 모두 오묘하였다. 만년에는 영남(嶺南)의 여러 군자들과 서로 어울려 짚신을 신고 명아주 지팡이를 짚고서 수석(水石) 사이를 소요하며 이로써 즐거움을 삼았으니, 스스로 터득함이 있어서 그럴 수 있었던 게 아니겠는가.

일찍이 천거되어 침랑에 임명되었으나 부임하지 않았다. 그 뒤에 아들 박이장(朴而章, 1547~1622)이 귀하게 됨으로써 이조 참판(吏曹參判)에 증직되었으니, 고을 사람들이 사당을 세워 향사를 지냈다.

부인은 성산 배씨(星山裵氏)이니 별좌(別座) 배은(裵垠)[19]의 따님이고 숙부인(淑夫人)에 증직되었다. 2남 1녀를 낳았으니, 장남 이문(而文)은 참봉을 지냈고 좌승지(左承旨)에 증직되었으며, 둘째 이장(而章)은 문과에 급제하여 이조 참판(吏曹參判)을 지냈다. 딸은 이진(李縉)에게 시집갔다. 내외 여러 손자 약간 명이 있다.

19 배은(裵垠) : 본관은 성산, 자는 자호(子浩)이며, 고령에 거주하였다.

공의 8세손 기엽(基曄) 씨가 공의 가장(家狀)을 가지고 나를 방문하여 묘갈명을 지어 달라고 하였다. 가장은 곧 참판 박이장이 지은 것인데, 한결같이 질박하면서도 화려하게 꾸밈이 없어서 징험할 만하였다. 마침내 다음과 같이 명을 한다.

초야에서 욕심 없이 즐거이 살며[20] 囂囂於畎畝之中
오직 스스로 그 분수 다하고 일생을 마쳤으니 惟自盡其分而終
이는 온전히 돌아감[21]이거늘 어찌 슬퍼하겠는가 是爲全歸奚其悲

20 초야에서……살며 : 《맹자》 〈만장 상(萬章上)〉에 "탕 임금이 사람을 시켜 폐백으로 초빙하니, 이윤(伊尹)은 효효연하며 '내가 어찌 탕 임금의 초빙하는 폐백 때문에 벼슬하겠는가. 내가 어찌 농토 속에 있으면서 도를 즐기는 것만 같으리오.'라고 하였다.〔湯使人以幣皇聘之, 囂囂然曰我何以湯之聘幣爲哉. 我豈若處畎畝之中, 以樂堯舜之道哉.〕"라고 한 구절에서 인용한 것으로, 효효연(囂囂然)은 욕심 없이 자득한 모양을 말한다.

21 온전히 돌아감 : 원문은 '전귀(全歸)'로, 생전에 신체에 손상을 끼치지 않고 자신을 욕되게 하지 않고 죽는 것을 말한다. 악정자춘(樂正子春)이 "부모가 온전히 낳아 주셨으니 자식이 온전히 지켜 돌아가야 효라 할 수 있다.〔父母全而生之, 子全而歸之, 可謂孝矣.〕"라고 한 데서 유래하였다. 《禮記 祭義》

증 좌승지 참봉 남계 박공 묘갈명 병서
贈左承旨參奉藍溪朴公墓碣銘 並序

내가 이미 시랑(侍郎) 복재공(復齋公)의 묘갈명을 지었는데, 그 7세손 박기엽(朴基曄) 씨가 또 복재공의 아들 남계공(藍溪公)의 묘갈명을 지어 달라고 청하였으니, 이는 대개 또한 후인들이 사당을 세워 제사 드리는 분이어서였다. 마침내 다시 그 행장을 살펴보고 서술하여 말한다.

공은 휘가 이문(而文)이고 자가 백빈(伯彬)이며 세계(世系)는 복재공(復齋公)[22]의 묘갈명에 기재되어 있다. 공은 가정(嘉靖) 갑진년(1544, 중종39)에 태어나서 만력(萬曆) 무술년(1598, 선조31)에 졸(卒)하였으니 52세를 살았다. 합천(陜川)의 모향(某向) 모 언덕에 장사 지냈다. 부인은 현감(縣監) 이진(李珍)의 따님으로, 3남 2녀를 낳았다. 장남 분구(玢衢)는 선교랑(宣敎郎)을 지냈고, 차남 상구(翔衢)는 현령을 지냈고, 다음 휜구(翾衢)는 부호군(副護軍)을 지냈으며, 딸은 판관(判官) 신박(申礡), 사인(士人) 이자영(李自英)에게 시집갔다.

공은 모습이 남달랐다. 6세에 손에 책 한 권을 잡고서 배우기를 청하니, 곧 '희역총목(羲易總目)'이었다. 복재공이 시험 삼아 몇 줄을 가르치니, 곧 마치 평소 배웠던 것처럼 능히 그 의미를 이해하였다. 복재공이 이를 매우 기특하게 여겼다. 하지만 그것은

22 복재공(復齋公) : 박이문의 부친인 박양좌(朴良佐, 1521~1599)를 가리킨다.

어린아이가 배울 것이 아니라고 여겨 문공(文公 주희(朱熹))의 《소학(小學)》을 가르쳐 주니, 곧 또한 깊이 음미하기를 앞서 했던 것과 마찬가지로 하였다. 9세에 여러 경서(經書)의 대의(大義)에 통달하고 능히 글을 지어서 사람들을 놀라게 하였다. 융경(隆慶)[23] 연간에 사마시에 합격하여 모계(茅溪) 문위(文緯),[24] 한강(寒岡) 정 선생(鄭先生)[25]과 벗이 되었다.

공은 타고난 성품이 지극히 효성스러웠다. 복재공이 병이 들었을 때는 옷도 벗지 않고, 밤낮을 가리지 않으며 곁에서 모시고 간호하였다. 일찍이 아우 참판공(參判公)[26]에게 말하기를, "아버지 어머니께서 늙으셨으니, 부모님을 드러내는 일[27]을 네가 자임(自任)하여라. 나는 곧 오직 부모님을 봉양하겠다."라고 하였다. 그

23 융경(隆慶) : 명나라 목종(穆宗)의 연호로, 1567(명종22)에서 1572(선조5)까지이다.

24 모계(茅溪) 문위(文緯) : 문위(文緯, 1555~1632)로, 본관은 남평(南平), 자는 순부(純夫), 호는 모계이다. 저서로는 《모계집(茅溪集)》이 있다.

25 한강(寒岡) 정 선생(鄭先生) : 정구(鄭逑, 1543~1620)를 가리킨다. 본관은 청주(淸州), 자는 도가(道可), 한강은 그의 호이며, 시호는 문숙(文肅)이다. 조식(曹植)과 이황(李滉)에게 수학하였다. 저서로는 《한강집(寒岡集)》 등이 있다.

26 참판공(參判公) : 박이장(朴而章)을 가리키니, 문과에 급제하여 이조 참판(吏曹參判)을 지냈다.

27 부모님을 드러내는 일 : 원문은 '현양(顯揚)'으로, 《효경(孝經)》 '개종명의장(開宗明義章)'에 "이 몸은 모두 부모님에게서 받은 것이니 감히 다치지 않게 하는 것이 효의 시작이요, 자신의 몸을 바르게 세우고 바른 도를 행하여 이름을 후세에 드날림으로써 부모님을 드러나게 해 드리는 것이 효의 마지막이다.〔身體髮膚, 受之父母, 不敢毁傷, 孝之始也, 立身行道, 揚名於後世, 以顯父母, 孝之終也.〕"라고 한 말에서 유래하였다.

래서 과거 공부를 그만두고 힘을 다해 부모님을 섬기니, 조정에서 그의 효성을 듣고 경릉 참봉(敬陵參奉)에 제수하였다.

임진왜란 때 공이 분발하여 일어나, 곽 망우당(郭忘憂堂)[28]의 의병 진영에서 병사의 양식 마련하는 일을 협력 도모하였다. 학봉(鶴峯) 김 선생(金先生)[29]이 영남 우도 관찰사에서 좌도 관찰사로 옮기게 됨으로써 의병의 진영이 낙심하려 하자, 공이 여러 고을의 선비들과 함께 상소(上疏)하여 이직(移職)시키지 말기를 빌어서, 임금의 윤허를 얻어 내어 마침내 강서(江西)를 보존하였다. 망우당과 김 선생이 매양 그의 충절(忠節)을 칭찬하였는데, 조정에서 그 뒤에 공에게 좌승지(左承旨)를 증직한 것은 이 때문이라고 한다.

일찍이 가야(伽倻)의 정인홍(鄭仁弘)과 잘 어울렸는데, 그의 음흉함과 아첨함을 깨닫고 나서는 두견시(杜鵑詩)를 지어 절교하였으니,

강남에 깃들어 살매 운수가 그늘지니[30] 棲息江南雲樹陰

28 곽 망우당(郭忘憂堂) : 곽재우(郭再祐, 1552~1617)를 가리킨다. 본관은 현풍(玄風), 자는 계수(季綏), 망우당은 그의 호이다. 경상남도 의령 출신이다. 조식에게 수학하였다. 저서로는 《망우당집(忘憂堂集)》이 있다.

29 학봉(鶴峯) 김 선생(金先生) : 김성일(金誠一, 1538~1593)을 가리킨다. 본관은 의성(義城), 자는 사순(士純)이며, 학봉은 그의 호이다. 이황에게 수학하였다. 저서로는 《학봉집(鶴峯集)》, 《해사록(海槎錄)》 등이 있다.

30 운수(雲樹)가 그늘지니 : 원문은 '운수음(雲樹陰)'으로, 친구를 그리는 마음이 어두워졌다는 의미이다. 운수는 벗을 그리워하는 마음을 뜻하는 말이니 두보(杜甫)의 〈춘일억이백(春日憶李白)〉 시에 "위수 북쪽엔 봄 하늘에 우뚝 선 나무, 강 동쪽엔 저문 날 구름.〔渭北春天樹, 江東日暮雲.〕"이라고 한 데서 유래하였다.

누가 서울서 멀리 날아와 찾게 하겠는가 誰敎天邑遠飛尋
듣건대 우연일 뿐이라고 말 못 하겠으니 聞來莫道偶然耳
시대 근심하며 한 치 마음 상함을 못 참겠네 不耐憂時傷寸心

라고 하였다. 그 기미를 본 것이 또한 이와 같았다. 오호라, 공이 행한 일은 진실로 새길 만한 점이 있다. 명은 다음과 같다.

효도하고 충성하며 지혜로운 데다 또 명철하니 旣孝旣忠智又明
다시 천백 년토록 영광스러운 이름 있으리라 更千百載有榮名

제주 목사 상산 김공 묘갈명 병서
濟州牧使商山金公墓碣銘 並序

금상〔순조〕 8년 무진(1808) 겨울 10월에 김생 경대(檄大)가 목사(牧使)를 역임한 휘가 명윤(命胤)이고 자가 경찬(景纘)인 그의 5대조 김공의 유사를 받들고 회산(檜山 경상남도 창원의 옛 이름)에서 힘들여 사백여 리 먼 길[31]을 와서 나에게 묘갈명을 부탁하며 말하기를, "선조(先祖)께서 어려서는 문학(文學)에 종사하다가, 조금 성장하여서는 붓을 던지고 활쏘기와 말타기를 익혀, 나이 19세 되던 선조(宣祖) 계미년(1583, 선조16)에 무과(武科)에 합격하였습니다. 그로부터 9년 뒤인 신묘년(1591)에 학봉(鶴峯) 김 문충공(金文忠公 김성일(金誠一))이 사신의 임무를 받들고 일본에 들어갈 때, 공을 불러 종사관(從事官)으로 삼았습니다. 이윽고 돌아와서 김 문충공이, 공이 관(館)에 머물 적에 저 일본국의 풍토와 요속(謠俗), 그리고 정위(情僞)를 마치 그린 듯이 기록해 놓았던 것을 임금께 올리니, 임금께서 그 원고를 보고서 가상히 여기시어 곧 공을 파주 목사(坡州牧使)에 임명하였습니다.

임진년에 왜적이 창졸간에 발발하여 곧장 도성을 침범하기에

31 먼 길 : 원문은 '발리(跋履)'로, 산을 넘고 물을 건너 왔다는 말이다. 《춘추좌씨전》 성공(成公) 13년 기사에, 진 여공(晉厲公)이 진 환공(秦桓公)에게 절교를 고하면서, 진 문공(晉文公)이 진 목공(秦穆公)을 도우러 간 일을 말했는데, "문공은 몸에 갑주를 두르고 산을 넘고 물을 건너 어렵고 험한 곳을 지나 동방의 제후를 정벌하였다.〔文公躬擐甲冑, 跋履山川, 踰越險阻, 征東之諸侯.〕"라고 한 구절에서 유래하였다.

이르러서 여러 군(郡)들은 와해(瓦解)되었지만, 공은 힘을 다해 고을 강토를 보호하고 지켰습니다. 얼마 되지 않아 충주 목사(忠州牧使)로 옮겨 가서는 왜적이 오는 길목의 요충지를 맡아 여러 번 기특한 전공을 세웠는데, 그때마다 다른 사람에게 전공을 양보하였으니, 대개 풍장군의 겸손함[32]을 사모한 것이었습니다. 왜란이 평정되고 원종일등훈(原從一等勳)에 책록되었습니다.

공은 인동(仁同), 진주(晉州), 제주(濟州)를 두루 맡아 다스리매 모두 선정을 베풂이 있었으니, 백성들이 비를 세워 칭송하였습니다. 또 일찍이 임금의 특명으로 동부승지(同副承旨)에 임명되었고, 기유년(1609, 광해군1)에는 함경도 남병사(咸鏡道南兵使)에 임명되었는데, 공이 세상을 떠난 지 며칠이 지난 뒤였기 때문에 임금께서 그 교지를 환수하였으니, 그 태어난 을축년(1565, 명종20)에서 겨우 45세의 나이였습니다. 그러나 오늘에 이르기까지 수백 년 동안 영남 지방의 선비들이 숭상하고 사모하여 일컬음이 쇠퇴하지 않아서, 지난 정조 을사년(1785, 정조9)에 도봉서원(道峯書院)[33] 충현사(忠賢祠)에 공을 제향하였습니다. 생각건대, 연

32 풍장군의 겸손함 : 후한(後漢)의 명장(名將) 풍이(馮異)가 광무제(光武帝)를 섬기면서 가장 많은 전공을 세웠는데, "사람됨이 겸손하여 자랑하지 않았으니, 길을 가다가 다른 장군을 만나면 항상 한쪽 옆으로 피하였으며,……휴식을 취할 때 다른 장수들은 서로 모여 전공에 대해 떠들어 대었으나, 풍이만은 항상 큰 나무 아래에서 쉬고 있었다. 이에 군중이 풍이를 '대수장군'이라 불렀다.〔爲人謙退不伐, 行與諸將相逢, 輒引車避道,……諸將幷坐論功, 異常獨屛樹下, 軍中號曰大樹將軍.〕"라고 한 일이 있는 데서 가져온 것이다.《後漢書 卷17 馮異列傳》

33 도봉서원(道峯書院) : 1573년(선조6)에 창건되었으며, 조광조(趙光祖)의 위패를 모셨다. 창건과 함께 사액을 받았으며, 1696년 송시열(宋時烈)을 추가 배향했다.

대가 오래되어 멀어지고 사적이 문드러져 없어지고, 지금은 다만 유사(遺事) 약간 조목만 이렇듯이 있으니, 원컨대 집사께서 한마디 말로 그 숨겨진 빛을 드러내 주십시오."라고 하였다.

나는 곧 유사를 가져다 열람해 보고, 탄식하며 다음과 같이 말한다. 임진왜란에 충절을 떨치고 적개심(敵愾心)을 품고서 적을 맞아 싸우고 꺾어서 모욕을 막은 모든 사람은 비록 공열(功烈)이 같지 않고 사생(死生)이 혹 다를지라도 그 몸을 바쳐 나라에 보답한 마음은 한결같으니, 어찌 차이를 두어 다르게 볼 수 있겠는가.

처음 공은 백면서생(白面書生)으로 무예(武藝)로써 높은 등급에 급제함을 어렵지 않게 하였으니,[34] 그 도량과 국량의 뛰어나고 훌륭함을 여기에서 알 수 있다. 바야흐로 학봉(鶴峯) 김성일(金誠一)이 일본에 사신으로 감에 푸른 바다 만 리 길을 건너서 교활하고 사나우며 속임수를 씀을 헤아릴 수 없는 나라에 들어갔는데, 많은 호위 군사 가운데 반드시 공을 불러 종사관(從事官)으로 삼았으니, 그 문무(文武)를 겸비하였음을 여기에서 알 수 있다.

공이 대우를 받음[35]은 진실로 그 왜국 실정을 기록한 하나의 글

1775년(영조51) 어필사액(御筆賜額)을 다시 받았다. 1871년(고종8) 흥선대원군의 서원철폐령으로 없어졌다가, 1972년에 복원되었다.

34 어렵지 않게 하였으니 : 원문은 '적자(摘髭)'로, 과거에 합격함이 턱 밑의 수염을 뽑듯이 쉽게 한다는 뜻이다. 한유(韓愈)의 〈기최이십육입지(寄崔二十六立之)〉 시에 "해마다 과거 급제를 취하는 것이, 흡사 턱 밑의 수염을 뽑듯이 했네.〔連年收科第, 若摘頷底髭.〕"라고 한 데서 유래하였다.

35 대우를 받음 : 임금에게 대우를 받는다는 의미로, 원문은 '항우(巷遇)'이다. 《주역(周易)》 〈규괘(睽卦)〉에 "구이는 군주를 골목에서 은밀히 만나면 허물이 없으리

때문이었는데, 당시에 출척(黜陟)과 형상(刑賞)은 한결같이 군공(軍功)과 이치(吏治)와 종사(從事)로써 하였으니, 가령 공이라 해도 임무를 맡아 이루지 못한 일이 있었다면, 어찌 큰 고을을 두루 맡아 다스리게 하고 은대(銀臺)에 발탁하며 병마절도사에 제수하기까지 함이 저와 같은 데 이르렀겠는가. 여기에서 그 계책과 공훈이 경우마다 보통에서 벗어나 뛰어났다는 것을 또한 알 수 있다. 또한 여러 고을의 유생(儒生)들이 모두 공을 위해 한마디 말로, 함께 그러하다고 여겨 제향을 하였으니, 그 실제 사적이 사람의 마음을 감동시키는 것이 깊지 않았다면, 누가 능히 이와 같을 수 있겠으며, 유사(遺事)가 많지 않음을 또 어찌 한스러워할 것이 있겠는가.

김씨는 고려 시대 보윤(甫尹) 수(需)를 시조로 한다. 직제학(直提學)을 지낸 모(某)는 포은(圃隱) 정 문충공(鄭文忠公 정몽주(鄭夢周, 1337~1392))과 함께 공부하여 문장과 행의(行義)로써 세상에 이름났다. 그가 지은 〈만포은(輓圃隱)〉 시에,

평소에 성벽이 혜강[36]과 비슷하여	平生性癖似嵇康
남의 상 조문함에 게으른 게 사십 년	懶吊人喪四十霜
오늘 그댈 잃고 아픈 마음 끝이 없음은	今日哭君無限痛

라.〔九二, 遇主于巷, 无咎.〕"라고 한 데서 가져온 말이다.

36 혜강(嵇康) : 224~262. 자는 숙야(叔夜)이고 중산대부를 지낸 적이 있어서 '중산(中散)'이라 불리기도 한다. 중국 위진(魏晉) 시대의 시인이자 음악가이며, 죽림칠현(竹林七賢)의 대표적인 인물로 거문고 연주에 뛰어났다.

천고의 큰 강상을 부지하였기 때문일세　　　　爲扶千古大綱常

라고 한 것이 있다. 또 〈단구에 물러나 살며〔退居丹丘〕〉라는 시에,

그윽한 대나무 정원에 몇 떨기 꽃이 피어　　　　幽篁園裏數叢花
산골 마을의 적막한 집을 촉촉이 물들이네　　　　潤色山村寂寞家
방에 들어가 다시 술통에 술 있음을 보니　　　　入室更看樽有酒
벼슬에 대한 마음은 이제 비단보다도 얇네　　　　宦情從此薄於紗

라고 한 것이 있다. 여기에서 살펴보면 공의 기맥(氣脈)이 절로 특별함이 있음을 그 또한 알 수 있다.

그 뒤에 목사(牧使)를 지낸 휘 팽수(彭壽)와 부사(府使)를 지낸 휘 한(漢)은 모두 공이 귀하게 됨으로써 예(例)에 따라 추증된 것이니, 곧 공의 조부와 부친이다. 비(妣), 은진 송씨(恩津宋氏)는 참의(參議)에 추증된 송빈(宋霦)의 따님이고, 전의 이씨(全義李氏)는 감찰(監察) 이옥성(李玉成)의 따님이다.

부인 숙부인(淑夫人)은 문화 유씨(文化柳氏)이니 충의(忠義) 유윤(柳潤)의 따님이다. 아들 집(鏶)은 충순위(忠順衛)이고 순(錞)은 동중추(同中樞)이고 전(銓)은 부호군(副護軍)이다. 집의 아들은 시창(時敞), 시량(時亮), 시익(時翊)이고, 딸은 손진후(孫振後)와 이동직(李東直)에게 시집갔다. 순의 아들은 시수(時粹)이고, 딸은 하계문(河啓文), 손윤조(孫胤祖), 박영휘(朴榮輝), 안여명(安汝命)에게 시집갔다. 전의 아들은 시욱(時郁), 시진(時振), 시중(時重)이다.

공은 처음에 창원(昌原)에서 살았으니 선영을 따라 창원부 서쪽 회원(檜原) 경좌(庚坐) 언덕에 장사 지냈다. 부인 유씨는 그 오른쪽에 부장하였다. 명은 다음과 같다.

공적에 크고 작음이 있지만 충성은 곧 하나였고	績有大小忠則一
다스림에 늦고 빠름이 있어도 은혜만은 가득했네	治有淹速惠惟實
많은 선비가 높이 사모해 마침내 제향하였으니	多士景慕竟尸祝
뒷날 알고 싶은 자는 여기 새겨진 명을 보시라	後欲徵者視此刻

승정원 좌승지 인재 신공 묘갈명 병서
承政院左承旨忍齋申公墓碣銘 並序

공은 휘가 담(譚)이고 자가 윤경(潤卿)이다. 신씨(申氏)는 본관이 고령(高靈)으로, 상세(上世)에 고려 시대 검교 군기감(檢校軍器監) 신성용(申成用)으로부터 조선 시대 세조 때 재상을 지낸 휘 숙주(叔舟)[37]에 이르기까지 문과(文科) 급제자가 모두 8세이다.[38] 그 뒤 5세 휘 용(涌)이 또 문과에 급제하여 관직이 감사(監司)가 되었고 봉계서원(鳳溪書院)[39]에 제향되었다. 이분이 휘 득치(得治)를 낳으니 이조 참의에 증직되었다. 이분이 집(潗)을 낳으니, 효행이 있다는 것으로 지평(持平)에 증직되고 뒤에 또 이조 참판에 증직되었다. 이분이 필원(必源)을 낳으니 호가 수은(睡隱)이고 관직은 현감을 지냈으며, 곧 공의 아버지이다. 어머니 숙부인(淑夫

37 숙주(叔舟) : 신숙주(申叔舟, 1417~1475). 자는 범옹(泛翁), 호는 보한재(保閑齋)이며, 시호는 문충이다. 1439년(세종21) 문과에 급제하였다. 벼슬은 영의정에 이르렀다. 수양대군이 계유정난을 일으켰을 때 그를 도왔다. 저서로는 《보한재집(保閑齋集)》이 있다.

38 문과(文科)……8세이다 : 시조 신성용(申成用)으로부터 신인재(申仁材), 신강승(申康升), 신사경(申思敬), 신덕린(申德鄰), 신포시(申包翅), 신장(申檣), 신숙주(申叔舟)에 이르기까지 8대가 모두 문과에 급제하였다.

39 봉계서원(鳳溪書院) : 숙종 신사년(1701)에 충청도 청주(淸州)에 건립하였다. 동강(東岡) 김우옹(金宇顒, 1540~1603)을 주향으로 하고, 하은(霞隱) 신용(申涌), 종산 신집(申潗), 권상(權常, 1508~1589) 등 4위를 제향하였다. 대원군의 서원철폐령으로 1868년(고종5)에 훼철된 뒤 복원하지 못하였다.

人)은 진천 송씨(鎭川宋氏)이니 판서 송유전(宋有佺)의 따님이고, 숭정(崇禎) 후 임인년(1662, 현종3) 모월 모일에 공을 낳았다.

공은 어릴 때부터 총명하였으며 도량과 식견이 있었다. 일찍이 외갓집에 사마공(司馬公)의 〈격옹도(擊甕圖)〉[40]가 있는 것을 보고 말하기를, "이 사람은 반드시 재상이 되겠다."라고 하니, 상서공(尙書公 조부(祖父) 이조 참판을 가리킴)이 매우 기특하게 여겼다. 조금 자라서는 글 읽기를 좋아하여 밤낮을 가리지 않고 독서를 하니, 부모님이 그의 몸이 상하게 될까 근심을 하자, 검은 휘장으로 등불을 가리고 말없이 책을 보았다. 17, 18세에 이미 문사(文辭)가 크게 이루어져, 향시에는 여러 번 입격하였으나, 문득 회위(會闈 대과(大科)를 이르는 말)에는 합격하지 못하였다. 이에 과거 시험에 관한 공부를 함에 사서삼경을 외워서 꿰뚫었으며, 이미 학문의 연원이 깊어지자 그 발현됨이 더욱 전아(典雅)하고 순숙(純熟)하였다.

기묘년(1699, 숙종25)에 사마 양시(司馬兩試)[41]에 합격하였다. 임오년(1702)에 별시(別試)에 급제하여, 괴원(槐院 승문원(承文院)의 별칭)에 선발되어 들어갔고, 당후일기(堂後日記 승정원일기(承政院日記))를 편수함에 섬세하고 민첩함으로 일컬어졌다.

경인년(1710)에 사서(司書)를 거쳐 지평(持平)에 제수되었다.

40 사마공(司馬公)의 격옹도(擊甕圖) : 송(宋)나라의 명재상 사마광(司馬光)은 자(字)가 군실(君實)인데, 어렸을 때 아이들과 놀다가 한 아이가 물을 담아 놓은 큰 항아리에 빠지자, 딴 아이들은 놀라 도망했으나 사마광은 돌로 항아리를 깨뜨려 물에 빠진 아이를 살게 한 일이 있으므로 그의 기지(奇智)를 높이 평가하여 이것을 소재로 그린 것이 격옹도이다. 《冷齋夜話》

41 사마 양시(司馬兩試) : 생원시와 진사시를 말한다.

신묘년(1711)에는 부안 수령(扶安守令)으로 나갔는데, 마침 그해에 크게 흉년이 들었다. 공은 상소(上疏)하여 백성들의 세금을 덜어 주고 감적(減糴)[42]하기를 아뢰었으며, 자신의 녹봉을 떼어 주린 이를 구휼하여 한 경내를 살리기에 이르렀다.

이듬해 어머니의 상을 당하여 달려서 고향으로 돌아왔다. 정유년(1717)에 호서(湖西) 막좌(幕佐)에 임명되었으나 부임하지 않았다. 부친 수은공(睡隱公)의 상을 당하였다.

기해년(1719)에 문학(文學)에 임명되었다. 매양 주연(胄筵 왕세자가 학문을 강론하는 자리)의 강독(講讀) 때, 무릇 성학(聖學) 성정(誠正)의 요지와 전대(前代) 치란(治亂)의 기미를 반드시 반복하여 추론하고 밝혔다.

경자년(1720)에 강릉(江陵)을 맡아 다스렸다. 고을의 폐단을 바로잡는 소(疏)를 진달하였다. 마침 또 크게 가물었는데 공이 기도를 하자 곧 비가 내리니, 사람들이 더욱 기이하게 여겼다. 이해에 조모 이 부인(李夫人)의 상(喪)을 당하여 고향으로 돌아왔다.

을사년(1725, 영조1)에 강계 부사(江界府使)에 임명되었다. 강계는 연변(沿邊)의 중요한 땅이고 서울과의 거리가 천여 리이며 풍속 또한 난폭하고 사나웠는데, 공의 다스림은 엄함과 너그러움이 적합하고[43] 진압하고 위무함이 적절하였다. 강계부에 예전에

42 감적(減糴) : 환곡 수납을 감해주는 것.

43 엄함과 너그러움이 적합하고 : 원문의 '장이(張弛)'는, 《예기》 〈잡기(雜記)〉에 "활을 한 번 팽팽하게 당기고 한 번 느슨하게 풀어 놓는 것이 문왕, 무왕의 도이다.〔一張一弛, 文武之道也.〕"라고 한 구절에서 가져온 말이다. 백성을 다스리는 데 있어 관용과 위엄을 병용하여 적절하게 함을 의미한다.

회재(晦齋) 이 선생(李先生)[44]의 사당이 있었는데 중간에 무너졌다. 공이 이를 중건하여 선생의 〈자신잠(自新箴)〉[45]과 '삼성격언(三省格言)'[46]을 벽에 걸어 놓고 생도들을 격려하였다. 매월 초하루에 무사들을 모아 무예(武藝)를 시험해서 그 가운데 우수한 자에게 상을 주었다. 소를 올려 고을의 열 가지 폐단을 진달하였으니 모두 절실히 힘써야 할 일이었다. 임금께서 후한 비답을 내리고 그 말을 따른 것이 많았다. 이에 문(文)과 무(武)의 교화가 아울러 행해져서 온 경내가 모두 소생하였다. 임기가 다하여 돌아오게 되었을 때는 늙고 어린 백성들이 길을 막고 만류하였으나 붙잡을 수가 없어서, 생사당(生祠堂)을 건립하고 동비(銅碑)를 세워

44 회재(晦齋) 이 선생(李先生) : 이언적(李彦迪, 1491~1553). 본관은 여주(驪州), 자는 복고(復古), 호는 회재이며, 시호는 문원(文元)이다. 원래 이름은 적(迪)이었으나 중종의 명령으로 언적(彦迪)으로 고쳤다. 1514년(중종9) 문과에 급제했고, 1530년 고향 경주로 돌아간 뒤 자옥산에 독락당(獨樂堂)을 짓고 학문에 열중하였다. 1547년 양재역(良才驛) 벽서(壁書) 사건에 연루되어 강계(江界)로 유배되었다. 유배 기간 동안 많은 저술을 남겼다. 경주의 옥산서원에 제향되었고, 문묘에 종사되었다. 저서로는 《회재집(晦齋集)》이 있다.

45 자신잠(自新箴) : 회재 이언적이 58세이던 1548년(명종3) 평안도 강계(江界) 유배지에서 설날 아침에 지은 작품으로, 《회재집(晦齋集)》 권6에 실려 있다.

46 삼성격언(三省格言) : 이언적은 유배지에서 고난을 겪으면서도 스스로 편안히 받아들이며 학문을 강론하고 저술하는 일을 중단하지 않았고, 날이 밝기 전에 일어나 밤늦게까지 하루 종일 힘을 쏟았는데, 일찍이 궤안(几案) 옆에 스스로 경계하는 말을 써 놓기를 "나는 매일 세 가지 일로 나 자신을 반성한다. 하늘을 섬기는 데 미진함이 있지는 않았는가, 임금과 어버이를 위하는 데 정성스럽지 못하지는 않았는가, 마음가짐에 바르지 못함이 있지는 않았는가.〔吾日三省吾身, 事天有未盡歟, 爲君親有未誠歟, 持心有未正歟.〕"라고 하였다. 《晦齋集 附錄 晦齋李先生神道碑銘》

보답하였다. 이해에 내직으로 들어가 승지(承旨)가 되었다. 주대(奏對)한 말이 음향 같으니 기민하고 재바르며 민첩하여 이에 미치는 자가 없었다. 기유년(1729) 10월 모일에 병으로 세상을 떠났으니 68세를 살았다. 모향(某鄕) 모 언덕에 장사 지냈다.

공은 어버이를 섬김에 효성스러웠다. 병든 어버이를 모실 때 띠를 풀지 않고 잠자리에 들면서 몸소 직접 부축하고 간호하였으며, 대소변을 처리하는 일도 다른 사람에게 시키지 않았다. 부안(扶安) 재임 시절에는 꿈에 어머니의 얼굴이 매우 여위신 것을 보고 놀라서 일어나 바야흐로 서둘러 돌아가려 하였는데, 이윽고 병이 들었다는 소식과 부고가 연이어 도착하자, 울부짖고 가슴을 치며 졸도한 것이 여러 번이었다. 아버지의 상(喪)을 치르기에 이르러서는 나이가 이미 쇠하였지만 몸이 훼손됨이 어머니의 상사 때와 똑같았고, 거적자리에서 흙덩이를 베고 잠을 자며 수질(首絰)을 갖추고서 삼년상을 마쳤다. 이미 장례를 치르고 나서는 묘소가 집에서 20리 거리에 있었지만, 닷새마다 문득 한 번씩 성묘하였으며, 비바람이 부는 날에도 그만둔 적이 없었다.

일찍이 숙종과 경종 두 임금에게 인정받은 것으로 죽을 때까지 감격해 하였다. 강계 부사(江界府使) 재임 시절에 인풍루(仁風樓)[47]에서 시 한 수를 읊어 충심을 쏟아 내고, 이어서 눈물이 흘러 옷깃을 적셨다. 남동생과 누이를 도타이 사랑하여 재산을 분배

47 인풍루(仁風樓) : 평안도 강계부(江界府)의 성안 서북쪽에 있던 누대. 강계 남산의 남쪽 자락이 독로강(禿魯江)과 북천강의 합류 지점에서 이룬 높은 벼랑 위에 동향으로 세워져 있으며, 관서팔경(關西八景)의 하나로 일컬어져 왔다.

할 때에는, 모두 잘 처리해서 동생들이 기뻐하는 마음을 가지게 되었다. 자제(子弟)를 대하고 종들을 부림에 일찍이 말을 빨리하거나 얼굴색을 급하게 하지 않았지만, 규문(閨門) 안의 엄숙하고 삼감이 마치 조정 같았다. 더욱이 종족에게 도탑고 화목하게 함에 마음을 다하였고, 옛사람이 백 번 인내했던 뜻[48]을 가져다가 그 서재를 이름하여 인재(忍齋)라고 하였다.

공은 타고난 성품이 따뜻하고 후덕하였으니 선하지 못한 점이 있는 자를 보아도 또한 오직 포용하는 마음으로 대접하여 그 사람이 스스로 깨닫도록 하였다. 남의 선행을 드러내고 남의 아름다움을 이루게 함에 이르러서는 자신의 임무로 삼아 오직 미치지 못할까 두려워하였다. 맑고 고결하여 검소(儉素)함을 좋아하였으며, 어려운 이를 급히 구휼하는 의리를 가지고 있었다. 부안(扶安), 강릉(江陵) 재임 시절에는 백성들이 부의(賻儀)로 준 전(錢)과 포(布)를 모두 물리쳤다. 관직에 재임하고 있을 때 사람들이 남녀종과 옥백(玉帛)[49]으로써 말하는 사람이 있으니, 공이 웃으며

48 옛사람이……뜻 : 당(唐)나라 장공예(張公藝, 577~676)는 수장(壽張) 사람으로, 9세(世)의 친족을 한집안에 거느리며 화목하게 생활하였다. 고종(高宗)이 직접 그의 집을 방문하여 비결을 묻자, 그는 글자를 써서 대답하겠다며 지필(紙筆)을 청해 단지 '참을 인(忍)' 자만 백여 개를 써서 올리니, 이는 상하 간에 불평과 불만을 서로 참아야 한다는 뜻이었다. 이것을 본 고종이 감격하여 눈물을 흘리며 비단을 하사하였다 한 데서 인용하였다. 《舊唐書 卷188 孝友列傳》

49 남녀종과 옥백(玉帛) : 노비와 시첩(侍妾), 옥과 비단. 《춘추좌씨전(春秋左氏傳)》 희공(僖公) 23년 조에 "남녀 노예와 옥백의 보물은 임금님께서 소유하고 있습니다.〔子女玉帛, 則君有之.〕"라는 내용이 보이는데, 양백준(楊伯峻, 1909~1992) 말에 따르면 '자녀'는 '옥백'과 상대되는 말로 쓰여 남녀 노예를 가리킨다. 《春秋左傳注

말하기를, "백성을 여위게 하여 자신을 살찌움은 내가 차마 못할 바입니다. 또 재물이란 것은 자손들을 서로 싸우게 합니다. 어찌 이것을 많이 쌓아 놓겠습니까."라고 하였다. 이 때문에 몇 고을을 두루 맡아 다스렸지만 조금도 이익을 취함이 없었다. 화려함과 사치함을 금하여 화려한 비단옷을 입거나 기름진 음식을 먹지 못하게 하였다. 오직 제사 지낼 때만 풍부하게 준비하도록 힘을 썼다. 전배(前配) 이씨(李氏)의 집안에 후사가 없어서 그 가산이 마땅히 공에게 돌아오게 되었지만, 공은 그것을 취하지 않고 장인어른의 묘소 아래에 전지(田地)와 노복(奴僕)을 마련하여 제사를 받들게 하였다.

공이 강계 부사로 재임할 때에 옥구 현감(沃溝縣監)을 지낸 이태화(李泰和)[50]가 위원(渭源)[51]에 귀양 와 있었는데, 공이 자신의 녹봉(祿俸)을 나누어 그 식구 수를 계산해서 공급하였고, 체직되어 돌아오기에 이르러서는 후하게 주었다. 부안(扶安)에 재임할 때 서로 알고 지내던 사람으로 궁하여 돌아갈 데가 없는 사람이 있었는데, 공이 거두어 문하에 두었고, 얼마 되지 않아서 죽자 그의 상(喪)을 치러 주었으며, 그 손자를 마치 지친(至親)처럼 돌봐주었다.

僖公 23年 楊伯峻注》

50 이태화(李泰和) : 1694~1767. 1711년(숙종37) 18세의 나이에 통덕랑으로 식년 문과에 급제하였다. 1725년(영조1)에 옥구 현감(沃溝縣監)으로 재직하면서 이술(李述)의 부인을 노예로 삼는 등 횡포한 짓을 저지르다 사간원의 탄핵을 받아 귀양 갔다. 《국역 일성록 정조 24년 2월 3일》

51 위원(渭源) : 평안도에 있으니, 근처에 독로강(禿魯江)이 있다.

공은 평소에 병을 앓는다고 알려 온 사람이 있으면 비록 밤중이라 할지라도 반드시 직접 가서 살펴보았고 또 약을 주었으며, 친소(親疏)와 귀천(貴賤)으로써 차이를 두지 않았다. 보통 때에도 스스로 신칙하고 힘쓰기를 그만두지 않았고, 공(公)에 있든 사(私)에 있든 막론하고 조금 한가한 때가 있으면, 문득 단정히 앉아 글을 읽으며 말하기를, "선비는 하루라도 글을 읽지 않으면 안 된다."라고 하였다. 또 남을 접할 때에는 주의하였으니 관직에 있은 지 30년 동안 금오(金吾)에 나아가 옥리(獄裏)를 마주한 적이 있지 않았다. 만년에는 벼슬길이 바야흐로 활짝 열렸지만, 공이 갑자기 세상을 떠났으니, 애석하도다.

부인, 연안 이씨(延安李氏)는 사인(士人) 이용(李溶)의 따님으로 딸 하나를 낳았으니 한종준(韓宗儁)에게 시집갔고, 함평 이씨(咸平李氏)는 참봉(參奉) 이경담(李景聃)의 따님으로 장수(長壽)하여 정부인(貞夫人)에 가자(加資)되었으며 1남 1녀를 낳았으니, 아들은 기연(起淵)인데 효행으로 교관(敎官)에 증직되었고, 딸은 이최기(李最基)에게 시집갔다. 기연은 3남 3녀를 두었으니, 생원(生員) 좌권(佐權), 우권(佑權), 진사(進士) 임권(任權)이고, 딸은 진사 정언석(鄭彦錫), 윤행장(尹行章), 문과(文科) 급제하여 지평(持平) 벼슬을 한 김희성(金熙成)에게 시집갔다. 측실(側室) 소생의 아들은 비권(備權), 준권(俊權)이고, 딸은 김종범(金鍾範)에게 시집갔다. 좌권은 2남 2녀를 두었으니 장남은 지금 직장(直長)인 현록(顯祿), 그리고 석록(碩祿)이고, 딸은 진사 김성건(金性健), 권상신(權尙愼)에게 시집갔다. 우권은 효자로써 복호(復戶)[52]되었고, 뒤를 이은 아들은 경록(景祿)이다. 임권은 1남 3녀를 두었으니 아들 경록(景祿)은 양자로 나갔고, 딸은 우찬해(禹纘海), 황태현(黃泰鉉), 이남수(李南秀)에게 시집갔다. 현록은 2남 1녀를 두었으니 장남은 윤모(允模)이고 차남 광모(光模)는 양자로 나갔고, 딸은 이해선(李海善)에게 시집갔다. 윤모는 내 동생〔吾卯君〕의 딸에게 장가들었으니, 이로 인하여 내가 직장군(直長君)과 친하였다. 하루는 직장군이 공의 행장을 작성하여 나에게 공의 묘갈명을 청하였다. 사양하였지만 받아들여지지 않아서 마침내 차례하여 위와 같이 서술하고, 이어서 다음과 같이 말한다.

내 듣건대, 서쪽 강계 백성들이 동비(銅碑)를 세우고 나서, 어떤 도둑이 그것을 지고 가다가 중도에 이르러 갑자기 무거워서 힘을 다해도 들지를 못하자 이에 매우 두려운 마음이 생겨 달아났으니, 사람들이 신기하게 여겨 마침내 다시 본래 있던 곳에 세웠다. 무릇 수해와 가뭄 그리고 역질을 만났을 때 그 동비에 기도하면 문득 응함이 있었으니, 다들 말하기를, "기이하도다, 우리 공이 여기에 깃들어 있구나."라고 하였다. 지금 백 년이 되도록 감히 혹 이를 능멸함이 없다. 대개 떠난 뒤에도 생각나는 자가 많지만 죽은 뒤에도 이러함이 있으니, 옛날에 누가 이럴 수 있었던가. 이에 공이 관직에 임하였을 때 그 직분을 다하였음을 더욱 징험할 수 있겠다. 내가 그래서 그 무덤에 특별히 표하여 나무꾼과 목동들에게 알리노라.

52 복호(復戶) : 조선조 때 충신・효자・열녀가 난 집의 조세(租稅)나 그 밖의 국가적 부담을 면제하여 주는 일.

吾聞西之民旣立銅碑 有盜負去 至中路忽重 盡力莫擧 乃大懼以逃 人神之 遂還立故處 凡遇水旱癘疫 有禱輒應 咸曰異哉 我公斯憑 于今百年 無敢或淩 夫去後見思者多矣 歿而有斯 在古誰能 於是而公立朝盡其職益可徵 吾故特表其塋 以詔樵牧氓

증 가선대부 이조 참판 겸 동지경연 의금부사 홍문관 제학 행 통훈대부 병조 좌랑 학음 김공 묘갈명 병서

贈嘉善大夫吏曹參判兼同知經筵義禁府事弘文館提學行通訓大夫兵曹佐郎鶴陰金公墓碣銘 並序

재능 없는 나는 어릴 때 선부로(先父老)를 따라 다니면서 “강좌(江左)에 학음(鶴陰) 김공 형제가 있으니 깨끗하고 맑음이 빙옥(氷玉) 같으며 상서롭고 빼어남이 난봉(鸞鳳) 같아서 무릇 남쪽 지방의 아름다운 사람 중에 환하게 고고히 비추는 자가 모두 여기에 미칠 수가 없다.”라고 하는 말을 익히 들었으니, 대개 일찍부터 우러러 흠모하였다. 지금 공의 맏아들 한동(翰東) 씨가 공의 중씨(仲氏) 하양공(河陽公)이 찬술한 묘지(墓誌)와 그 종부형(從父兄) 소암(素巖) 진동(鎭東)[53] 씨가 지은 행장을 가지고 와서 나에게 묘갈명을 지어 달라고 부탁하였다. 나는 진실로 그에 마땅한 사람이 아니다. 하지만 즐거이 말하지 않을 수 있겠는가.

삼가 살피건대, 공은 휘가 경필(景泌)이고 자가 원중(源仲)이다. 상세(上世)에 신라 경순왕(敬順王)의 아들 석(錫)이 의성(義城)을 수봉(受封)하여 자손들이 그대로 관향으로 삼았다. 고려 때

53 소암(素巖) 진동(鎭東) : 김진동(金鎭東, 1727~1800). 자는 정지(定之)이고 소암은 그의 호이다. 저서로 《소암집(素巖集)》이 있으니, 권5에 〈숙부 통훈대부 행 병조 좌랑 학음공 유사(叔父通訓大夫行兵曹佐郎鶴陰公遺事)〉가 있는데 “오직 하양공과 함께 한집에 거처하며 훈으로 창수하면 지로 화답하며 40년을 화락하고 기쁘게 지냈다.……하양공이 찬술한 묘지를 부기한다.〔惟與河陽公同處一室, 塤唱篪和, 四十年怡怡如也.……以河陽公所撰墓誌附之.〕”라고 하였다.

상서복야(尙書僕射) 용비(龍庇)가 백성들에게 공덕이 있음으로써 그 고을에서 묘식(廟食)[54]을 받았다. 본조〔조선〕에 들어와 병마사(兵馬使) 용초(用超)가 있으니 개국훈(開國勳)에 책록되었고, 6세(六世)에 휘 희삼(希參)이 있으니 문학으로 빛나고 높은 관직을 두루 역임하였고 총재(冢宰)에 증직되었으며 호가 칠봉(七峯)이다. 이분의 아들 휘 우굉(宇宏)은 관직이 부제학(副提學)을 지냈고 호는 개암(開巖)인데, 아우 문정공(文貞公) 동강(東岡) 선생 우옹(宇顒)과 더불어 문장(文章)과 덕행(德行)이 서로 백중(伯仲)을 다투었으며, 두 사람 모두 제향을 받았다. 공에게는 6세조가 된다. 증조는 휘가 추길(秋吉)이니 생원(生員)이고 이조 참판(吏曹參判)에 증직되었다. 조부는 휘가 성구(聲久)이니, 관직은 관동 관찰사(關東觀察使)가 되었고 호는 팔오헌(八吾軒)이며 맑은 덕과 아름다운 행실이 있어서 세상 사람들이 중하게 여기는 바가 되었다. 고(考)는 휘가 여당(汝鏜)이니 진사(進士)이고 이조 참의(吏曹參議)에 증직되었다. 비(妣)는 숙부인(淑夫人)에 증직된 풍산 유씨(豐山柳氏)이니 현감 유후광(柳後光)의 따님이다. 숙종 신사년(1701, 숙종27) 11월 모일에 안동(安東)의 해촌(海村)에서 공을 낳았다.

공은 얼굴 모습이 밝고 맑았으며 총명함이 보통 사람보다 뛰어났다. 5, 6세 때에 다른 사람이 글 읽는 소리를 듣고 문득 그대로

54 묘식(廟食) : 사당이 세워져서 제향(祭饗)을 받는 것을 말한다. 용비(龍庇)가 백성들에게 공덕이 있어서 고을 사람들이 고을의 관아에 위패를 모셔 놓았는데, 학봉(鶴峯) 김성일(金誠一)이 선조의 영령을 모독하는 것이라고 여겨 종당(宗黨)과 의논하여 관아의 동편에 공을 받드는 사당을 따로 세우고 진민사(鎭民祠)라고 현판을 건 다음 해마다 제사를 지냈다고 한다. 《寒江續集 卷6 金公行狀》

따라 외웠다. 스승에게 나아가게 되어서는 일과 공부를 번거롭게 채근하지 않아도 스스로 부지런히 하고 애써 하였고, 밤에는 송진을 태우거나 달빛을 따라가며 글을 읽었다.

14, 15세가 되어서는 문사(文詞)가 이미 크게 성취되었다. 병오년(1726, 영조2)에 성균관(成均館)에 등제하였고 을묘년(1735)에 증광시(增廣試)에 급제하였다. 정사년(1737)에 부친상(父親喪)을 당하였다. 상을 마치고 나서 사람들이 면신례(免新禮)[55] 행하기를 권하였으나, 공은 즐겨 하지 않았다.

계해년(1743)[56]에 황산도 찰방(黃山道察訪)에 임명되었다. 당시에 역참이 매우 쇠퇴하고 피폐하여 맞이하고 보내는 일을 감당하지 못하였고, 전지(田地) 또한 많이 황폐하였다. 공이 제방을 쌓아 수리(水利)를 흥기하고, 거두어들인 전(錢)과 포(布)를 가지고 우인(郵人)에게 공적(公的)으로 맡겨 말을 사는 비용을 제공하니, 이로부터 다시 되살아나서 길이 의지할 수 있게 되었다. 돌아오기에 이르러서는 우인 중에 눈물을 흘리는 자가 있기까지 하였다.

갑자년(1744)에 연신(筵臣)이 나이가 많음을 아뢰어 승질(陞秩 자급이 오름)을 발표할 때, 국자 전적(國子典籍)이 되었고, 을축년(1745)에 예조(禮曹)의 좌랑으로 옮겼다. 전후로 서울에 들어가

55 면신례(免新禮) : 출사(出仕)하는 관원이 구관(舊官)을 초청하여 음식을 접대하는 예로, 허참례(許參禮)라고도 한다.

56 계해년(1743) : 저본에는 계미(癸未)로 되어 있으나, 연대를 따져 보면 맞지 않고, 소암(素巖) 김진동(金鎭東, 1727～1800)이 지은 〈숙부 학음공 유사(叔父鶴陰公遺事)〉에 "계해년(1743, 영조19) 8월 황산도 찰방에 제수되었다.〔癸亥八月拜黃山道察訪〕"라고 되어 있는 것에 근거하여 수정 번역하였다. 《素巖集 卷5 遺事》

서는 발걸음이 반촌(泮村) 밖을 밟지 않았고, 얼마 되지 않아 관직 생활을 좋아하지 않는 뜻이 있어서 버리고 고향으로 돌아왔다.

무진년(1748)에 병조 좌랑(兵曹佐郎)에 제수되었는데, 임금의 명에 숙배(肅拜)하고, 열흘 남짓에 병을 얻어서 서울 집에서 세상을 떠났으니, 나이가 48세였다. 모시고 와서 봉화현(奉化縣) 덕고촌(德皐村) 북쪽 감좌(坎坐) 언덕에 장사 지냈다. 그 뒤에 이조참판(吏曹參判)에 증직되었다.

공은 표리(表裏)가 환히 관통하여 한 점의 속기(俗氣)도 없었다. 약관의 나이 때는 발현되는 바에 혹 함축함이 적었는데 스스로 그 편벽됨을 알고 나서는 선유(先儒)들의 격언(格言)을 적어서 걸어 놓고 마음에 새기고 체득 실천하여 끝내 혼연(渾然)함을 얻었다. 또 능히 자신의 사욕을 힘써 제거하여 점차 공평한 데에 나아갔고, 더욱이 공경심을 부지하는 공부를 엄하게 하여 그윽이 혼자 있다고 해서 게으르거나 태만한 모습을 하지 않았다. 말을 하고 행실을 제어함에는 움직일 때마다 법도를 따랐다. 남을 대하고 외물을 접할 때에는 온화한 기운이 무성하였고, 훌륭한 점을 좋다고 할 때는 길게 하고 나쁜 점을 비평할 때는 짧게 하였다.[57] 그러므로 어진 사람, 불초한 사람 할 것 없이 모두 공을 사랑하고 사모하며 믿고 복종하였다.

57 훌륭한……하였다 : 원문은 '善善長 惡惡短'으로, 《공양전(公羊傳)》 소공(昭公) 20년 조에 "군자는 선을 잘한다고 할 때는 길게 하고, 악을 싫어할 때는 짧게 하여 악을 비평할 때는 당사자에 그치고 선을 칭찬할 때는 자손에까지 이른다.〔君子之善善也長, 惡惡也短, 惡惡止其身, 善善及子孫.〕"라고 한 데서 가져왔다. 《春秋公羊傳 昭公 20年》

효성과 우애를 도타이 하였다. 부모님을 섬김에 그 승순(承順)[58]을 지극히 하였고, 병이 들었을 때는 근심을 다하고 상사(喪事)에는 슬픔을 극진히 하여 두루 지극하게 하지 않음이 없었다. 형제를 매우 사랑하여 잠시도 떨어져 있고 싶어 하지 않았고, 백씨(伯氏)의 사손(嗣孫)을 마치 자신의 자식처럼 가르치고 길러 내었다. 부부(夫婦)가 집안에 있을 때에 서로 손님을 대접하듯 공경하였다.

집이 본디 가난하여 죽을 쑤어 먹는 것도 이어 가지 못하였지만 태연하였다. 중씨(仲氏) 하양공(河陽公)과 책상에 마주 앉아서 경전(經傳)의 깊은 뜻을 강론하고 토론하였으며, 기타 고금의 치란(治亂)과 국조(國朝)의 전고(典故)와 선현들의 행적에 이르기까지 부지런히 공부하며 권태로움도 잊고 밤낮으로 계속하였다. 등불이 없으면 앉아서 담론함을 즐거움으로 삼았으니, 세상에서 "해촌야화(海村夜話)가 글을 읽는 것보다 낫다."라고 했다고들 한다.

문장을 지을 때는 종이와 붓을 잡으매 바로 써 내려갔으니, 인용해다가 꾸미는 것을 일삼지 않았지만 이치가 분명하고 수사가 통달하여 구슬을 꿴 듯하였고 도끼로 찍어 붙인 흔적[59] 같은 것이 없었다. 시(詩)도 또한 바르고 빼어나 고법(古法)을 지녔다. 산수

58 승순(承順) : 부모의 뜻을 잘 이어받음을 의미한다. 《예기(禮記)》 〈제의(祭義)〉에, "군자가 효라고 하는 것은 부모님이 말씀하시기 전에 미리 그 뜻을 받들어 행함이다.〔君子之所謂孝者, 先意承志.〕"라고 한 말에서 가져왔다.

59 도끼로……흔적 : 원문은 '부착흔(斧鑿痕)'으로, 시문 등을 애써 구사하고 조작한 흔적을 비유한 것이다. 한유(韓愈)의 〈조장적(調張籍)〉 시에 "한갓 도끼로 찍은 자국만 볼 뿐이요, 홍수 다스리던 배는 보지 못했네.〔徒觀斧鑿痕, 不矚治水航.〕"라고 한 데서 유래한 말이다. 《韓昌黎集 卷5》

(筭數)의 법에 이르러서도 또한 모두 두루 통하였다.

오호라, 공은 도(道)에 가까운 자질을 가지고 이치를 궁구하고 본성을 함양하는 공부를 이루었으니, 그 포부를 어찌 시행하지 못하였으랴. 그러나 시운에 막혀 과거 급제한 지 14년에 관직이 낭중(郎中)에 지나지 않았고, 수명 또한 중년[60]에 그치고 말았으니, 어찌하겠는가. 공의 유고(遺稿) 약간 권이 집에 보관되어 있었다.

부인은 정부인(貞夫人)에 증직된 청주 정씨(淸州鄭氏)이니 학생(學生) 정주현(鄭周賢)의 따님이자 약포(藥圃) 정간공(貞簡公) 정탁(鄭琢)[61]의 6세손이다. 효성스럽고 온화하면서도 규방의 법도를 지니고 있어서 사람들이 이간질하는 말이 없었다. 공보다 먼저 세상을 떠나서 선영(先塋)을 따라 재산(才山)에 장사 지냈다가, 이때에 이르러 동(洞) 신좌(辛坐) 언덕에 묻었다. 1남 2녀를 두었다. 1남은 곧 한동(翰東)으로 우뚝하게 지절(志節)을 지녔으며 관직은 감사(監司)를 지냈으니, 공의 양대(兩代)를 이로써 추은(推恩)[62]하였다. 두 딸은 참판(參判) 최광벽(崔光璧)과 정랑(正

60 중년 : 원문은 '중신(中身)'으로, 《서경(書經)》 〈무일(無逸)〉에 "문왕이 천명을 받은 것이 중신이었는데, 나라를 누린 것이 50년이었다.〔文王受命惟中身, 厥享國五十年.〕"라고 하였는데, 정현(鄭玄)의 주(注)에 "중신은 중년을 이른다.〔中身謂中年〕"라고 한 데서 유래하여 50여 세를 말한다. 학음은 48세에 세상을 떠났다.

61 정탁(鄭琢) : 1526~1605. 본관은 청주(淸州), 자는 자정(子精), 호는 약포(藥圃)이며, 시호는 정간(貞簡)이다. 예천 출신으로 이황(李滉)의 문인이다. 좌의정, 판중추부사, 영중추부사 등을 역임하였다. 저서로는 《약포집(藥圃集)》이 있다.

62 추은(推恩) : 시종(侍從) 또는 곤수(閫帥)의 선조로서, 나이가 70세 이상인 자에게 가자(加資)하는 것을 말한다.

郎) 권사호(權思浩)에게 시집갔다. 감사(監司)는 아들이 둘이니 희익(熙益)과 희복(熙復)이고, 딸이 둘이니 정수(鄭燧)와 유치익(柳致翊)에게 시집갔다. 참판(參判)은 사자(嗣子)가 봉사(奉事) 최양우(崔陽羽)이고, 딸이 셋이니 참판(參判) 홍의호(洪義浩), 권감(權堪), 장시정(張時鼎)에게 시집갔다. 정랑(正郎)은 아들이 셋이니 생원(生員) 권의도(權義度), 권신도(權身度), 권벽도(權璧度)이고, 딸이 둘이니 교관(敎官) 장시점(張時漸), 이정회(李鼎會)에게 시집갔다. 명은 다음과 같다.

희고 깨끗한 학음이여	皎皎鶴陰
덕음을 밝게 드러내었네	式昭德音
그 문장은 문채 남이 있고	其章有斐
그 명망은 높이 다다랐네	其望有臨
그래서 참으로 귀하게 여기고	而貴之良
그래서 장구히 명성이 있었네	而聞之長
오직 지위와 수명은	維位與壽
또한 어찌 이와 견줄까	亦孰與方
선조의 아름다움을 받들어	承先祖休
후손에게 계책을 끼쳤으니	貽後昆謨
복록[63]의 보답을	茀祿之報
하늘이 그 길이 참되게 하리	天其永孚

63 복록 : 원문은 '불록(茀祿)'으로, 《시경》 〈권아(卷阿)〉에 "그대가 천명을 받음이 장구하니, 복록으로 그대가 편안하도다.〔爾受命長矣, 茀祿爾康.〕"라는 말에서 인용하였다. 불(茀)은 복(福)의 뜻이다.

통훈대부 행 하양 현감 서파 김공 묘갈명 병서
通訓大夫行河陽縣監西坡金公墓碣銘 並序

공은 휘가 경철(景澈)이고 자가 유청(幼淸)이니 개암(開巖) 선생의 7세손이다. 개암 선생은 휘가 우굉(宇宏)이니 덕행으로 순효조(純孝朝) 때 벼슬하여 부제학(副提學)에 이르렀으며, 그 아우 동강(東岡) 선생 휘 우옹(宇顒)과 함께 모두 서원에 제향되었다. 5세를 내려와 휘 성구(聲久)가 있으니 관직이 강원 감사(江原監司)를 지냈고 호는 팔오헌(八吾軒)이며, 곧 공의 조부이다. 고(考)는 휘가 여당(汝鏜)이고 진사에 입격하였고 이조 좌랑(吏曹佐郎)에 증직되었다. 비(妣)는 숙부인(淑夫人)에 증직된 유씨(柳氏)이니, 풍산(豐山)의 명문 집안인 현감 유후광(柳後光)의 따님이다.

공은 전대의 광영을 배태하여 기상이 드높고 모습이 수려하였다. 아우 학음공(鶴陰公) 경필(景泌)과 책상을 맞대고 앉아 글을 읽은 것이 무릇 40년이었고, 문학(文學)이 서로 백중(伯仲)을 다투었다. 신유년(1741, 영조17)에 성균관에 올라 반궁(泮宮)에서 유학하였는데, 학음공이 당시에 병조 좌랑(兵曹佐郎)에 부임하였다가 서울 집에서 세상을 떠나니,[64] 공이 널을 부여잡고 남쪽 집

64 학음공이……떠나니 : 학음 김경필(金景泌)의 묘갈명에 "무진년(1748)에 기조좌랑(騎曹佐郎)에 임명되었는데, 숙명(肅命)하고 열흘 남짓에 병을 얻어서 서울 집에서 세상을 떠났으니, 나이가 48세였다."라고 하였다.《立齋集 卷35 兵曹佐郎鶴陰金公墓碣銘》

으로 돌아와 다시 벼슬에 나아갈 마음을 갖지 않았다.

임신년(1752)에 영릉 참봉(英陵參奉 세종 능참봉)에 임명되었는데, 직분을 받들어 수행함에 매우 삼갔다. 동료 관원들이 권세 있는 집 자제라는 것으로써 자못 경시하였지만, 공이 한결같은 뜻으로 예로써 그들을 대우하니, 그 사람들이 부끄러워하며 감복하였다. 관례대로 승직하여 감찰(監察)에 이르렀다.

무인년(1758)에 외직으로 나가 하양 현감(河陽縣監)이 되었다. 임금이 공을 인견(引見)하여 묻기를, "그대는 무엇으로써 고을을 다스릴 것인가?"라고 하니, 공이 대답하기를, "신은 임금을 속이고 윗사람을 기망하며 백성에게 포학하고 자신을 살찌우는 것을 부끄러움으로 삼습니다만, 이는 아직 일어나지 않은 일이므로 감히 단정 지어 말하지는 못하겠습니다."라고 하였다. 임금이 좋다고 칭찬하였다. 이윽고 하양현에 도착하여 '근근화완(勤謹和緩) 시민여상(視民如傷)'[65] 여덟 글자를 써서 걸어 놓고 스스로 성찰하였고, 청렴하게 공무(公務)를 받들어 일정하게 정해진 녹봉이 아니면 조금도 사용하지 않았다. 이보다 앞서 고을에 기근(饑饉)이

65 근근화완(勤謹和緩) 시민여상(視民如傷) : '근근화완'은 '부지런하고 삼가며 화평하고 여유 있게 함'으로, 《소학》 〈선행(善行)〉에, 유기지(劉器之)가 과거에 급제하여 두 동년(同年)과 함께 참정(參政) 장관(張觀)을 알현하여 가르침을 청하자, 장관이 "나는 관직을 맡은 이래로 항상 네 글자를 지키니, 부지런하고 삼가며 화평하고 여유 있게 하라는 근, 근, 화, 완이다.〔某自守官以來, 常持四字, 勤謹和緩.〕"라고 한 말에서 가져왔다. '시민여상'은 백성들을 보기를 마치 다친 사람 대하듯이 걱정한다는 말로, 《맹자》 〈이루 하(離婁下)〉에 "문왕은 백성들을 보기를 마치 다친 사람처럼 하였다.〔文王視民如傷〕"라고 한 말에서 가져왔다.

들어 감사(監司)에게 재결(災結 조세 감면 대상이 되는 결수(結數))을 얻은 것을 사사로이 함이 많았다. 그러나 공은 곧 백성들에게 아주 고르게 나누어 주었고, 그 나머지를 백징(白徵)[66]자에게 베풀어 원통함이 없도록 하였다.

감사가 순찰을 나갈 때 밤에 다니는 것을 좋아하여 이르는 곳의 길가에 횃불을 늘어세워 놓게 하고서 관찰하였는데, 공이 모두 손으로 들게 하고 말하기를, "이는 전촉(田燭)[67]에 가까우니 감사의 행차에 감히 할 바가 아닙니다."라고 하니, 감사가 처음에는 노여워하다가 결국에는 부끄러워하였다. 고을에 효자가 있으니 그 문에 나아가 존중하고 예로써 대우하였다. 잘 다스린다는 명성이 자자하여, 암행어사가 '순실(純實)하고 거짓 없음이 정히 그 사람과 같음'으로 포문(褒聞)하였다. 암행어사는 바로 전날 동료 관리였다.[68]

신사년(1761)에 어떤 일에 연좌되어 파직되었는데 돌아올 때의 짐 꾸러미가 깔끔하였다. 이로 인하여 고향 동산에 깃들어 노닐면서 도서(圖書)와 화죽(花竹)으로 즐거움을 삼으며 자호를 서파거사(西坡居士)라고 하였다. 후진을 인도하고 가르쳐 성취(成就)시

66 백징(白徵) : 백지 징세(白地徵稅)의 준말로, 조세를 면제한 땅이나 납세 의무가 없는 사람에게 세금을 물리거나 아무 관계없는 사람에게 빚을 물리는 일.

67 전촉(田燭) : 임금이 사냥할 때 밝히는 등불을 말한다.

68 암행어사가……관리였다 : 서파 유사(西坡遺事)에 "암행어사가 임금께 아뢰어 '순실하고 거짓 없음이 정히 그에 마땅한 사람인 듯하니, 유념하여 잘 다스려서 일이 이루어지지 않음이 없습니다.'라는 등의 말로 올렸으니, 곧 전날 젊은 시절의 동료였다.〔繡衣褒聞, 有純實無僞, 政如其人, 留心修擧, 事無不濟等語, 乃前日年少僚官也.〕"라고 하였다. 《素巖集 卷5 河陽縣監西坡公遺事》

킴이 많았으니, 소암(素巖) 김진동(金鎭東), 와은(臥隱) 김한동(金翰東), 심엄(深广) 김희직(金熙稷) 같은 이들이 더욱 뛰어났다.

갑신년(1764) 10월 모일에 졸(卒)하니 태어난 무인년(1698, 숙종24)에서 67년이 된다. 장지(葬地)는 내성현(乃城縣) 북쪽 계좌(癸坐) 언덕에 있다.

공은 성품이 효성스럽고 삼갔으니, 아버지 어머니를 잃음에 슬픔과 공경함이 모두 지극하였다. 이윽고 삼년상을 마치고는 제사를 주관하는 주인(主人)이 아니라는 것으로써 감히 날마다 사당에 배알하지는 못하고, 오직 초하루와 보름에 자질(子姪)들을 데리고 참알(參謁)하였다. 선대(先代)에 관한 일에 부지런하여 여러 분의 묘지명(墓誌銘)을 모두 스스로 만들어 써서 제사에 사용하였다.

공은 젊었을 때에 술을 지나치게 마셔 품의를 잃었던 것을 후회하며 종신토록 일찍이 취한 상태에 이르지 않았다. 평소 생활할 때 거처함에는 반드시 장중하게 하고, 나아가고 그침에는 일정한 법도가 있었다. 규방의 내정에 들어가서도 또한 편한 복장을 하지 않았다. 글씨를 쓸 때는 매우 경건히 하였으니, 비록 서간문(書簡文)[69]이라 할지라도 일찍이 흘려 쓰지 않았고, 손수 고서(古書) 몇백 권을 베껴 씀에 모두 해정(楷正)하기가 한결같았다. 기억력과 총명함이 남들보다 뛰어났으니, 섭력한 것은 모두 잊어버리는 법이 없었다. 날마다 새벽에 일어나 의관을 정제하고 앉아서 학음

69 서간문(書簡文) : 원문은 '혁제(赫蹏)'로, 옛날에 글씨를 쓰는 데 썼던 폭이 좁은 비단을 말하는데, 서간문(書簡文)의 별칭이다.

공(鶴陰公)과 더불어 형제[70]가 서로 창화(唱和)하였는데, 모두 고금(古今)의 경전(經傳)과 치란(治亂)에 관한 말이었으며, 한밤중에 이르러서야 곧 파하였으니, 세상에서 '해촌야화(海村夜話)'를 미담(美談)으로 삼았다. 임종하기에 이르러서는 집안의 자제들을 불러 하나하나 지극히 경계시키고, 부인(婦人)을 경계하여 가까이 오지 말게 하였으니, 이는 또한 바른 도리를 얻고서 세상을 떠난 것[71]이다. 유고(遺稿) 약간 편이 집에 보관되어 있다.

공은 벽진 이씨(碧珍李氏) 승지(承旨) 이언영(李彦英)[72]의 증손 이주방(李柱邦)의 따님에게 장가들었다. 부인은 능히 부녀의 도(道)를 지녔으니 반드시 몸가짐을 단정히 한 뒤에 남편을 보았다. 공보다 8년 뒤에 세상을 떠났으니, 장지는 순흥(順興) 응방산(鷹坊山) 계좌(癸坐) 언덕에 있다.

1남 2녀를 두었다. 1남은 생원(生員) 갑동(甲東)이고, 딸은 박

70 형제 : 원문은 '훈지(塤篪)'로, 《시경》 〈하인사(何人斯)〉에 "백씨가 훈을 불거든 중씨는 지를 분다.〔伯氏吹塤, 仲氏吹篪.〕"라고 한 데서 유래하여, 형제의 의가 좋은 것을 훈과 지의 소리가 서로 화응하는 것에 비유하였다.

71 바른……것 : 원문은 '득정이폐(得正而斃)'로, 숨을 거둘 때까지 바른 도리를 잃지 않았다는 말이다. 증자(曾子)가 임종(臨終)할 무렵 화려한 대자리가 자신의 신분에 맞지 않음을 인지하고 바꾸어 깔도록〔易簀〕 자제에게 명하면서 "내가 바른 도리를 얻고서 죽으면 그것으로 충분할 뿐이다.〔吾得正而斃焉, 斯已矣.〕"라고 한 데서 유래하였다. 《禮記 檀弓上》

72 이언영(李彦英) : 1568~1639. 본관은 벽진(碧珍), 자는 군현(君顯), 호는 완석(浣石)이다. 경북 칠곡 왜관 석전리(石田里)에 거주하였다. 정구(鄭逑), 장현광(張顯光)의 문인이다. 문과에 급제하여 좌부승지(左副承旨), 선산 부사(善山府使) 등을 역임하였다.

만경(朴萬慶), 김윤만(金潤萬)에게 시집갔다. 갑동은 아들이 둘이니 희회(熙晦)와 희박(熙璞)이고, 딸이 하나이니 권재덕(權載德)에게 시집갔다. 박만경은 아들이 하나이니 박한익(朴漢翼)이고, 김윤만은 아들이 둘이니 생원(生員) 김의권(金義權), 김명권(金命權)이고, 딸이 셋이니 박기명(朴基明), 이곤재(李坤載), 정상승(鄭象升)에게 시집갔다. 증손 현손 이하는 다 기록하지 않는다.

하루는 희박(熙璞)이 그 형의 아들 재순(在純)으로 하여금 손수 공의 종자 소암(素巖) 진동(鎭東) 씨가 지은 행장을 나에게 보여 주게 하고, 그 묘갈명을 지어 달라고 부탁하였다. 마침내 살펴보고 다음과 같이 명을 붙인다.

아, 서파는 참으로 가문에 걸맞은 사람이니	猗西坡允稱家
시종을 살펴보매 그 행실에 누가 더하겠는가	跡始終行孰加
우뚝한 조행이 있고 깨끗하여 흠이 없으니	犖有操皭無瑕
마땅히 덕을 드러내어 아름다움 떨쳐야 하나	宜揭德而振華
결국 가라앉아서 보답에 실로 차질이 있으니	卒沈下報實差
나는 이 점을 글로 새겨 먼 후세에 알리노라	我銘此以詔遐

서헌 처사 광릉 이공 묘갈명 병서

恕軒處士廣陵李公墓碣銘 並序

우리나라는 본디 빈빈(彬彬)한 사군자(士君子)[73]가 많다고 일컬어졌다. 비유하건대, 용(龍)과 봉황〔鳳〕이 비록 울고 뛰어오르지는 않았지만 단서(丹書)를 입에 물고[74] 명주(明珠)를 턱에 끼고[75] 있었던 것은 마찬가지일 따름이다. 서헌 처사(恕軒處士) 광릉(廣陵) 이공(李公) 같은 사람이 어찌 이른바 그에 해당하는 사람이 아니겠는가.

73 빈빈(彬彬)한 사군자(士君子) : 본바탕과 아름다운 문채, 즉 내용과 형식이 훌륭하게 조화된 군자라는 뜻이다. 공자가 "바탕이 문채를 이기면 촌스럽고, 문채가 바탕을 이기면 겉치레에 흐르니, 문채와 바탕이 조화를 이룬 뒤에라야 군자라고 할 수 있다.〔質勝文則野, 文勝質則史, 文質彬彬然後君子.〕"라고 말한 데서 유래하였다. 《論語 雍也》

74 단서(丹書)를 입에 물고 : 주 문왕(周文王)이 태어나던 날에 붉은 새가 입에 단서를 물고 문왕의 방 창문 앞에 와서 떨어뜨려 주었는데, 주 무왕(周武王)이 그의 사부(師傅)인 강태공(姜太公) 여상(呂尙)으로부터 "공경하는 마음이 태만한 마음을 이기면 길하고, 그 반대가 되면 멸망하며, 대의가 욕심을 이기면 뜻대로 되고, 그 반대가 되면 흉하게 된다.〔敬勝怠者吉, 怠勝敬者滅, 義勝欲者從, 欲勝義者凶.〕"라는 등의 단서의 말을 듣고는, 두려워하는 마음으로 침석(寢席)의 사면 등에 명(銘)을 새겼다는 고사가 전한다. 《荀子 議兵》

75 명주(明珠)를 턱에 끼고 : 여룡(驪龍)의 턱 밑에 구슬이 있음을 말한다. 《장자》 〈열어구(列禦寇)〉에 "천금 같은 구슬은 반드시 깊은 못 속 검은 용의 턱 밑에 있다.〔夫千金之珠, 必在九重之淵, 而驪龍頷下.〕"라는 구절에서 온 말로, 이 구슬은 매우 얻기가 어려우므로 진귀한 사물이나 보기 드문 문장을 비유하는데, 여기서는 뛰어난 사군자를 비유하였다.

공은 휘가 세형(世珩)이고 자가 초백(楚白)이다. 참의(參議) 증 이조 참판(贈吏曹參判) 석담(石潭) 휘 윤우(潤雨)[76]가 공의 고조(高祖)이니, 한강(寒岡) 정 선생(鄭先生 정구(鄭逑))의 고제(高弟)로 회연서원(檜淵書院)[77]에 배향되었다. 증조는 휘가 도장(道長)이니 응교(應敎)을 지냈고 좌찬성(左贊成)에 증직되었다. 조부는 휘가 원지(元祉)이니 참봉을 지냈다. 고(考)는 휘가 현명(顯命)이니 생원시에 장원 급제하였다. 비(妣)는 파평 윤씨(坡平尹氏)이니 참의(參議) 윤리(尹理)의 따님이다. 생고(生考)는 휘가 기명(基命)으로 병조 좌랑을 지냈고, 비(妣)는 청주 한씨(淸州韓氏)이니 현감(縣監) 한종운(韓宗運)의 따님이며, 계비(繼妣)는 광주 노씨(光州盧氏)이니 도사(都事) 노사제(盧思齊)의 따님이다. 공은 숙종 을축년(1685, 숙종11) 5월 모일에 태어났다.

공은 어려서부터 남다른 자질이 있었고, 덕성(德性)의 혼후(渾厚)함이 마치 노성(老成)한 사람 같았다. 총명함이 무리들보다 뛰

76 윤우(潤雨) : 이윤우(李潤雨, 1569~1634). 본관은 광주(廣州), 자는 무백(茂伯), 호는 석담(石潭)이다. 1606년(선조39) 문과에 급제하여, 1610년(광해군2) 시강원 설서(侍講院說書)를 겸임하고, 이어 사관으로서 정인홍(鄭仁弘)의 비위 사실을 직서하다 탄핵을 받아 사퇴하였다. 관직이 공조 참의에 이르렀다. 저서로는 《석담집(石潭集)》 등이 있다.

77 회연서원(檜淵書院) : 경상북도 성주군(星州郡) 수륜면(修倫面) 신정리(新亭里)에 있다. 1622년(광해군14)에 지방 유림의 공의로 정구(鄭逑)와 이윤우(李潤雨)의 학문과 덕행을 추모하기 위해 창건, 위패를 모셨다. 1690년(숙종16)에 '회연(檜淵)'이라 사액을 받아 선현 배향과 지방 교육의 일익을 담당하여 왔다. 1868년(고종5) 대원군의 서원철폐령으로 훼철되었으나 1974년에 정부의 보조와 지방 유림의 협력으로 복원하였다.

어나 처음 학문에 입문하여서는 말을 해 주면 깨달아 이해하지 못하는 것이 없었다. 비록 기이한 글과 희귀한 책일지라도 문득 마음으로 이해하였다. 겨우 성동(成童 15세 이상)의 나이에 문사(文辭)가 이미 성취되었다.

기해년(1719, 숙종45)에 성균관에 올라 공부하였는데, 세상의 도가 문란해짐을 보고는 곧 진취(進取)할 뜻을 끊고서 오로지 위기지학(爲己之學)[78]과 자신에게 절실한 공부[79]에 힘을 다하였고, 성현(聖賢)의 글을 가져다가 잠심 완미하고 묵묵히 연구하여 깊이 나아가 스스로 터득한 것이 많았다. 〈사칠설(四七說)〉, 〈하락설(河洛說)〉 같은 것은 우리 퇴도(退陶) 노선생(老先生)[80] 및 선유들의 표리(表裏)와 경위(經緯)로 논한 것을 근본으로 삼았고, 십이벽괘(十二辟卦)[81]와 칠십이효(七十二爻)를 칠십이후(七十二

78 위기지학(爲己之學) : 《논어》 〈헌문(憲問)〉에 "옛날에 배우고자 하는 사람은 자기 자신을 위해서 하였는데, 오늘날 학문하는 사람은 남을 위해 한다.〔古之學者爲己, 今之學者爲人.〕"라고 하였으니, 자기 자신의 본질을 궁구(窮究)하기 위한 학문을 뜻한다.

79 자신에게 절실한 공부 : 원문의 '근리(近裏)'는, 자기 내면의 맨 밑바닥까지 깊이 파고들어 정밀하게 연구하는 것으로, 《근사록(近思錄)》 〈위학(爲學)〉에 "학문이란 단지 채찍질하여 내면으로 접근해서 자기 몸에 붙게 하는 것일 뿐이다.〔學只要鞭辟近裏, 著己而已.〕"라고 한 정자(程子, 明道)의 말에서 유래하였다.

80 퇴도(退陶) 노선생(老先生) : 퇴계(退溪) 이황(李滉, 1501~1570)을 가리킨다.

81 십이벽괘(十二辟卦) : 1년 12개월을 《주역(周易)》의 괘(卦)에 배치시키는 것으로, 정월(正月)은 태(泰), 2월은 대장(大壯), 3월은 쾌(夬), 4월은 건(乾), 5월은 구(姤), 6월은 돈(遯), 7월은 비(否), 8월은 관(觀), 9월은 박(剝), 10월은 곤(坤), 11월은 복(復), 12월은 임(臨) 괘에 각각 배치시키는 것이다.

候)[82]에 나누어 배치하고 또 소자(邵子)[83]의 절기도(節氣圖)에 합해서 모두 도(圖)를 만들고 설을 세워서 드러내어 밝혔다.

예학(禮學)에 대해서는 더욱 조예가 깊어서 우리나라 현인들이 논했던 것을 초집(抄輯)하여 부문대로 나누고 종류대로 엮어서 참고하여 열람하기 편하도록 하였다. 또 일찍이 개연히 치군택민(致君澤民)[84]의 뜻을 가졌으니, 무릇 시무(時務)에 관계되는 것, 즉 백성들의 부역과 병역제도, 염철(塩鐵)과 화폐〔錢貨〕, 학교(學校)와 과거(科擧) 등에 대해 모두 그 요체를 모아 기록해서 수용(需用)하려고 하였으니, 그 포부가 대개 이와 같았다. 일찍이 증광시(增廣試)에서 후천책(後天策)으로 장원하였는데, 외조부(外祖父)의 휘(諱)가 이(理)였기 때문에 대책(對策)한 바 천백 마디 말에 이(理) 자를 한 번도 쓰지 않았지만 찬란하게 문장을 이루었으니,[85] 이는 사람들이 하기 어려운 것이다.

82 칠십이후(七十二候) : 자연 현상에 따라 닷새를 한 후(候)로 하여 1년의 기후(氣候)를 72로 나눈 것. 즉 1년을 24등분하여 24절기로 나누고, 각 절기를 다시 세 개의 후(候)로 나눈 것이다.

83 소자(邵子) : 소자는 송(宋)나라의 유학자 소옹(邵雍)을 가리키니 호는 강절(康節)이고 자는 요부(堯夫)이다. 이정지(李挺之)에게 배웠고 상수학(象數學)을 정립하여 역학(易學)의 대가가 되었다. 대표적인 저서로 《황극경세서(皇極經世書)》가 있다.

84 치군택민(致君澤民) : 임금을 요순(堯舜) 같은 성군(聖君)으로 인도하여 백성들이 실질적인 혜택을 받게 하는 것을 말한다.

85 증광시(增廣試)에서……이루었으니 : 이동급(李東汲, 1738~1811)이 지은 행장을 살펴보면 "을묘년 증광시에 후천책사로써 대책한 천백 말이 양자로 간 집의 외조부의 휘 때문에 이(理) 자를 한 번도 쓰지 않았지만 많을 선비들 가운데 수석을 차지하였다.〔乙卯增廣試以後天策士, 所對千百言, 以所后外祖諱不犯一理字, 而居多

어버이 섬김에는 효도를 도타이 하였으니, 양자로 간 집의 어머니인 윤 부인(尹夫人)을 받들매 정성과 예를 모두 지극히 하였고, 전후의 송종(送終 장례)에 상(喪)을 치를 적에 모두 지극히 하여 남은 한이 없게 하였다. 기일(忌日)에는 깨끗하게 소제를 하고 제실에 묵으면서 미리 경계하여 엄숙하고 공경스럽게 하였고, 제사를 드릴 때는 독로(篤老 70세 이상의 노인)라고 해서 혹여라도 그만두지 않았다. 또 추원(追遠)의 도(道)[86]를 정성을 다해 행하였으니, 비록 조천(祧遷)[87]한 분의 무덤이라 할지라도 반드시 위전(位田)[88]을 더 두어서 영구히 제사 지내도록 하였고, 방친(傍親)과 외선조(外先祖) 가운데 후사가 끊어져 제사를 지내지 못한 분에 이르러서도 또한 그렇게 하였다. 집안이 대대로 청한(淸寒)하여 자신의 생활은 매우 담박하였지만, 족당(族黨)이나 이웃에 곤궁하고 어려운 사람이 있으면 힘을 다해 도와주면서, 오직 충분하게 해 주지 못했을까를 걱정하였다.

士之首.〕"라고 하였다. 《晩覺齋文集 卷5 祖考成均生員恕軒府君家狀》

86 추원(追遠)의 도(道) : '신종추원(愼終追遠)'에서 온 말로, 부모의 상을 당했을 때와 선조의 제사를 지낼 때 애통함과 경건함을 극진히 하며 예법에 맞게 행하는 것을 말한다. 종(終)은 부모의 죽음을 뜻하고, 원(遠)은 선조를 뜻하는데, 《논어》 〈학이(學而)〉에 "어버이 상을 당했을 때 신중하게 행하고 먼 조상님들을 정성껏 제사 지내면 백성들의 덕성이 한결 돈후하게 될 것이다.〔愼終追遠, 民德歸厚矣.〕"라는 말이 나온다.

87 조천(祧遷) : 사당에서 모시던 신주를 세대가 다하여 사당 밖으로 모셔 내는 것을 말한다.

88 위전(位田) : 제사 또는 이와 관련된 사항들을 집행하는 데 드는 비용을 충당하기 위해 경작하는 밭이다.

권세와 이익에는 편안하였다. 내구(內舅 외숙)인 읍재 윤양래(尹陽來)[89]가 5도를 안찰할 때, 결정하기 어려운 송사가 있으면 문득 편지로 공에게 자문하여 결정하였고, 항상 공에게 재상의 국량이 있음을 깊이 감복하고서 천거하여 등용되게 하려 하니, 공이 "제가 외숙의 권세에 힘입어서 벼슬하는 것은 영광이 아니라 허물이 됩니다."라고 말하고, 마침내 힘써 사양하였다. 일찍이 비축해 둔 관재(棺材)가 매우 아름다웠는데, 마침 안찰사(按察使)가 감영(監營)에서 죽어서 비싼 값으로 이를 바꾸고자 하였다.[90] 공은 다만 본전만 받고 "내 어찌 시세를 틈타 이익을 노리는 자이겠는가."라고 말하니, 저들이 매우 감탄하며 억지로 보리 몇 포를 보냈다. 공은 이를 사양서원(泗陽書院)[91]에 보내서 공적인 용도로 사용하게 하였다.

평상시에는 간략하면서도 중후하게 대체(大體)를 유지하였지만, 일을 만나서는 모두 가지런하게 처리하였다. 바야흐로 생부 좌랑공(佐郎公)이 석성(石城)을 맡아 다스릴 때 병이 들어 공에

89 윤양래(尹陽來) : 1673~1751. 본관은 파평(坡平)이고 자는 계형(季亨)이며 호는 회와(晦窩)이다. 무자년(1708, 숙종34)에 문과(文科)에 오르고, 벼슬이 판돈령부사(判敦寧府使)에 이르렀으며, 시호(諡號)는 익헌(翼獻)이다.

90 비축해……하였다 : 서헌(恕軒)의 행장을 살펴보면 "안찰사 황선이 본영에서 세상을 떠났다. 칠곡 부사 이희하가 치관도감을 맡았는데, 공의 집에 소유한 판재가 매우 아름답다는 말을 듣고 중한 값으로 사기를 청하였다.〔按察使黃璿歿於本營, 柒谷府使李喜夏當治棺都監, 聞公家有板材甚美, 請以重價買之.〕"라고 하였다. 《默軒集 卷12 恕軒李公行狀》

91 사양서원(泗陽書院) : 경북 칠곡에 있다. 신묘년(1651, 효종2)에 정구(鄭逑)가 학문을 연마하고 강학하던 곳에 세워 정구를 제향하고, 이윤우(李潤雨)를 배향하였다.

게 공문서를 처리하라고 명하니, 명확하게 처리하여 조금도 빠뜨림이 없었다. 비록 평상시라 할지라도 학궁(學宮)과 고을 사람들이 시귀(蓍龜)처럼 믿어서 일의 크고 작은 것을 막론하고 모두 품의하여 결정하였다. 재종형 세황(世璜)이 불우(不遇)함을 낙심하여 술에 마음을 의탁하다가 바야흐로 함부로 음주를 해서, 사람들이 감히 저지하지를 못하였는데, 공이 한번 말을 하면 문득 술잔을 멈추었으니, 평소에 공경하고 믿었다는 것을 알 수 있다.

공은 신사년(1761, 영조37) 5월 모일에 졸(卒)하였다. 공이 일찍이 서(恕)에 힘을 써서 서헌(恕軒)이라 자호하고자 하였다고 해서, 남촌(南村) 송이석(宋履錫)[92]이 명정(銘旌)에 제(題)하여 "서헌처사(恕軒處士)"라고 하였다. 9월에 매남촌(梅南村) 축좌(丑坐) 언덕에 장사 지냈다. 의인(宜人) 유씨(柳氏)와는 같은 등성에 무덤을 달리하였다. 유씨는 문충공(文忠公) 서애(西厓) 선생[93]의 5세손 유후양(柳後陽)의 따님으로, 2남 1녀를 두었다.

장남은 항중(恒中)이고, 차남 돈중(惇中)은 후사로 나갔으며, 딸은 박성부(朴聖溥)에게 시집갔다. 항중은 아들이 셋이니 동항(東沆)과 동급(東汲)과 동필(東泌)이며, 딸이 셋이니 정동섬(鄭東瞻), 김수련(金遂鍊), 정하윤(鄭夏潤)에게 시집갔다. 돈중은 아들이 둘이니 동황(東晃)과 동석(東奭)이고, 딸이 하나이니 이귀억

92 남촌(南村) 송이석(宋履錫) : 1698~1782. 본관은 야성(冶城), 자는 백유(伯綏), 남촌은 호이다. 저서로는 《남촌집(南村集)》이 있다.

93 문충공(文忠公) 서애(西厓) 선생 : 서애 유성룡(柳成龍, 1542~1607)을 가리키는데, 본관은 풍산(豐山)이고 자는 이현(而見)이다.

(李龜億)에게 시집갔다. 동항은 아들이 셋이니 양운(陽運), 민운(敏運), 중운(重運)이고, 딸이 하나이니 신광직(申匡稷)에게 시집갔다. 동급은 아들이 넷이니 경운(景運), 범운(範運), 방운(芳運), 헌운(憲運)이고, 딸이 넷이니 문과에 급제하여 전 정언(前正言)을 지낸 박광석(朴光錫), 이채(李埰), 강옥성(姜玉成), 최효술(崔孝述)에게 시집갔다. 동필은 아들이 다섯이니 필운(弼運), 후사로 나간 영운(永運), 승운(乘運), 종운(種運), 식운(植運)이고, 딸이 둘이니 권급(權圾), 이호(李扈)에게 시집갔다. 동황은 아들이 넷이니 한운(漢運), 낙운(洛運), 약운(若運), 조운(肇運)이고, 딸이 하나이니 안장중(安璋重)에게 시집갔다. 동석은 아들이 셋이니 회운(會運), 명운(明運), 후사로 나간 장운(章運)이고, 딸이 하나이니 조석호(趙錫虎)에게 시집갔다.

하루는 공의 손자 이동급(李東汲)[94]이 나에게 공의 묘갈명을 부탁하였다. 그래서 공의 족손(族孫)인 지헌(持憲) 이만운(李萬運)[95] 씨가 지은 가장을 살펴보고 명을 지어 다음과 같이 말한다.

학문은 이와 상을 궁구하였고	學窮理象
행실은 윤상을 도타이 하였네	行篤倫常
경륜의 재목을 온축한 채	蘊經綸材

94 이동급(李東汲) : 1738~1811. 자는 진여(進如), 호는 만각재(晩覺齋)이다. 편저로 《주문서류(朱門書類)》가 있다.

95 이만운(李萬運) : 1736~1820. 자는 덕이(德而) 또는 희원(希元)이고 호는 묵헌(默軒)이다.

명리의 장을 끊어 버렸네	絶名利場
문채 나는 이 사람이여	有斐伊人
어찌 시대를 만나지 못했던가	胡莫遇時
나의 시는 속임이 없으니	我詩不誣
영세토록 드리우리라	永世其垂

소치자 진산 강공 묘갈명 병서

笑癡子晉山姜公墓碣銘 並序

공은 휘가 명세(命世)이고 자가 덕수(德秀)이며 소치자(笑癡子)는 그의 자호(自號)이다. 진산(晉山) 강씨(姜氏)는 신라와 고려 때부터 현달한 집안이다. 조선에 들어와 대제학(大提學) 회중(淮仲)이 있고,[96] 그리고 군수(郡守) 한(漢)은 호가 금재(琴齋)이고 귀천서원(龜川書院)[97]에 제향되었다. 그 뒤 여러 대를 지나 교리(校理)를 지낸 휘 인(繗) 호 남음(濫陰)에 이르렀다. 인이 생원(生員) 휘 유징(有徵)을 낳으니, 곧 공의 조고(祖考)이다. 고(考)는 휘가 문재(文載)이고, 비(妣)는 파평 윤씨(坡平尹氏)이니 진사(進士) 윤영남(尹英男)의 따님으로, 숭정(崇禎) 임신년(1632, 인조10) 9월 모일에 공을 낳았다.

공은 어릴 때부터 성품이 돈독하고 중후하며 순일하고 삼갔으니, 일과로 공부를 할 적에 한결같이 장자(長者)의 명을 따랐다.

96 조선에……있고 : 《수당유집(修堂遺集)》을 보면 "회중은 호를 통계라 하고 고려에 벼슬하여 보문각 대제학에 이르렀으나, 조선에 들어와서는 여러 번 나라에서 불러도 나가지 않았다.〔是生諱淮仲號通溪, 仕麗至寶文閣大提學, 我朝屢徵不就.〕"라고 되어 있는 것으로 보아 강회중은 고려 말에 대제학을 지낸 것으로 보인다. 《修堂遺集 冊四 姜公墓誌銘》

97 귀천서원(龜川書院) : 1701년(숙종27) 지방 유림의 공의로 박맹지(朴孟智), 양관(梁灌), 표연말(表沿沫), 강한(姜漢), 양희(梁喜), 하맹보(河孟寶)의 학문과 덕행을 추모하기 위해 창건하여 위패를 모셨다. 대원군의 서원철폐령으로 1869년(고종6) 훼철되었다. 그 뒤 1983년 복원하였다.

효성과 우애는 하늘로부터 타고났다. 할아버지 생원공이 일찍이 그 계비(繼妣)의 상(喪)을 당하였을 때에 아버지 학생공(學生公)이 병이 든 지 여러 달째였다. 공은 당시에 나이가 겨우 열세 살이었는데, 돌아가신 할머니의 상에 전물(奠物) 올리는 것을 돕는 일과 아버지 약재 살피는 일에 모두 정성과 예(禮)를 극진히 하였다. 분가해 살 때에 이르러서는 부모님 집에서 6, 7리 거리에 살았지만 날마다 안부를 살펴보는 일을 혹여라도 빠뜨리는 날이 없었다. 어머니가 전염병을 앓을 때 정성을 다하여 모시고 간호하였고, 눈물을 흘리며 하늘에 기도하여 끝내 병이 낫게 하였다. 이윽고 네 자녀가 연이어 전염병에 걸려 죽었지만, 슬퍼하는 모습을 어버이에게 보이지 않았다. 어버이의 뜻과 몸을 잘 받들기를 모두 지극히 하였다. 아버지 학생공이 숨이 답답한 심한 천식 증상이 있어서 경각(頃刻)의 시간을 보장하기 어려웠던 것이 하루에 두세 번이나 되자, 공은 밤낮으로 애를 태웠고, 비록 간간이 병세가 덜할 때라도 팔을 베고 쪽잠을 자며 그 상태를 살펴보았으니, 이와 같이 한 것이 모두 4년이었다. 어머니와 아버지 상(喪)을 당하여 몸이 훼척함이 예제(禮制)를 넘었고, 여묘(廬墓)에서 죽을 먹으며 삼년상을 마쳤다. 돌아가신 아버지의 뜻을 실천하여 힘을 다해 고조·증조·조부의 묘갈을 세웠다. 외가(外家)에 후손이 끊어진 것을 어머니가 항상 지극히 애통하게 생각하였는데, 공이 후사를 세우고 이어서 토지와 노비들을 모두 돌려주었다.

공은 아우들에게 우애로움이 매우 도타웠으니, 평상시에 이불을 함께 덮고 책상을 같이하였으며, 물건은 네 것 내 것을 나누지 않았다. 종족에게 화목하여 두루 보살피매 마치 미치지 못하는 듯이 하였다. 동규(洞規)를 세우고 향약(鄉約)을 설치하여 그 다투는 송사를 그치게 하였다.

공은 성품이 조용하면서도 담담하며 침착하면서도 듬직하였다. 붕우들이 박혁(博奕)을 하면 엄연히 앉아서 돌아보지 않았다. 비록 어버이 명으로 과거 시험에 응시하여 여러 번 낙방하였지만 조금도 한스러워하지 않았다. 사마 양시(司馬兩試)에 급제함에 이르러서는 희연(喜宴)을 간략하게 마련하고 말하기를, "어버이를 영광스럽게 함이 어찌 여기에 있겠는가."라고 하였다. 젊었을 때 술 때문에 실수한 일이 있었는데, 아버지의 훈계로 인하여 종신토록 음주는 한 잔을 넘지 않았다. 평소 성현(聖賢)의 글 읽기를 좋아하였고, 더욱이 《주역(周易)》에 조예가 깊었는데, 조정에서 여러 고을에 명하여 《주역》에 밝은 선비를 선발하게 함에, 고을 사람들이 의논하여 공을 추천하고자 하니, 공이 두려워하며 힘껏 저지하였다. 추천되어 제릉랑(齊陵郎)[98]이 되기에 이르렀지만 어버이가 늙었다는 이유로 사양하고 나아가지 않았다. 그 15년 뒤 무자년(1708, 숙종34) 6월 모일에 졸(卒)하니 77세를 살았다. 살던 곳인 함양(咸陽) 거평(巨坪) 건좌(乾坐) 언덕에 장사 지냈다. 부인 여씨(呂氏)를 부장(祔葬)하였다.

여씨는 동지중추부사(同知中樞府事) 여훈(呂壎)의 따님으로, 4남을 두었으니 원후(元厚), 겸후(謙厚), 관후(寬厚) 인후(仁厚)이다. 원후는 사자(嗣子)가 공망(公望)이다. 겸후는 아들이 둘이니 공망은 원후에게 양자로 나갔고 공열이 있으며, 딸이 넷이니 윤용

98 제릉랑(齊陵郎) : 제릉은 조선 태조(太祖)의 비 신의왕후(神懿王后)의 능이다.

서(尹龍瑞), 이우명(李遇明), 하응복(河應復), 최동욱(崔東旭)에게 시집갔다. 관후는 아들이 둘이니 공일(公逸)과 공달(公達)이고, 딸이 둘이니 윤허(尹栩), 하응기(河應期)에게 시집갔다. 인후는 사마시에 합격하였고 아들이 셋이니 공대(公大), 공고(公耉), 공진(公進)이다. 나머지는 기록하지 않는다.

공은 담력과 용기가 남보다 뛰어났다. 일찍이 화적(火賊)들이 공이 사는 마을을 두 번이나 노략질하였는데, 공이 모두 꾸짖어 물리치고 앉아서 움직이지 않고서도 아무 일 없게 하였다. 그 뒤에 화적의 두목이 교화되어 선량한 사람이 되었는데, 사람들을 만나 이때의 일을 말하면서 공의 음성과 위엄이 사람을 물리칠 수 있었던 상황을 흥미진진하게 말하였다고 한다.

공은 마음가짐이 공평(公平)하고 고결(高潔)하게 스스로를 지켰다. 일찍이 주관(州官)이 공의 자제를 뽑아 주려고 여섯 문체[99]의 문제를 내어 짓게 하였는데, 공이 그 뜻을 알고 자제에게 짓지 말라고 명하였다.

경술년(1670, 현종11) 겨울, 이듬해에 흉년이 들 것임을 알고 집의 서쪽 빈터에다가 구덩이를 파고 변을 보게 하였다. 그것이 수천(數千)이 모이기에 이르러 그곳에 찹쌀, 대두, 콩 종류를 심었더니, 가을에 이르러 사방 들판은 모두 흉년이 들었지만 구덩이 팠던 곳의 곡식은 홀로 풍년이 들었다. 여기에 힘입어 산 사람이 매우 많았다. 또 집안의 재물을 기울여 진휼(賑恤)하여 한 지방의

99 여섯 문체 : 원문은 '육문(六文)'이니, 여섯 가지 과거문체(科擧文體)를 말하는 것으로, 시(詩)·부(賦)·표(表)·책(策)·논(論)·의(義)를 가리킨다.

사람들이 시신이 구학(溝壑)에 뒹구는 지경을 벗어났다. 아, 만약 공이 마음에 온축한 것을 펼 수 있게 하였다면 당세(當世)를 경륜(經綸)할 수 있었을 텐데, 시명(時命)이 맞지 않아 결국 하나의 참봉 벼슬로 마쳤으니, 애석하도다.

공의 5세손 사로(師魯)가 가장(家狀)을 가지고 와 나에게 묘갈명을 부탁하기에 마침내 요점을 추려 기록함이 위와 같고, 다음과 같이 시(詩)를 붙인다.

주나라는 삼물을 사용하였고	周用三物
빈으로써 선비를 천거하였네[100]	以賓興士
그 하나를 능히 할 수 있음도	有能其一
이 또한 어려운 일이거늘	斯亦難爾
우뚝하도다, 오직 공은	卓哉惟公
육행에 이미 지극하였건만	六行旣至
어찌 공경이 되지 못하고	胡不公卿
곧 일명[101]에 그쳤단 말인가	乃一命止

100 주나라는……천거하였네 : 주(周)나라 때에 향대부(鄕大夫)가 소학(小學)에서 현능(賢能)한 인재를 천거할 적에 그들을 향음주례(鄕飮酒禮)에서 빈으로 예우하며 국학(國學)에 올려 보냈다. 《주례(周禮)》 〈대사도(大司徒)〉에 "향학(鄕學)의 삼물 즉 세 종류의 교법을 가지고 만민을 교화한다. 인재가 있으면 빈객의 예로 우대하면서 천거하여 국학에 올려 보낸다. 첫째 교법은 육덕이니 지・인・성・의・충・화요, 둘째 교법은 육행이니 효・우・목・연・임・휼이요, 셋째 교법은 육예이니 예・악・사・어・서・수이다.〔以鄕三物敎萬民而賓興之, 一曰六德知仁聖義忠和, 二曰六行孝友睦婣任恤, 三曰六藝禮樂射御書數.〕"라는 말에서 가져왔다.

101 일명(一命) : 주관(周官)의 9명(命)에서 나온 것으로, 최하위 품계인 종9품의 관직을 말한다. 여기서는 소치자 강명세가 참봉 벼슬한 것을 가리킨다.

더욱이 우러를 만한 것은	尤可仰者
깨끗하여 티끌이 없음이라	皭乎無滓
함양의 거평산이	巨坪之山
예로부터 우뚝하니	終古以峙
돌에 새겨 묘도를 표하고	刻石表墓
더불어 무궁하기를 기약하노라	期與無已

양촌 처사 진산 유공 묘갈명 병서
陽村處士晉山柳公墓碣銘 並序

맹자가 말하기를, "공경대부(公卿大夫)는 사람이 주는 벼슬이고, 인(仁)·의(義)·충(忠)·신(信)과 선을 좋아하여 게을리하지 않음은 하늘이 주는 벼슬이다."[102]라고 하였다. 나는 이 모두가 작(爵)이라고 생각한다. 그러나 이 두 가지를 겸하여 얻지 못한다면, 차라리 천작(天爵)은 있고 인작(人爵)은 없음이 옳은 것이 아니겠는가. 나의 소견(所見)으로는 양촌 처사(陽村處士) 진산(晉山) 유공(柳公) 같은 이가 참으로 천작이 있는 사람이니, 비록 인작은 없다 해도 그 영광스러움이 과연 무엇이 여기에 더할 수 있겠는가.

공은 휘가 지원(之遠)이고 자가 무경(茂卿)이며 양촌은 그 자호(自號)이다. 유씨는 고려 때 진산군(晉山君) 간(玕)을 시조로 하였다. 조선에 들어와서는 이조 참의(吏曹參議) 백규(伯逵)가 있다. 다음으로 공의 증조 휘 옥(沃)은 병조 참판(兵曹參判)에 증직되었고, 조부 휘 형춘(亨春)은 군자감 직장(軍資監直長)을 지냈다. 고(考)는 휘가 석감(昔瑊)이니 무공랑(務功郎)을 지냈고, 비(妣)는 광주 안씨(廣州安氏)이니 군수(郡守) 안숙(安璹)의 따님

102 맹자가……벼슬이다 : 《맹자》 〈고자 상(告子上)〉에 "인의충신과 선을 좋아하여 게을리하지 않는 이것은 천작이고, 공경대부 이는 인작이다.〔仁義忠信樂善不倦, 此天爵也, 公卿大夫, 此人爵也.〕"라고 한 말에서 인용하였다.

으로, 숭정(崇禎) 갑술년(1634, 인조12) 2월 모일에 단성현(丹城縣) 선원(仙院)의 옛집에서 공을 낳았다.

공은 2, 3세에 이르도록 끝내 울지 않았다. 이미 말을 함에도 또한 과묵하였으며, 놀이를 좋아하지 않고 항상 부모님 곁에 있었다. 8세에 어머니 안씨가 병이 들어 위독하였는데, 공이 애를 태우며 똥을 맛보아 병세를 살피고, 하늘에 기도하여 자신의 몸으로 대신해 주기를 원하기에 이르렀다. 타고난 성품이 총명하여 학문을 배우러 들어간 지 1년 만에 증사(曾史)[103]를 다 읽었다. 또 얼마 되지 않아서 경전(經傳)과 백가(百家)의 글을 두루 읽어서 모두 익숙하였다. 어떤 선배가 와서 시강(試講)해 보고는 공의 아버지 무공공(務功公)에게 "그대 집 아이는 영특한 아이[104]입니다."라고 말하였다.

공은 겨우 무작(舞勺)[105]할 나이에 곧 어버이 봉양함을 자신의 임무로 삼아 힘을 다해 맛난 음식 올리는 것을 모자람이 없이 하였고, 아침저녁으로 혼정신성(昏定晨省)하였다. 그 외에는 문을

103 증사(曾史) : 《십팔사략(十八史略)》을 말한다. 원나라 사람 증선지(曾先之)가 지었다.

104 영특한 아이 : 원문은 '기린아(麒麟兒)'로, 지혜와 재주가 뛰어난 남의 자제를 일컫는 말이다. 남조(南朝) 때 진(陳)의 서릉(徐陵)이 나이 서너 살이 되었을 때 집안사람이 데리고 가서 보였더니 보지공(寶誌公) 상인(上人)이 손으로 그의 정수리를 어루만지며 "천상의 석기린이다.〔天上石麒麟〕"라고 했다는 데서 유래하였다. 《陳書 卷26 徐陵列傳》

105 무작(舞勺) : 13세를 말한다. 《예기(禮記)》 〈내칙(內則)〉에 "13세가 되면 음악을 배우고 시가(詩歌)를 읊으며 문무(文舞)를 춤춘다.〔十有三年, 學樂誦詩舞勺.〕"라고 한 말에서 유래하였다.

닫고 단정히 앉아서 밤낮 글을 읽고 읊조렸다. 어느 날 홀연히 깨달음이 있어 "배울 적에 자신을 위하는 학문을 하지 않으면, 비록 많이 공부했다 하더라도 또한 어찌 이익이 되겠는가."라고 말하고, 마침내 실지 공부에 오로지 뜻을 두었다. 말하거나 침묵할 때, 움직이거나 고요히 있을 때는 엄연히 마치 덕을 이룬 군자 같았다. 숙부(叔父) 모 씨가 기특하게 여기고 사랑하며 가르치고 길렀는데, 숙부가 세상을 떠나시기에 이르러서 공은 숙부를 위하여 심상(心喪) 3년을 하였다.

26세에 아버지 상(喪)을 당하여 몸을 손상함이 예제(禮制)를 넘어서 기절했다가 다시 살아났다. 이미 장사 지내고는 묘소 아래 여막에서 살며 날마다 세 번 묘소에 올라가 곡하였다. 어머니를 살펴보고 문안하는 것 외에는 중문(中門)에 발을 들이지 않았고, 그 곁에서는 조용하고 온화하게 옛사람의 가언(嘉言)과 선행(善行)을 들어 하나하나 말씀드리고서 그것을 듣고 기뻐하시기를 바랐다.

공은 나이 50세에 어머니 상을 당하였는데 예제 지키기를 한결같이 아버지 상 때와 같이 하였으니, 3년을 죽을 먹고, 치아를 드러내어 웃지 않았다.[106] 여막 뒤에 소나무 한 그루가 있었는데 성묘할 때 항상 그 아래에서 쉬니, 마을 사람들이 이를 가리켜 일컫기를 "효자정(孝子亭)"이라 하였다. 이웃 마을 사람들도 감복하였다. 혹 의롭지 아니한 일이 있으면 곧 서로 경계하며 말하기를,

106 치아를……않았다 : 공자가 고자고(高子皐)의 행실을 들어 "어버이의 초상에 삼 년을 읍혈하여 일찍이 이를 드러내 웃지 않았다.〔執親之喪, 泣血三年, 未嘗見齒.〕"라고 한 말에서 가져왔다. 《禮記 檀弓上》

"유 처사가 이를 알도록 하지 말라."라고 하였다.

명(明)나라가 망하자 항상 비풍(匪風)[107]의 느낌이 절실하여 거처하는 집의 편액을 '명와(明窩)'라고 하였다. 매번 그윽이 살면서 그 뜻을 구하고자 하였으니, 영감(永感)[108]이 되고 나서는 바로 과거 시험에 관한 공부를 사절하고서 옛집을 계씨(季氏)에게 주고, 양천(陽川) 고리(故里)에 터를 잡아 살면서 초가집에 대나무 상을 놓고 좌우에는 도서를 비치하였다. 매일 닭이 울면 일어나서 세수하고 의관을 바르게 하고 사우(祠宇)에 절하였다. 물러나서는 곧 바르게 앉아서 저녁이 될 때까지 성현(聖賢)의 오묘한 뜻을 궁구하였다. 때때로 아름답고 좋은 절기를 만나면 관동(冠童) 대여섯 명을 데리고 천천히 걸으며 산보하면서, 혹 꽃을 찾고 버드나무를 따르기도 하고, 혹 돌에 올라 샘물을 즐기기도 하였으니, 유연히 속세를 벗어난 생각이 있었다. 이에 원근의 사람들이 모두 그 풍모를 듣고 사모하였다.

동토(童土) 윤공(尹公)[109]이 방문하여 공을 한 번 보고는 도의

107 비풍(匪風) : 《시경(詩經)》의 편명으로, 현자가 나라의 어지러움을 슬퍼한 내용의 시이다. 《시경》 〈비풍〉에, 주(周)나라 왕실(王室)이 쇠미해져 가는 것을 근심하고 탄식하면서, "주나라로 가는 길을 돌아보고는 마음속으로 서글퍼하노라.〔顧瞻周道, 中心怛兮.〕"라고 하였다.

108 영감(永感) : 부모(父母)가 모두 사망하여 길이 감모(感慕)한다는 뜻으로, 부모 없는 사람을 지칭한 말이다. 옛날에 과거 급제했을 때에 부모 모두 생존 시에는 구경(具慶), 부친만 생존 시에는 엄시(嚴侍), 모친만 생존 시에는 자시(慈侍), 부모 모두 여의었을 때에는 영감(永感)이라고 하였다.

109 동토(童土) 윤공(尹公) : 윤순거(尹舜擧, 1596~1668)를 가리킨다. 본관은 파평(坡平), 자는 노직(魯直), 동토는 그의 호이다. 1633년(인조11) 사마시에 합격하

(道義)로 교유함을 허여하였다. 뒤에 윤공이 의춘(宜春 의령(宜寧)의 옛 이름)의 읍재가 되었을 때, 공이 살던 담장 가옥을 수리하며 말하기를, "내가 아끼고 중하게 여기는 사람 중에 교남(嶠南)에는 오직 유무경(柳茂卿)이 있을 따름이다."라고 하였다.

공은 우애(友愛)가 돈독하여 계씨(季氏)와 더불어 평소에 하루도 서로 떨어진 적이 있지 않았고, 질나팔을 불면 지(篪)가 화창하듯[110] 곳곳에서 함께하였다. 계씨를 잃고 나서는 그 슬프고 애통함을 이기지 못하였다. 이로 인하여 병이 들어 명릉(明陵 숙종의 능호) 경인년(1710, 숙종36) 4월 모일에 졸(卒)하였으니 향년이 77세였다. 단성현 북쪽 신등리(新燈里) 간좌(艮坐) 언덕에 장사 지냈다.

공은 타고난 자질이 혼후(渾厚)하여 기쁨과 노여움을 드러내지 않았고, 움직일 때는 예법(禮法)을 따랐으며, 입에서 나오는 말은 가릴 것이 없었다.[111] 종족(宗族)과 향당(鄉黨)에서 모두 기쁘게 따르면서 원망하거나 싫어하는 자가 없었다. 공은 신장이 8척으

였고, 의령 현감을 지냈다. 저서로는 《동토집(童土集)》이 있다.

110 질나팔을……화창하듯 : 형제간의 우애를 비유하는 말이다. 《시경(詩經)》〈하인사(何人斯)〉에 "맏형은 질나팔을 불고 둘째 형은 지를 분다.〔伯氏吹塤, 仲氏吹篪.〕"라고 한 말에서 유래하였다.

111 입에서……없었다 : 《효경(孝經)》'경대부장(卿大夫章)'에 "입에는 가릴 말이 없고, 몸에는 가릴 행실이 없으면, 말이 천하에 가득하여도 잘못한 말이 없을 것이고, 행실이 천하에 가득하여도 원망과 증오가 없을 것이다.〔口無擇言, 身無擇行, 言滿天下無口過, 行滿天下無怨惡.〕"라고 하였는데, 그 주석(註釋)에 "말과 행실을 모두 선왕의 법과 도를 좇아서 하기 때문에 가릴 바가 없는 것이다.〔言行皆遵法道, 所以無可擇也.〕"라고 하였다.

로 아름다운 수염에 두 눈동자는 환하게 빛났으며 양쪽 귀가 어깨에 닿을 정도였다. 일찍이 어떤 손님이 지나가다 공을 보고는 읍하고 공에게 말하기를, "내가 국중(國中)을 다닌 지가 오래되었는데, 공과 같은 이는 드물었습니다. 어찌 나가서 벼슬하지 않습니까?"라고 하니, 공이 웃으며 사양하고 말하기를, "재주가 미치지 못할 따름입니다."라고 하였다. 세상사를 맡을 뜻이 없어서 담박하게 은거하여 지내면서 그 일생을 마침에 조금도 한스러워하지 않았으니, 이는 그 마음속에 지극한 즐거움이 있어서 그럴 수 있었던 게 아니겠는가.

공의 평생을 좇아가 보면 대개 이른바 "인(仁)·의(義)·충(忠)·신(信)과 선을 좋아하여 게을리하지 않는 사람으로 천작이 있음"이 분명하다. 이 때문에 사림(士林)이 우러러 사모하여 "재주와 행실이 출중하여 순수하고 고고(高古)하며 고요하고 평안하다."라고 읍지(邑誌)에 기록하였고, 그 뒤에 또 청곡사(淸谷祠)[112]에 공을 배향하였으니, 이런 영광스러움이 어찌 한 시대 인작(人爵)에 비유하겠는가.

부인은 의성 김씨(義城金氏)이니 김극성(金克成)의 따님이고 직제학(直提學) 김전(金巓)의 후손이다. 공은 아들이 없어서 종자(從子) 우명(宇明)을 후사로 삼았다. 측실 소생의 아들이 있으니

112 청곡사(淸谷祠) : 청곡서원(淸谷書院). 조선 시대 단성현(丹城縣)에 속하였던 산청군 신안면 청현리에 설립된 서원이다. 1702년(숙종28)에 일신당(日新堂) 이천경(李天慶)의 학덕을 추모하기 위하여 사림(士林)이 창건하였는데, 1796년(정조20)에 효자 양촌(陽村) 유지원(柳之遠)을 추향(追享)하였다. 1868년(고종5)에 훼철된 것을 1924년에 복원하였다.

해명(海明)이다. 우명은 아들이 둘이니 당(𣘻)과 진(榗)이고, 딸이 하나이니 김천한(金天漢)에게 시집갔다. 해명은 아들이 하나이니 연(綖)이다. 당은 아들이 둘이니 봉명(鳳鳴)과 봉조(鳳朝)이다. 진은 아들이 둘이니 봉시(鳳時)와, 양자로 나간 봉오(鳳梧)이고, 딸이 하나이니 남덕후(南德垕)에게 시집갔다. 봉명은 아들이 둘이니 유경(有經)과 상경(象經)이다. 나머지는 기록하지 않는다.

하루는 상경이 공의 행장을 가지고 와서 묘갈명을 청하기에 마침내 가져다 요점을 추려서 위와 같이 기록하고, 이어서 다음과 같이 말한다.

맑고 깨끗한 높은 풍모요	灑落高風
온화함을 갖춘 석덕이로다	雍容碩德
이에 이와 같은 사람이	乃如之人
초택의 자연에 묻혀 있었네	埋沒草澤
넉넉히 베풀고 인색하지 않음에	惟豐不嗇
몰세토록 빼어난 이름이 있었네	沒世英名
하늘이 이로써 보답하매	天以是報
어찌 꼭 벼슬만 영광이랴	何必宦榮
저 청곡사를 바라보니	相彼淸祠
공의가 함께한 바였네	公議攸同
나의 시는 아첨함이 아니니	我詩非諛
오직 실제를 따라 지었노라	惟實之從

반묘당 여공 묘갈명 병서

半畝堂呂公墓碣銘 並序

재주 없는 내가 젊었을 때 장로(長老)의 뒤를 따르면서 "반묘당(半畝堂) 여공(呂公)은 드높은 기개와 걸출한 절개를 지니고 있고, 이르는 바에 풍류가 호탕하여 사방 좌석의 사람들이 그를 향해 감복하였다."라는 말을 들을 수 있었다. 여공은 또 젊었을 때부터 돈독한 행의로 이름이 났으니, 마음으로 매우 사모하고 특별히 여겼다. 하루는 공의 후손 이복(頤復)이 공의 행장을 가지고 와서 나에게 보이며 그 묘갈명을 청하기에, 삼가 아래와 같이 차례하여 서술한다.

공은 휘가 태주(台周)이고 자가 양중(揚仲)이며 본관은 성산(星山)이다. 성산 여씨는 고려 때 삼중대광(三重大匡) 양유(良裕)가 시비조(鼻祖)이다. 그분이 판도판서(版圖判書) 위현(渭賢)을 낳았다. 그분이 극회(克諧)를 낳으니, 조선 시대에 들어와 관직이 판서(判書)에 이르렀다. 몇 세를 지나 종호(從濩)에 이르러 비로소 김산(金山)에 거주하였다. 이분의 아들 응귀(應龜)는 호가 송오(松塢)이니 대과(大科)·소과(小科)에 합격하여 관직은 학유(學諭)를 지냈으며, 이분의 아들 대로(大老)는 호가 감호(鑑湖)이니 대과·소과에 합격하여 관직은 군수(郡守)를 지냈으니, 2세가 문장(文章)과 절행(節行)으로 세상에 이름났다. 고조(高祖)는 휘가 희필(姬弼)이니 대과·소과에 합격하였으나 북인(北人)들에게 배척당하는 바가 되어 벼슬하지 못하였고, 부인(夫人)이 102세를 장수한 것으로 공이 호조 참의(戶曹參議)에 증직되었다. 증조(曾

祖)는 휘가 능(㴻)이니 대과·소과에 합격하여 관직은 학유(學諭)를 지냈고, 처음으로 상주(尙州)에 거주하였다. 조부는 휘가 원징(元徵)이니 통덕랑(通德郞)을 지냈다. 고(考)는 휘가 이임(以臨)이니 생원(生員)이고, 비(妣)는 안동 권씨(安東權氏)이니 진사(進士) 권두망(權斗望)의 따님이고 참의(參議) 권도(權濤)[113]의 손녀로, 숙종 경오년(1690, 숙종16) 10월 모일에 공을 낳았다.

공은 어릴 때부터 지극한 성품을 지녔다. 10세에 아버지 생원공의 상(喪)을 당하여 상례를 행함이 마치 성인(成人)과 같았고, 슬픔으로 몸을 훼척함이 예제(禮制)를 넘었다. 삼년상을 마치도록 소식(素食)을 하니, 어머니가 울면서 고기를 권하였지만 끝내 먹지 않았다. 장성해서는 매사를 반드시 어머니와 중부(仲父)에게 여쭈어본 뒤에 행하였다. 어머니가 병을 앓은 지 몇 해가 되도록 공은 의대(衣帶)를 풀지 않고, 밤낮으로 간호하고 살피기를 하루같이 하였다. 어머니가 세상을 떠나기에 미쳐서 몸을 손상함이 이전 아버지 상 때와 같았으니, 비록 병들어 지치더라도 항상 상복을 몸에 걸치고 있었다. 중부를 아버지처럼 섬겼으며, 중부가 세상을 떠나고 나서는 그 아들과 함께 악실(堊室)[114]에 거처하며 기

113 권도(權濤) : 1575~1644. 자는 정보(靜甫), 호는 동계(東溪)이다. 정구(鄭逑), 장현광(張顯光)의 문인이다. 1601년(선조34) 진사시에 합격했고, 사후(死後)에 이조 판서에 추증되었고, 도천서원(道川書院)에 제향되었다. 저서로는 《동계집(東溪集)》이 있다.

114 악실(堊室) : 사방의 벽에 흰 흙을 바른 집으로, 상주가 거처하는 여막(廬幕)을 이른다. 《예기(禮記)》 〈상대기(喪大記)〉에 "상주가 소상(小祥)이 끝나면 악실에서 지내는데, 남과 함께하지 않는다.〔既練, 居堊室, 不與人居.〕"라는 말이 있다.

년복(朞年服)의 예제를 다하였다.

누이가 둘 있는데 한 사람은 과부이고, 한 사람은 병이 들었다. 공은 이들을 모두 집에서 먹여 살리면서 돌보아 주며 병을 치료해 주기를 극진하게 하지 않음이 없었고, 죽은 뒤 장례 절차를 모두 스스로 감당하여 그 남편 집안에 의지하지 않았다. 종족을 돌보아 줌에는 그 은혜와 의(義)를 다하였으니, 외롭고 가난하여 혼례를 올릴 수 없는 자는 모두 가정을 이루게 해 주었다. 봉선고(奉先庫)를 설치하고 여러 선조의 묘에 묘갈(墓碣)을 세웠으며, 아울러 묘전(墓田)을 두어 추원(追遠)[115]의 정성을 다하였다.

향당(鄕黨)에 처신함과 붕우(朋友)를 사귐에 이르러서는 의로운 기운이 남보다 뛰어났다. 어떤 사람이 사지(死地)에 빠지자 공이 몸을 떨쳐 일어나 기이한 계책을 내어서, 그가 평지에서 귀신같이 숨어 체포하는 관리가 발각하지 못하여 그 사람을 결국 살 수 있게 한 적이 있었는데, 공이 다른 사람의 일에 급히 여김이 대개 이와 같았다.

평소에 언론(言論)과 풍채(風彩)가 원근의 사람을 경복(傾服)하게 하니, 동류들 가운데서 우뚝 특립(特立)하였다. 청대(淸臺) 권공(權公)[116]과 백화(白華) 황공(黃公)[117]이 모두 공을 정직하고

115 추원(追遠) : 원(遠)은 선조를 뜻하니, 선조를 추모함을 말한다. 《논어》 〈학이(學而)〉에 "어버이 상을 당했을 때 신중하게 행하고 먼 조상님들을 정성껏 제사 지내면 백성들의 덕성이 한결 돈후하게 될 것이다.〔愼終追遠, 民德歸厚矣.〕"라는 말에서 유래하였다.

116 청대(淸臺) 권공(權公) : 권상일(權相一, 1679~1759)을 가리킨다. 본관은 안동, 자는 태중(台仲), 청대는 그의 호이다. 1710년(숙종36) 문과에 급제하여 만경

진실한 벗[118]으로 대우하였고, 큰일이 있으면 반드시 서로 더불어 재량하여 결정하였다. 무신년(1728, 영조4)의 변란[119]에 공이 교임(校任)으로 의병을 창의하여 일으키니, 고을 사람들이 공을 추대하여 부장(副將)으로 삼았다. 공은 죽음으로 적을 토벌하기를 맹세하였는데, 장차 출발하려 할 때 적이 격파되었다는 소식을 듣고 그쳤다. 일찍이 기강을 떨쳐 일으키고 풍속을 바르게 함에 뜻이 있어서 청대공(淸臺公)과 더불어 남전향약(藍田鄕約)[120]을 시

현령(萬頃縣令), 울산 부사, 우부승지, 대사헌 등을 역임하였다. 저서로는 《청대집(淸臺集)》이 있다.

117 백화(白華) 황공(黃公) : 황익재(黃翼再, 1682~1747)를 가리킨다. 본관은 장수(長水), 자는 재수(再叟), 호는 백화재(白華齋)이다. 1702년(숙종28) 문과에 급제하여 평안 도사, 전라 도사, 무안 현감 등을 지냈다. 저서로는 《화재집(華齋集)》이 있다.

118 정직하고 진실한 벗 : 도움이 되는 벗을 말한다. 공자가 벗에 대해 유익한 벗 세 가지가 있고 해로운 벗 세 가지가 있다고 한 말에 "정직한 이를 벗으로 사귀고, 진실한 이를 벗으로 사귀고, 견문이 많은 이를 벗으로 사귀면 유익하다.〔友直, 友諒, 友多聞, 益矣.〕"라고 하였다. 《論語 季氏》

119 무신년(1728, 영조4)의 변란 : 영조 4년 3월에 일어난 이인좌(李麟佐)의 난을 가리킨다. 영조의 즉위로 소론이 실각하자, 소론의 이인좌가 박필현(朴弼顯), 정희량(鄭希亮) 등과 함께 반란을 일으켜, 밀풍군(密豐君) 이탄(李坦)을 추대하고 무력에 의한 정권 찬탈을 꾀하였다. 하지만 10여 일 만에 관군에 의해 진압되어 박필현과 정희량은 참수되고 이인좌는 능지처참 당하였다. 무신년에 발생했으므로 무신란(戊申亂)이라고 한다.

120 남전향약(藍田鄕約) : 송나라 때 산서성(山西省) 남전현(藍田縣)의 여씨 형제가 만들었다. 그래서 《여씨향약(呂氏鄕約)》이라고도 한다. 《여씨향약》은 여대균(呂大鈞), 여대충(呂大忠), 여대방(呂大防), 여대림(呂大臨) 4형제가 향약을 조직하고 그 규약을 기술한 것이다.

행하니 사람들이 '여씨향약(呂氏鄕約)'과 전후 내용이 마찬가지라고 칭송하였다.

만년에는 거처하는 옥하(玉河) 물가에 정사(精舍)를 짓고 그 앞에 방당(方塘)을 파 놓고 편액을 반묘(半畝)라 하고서 읊조리고 즐기며 유유자적(悠悠自適)하였다. 영묘(英廟) 무자년(1768, 영조44) 6월 모일에 졸(卒)하였으니 79세를 살았다. 관제촌(官堤村) 뒤 자좌(子坐) 언덕에 장사 지냈다. 부인 여흥 이씨(驪興李氏)는 부장(祔葬)하였다. 이씨는 전적(典籍) 이식(李湜)의 따님으로, 4남 2녀를 두었다.

네 아들은 당(鐺), 흠(欽), 횡(鑅), 일(鎰)이고, 두 딸은 정흥욱(丁興煜), 권정응(權正應)에게 시집갔다. 여남(餘男 서자(庶子))은 홍대(弘文)이고, 딸은 정치인(鄭致仁)에게 시집갔다. 당은 2남 5녀를 두었으니 아들은 선복(善復)과 이복(頤復)이고, 딸은 김영복(金永復), 권응집(權應鏶), 노광서(盧光瑞), 권제인(權濟仁), 정자(正字) 조덕(趙檍)에게 시집갔다. 흠은 4남 1녀를 두었으니 아들은 내복(來復), 극복(克復), 형복(亨復), 창복(昌復)이고, 딸은 채하규(蔡夏圭)에게 시집갔다. 횡은 초취(初娶)에게서 아들이 없어서 극복을 양자로 들였으며, 재취(再娶)에게서 1남 1녀를 두었으니 아들은 철복(哲復)이고, 딸은 정복용(鄭復容)에게 시집갔다. 일은 아들이 하나이니 명복(明復)이다. 나머지는 기록하지 않는다.

공이 세상을 떠남에 고을의 선비들이 공의 행장을 갖추어 고을 원과 안찰사(按察使)와 암행어사에게 올렸으나 오히려 임금께 진달되지는 못하였다. 하지만 공론이 어찌 끝내 민멸되겠는가. 명은 다음과 같다.

생각건대 옛날 감호 어른은　念昔鑑湖
우주 내의 뛰어난 남자였네[121]　宇宙奇男
선배들이 이를 평가함에　先輩此評
세상의 미담이 되었다네　爲世美談
공이 그 후손으로 났으니　公爲其孫
어찌 닮지 않을 수 있겠는가　曷不克肖
흐르는 물을 굽어보는 기상이요　壓流之氣
하늘로부터 받은 효성이로다　出天之孝
의리는 남을 급히 여김에 드러나고　義著急人
신의는 향약에서 믿음직하였네　信孚約鄕
공의 마음은 어디에 있었던가　公心何在
반 이랑 네모 못[122]에 있었네　半畝方塘
저 관제촌의 산에　官堤之山

121 감호……남자였네 : 감호(鑑湖)는 여대로(呂大老, 1552~1619)를 가리키니, 자는 성우(聖遇) 또는 위수(渭叟)로, 1583년(선조16) 문과에 급제하였다. 임진왜란 때 의병장으로 활약하였다. 저서로는 《감호집(鑑湖集)》이 있으니 권3에, 임진왜란 때 의병을 일으킨 일을 기록한 〈창의실략(倡義實略)〉이 있다. 《송암집(松巖集)》 권4 〈학봉 김 선생 용사 사적(鶴峯金先生龍蛇事蹟)〉에 "김산(金山)의 성균관 박사(成均館博士) 여대로(呂大老)는 의병장으로 그 고을에서 병사를 일으켜 여러 번 왜적의 수급을 바쳤다."라는 기록이 있다.

122 반 이랑 네모 못 : 원문은 '반묘방당(半畝方塘)'이다. 주희(朱熹)의 〈관서유감(觀書有感)〉에 "반 이랑 네모난 연못에 한 거울이 열리어, 하늘빛 구름 그림자가 함께 배회하네. 묻거니 어이하여 그처럼 해맑을까, 근원에서 생수가 솟아나기 때문일레.〔半畝方塘一鑑開, 天光雲影共徘徊. 問渠那得共如許, 爲有源頭活水來.〕"라고 하여, 학문을 통해 심성을 수양하는 즐거움을 읊은 데서 가져왔다. 《朱子大全 卷2》

넉 자 솟은 무덤이 있네	有崇四尺
내가 옥돌에 명을 새기니	我銘于珉
종고토록 마멸되지 않으리	終古不泐

효자 응봉 처사 김공 묘갈명 병서
孝子鷹峯處士金公墓碣銘 並序

효자 응봉 처사(鷹峯處士) 김공은 휘가 서귀(瑞龜)이고 자가 국보(國寶)이며 본관은 광주(光州)이다. 상세(上世)에는 고려 시대에 현달하였다. 이어서 공의 13대조 진(禛)은 집현전 대제학(集賢殿大提學)를 지냈고 시호(諡號)가 장영(章榮)이다. 8대조 효려(孝盧)는 이조 참판(吏曹參判)으로 비로소 예안(禮安)의 오천(烏川)에 거주하였다. 증조부는 휘가 확(確)이니 생원(生員)에 급제하여 참봉(參奉)을 지냈다. 조부는 휘가 익경(益敬)이다. 부는 휘가 영(泳)이니 지절(志節)이 있었고 호가 가락암(嘉樂庵)이며, 모는 창녕 성씨(昌寧成氏)이니 사인(士人) 성진업(成振業)의 따님으로, 숙묘 정사년(1677, 숙종3) 4월 모일에 공을 낳았다.

공은 어릴 때부터 지극한 성품을 지녔으니, 맛있는 것을 하나 얻으면 반드시 부모님께 먼저 드렸다. 어머니가 병이 드시매, 문득 함께 누워 아파하며 말하기를, "어머니께서 아프면 저 또한 아픕니다."라고 하였다. 조금 자라서는 부모님이 병든 것을 보면 밤새도록 잠을 자지 않았다. 관례를 올리기에 이르러서 아버지가 악성 종기를 앓았는데, 금린어(錦鱗魚 쏘가리의 일종)를 매우 먹고 싶어 하시자, 공이 곧 두 줄 낚시를 만들어 금린어를 잡으러 강에 갔다. 강물이 매우 넘쳐 잡을 수가 없자, 공이 왕상(王祥) 같은 효[123]가 없음을 자책하고 기도하며 말하기를, "원하옵건대 강의 신이시여, 제 아버지 병을 가련히 여겨 주십시오. 제 아버지 병을 가련히 여겨 주십시오."라고 하였다. 이윽고 길이가 한 자 남짓한 물고기 두 마리가 연이어 걸려 낚아 내었다. 가지고 와서 아버지께 드리니, 잘 드시고는 마침내 정말로 이로 인하여 종기가 나았다.

공은 어머니가 돌아가시고는 3년 동안 슬퍼하고 몸을 상함이 마치 하루같이 하였다. 아버지가 86세에 병이 들어 장차 돌아가시려 함에, 공은 손가락을 깨물어 피를 주입하여 36일을 연명할 수 있게 하였다. 아버지가 임종할 때 경계시키며 말하기를, "나는 천수를 다하였으니, 삼가 다시 너의 몸을 상하게 하지 말아라."라고 하였다. 말을 마치고 세상을 떠나시니, 공은 문득 기절했다가 소생한 것이 두 번이었다. 이미 장사를 지내고는 날마다 묘소에 가서 곡을 하였으니, 흘린 눈물이 닿는 곳의 사초(莎草)가 말랐다. 몸이 훼척(毁瘠)하여 뼈가 앙상한 지경에 이르렀고, 상복을 벗은 뒤 4개월째에 결국 일어나지 못하였으니, 영묘(英廟) 임술년(1742, 영조18) 11월 모일이었다.

이보다 앞서 공의 자질(子姪)들이 공이 효도한 것으로써 고을 사람을 통하여 관(官)에 알리고자 하니, 공이 준엄하게 꾸짖으며 말하기를, "부모님의 은덕은 하늘과 같아서 다함이 없는데, 내가 무슨 조금의 보답을 함이 있었기에 너희들이 이와 같이 하느냐."라고 하며 통렬히 저지하였다. 임종할 때에도 또한 경계시켰다.

123 왕상(王祥) 같은 효 : 왕상은 진(晉)나라 때의 효자로, 계모가 겨울에 산 물고기를 먹고 싶어 하자, 왕상이 얼음을 깨고 물고기를 잡으러 물에 들어가려 하니 얼음이 저절로 녹아 잉어 한 쌍이 튀어나왔으며, 계모가 참새구이를 먹고 싶어 하니 참새 수십 마리가 왕상의 장막에 날아들어 왔다고 한다. 《小學 善行》

또 말하기를 "우리 집안이 근래에 현달하지는 못했으나 오직 행의(行義)로 서로 전하였으니, 너희들은 조상들을 더럽힘이 없고 주경야독(晝耕夜讀)하여 인의(仁義)를 향하는 마음을 잊지 않는다면 아마 거의 될 것이다."라고 하였다.

처(妻)는 안동 권씨(安東權氏)이니 권만중(權萬重)의 따님이고, 또한 공의 마음으로써 마음을 삼아 시부모님을 효성스럽게 섬겼으며, 공보다 8일 먼저 세상을 떠났다. 마침내 덕곡(德谷)의 간좌(艮坐) 등성에 합장하였다. 아들 다섯을 두었으니 사덕(師德), 사례(師禮), 사렴(師濂), 사건(師騫), 사헌(師憲)이고, 딸이 하나이니 백거환(白居煥)에게 시집갔다. 공의 손자 원유(源儒)가 공의 족질(族姪) 직장(直長) 시찬(是瓚)이 지은 전(傳)을 가지고 와서 나에게 보이며 묘갈명을 청하였다. 명은 다음과 같다.

효도하면서도 자신이 효도하는 줄 스스로 알지 못하는 것이 참된 효이다. 처사 같은 마음은 하늘이 밝게 비추니, 설령 정려를 둠에 이르지 않았다 한들, 무엇이 이보다 더 빛나랴.

孝而不自知其爲孝者眞孝也 如處士之心 天照之矣 縱未及有旌 孰加其炳燿焉

성균 생원 후암 권공 묘갈명 병서
成均生員厚庵權公墓碣銘 並序

영가(永嘉 경북 안동의 옛 이름)의 상사(上舍) 권이복(權以復)[124] 씨가 73세의 노인으로서 그 선인(先人) 후암공(厚庵公)의 유고(遺稿) 및 귀호(龜湖) 우윤(右尹) 김굉(金坻)[125]이 지은 행장을 받들고서 청송(靑松)에서 수백 리 먼 길을 무릅쓰고 와서 산중에 있는 나를 방문하여 한마디 말 지어 줄 것을 부탁하였다. 나는 상사군(上舍君)을 평소에 알지 못하였다가 이때에 이르러 비로소 그를 보았는데, 대개 학문(學問)하는 중인 사람이었다. 그리고 후암공(厚庵公)의 유고와 행장을 열람해 보니 공의 덕행(德行) 또한 공경할 만하였다. 그래서 글 짓는 재주가 없는데도 사양하지 않고 그 묘갈명을 짓는다.

공은 휘가 염(濂)이고 자가 희원(希元)이니, 고려 시대 태사(太師) 행(幸)의 후손이다. 고조(高祖)는 휘가 중경(重經)으로 아들이 없어서, 방조(傍祖)로 감사(監司) 응창(應昌)의 손자인 종길(宗吉)의 셋째 아들 통덕랑(通德郞) 육(稑)을 후사로 삼았으니,

124 권이복(權以復) : 1740~1819. 본관은 안동(安東), 자는 무회(无悔), 호는 만주(晩洲)이다. 대산(大山) 이상정(李象靖)의 문인이고, 저서로는 《만주집(晩洲集)》이 있다.

125 김굉(金坻) : 1739~1816. 본관은 의성(義城), 자는 자야(子野), 호는 귀와(龜窩)이다. 이상정의 문인이다. 1777년(정조1) 과거에 급제하여 부수찬, 동부승지, 단양 군수, 예조 참의 등을 역임하였다. 저서로는 《귀와집(龜窩集)》이 있다.

이분이 곧 공의 증조(曾祖)이다. 조부는 휘가 성시(聖時)이니 통덕랑(通德郞)을 지냈다. 고(考)는 휘가 후준(后準)이니 후덕(厚德)하여 중망(重望)이 있었다. 비(妣)는 문소(聞韶 경북 의성) 김씨(金氏)이니 적암(適庵) 김태중(金台重)[126]의 따님이고 숭정 처사(崇禎處士) 김시온(金是榲)[127]의 증손으로, 숙묘(肅廟) 신사년(1701, 숙종27) 10월 모일에 공을 낳았다.

공은 아름다운 자질을 지녔다. 겨우 스승에게 나아가 공부할 나이에 사장(詞章)의 학문이 날로 성취되었고 기개와 도량, 취미와 지조가 보통 사람보다 월등히 뛰어났으니, 선진(先進) 즉 김제산(金霽山),[128] 정훈수(鄭塤叟)·지수(篪叟)[129] 등과 같은 여러 공이 모두 칭찬하고 허여하며 기대하였다. 28세에 부친의 명에 따

126 김태중(金台重) : 1649~1711. 본관은 의성(義城), 자는 천삼(天三), 호는 적암(適庵)이며, 학문 연구와 후진 양성에 힘썼다.

127 김시온(金是榲) : 1598~1669. 본관은 의성, 자는 이승(以承), 호는 표은(瓢隱)이다. 병자호란 이후로 와룡산에 은거해 독서에 전념하여 제자백가 및 경학에 통달했다. 도연서원(陶淵書院)에 제향되고, 저서로는 《표은집(瓢隱集)》이 있다.

128 김제산(金霽山) : 김성탁(金聖鐸, 1684~1747)을 가리킨다. 본관은 의성, 자는 진백(振伯), 호는 제산이다. 문과에 급제하여 정언(正言), 수찬(修撰) 등을 지냈다. 갈암의 적전(嫡傳)으로, 스승을 신원(伸寃)하라는 소(疏)를 올렸다가 유배되어 배소에서 죽었다. 저서로는 《제산집(霽山集)》이 있다.

129 정훈수(鄭塤叟)·지수(篪叟) : 본관이 오천(烏川)인 훈수(塤叟) 정만양(鄭萬陽, 1664~1730)과 지수(篪叟) 정규양(鄭葵陽, 1667~1732)을 가리킨다. 정만양은 자가 경순(景醇), 호가 훈수이다. 아우 정규양과 함께 학문에 전념하였다. 저서로는 《이기집설(理氣輯說)》, 《훈지록(塤篪錄)》 등이 있다. 정규양은 자가 숙향(叔向)이고 호가 지수이며, 형과 더불어 학문으로 이름이 높았다. 저서로는 형과 함께 쓴 《훈지록(塤篪錄)》 등이 있다.

라, 스승으로 섬기는 예를 갖추고서 이밀암(李密庵)[130]의 문하에 입문하여 《소학(小學)》의 의심나는 뜻을 질문하였으니, 대개 대학(大學)에 종사(從事)하면서도 《소학》을 기본 바탕으로 여겼기 때문이었다. 밀암(密庵)이 기뻐하며 말하기를, "법문(法門)이 바야흐로 쓸쓸하게 되려 하더니, 그대를 얻음에 이와 같으니 다행이다."라고 하고, '일신명(日新銘)'을 지어서 힘쓰게 하였다.

공은 어버이를 섬김에 사랑과 공경을 모두 지극히 하였다. 초례(醮禮)를 행하고 돌아올 때, 아버지 처사공(處士公)이 기간이 지났다는 이유로 들어옴을 허락하지 않으니, 공은 두려워하고 애통하게 울며 깊이 그 죄값을 받고, 끝내 얼굴을 펴실 수 있게 한 뒤에 그쳤다.[131] 부모님이 편치 못한 점이 있으면[132] 매일 밤 반드시 이슬을 피하지 않고 서서 북신(北辰)에게 기도하여 신의 보우

130 이밀암(李密庵) : 이재(李栽, 1657~1730)를 가리킨다. 본관은 재령(載寧), 자는 유재(幼材), 밀암은 그의 호이다. 갈암(葛庵) 이현일(李玄逸)의 아들이고, 저서로는 《밀암집(密庵集)》, 《주서강록간보(朱書講錄刊補)》 등이 있다.

131 초례(醮禮)를……그쳤다 : 김굉(金㙆)이 지은 행장에 "처사공이 그 기간이 지난 것에 노하여 들기를 허락하지 않았다. 공은 관을 벗고 계단에 내려가 새벽부터 저녁에 이를 때까지 물러나 자신의 방에 들어가 감히 띠를 풀지 않고 두려워하며 울어서 금포가 다 젖었지만 처사공이 얼굴을 편 뒤에야 그만두었다.〔處士公怒其過期不許入. 公免冠階下, 自日昃至昏時, 退入私室, 不敢解帶, 摧泣濕盡襟袍, 至處士公解顔而後已.〕"라고 하였다. 《厚庵集 卷8 附錄 行狀》

132 부모님이……있으면 : 원문은 '기유불안절(其有不安節)'로, 《예기(禮記)》 〈문왕세자(文王世子)〉에, 문왕이 세자로 있을 때 부왕 왕계(王季)가 "그 편치 못한 점이 있을 때 내시가 문왕에게 알리면 문왕은 걱정스러운 얼굴빛을 하고 걸음걸이가 흔들렸다.〔其有不安節, 則內豎以告文王, 文王色憂, 行不能正履.〕"라고 말한 데서 유래하였다.

를 입길 바랐다. 아버지가 큰 종기를 앓고 계실 때 입으로 고름을 빨아내어 완전히 낫게 하였다. 아버지가 세상을 떠나심에 이르러서는 시기에 맞추어 장례를 지낼 수 없었는데, 장례를 지내기 전 무릇 8, 9개월을 한결같이 널 곁에서 자고 거처하며 상사(喪事)가 아니면 일찍이 상차(喪次)를 떠나지 않았다. 이미 상제(喪制)를 마치고 나서도 기제사(忌祭祀) 때가 되면 문득 애통해함이 마치 상을 당했을 때[133]와 같았고 늙은 나이에 이르기까지 여전히 그렇게 하였다. 부친이 남기신 집에 거처함에, 출입하면서 일찍이 동쪽 섬돌[134]로 오르내리지 않았다. 속절(俗節)에는 묘소에 성묘를 하여 힘이 쇠하고 길이 험하다고 해서 행여 태만하게 하지 않았다.

백씨(伯氏) 상사공(上舍公)과는 우애(友愛)가 매우 도타워 마치 아버지처럼 섬겼으니, 상사공 곁에서 편한 대로 누워 쉰 적이 있지 않았다. 자제(子弟)들을 가르칠 때는 일찍이 엄하게 독려하지는 않고, 다만 방과(放過)치 말게 할 뿐이었으며, "맹자께서 '잊지도 말고 조장하지도 말라.'[135]라고 하신 말씀이 또한 동몽(童蒙)을 가르치는 절도(節度)가 될 만하다."라고 말하였다.

손님이 오면 비록 젊은이일지라도 일찍이 속대(束帶)를 하지

133 상을 당했을 때 : 원문은 '단괄(袒括)'로, 단(袒)은 한쪽 어깨의 옷을 벗는 것이고, 괄(括)은 머리를 묶는 것이니, 처음 부모의 상(喪)을 당했을 때 하는 예법이다.

134 동쪽 섬돌 : 원문은 '동계(東階)'로, 주인의 자리이다. 여기서는 돌아가신 아버지를 높이는 뜻이다.

135 맹자께서……말라 : 맹자가 "반드시 호연지기(浩然之氣)를 기름에 종사하되 효과를 미리 기대하지 말아서 마음에 잊지 말고 조장하지도 말아야 한다.〔必有事焉而勿正, 心勿忘, 勿助長也.〕"라고 하였다. 《孟子 公孫丑上》

않고 맞이하는 일이 있지 않았다. 성품이 청렴하고 깨끗하여 세간(世間) 명리(名利)의 분화(紛華)함에 대해서는 담박하였다. 영종(英宗) 계축년(1733, 영조9)에 국자시(國子試)에 합격하였다. 이어서 은거해 살며 자신의 뜻을 구하였는데, 명성과 소문이 절로 드러나서 여러 번 천거[136]되었지만 끝내 일명(一命)[137]도 얻지 못하였으니, 사람들이 애석해하지 않는 이가 없었다.

신축년(1781, 정조5) 3월에 정침에서 고종(考終)하였다. 임종(臨終) 때, 좌우에서 돕는 이에게 명하여 부축해 일으키게 하고 앉아서 자부(子婦)들을 나가라고 명하고는 아들 이복(以復)을 돌아보고 말하기를, "선비는 모름지기 한 부의 《대학》을 알아야만 된다."라고 하였다. 선부(先父)의 묘소가 바로 집 남쪽에 있었기에 창문을 열게 하고 바라보며 잠깐 있다가 베개를 바로 놓도록 하고 부축을 받아 누워서 세상을 떠났으니, 향년이 81세였고, 모향(某鄕) 모 언덕에 장사 지냈다.

공은 법도 있는 가문에서 태어나고 자라서 일찍이 의귀(依歸)할 데가 있었다. 집에 들어오면 처사공이 바른 길로 인도하는[138]

136 천거 : 원문은 '천섬(薦剡)'이다. 섬은 중국의 지명인데, 그곳에서 종이가 생산된다. 옛날에 그 섬지(剡紙)에다 천거하는 글을 적었으므로 섬이 사람을 추천하는 문서의 대명사가 되었다.

137 일명(一命) : 주관(周官)의 구명(九命)에서 나온 것으로, 최하위 품계인 종9품의 관직을 말하는데, 보통 처음으로 관직에 출사함을 말한다.

138 바른 길로 인도하는 : 원문은 '의방(義方)'으로, 《춘추좌씨전(春秋左氏傳)》 은공(隱公) 3년 조에, 위(衛)나라 장공(莊公)의 아들 주우(州吁)가 오만 방자하게 굴자, 현대부(賢大夫) 석작(石碏)이 장공에게 "아들을 사랑하신다면 그를 바른길로 가

가르침이 있었고, 나가면 여러 선생 사우(師友)의 도움이 있었다. 대개 외우고 읽은 것은 성인(聖人)의 가르침이었고, 사모하고 행한 것은 주자(朱子)와 퇴계(退溪)의 언행(言行)이었다. 그러므로 일찍이 안자(顔子)와 증자(曾子)를 좌우에 그려 놓고 이으고 또 부문별로 부기하여 '명성내편(明誠內篇)'을 지었다.[139] 또 주자(朱子)의 백록동규(白鹿洞規)를 대략 본받아 연의(衍義)하여 '명성외편(明誠外篇)'을 지었는데, 대산(大山) 이 선생(李先生)[140]과 서로 편지를 주고받으며 논의하여 고쳐서 정한 것이 많았으며, 14년이나 힘을 들여 비로소 완성하였다. 또 퇴계 유서(退溪遺書)를 가져다가 분류하고 종류대로 베껴 4책으로 만들어서 출입할 때에 항상 가지고 다녔다.

만년에는 《주역(周易)》 읽기를 좋아하여 매양 한밤중에 의관(衣冠)을 가지런히 하고 단정히 앉아서 장엄하게 외웠으며, 《대

도록 가르쳐서 잘못된 곳으로 빠져들지 않게 해야 합니다.〔愛子, 教之以義方, 弗納於邪.〕"라고 충간(忠諫)한 말에서 가져왔다.

139 안자(顔子)와……지었다 : 《후암집(厚庵集)》 권8에, 김굉이 지은 행장이 있으니 "일찍이 명성내편을 지어 안자·증자를 좌우도로 삼았으니, 우도는 우에서 시작하여 인으로 맺고, 좌도는 노에서 시작하여 도로써 마쳤다. 이미 또 부문으로 나누고 유대로 부기하여 명성내편으로 삼았다.〔嘗爲明誠內外篇, 以顔曾爲左右圖, 右則起於愚而結以仁, 左則始於魯而終以道. 旣又分門類附, 爲明誠內篇.〕"라고 하였다.

140 대산(大山) 이 선생(李先生) : 이상정(李象靖, 1711~1781)을 가리킨다. 본관은 한산(韓山), 자는 경문(景文), 호는 대산이며, 시호는 문경(文敬)이다. 1735년(영조11) 문과에 급제하여 연원 찰방, 연일 현감 등을 역임하였다. 정언, 예조 참의, 형조 참의 등에 임명되었으나 모두 사임하고 강학에 힘써 당세의 종사(宗師)로 일컬어졌다. 저서로는 《대산집(大山集)》이 있다.

학》과 《중용》도 아울러 외웠으니, 질병이나 상사(喪事)가 아니면 일찍이 폐하지 않았다. 좌우에 '말을 적게 하여 덕성을 기름', '마음의 출입을 간약히 하여 졸한 자신의 학업을 보충함', '경영하여 번식함을 줄여서 외물의 누를 제거함'이라 적어 놓고서 스스로 성찰하였다.[141] 섬돌 아래 몇 이랑에다 구기자와 국화 및 파초를 심었는데 파초에 더욱 감흥을 붙였으니, 자호(自號)를 초파(蕉皤)라고 하였다. 매양 고요한 밤 밝은 달 비칠 때는 현금(玄琴)을 가져다가 몇 곡조를 연주하며 〈무이도가(武夷櫂歌)〉와 〈초은조(招隱操)〉[142] 몇 곡을 낭랑히 읊조렸으니, 유연히 스스로 터득한 아취(雅趣)가 있었다.

공은 평소에 아름다운 산수(山水)를 좋아하였다. 어떤 때는 대산(大山) 선생 및 여러 이름난 선비들을 따라 청량산(淸凉山)과 옥계(玉溪)[143] 등의 구역을 노닐며 다녔는데, 맑은 회포와 도(道)

141 좌우에……성찰하였다 : 《후암집(厚庵集)》 권5 잡저 〈서좌우(書座右)〉에 실려 있는데, "말을 적게 하면 덕성을 기를 수 있고, 출입을 간약히 하면 졸한 학업을 보충할 수 있고, 경영하여 번식함을 줄이면 외물의 누를 제거할 수 있다.〔罕言語可以養德性, 簡出入可以補拙業, 省營殖可以祛物累.〕"라고 하였다. 원문의 좌우(左右)는 《후암집》 권8 부록 〈묘갈명〉에는 '좌우(座右)'로 되어 있다.

142 초은조(招隱操) : 주희(朱熹)가 지은 것으로 《주자대전》 권1에 〈초은조(招隱操)〉가 있는데, 《초사(楚辭)》 〈초은사(招隱士)〉를 두고 지은 것이다. 초은사의 본뜻은 은사(隱士)들에게 은거하지 말고 세상에 나와서 출사(出仕)하도록 권유하는 내용이나, 후세에는 그와 반대로 선비들을 은거하도록 권유하는 뜻으로 쓰인다. 여기서는 은거를 의미한다.

143 청량산(淸凉山)과 옥계(玉溪) : 청량산은 경북 봉화군에 있고, 옥계는 영덕군에 있다. 《후암집(厚庵集)》 권8에 김굉(金宏)이 지은 〈행장(行狀)〉이 있으니 "일찍

의 운치가 창수한 여러 시에 많이 보인다. 일찍이 말하기를, "우리가 뜻을 세움에 마땅히 격앙하고 분발하여야 한다. 그런 뒤에라야 거의 소소한 인물이 되지 않는다. 육방옹(陸放翁)[144]의 '흉중에는 천 길 태화산이 서렸네.'[145]라는 구절에서 가장 잘 볼 수 있다."라고 하였다. 여기에서 그가 보존한 바를 또한 어찌 상상하지 못하겠는가. 유문(遺文) 약간 권이 집에 보관되어 있다.

부인은 무안 박씨(務安朴氏)이니 생원 박이상(朴履相)[146]의 따님이고, 묘는 공과 더불어 쌍분을 하였다. 3남을 두었으니 이관(以觀), 양자로 나간 이임(以臨), 생원 이복(以復)이고, 2녀를 두었으니 이정상(李鼎象), 생원 신국진(申國珍)에게 시집갔다. 이관의 사자(嗣子)는 경미(絅美)이다. 이임은 아들이 하나이니 찬미(纘美)이다. 이복은 아들이 넷이니 이관에게 양자로 나간 경미(絅美), 양자로 나간 형미(衡美), 상미(商美), 광미(廣美)이다. 이정상은 아들이 둘이니 하나는 양자로 나간 참봉(參奉) 이원상(李元祥)이고, 다른 하나는 가계를 이은 이운상(李雲祥)이다. 신국진은

이 강와 임공과 청량산을 유람하였고, 또 대산 선생, 천사 김공과 옥계를 유람하였다.〔嘗與剛窩任公作清涼之遊, 又與大山先生川沙金公作玉溪之遊.〕"라고 하였다.

144 육방옹(陸放翁) : 육유(陸游, 1125~1210). 방옹은 그의 호(號)이다. 산음(山陰) 사람으로, 자가 무관(務觀)이다. 당시풍(唐詩風)의 서정을 부흥시켰다는 평가를 받고 있다.

145 흉중에는……서렸네 : 육방옹의 시에 "글 읽음에 사경의 등불 다하려 하고, 흉중에는 천 길 태화산이 서렸네.〔讀書四更燈欲盡, 胸中太華蟠千仞.〕"라고 하였다. 《放翁詩選 卷1 讀書》

146 박이상(朴履相) : 1672~1752. 본관은 무안, 자는 화로(華老)이고, 경북 영덕(盈德) 영해(寧海)에 거주하였다.

아들이 둘이니 신치(申峙)와 신암(申巖)이다. 명은 다음과 같다.

자질은 그 순수함을 품부받았고	質稟其粹
학문은 그 순서를 따라 하였네	學循其序
명성내외편이 문집에 있으니	明誠有集
그 조예를 엿볼 수 있겠도다	造詣可覵
훌륭한 덕과 아름다운 행실은	懿德美行
선배들이 허여한 바였네	前輩所與
내가 모범이 되는 것을 살펴보니	我觀典刑
이는 선조의 실마리를 이음이라	寔紹餘緖
이에 명을 지어 비석에 새겨서	爰刻貞珉
후세 사람들에게 알리노라	以詔來許

성균 진사 사무 정공 묘갈명 병서

成均進士四無丁公墓碣銘 並序

공은 휘가 재로(載老)이고 자가 현지(玄之)이며 나주 정씨(羅州丁氏)이다. 상세(上世)에 휘 윤종(允宗)이 있으니 비로소 고려 말에 현달하였다. 조선에 들어와서 병조 참판(兵曹參判)을 지낸 휘 수강(壽岡)과 공안공(恭安公) 휘 옥형(玉亨)과 충정공(忠靖公) 휘 응두(應斗)를 지나고, 대사헌(大司憲) 벼슬을 하고 영의정(領議政)에 증직된 휘 윤복(允福)에 이르렀으니, 이분이 공의 7세조(七世祖)가 된다. 고조는 휘가 시옥(時沃)이다. 증조는 휘가 도명(道明)이니 문과에 급제하여 도사(都事)를 지냈다. 조부는 휘가 희신(喜愼)이니 이조 정랑(吏曹正郞)을 지냈는데, 올곧은 도를 행함으로써 당시에 저해를 받았다. 고(考)는 휘가 지익(志翼)이니 유림에 명망이 있었으나 일찍 세상을 떠났으며, 비(妣)는 남양 홍씨(南陽洪氏)이니 영의정 홍섬(洪暹)[147]의 후손이고 통덕랑(通德郞) 홍덕상(洪德相)의 따님이다. 생고(生考)는 휘가 지겸(志謙)이고, 비(妣)는 선성 김씨(宣城金氏)이니 문절공(文節公) 김담(金淡)[148]의 후손이고 통덕랑 김홍렬(金弘烈)의 따님으로, 영묘(英廟)

147 홍섬(洪暹) : 1504~1585. 본관은 남양(南陽), 자는 퇴지(退之), 호는 인재(忍齋)이며, 시호는 경헌(景憲)이다. 조광조(趙光祖)의 문인이다. 경기도 관찰사, 대사헌, 이조 판서, 영의정 등을 역임하였다. 저서로는 《인재집(忍齋集)》 등이 있다.

148 김담(金淡) : 1416~1464. 본관은 예안(禮安), 자는 거원(巨源), 호는 무송헌

신해년(1731, 영조7) 4월 모일에 공을 낳았다.

공은 타고난 성품이 빼어나고 총명하였다. 어려서부터 매양 놀이를 할 때에 선성(先聖)을 상설(象設)하여 엄숙히 참배하였다. 임술년(1742)에 서울에 들어가서 후사가 된 집에 나아가 왕고(王考)와 비(妣)를 섬김에 정성과 효도를 극진히 하니, 종당(宗黨) 사람들이 서로 칭찬하였다. 총명함과 기억력이 남보다 뛰어나, 경서(經書)·사서(史書)를 수고롭게 애쓰지 않고도 여유롭게 공부하였고, 문예(文藝)가 날로 진보하여 약관의 나이〔20세〕에 이름이 경사(京師)에 진동하였다.

경오년(1750)에 홍 부인(洪夫人)의 상(喪)을 당하여 슬퍼하며 몸이 훼척되도록 예를 다하였다. 갑술년(1754)에 할아버지 이랑(吏郞 이조 정랑(吏曹正郎))공이 세상을 떠났다. 이보다 앞서 이랑공에게 활달하고 자유로이 사는 장자(長子)가 있었는데 그에게 아들이 없었으니, 이랑공이 중자(仲子)를 세워 그 전함이 공에게 미치게 하려 했었다. 이때에 이르러 공이 굳게 양보할 마음을 먹고 기년(朞年)의 예제를 마치고는 울면서 가인(家人)에게 말하기를, "내가 피하지 않으면 나는 그 윤리를 다할 수가 없소."라고 하고, 곧 손을 잡아 이끌고 남쪽으로 돌아오매, 하나의 물건도 자신이 가져오지 않았다. 당시에 생모 김 부인이 당(堂)에 계셔서 마침내 어버이 뵙는 것을 핑계 삼아 돌아가지 않았다. 몇 년 뒤에 계부(季父)와 당숙(堂叔)이 공에게 그 종통(宗統)을 돌려주었는데, 공

(撫松軒)이며, 시호는 문절(文節)이다. 1435년(세종17) 정시(庭試)에 급제하였고, 안동 부사, 이조 판서 등을 역임하였다. 저서로는 《무송헌집(撫松軒集)》이 있다.

은 의(義)에 맞게 처신함이 처음과 다르고 또 다음 세대로 전해질 사람이 없어서 마침내 몸소 사당의 신주를 받들고서 남쪽으로 왔다.

공은 병자년(1756)에 진사에 입격하였지만, 생가 부모의 가난이 심하여, 영화롭게 벼슬에 나아가길 구하지 않고 물고기 잡아 맛난 음식을 제공하였다. 복천(福泉) 고리(故里)로부터 여러 번 옮겼는데, 금곡(金谷)으로 이사하여 우거하면서 박남야(朴南野)[149]의 문하에 나아가 친히 강론하고 질정하였다. 얼마 지나지 않아서 풍기(豐基) 오류촌(五柳村)에 들어가서 집 주변에 버드나무와 국화와 복숭아나무와 은행나무를 열 지어 심어 놓고 그곳에서 휘파람 불고 즐기며 지냈다. 성품이 국화를 좋아하였으니, 국화는 곧 거처하는 곳에는 문득 심었다.

선조를 받드는 정성은 늙기에 이르러서 더욱 도타이 하였으니, 절기와 기일(忌日) 제사에 반드시 몸을 깨끗이 하고 제계(齊戒)하고 묵으면서 제사를 드렸다. 생가의 7세조 관찰사공(觀察使公)의 종(宗)이 끊어진 지 여러 해가 되어서 남기신 업을 이어받을 사람이 없게 되었으니, 공이 이 때문에 크게 근심하며 차손(次孫)에게 명하여 그 제사를 받들게 하였다.

기미년(1799, 정조23)에 70살의 나이에 도보로 경기 지방 안의 선영을 두루 다니며 성묘하고 울면서 인사하고 돌아왔으니, 대개 영결(永訣)하는 것으로 삼은 듯하다. 아, 4년 뒤 임술년(1802, 순조2) 7월 모일에 72년을 수(壽)하고 세상을 떠났다.

149 박남야(朴南野) : 박손경(朴孫慶, 1713~1782)을 가리킨다. 본관은 함양(咸陽), 자는 희유(希有)이며, 남야는 그의 호이다. 저서로는 《남야집(南野集)》이 있다.

바야흐로 병이 심해졌을 때 거처하는 방을 전헌(奠獻)의 장소로 삼았기에 변소에 갈 적에는 업혀서 밖으로 나갔다. 명을 남겨 상구(喪具)는 집의 유무(有無)에 맡도록 하고, 부녀(婦女)를 물리고 생을 마쳤다. 풍기(豐基) 대흥당(大興塘) 간좌(艮坐) 언덕에 장사 지냈다. 부인은 무안 박씨(務安朴氏)이니 군수(郡守) 박응선(朴應善)[150]의 후손 박서문(朴瑞文)의 따님으로, 맑은 덕을 지녔고 군자를 섬김에 어기는 점이 없었으며 묘는 공과 함께 합장하였다. 2남 2녀를 두었다.

두 아들은 의건(義建)과 의선(義選)이고, 두 딸은 박천익(朴天益), 권취인(權就仁)에게 시집갔다. 의건은 아들이 다섯이니 문교(文敎), 관찰사의 후사로 나간 무교(武敎)가 있고, 딸이 둘이니 김 (金▨▨)에게 시집갔고, 나머지는 어리다. 의선은 2남 2녀를 두었으니 장녀는 이용옥(李容玉)에게 시집갔고, 나머지는 어리다.

공은 일찍부터 문(文)으로써 세상에 이름이 나서 우수한 성적으로 과거에 합격함을 지푸라기 줍듯 쉽게 할 수 있었지만 끝내 궁하게 죽었으니, 명이었다. 하지만 그 후사로 간 집에서 처변(處變 사정에 따라 변통해 처리함)을 잘하였고, 본종(本宗)의 끊어진 제사를 의롭게 이어 준 것은 탁월하여 사람들이 미칠 수 있는 것이 아니다. 평생 사서(四書)와 낙건(洛建)[151]의 글 읽기를 좋아하였

150 박응선(朴應善) : 1575~1636. 본관은 무안(務安), 자는 이길(而吉), 호는 초정(草亭)이다. 1623년(인조1) 이조로부터 학행으로 천거되어 은진 현감(恩津縣監)에 발탁되었다. 《順菴集 卷22 草亭朴先生墓誌銘》

151 낙건(洛建) : 정주학(程朱學)을 말한다. 낙양(洛陽)은 송(宋)나라 때 정호(程顥)와 정이(程頤)가 살던 곳이고, 건양(建陽)은 주희(朱熹)가 살던 곳이다. 전의하

으며, 참으로 이를 실천하였다. 예리하면서도 남을 상하게 하지 않고, 화합하면서도 구차히 영합하지 않았다. 궁함과 주림도 기꺼이 참고, 명예와 이익에 대한 뜻을 끊었다. 일찍이 오랜 친구로 경상도 향시를 주관하는 이가 있었는데, 자제(子弟)를 경계시켜 망령되이 부탁하지 말게 하면서 말하기를, "나는 '자신을 굽히지 않음〔不枉己〕'을 가지고 삼자부(三字符)로 삼으니, 너희들이 나에게 누(累)를 끼쳐서야 되겠느냐."라고 하였다. 여기에서 보면 그가 보존했던 것을 또한 상상할 수 있다.

공은 성품이 저술하기를 좋아하지 않았다. 만사(輓詞)와 뇌문(誄文) 같은 것도 또한 지나치게 미화해 버릴까를 걱정하여 상세하게 알지 않으면 짓지 않았다. 일찍이 원결(元結)이 자지(紫芝)를 곡(哭)[152]한 말에서 취하여 스스로 호를 사무자(四無子)라고 하였다. 유고(遺稿) 약간 편이 있다.

하루는 의선(義選)이 연곡(延谷) 권성익(權聖翊)[153] 씨가 지은 행장을 가지고 와서 나에게 보여 주며 공의 묘갈명을 청하기에,

여 정주학(程朱學)을 일컫는 말이 되었다.

152 원결(元結)이 자지(紫芝)를 곡(哭) : 원결(723~772)은 당(唐)나라 현종(玄宗) 때 사람이고, 자지는 원덕수(元德秀, 696~754)의 자이다. 원덕수가 세상을 떠나자, 원결이 "대부는 약관에는 고집함이 없었고, 장성함에는 오로지 함이 없었고, 늙음에는 소재가 없었고, 죽음에는 남은 것이 없다. 인정이 탐닉하고 좋아하며 싫어할 만한 것이 대부에게는 없다.〔大夫弱無固, 壯無專, 老無在, 死無餘. 人情所耽溺喜愛可惡者, 大夫無之.〕"라고 하였다. 《新唐書 卷194 元德秀列傳》

153 연곡(延谷) 권성익(權聖翊) : 1735~1821. 본관은 안동, 자는 문서(文瑞), 연곡은 그의 호이다. 박손경의 문인이다. 저서로는 《연곡유집(延谷遺集)》이 있다.

마침내 추려서 위와 같이 기록하고, 이어서 다음과 같이 말한다.

산택의 가난한 선비로 살았고 山澤之癯
소나무 대나무의 절개 지녔네 松竹之節
몰세토록 진성을 보전했으니[154] 沒世葆眞
남긴 꽃다움 다함이 없으리라 遺芬不歇

154 진성을 보전했으니 : 원문은 '보진(葆眞)'으로, 순수한 본성(本性)을 보전함을 뜻한다. 《장자(莊子)》 〈전자방(田子方)〉에 "마음을 비우고 사물에 따라서 진성(眞性)을 보존하고, 깨끗하되 사물을 포용한다.〔虛緣而葆眞, 淸而容物.〕"라고 한 말에서 가져왔다.

입재집

제36권

갈명 碣銘

갈명 碣銘

증 이조 참판 만오헌 권공 묘갈명 병서
贈吏曹參判晩悟軒權公墓碣銘 並序

나는 일찍이 나의 선조(先祖) 문장공(文莊公)[1]과 창석(蒼石) 이 선생(李先生)[2]이 지은 〈만오헌 권공에 대한 뇌문〔誄晩悟軒權公文〕〉을 읽고서, 혹 공을 일컬어 막역지교(莫逆之交)라 하여 소나무 잣나무가 서로 기뻐하고 지초(芝草) 난초가 서로 탄식함으로 비유하기에 이르렀음을 보았다. 그리고 또 난리에 임하여 순국(殉國)한 뜻을 성대하게 말하였으며,[3] 혹 자질과 학문의 아름다움과 관직에

1 선조(先祖) 문장공(文莊公) : 정경세(鄭經世, 1563~1633)를 가리킨다. 본관은 진주(晉州), 자는 경임(景任), 호는 우복(愚伏)이며, 시호는 문장(文莊)이다. 유성룡의 문인이다. 임진왜란 때 창의하였다. 이조 판서를 지냈다. 저서로는 《우복집(愚伏集)》이 있다. 《우복집》 권16에 〈제권김산종경문(祭權金山從卿文)〉이 실려 있다.

2 창석(蒼石) 이 선생(李先生) : 이준(李埈, 1560~1635)을 가리킨다. 본관은 흥양(興陽), 자는 숙평(叔平), 호는 창석(蒼石)이다. 1594년에 의병을 모아 싸운 공으로 형조 좌랑에 임명되었으나 사양하고, 이듬해 경상도 도사가 되었다. 저서로는 《창석집(蒼石集)》이 있다. 《창석속집(蒼石續集)》 권7에 〈제권김산문(祭權金山文)〉이 실려 있다.

3 공을……말하였으며 : 《우복집》 권16 〈제권김산종경문(祭權金山從卿文)〉에 "혹

복무함에 있어 힘써 대체(大體)를 유지하여 시도해서 안 될 것이 없으니, 일시(一時)의 명공(名公)들이 다들 공에게 공경스러운 몸가짐[4]을 하였다[5]고 칭송한 것을 보았다. 여기에서 대개 공의 평생을 알고서 사모하고 상상한 것이 오래되었다. 지금 공의 7세손 권박(權樸) 씨가 가장(家狀)을 가지고 와서 나에게 공의 묘갈명을 부탁하였다. 스스로 생각해 보매 식견 없음이 심하지만, 감히 사양할 수 있겠는가.

삼가 살피건대, 공은 휘가 경호(景虎)이고 자가 종경(從卿)이며 만오(晩悟)는 그 자호(自號)이다. 안동(安東)을 본관으로 하는 권씨(權氏)는 고려 때 태사(太師) 행(幸)의 후예이다. 수십 세(數十世)를 지나 휘 임(琳)에 이르렀으니, 임은 현감(縣監)을 지냈고 참판(參判)에 증직되었다. 조부는 휘가 달수(達手)이니 관직은 교

멀리 있건 혹 가까이 있건, 저기에 있거나 여기에 있기도 하였지만, 막역한 속마음이 시종 바뀌지 않았네. 공이 쭉쭉 뻗어 가면 내 마음이 기뻤고, 내가 곤경을 당했을 때는 공이 탄식했네.……충의로써 힘쓰라고 권하며 나라 위해 몸 바치려 맹세하였지. 이 마음의 뜻이 단단함을 저 푸른 하늘이 증명해 줄 수 있네.〔或遠或近, 在彼在此. 莫逆心肝, 無替終始. 公茂我悅, 我焚公歎.……勖以忠義, 誓心殉國. 此心之堅, 證在彼蒼.〕"라고 하였다.

4 공경스러운 몸가짐 : 원문은 '경절(磬折)'로, 몸을 경쇠 모양처럼 기역 자로 구부리는 것을 말한다. 《예기(禮記)》 〈곡례 하(曲禮下)〉에 "설 때에는 경쇠 모양으로 몸을 구부정하게 굽혀 패옥을 드리운다.〔立則磬折垂佩〕"라고 한 데서 유래하였다.

5 학문의……하였다 : 창석 이준이 지은 제문에 "자질이 오직 화이한데다 학문으로써 보충하였네.……당시의 명공들이 공경스런 몸가짐을 하지 않은 이가 없었네. 이에 관직에 복무함에 시험하여 베풂에 불가할 것이 없었네. 대체를 잘 부지하여 번잡하고 자잘함을 숭상하지 않았네.〔資惟和易, 輔以學文.……一時名公, 無不磬折. 乃服官政, 罔試不可. 務持大體, 不尙煩瑣.〕"라고 하였다. 《蒼石續集 卷7 祭權金山景虎文》

리(校理)였고 호는 동계(桐溪)로, 연산군 갑자사화(甲子士禍)에 직언을 올려 그로 인해 해를 입었고, 중종(中宗)반정 이후에 도승지(都承旨)에 증직되었다. 고(考)는 휘가 소(紹)이니 현량과(賢良科)에 뽑혀 관직이 부사(府使)가 되었다. 비(妣)는 숙인(淑人) 장씨(張氏)이니 선략장군(宣畧將軍) 장중우(張仲羽)의 따님으로, 가정(嘉靖) 병오년(1546, 명종1)에 공을 낳았다.

공은 외모와 도량이 훌륭하고 빼어났으며 박학(博學)하면서 재능과 덕행을 지녔으니, 동류들이 추중(推重)하는 바가 되었다. 나이 40세에 음직으로 헌릉(獻陵 태종(太宗)릉) 참봉에 보직되었다. 내직에 들어가서 금오랑(金吾郎)이 되었고, 외직으로 나가서는 창락 승(昌樂丞)이 되었다. 임기를 다하고 고향으로 돌아왔다.

임진왜란 때, 나의 선조(先祖 우복(愚伏) 정경세(鄭經世)) 및 전사서(全沙西),[6] 조검간(趙黔澗)[7] 등 여러 어진 이들과 함께 창의하였다. 당시에 학봉(鶴峯) 김 선생[8]이 영남 우도를 맡아 다스렸는

6 전사서(全沙西) : 전식(全湜, 1563~642)을 가리킨다. 본관은 옥천(沃川), 자는 정원(淨遠), 호는 사서(沙西)이며, 시호는 충간(忠簡)이다. 1603년(선조36) 문과 급제하여 예조 정랑(禮曹正郎), 교리(校理) 등을 역임하였다.

7 조검간(趙黔澗) : 조정(趙靖, 1555~1636)을 가리킨다. 본관은 풍양(豐壤), 자는 안중(安仲), 호는 검간이다. 문과 급제하여 봉상시 정(奉常寺正) 등을 지냈다. 속수서원(涑水書院)에 배향되었다. 저서로는 《검간집(黔澗集)》이 있다.

8 학봉(鶴峯) 김 선생 : 김성일(金誠一, 1538~1593)을 가리킨다. 본관은 의성(義城), 자는 사순(士純), 호는 학봉이며, 시호는 문충(文忠)이다. 이황(李滉)의 문인으로 1568년 문과 급제하여 부제학(副提學), 나주 목사(羅州牧使) 등을 역임하였다. 호계서원(虎溪書院), 임천서원(臨川書院)에 제향되었고, 저서로는 《학봉집(鶴峯集)》, 《해사록(海槎錄)》 등이 있다.

데, 공을 소모관(召募官)으로 삼았더니, 규합해 모은 의병이 더욱 많았다. 마침내 요충지를 끊어 적들을 베어 수급을 획득한 것이 또한 많았다. 고을 수령이 공의 공적을 질투하여 무고(誣告)로 의병을 빼앗았다. 공은 일이 제대로 되지 않으리란 것을 알고 눈물을 뿌리며 서쪽으로 임금 계신 행재소로 달려감에 만 번 죽을 뻔한 위험을 무릅쓰고 마침내 도착하였다. 계사년(1593, 선조26)에 임금을 호종하고 한양으로 돌아왔다.

갑오년(1594)에 외직으로 나가 장성(長城)을 맡아 다스렸다. 이때는 전쟁의 황폐함이 매우 심하여 사람들끼리 서로 잡아먹을 정도에 이르렀는데, 공이 힘을 다해 진휼하고 구제하여 온전히 살아날 수 있게 하니, 임금께서 표리(表裏 안팎의 옷감)를 하사하여 포상하였다. 얼마 되지 않아서 병으로 사직하고 고향으로 돌아왔다.

정유년(1597)에 왜적이 다시 난을 일으키니, 공이 또 창의(倡義)하여 남쪽의 유자(儒者)들과 함께 상소하여 임금이 친정(親征)하기를 청하였다. 경자년(1600)에 사헌부 감찰(司憲府監察)에 임명되었다. 정미년(1607)에 김산(金山)을 맡아 다스렸는데, 백성을 사랑하고 선비들을 예로 대우하였으며 치적(治績)이 있었다. 기유년(1609, 광해군1) 2월에 관부에서 세상을 떠났으니, 고향 마을에 반장(返葬)함에, 고을의 백성들이 모두 곡을 하며 영결하여 보내 주었다. 10년 뒤에 임금을 호종한 공훈으로 이조 참판(吏曹參判)에 증직되었다.

첫째 부인 성주 이씨(星州李氏)는 전첨(典籤) 이원(李愿)의 따님으로 맑은 덕(德)을 지녔고 아들 하나를 낳았으니, 이름이 순(淳)으로 현령(縣令)을 지냈고 원종공훈(原從功勳)이며 이조 판서에 증직되었다. 둘째 부인 문화 유씨(文化柳氏)는 사복시 정(司僕寺正) 유덕(柳德)의 따님으로 자녀가 없다. 측실 소생으로 아들이 둘이 있으니 봉사(奉事) 낙(洛)과 첨지(僉知) 용(溶)이다. 현령 순은 5남 3녀를 두었으니, 선무랑(宣務郞) 이직(以稷), 통덕랑(通德郞) 이익(以益)은 모두 후사가 없고, 금부도사(禁府都事) 이열(以說), 생원(生員)에 입격하여 찰방(察訪)을 지낸 이급(以伋), 현령(縣令) 이량(以亮)이 있으며, 딸은 현감 허린(許嶙), 동지(同知) 홍시정(洪時挺), 사인(士人) 심장유(沈長儒)에게 시집갔다.

공은 성품이 조용하고 담담하였으며 세상에 나가 영달함을 즐거워하지 않았다. 간혹 물러나 기정(岐亭)[9] 옛 거처에서 쉰 적이 있었으니, 매양 좋은 날 아름다운 풍경을 만나면 뜻을 같이하는 여러 어진 이들과 함께 서로 불러 초청하면서 즐거움으로 삼았다. 뇌문(誄文) 중에 "기호와 우곡에서, 필마 타고 찾아가 어울림."[10]이라고 한 것 및 "걸어서 가을 냇가에 다다라, 한 잔의 술로 기쁨을 다하네."[11]라고 한 것이 또한 그 하나의 일이다. 여기에서 공의

9 기정(岐亭) : 경북 함창현(咸昌縣)에 있는 공검못 북쪽에 권민수(權敏手)가 지은 정자이다. 《新增東國輿地勝覽 卷29 慶尙道》 권민수(1466~1517)는 만오헌의 조부 권달수의 형으로, 자가 숙달(叔達)이다. 기정(岐亭)은 그의 호이기도 하다.

10 기호와……어울림 : 원문은 '岐湖愚谷, 匹馬過從.'으로 되어 있는데, 《우복집(愚伏集)》 권16 〈제권김산종경문(祭權金山從卿文)〉에는 "우산 산골에 봄꽃이 피고 기호 연못 가을날에 연꽃이 펴도, 필마 타고 찾아가 어울림이 이미 글러 다시 또 하기 어렵네.〔愚谷春花, 岐湖秋藕, 匹馬過從, 已矣難又.〕"라고 되어 있다.

11 걸어서……다하네 : 원문은 '步臨秋澗, 杯酒盡歡.'으로, 《창석속집(蒼石續集)》 권7 〈제권김산문(祭權金山文)〉에 있다.

높고 우아한 정치(情致)를 어찌 또한 상상하지 못하겠는가. 102년 뒤에 상주(尙州) 막곡(幕谷) 유향(酉向) 언덕에 묘소를 이장하였는데, 묘에 비각(碑刻)이 없다. 이에 명을 지으니, 명은 다음과 같다.

재목이 성대하여 시망이 있었으니	材蔚時望
나라의 어려움에 성심을 다 바쳤네	誠效國難
진실하도다, 저 만오공이여	允矣夫公
명문의 조상을 능히 이었도다	名祖克纘

익위사 익찬 영호 윤공 묘갈명 병서

翊衛司翊贊瀯湖尹公墓碣銘 並序

공은 휘가 경남(景男)이고 자가 여술(汝述)이며 성은 윤씨(尹氏)로 본관이 파평(坡平)이다. 파평 윤씨는 고려 시대부터 세상에 드러난 성씨이다. 조선에 들어와 장령(掌令)을 지낸 휘 장(將)이 정난(靖難)[12]을 당하여 합천(陜川)으로 달려왔다. 현감을 지낸 휘 자선(孜善)에 이르러 비로소 거창(居昌) 영호(瀯湖) 가에 거주하였으니, 이분이 공의 고조가 된다. 증조는 휘가 경(耕)이니 사간(司諫) 벼슬을 지냈으며 청렴함과 곧음으로 이름이 났다. 조부는 휘가 삼빙(三聘)이니 판관(判官)을 지냈다. 고(考)는 휘가 은신(殷臣)이니 참의(參議)에 증직되었으며, 비(妣)는 숙부인(淑夫人) 이씨(李氏)이니 효령대군(孝寧大君)의 4세손 호군(護軍) 이효원(李孝元)의 따님으로, 가정(嘉靖) 병진년(1556, 명종11)에 공을 낳았다.

공은 어릴 때 어머니를 여의었다. 나이 12세에 문공(文公) 산두(山斗)[13]에게 공부하였는데, 총명함이 다른 사람들보다 뛰어났

12 정난(靖難) : 단종 1년(1453) 12월에 일어난 계유정난(癸酉靖難)을 가리키니, 수양대군(首陽大君)이 김종서(金宗瑞)와 황보인(黃甫仁) 등을 죽이고 안평대군(安平大君) 부자를 강화(江華)에 압치(押置)한 일을 말한다.

13 문공(文公) 산두(山斗) : 문산두(文山斗, 1528~1597). 본관은 남평(南平), 자는 자앙(子昂), 호는 학산(學山)이다. 예설에 심오하여 고을 사람들이 그에게 예에 대하여 자문하였다. 그의 아들은 모계 문위(文緯)이다. 《모계집(茅溪集)》의 〈모계 묘갈명〉을 살펴보면 "고 휘 산두는 통정대부의 품계에 올랐으며 어려서부터 성품이

고, 의대(衣帶)를 갖추어 입고 걸음에 의젓하기가 마치 성인(成人) 같으니, 운흥 정(雲興正) 이몽룡(李夢龍)[14]이 그릇으로 여겨 딸을 시집보냈다. 얼마 되지 않아 아버지 참의공(參議公)의 상(喪)을 당하였는데, 상례(喪禮)를 행함에 한결같이 《가례(家禮)》를 준수하였다. 예제를 마치고, 이어서 과거 공부를 그만두고 진덕수업(進德修業)에 뜻을 두고 더욱 힘썼다. 모계(茅溪) 문위(文緯),[15] 동계(桐溪) 정온(鄭蘊),[16] 사호(思湖) 오장(吳長),[17] 존재(存齋) 곽준(郭䞭)[18] 등과 더불어 도의(道義)를 강론하였으니, 모두 공을 미루어 세상에 쓰여서 한 지역을 담당할 수 있겠다고 여겼다.

만력(萬曆) 임진년(1592, 선조25)에 왜적이 대대적으로 침략해

돈후하고 문장이 뛰어났다. 또 예가의 말에 조예가 깊어 향리에서 종사(宗師)로 추앙되었다.〔考諱山斗通政大夫, 自幼樹惇而辯於文. 且深於禮家言, 鄕里宗師之.〕"라고 한 말이 있다. 《茅溪集 卷4 附錄 墓碣銘》

14 이몽룡(李夢龍) : 1536~1587. 자는 사운(士雲)이다. 인조(仁祖)의 셋째 아들 인평대군(麟坪大君) 이요(李㴭)의 손자이자 사자(嗣者)인 의원군(義原君) 이혁(李爀)의 사자(嗣者)이다. 종친의 품계로 정3품 당상 명선대부(明善大夫) 운흥 정에 올랐다.

15 문위(文緯) : 1554~1631. 본관은 남평(南平), 자는 순보(順甫), 호는 모계(茅溪)이다. 문산두(文山斗)의 아들로 경남 거창(居昌)에 거주하였다. 조식(曹植)의 문인이다. 저서로는 《모계집(文緯集)》이 있다.

16 정온(鄭蘊) : 1569~1641. 본관은 초계(草溪), 자는 휘원(輝遠), 호는 동계(桐溪), 고고자(鼓鼓子)이며, 시호는 문간(文簡)이다. 1610년(광해군2) 문과에 급제하여 이조 참판을 지냈다. 저서로는 《동계집(桐溪集)》이 있다.

17 오장(吳長) : ?~1616. 본관은 함양(咸陽), 자는 익승(翼承), 호는 사호(思湖)이다.

18 곽준(郭䞭) : 1551~1597. 본관은 현풍(玄風), 자는 양정(養靜), 호는 존재(存齋)이다. 배신(裵紳)에게 수학하고, 박성(朴惺)과 교유하였다. 정유재란 때 안음 현감으로서 전 함양 군수 조종도(趙宗道)와 함께 황석산성(黃石山城)을 지키다 전사하였다.

오매 임금이 서쪽으로 몽진하니, 사람들은 모두 조수(鳥獸)가 놀라 달아나 숨는 것처럼 하였지만, 공은 분연히 자신의 몸을 돌보지 않고 모계(茅溪)와 의병을 규합하여 의병장 송암(松菴) 김면(金沔)[19]의 막부로 달려갔다. 송암은 고령(高靈)의 병사를 거느리고 거창(居昌)으로 진영을 옮겼는데, 공을 얻음을 기뻐하며 참모로 삼았다. 공이 각 고을에 격문을 보내어 닷새가 채 되기 전에 의병 2천여 명을 모았다. 고령을 나가서 강가에 포진한 적들을 격퇴시켜 참획한 수급이 80여 급이었으니, 노획한 진귀한 보물과 함께 초유사(招諭使) 학봉(鶴峯) 김 선생(金先生 김성일(金誠一))의 진영에 보냈다. 곧이어 김산(金山)과 지례(知禮)의 적들이 장차 우현(牛峴)을 넘으려고 한다는 소식을 듣고, 공이 거창은 곧 진주(晉州) 위쪽의 요지인지라, 지키지 못하면 그 아래 십수 고을이 장차 차례로 보전하기 어려울 것이라고 하니, 송암(松菴)도 그렇다고 여기고 병사를 거느리고 돌아가서 방어하였다. 이에 여러 고을이 왜적의 소굴이 되지 않을 수 있었던 것이니, 공이 계획하고 힘씀이 많아서였다.

이듬해에 송암이 진영에서 세상을 떠났다. 공은 모계(茅溪)와 더불어 상(喪)을 치름에 예를 극진히 하였다. 4월에 초유사(招諭使) 김성일(金誠一)이 공의 공적을 포계(褒啓)함으로써 군기시

19 김면(金沔) : 1541~1593. 본관은 고령(高靈), 자는 지해(志海), 호는 송암(松菴)이다. 이황과 조식에게 수학하였다. 합천 군수, 경상 우병사를 역임하였고, 자헌대부(資憲大夫) 병조 판서(兵曹判書)에 증직(贈職)되었다. 저서로는 《송암실기(松菴實記)》가 있다.

주부(軍器寺主簿)에 제수되었는데, 공은 왜적이 아직 물러가지 않았다는 것으로 사양하고 취임하지 않았다.

기해년(1599)에 조정에서 유일(遺逸)로 천거하여 익찬(翊贊)에 임명하였고, 얼마 있다가 감찰(監察)에 제수하였지만, 공은 모두 부임하지 않았다. 8월에 장수 현감(長水縣監)에 제수되었는데, 공이 여러 번 왕명을 어기는 것이 온당하지 않다고 여겨서 마침내 직임에 나아갔다. 당시는 큰 변란을 겪어서 고을의 피폐함이 심하였지만, 1년이 되지 않아서 호구(戶口)가 배로 늘었다.

을사년(1605)에 선무원종훈(宣武原從勳)에 책록이 되었다. 무신년(1606)에 광흥창 주부(廣興倉主簿)가 되었다. 광해군(光海君) 기유년(1609)에 개령 현감(開寧縣監)이 되었다. 당시는 북인(北人)이 국정을 장악하여 임해군(臨海君)의 옥사가 일어났다. 공은 관직을 버리고 고향으로 돌아왔다. 임자년(1612, 광해군4)에 운봉 현감(雲峯縣監)이 되었는데, 당시는 정인홍의 당〔弘黨〕[20]이 더욱 커지고 있었다. 모후(母后)의 유폐(幽閉)[21] 소식을 듣고 장차 벼슬을 그만두려고 하였는데, 결행하기 전에 병으로 관부에서 졸(卒)하니, 이해가 갑인년(1614)이고, 59세를 살았다.

공은 숨이 끊어질 즈음에 여러 아들을 돌아보고 말하기를, "내 묘에 비석을 세우고자 하면 익찬(翊贊) 벼슬은 기재할 만하다."라

20 정인홍의 당 : 원문은 '홍당(弘黨)'으로, 대북파 정인홍과 이이첨(李爾瞻) 등의 당을 가리킨다.

21 모후(母后)의 유폐(幽閉) : 정인홍의 당파가 계축옥사를 일으켜 영창대군을 제거하고, 임금의 모후이자 영창대군의 생모인 인목대비를 유폐시켰다.

고 하였으니, 대개 기유년(1609) 광해군 즉위 이후에 벼슬한 것은 본의(本意)가 아님을 보인 것이다. 공의 널이 고향으로 돌아올 때 영남의 선비들 중에 곡하며 맞이한 사람이 수백 명이었다. 합천(陜川) 화양동(華陽洞) 우향(午向) 언덕에 장사 지냈다. 공의 집이 영호에 있었기 때문에 세상 사람들이 호(號)를 영호(瀯湖)라고 하였다.

부인 숙인(淑人)은 전주 이씨(全州李氏)이니 곧 운흥 정(雲興正)의 따님이고, 공과 함께 합장하였다. 아들 넷을 두었으니 장남 사훈(思勛)은 사과(司果)를 지냈고, 다음으로 사임(思任), 군수(郡守) 사안(思顏), 사증(思曾)이며, 딸 하나를 두었으니 문호영(文虎英)에게 시집갔다. 사훈의 아들은 정(珵), 우(瑀), 양자로 나간 영(瑛)이 있고, 딸은 정천유(鄭天濡)에게 시집갔다. 사임의 아들은 진(瑱)과 양자로 나간 기(琦)가 있고, 딸은 곽후(郭詡), 정기봉(鄭岐鳳)에게 각각 시집갔다. 사안의 사자(嗣子)는 영(瑛)이다. 사증의 사자(嗣子)는 기(琦)이고, 딸은 참봉 권감(權鑑), 이진(李溍), 이심(李潯)에게 각각 시집갔다. 문호영은 아들 문재형(文再炯), 문재환(文再煥), 문재엽(文再燁)이 있다. 나머지는 기록하지 않는다.

공은 남보다 뛰어난 자질을 가지고서 여러 어진 이의 문하에서 유학(遊學)하여, 그 학문이 자신을 단속하고 집을 다스림에 이미 분수를 다하였다. 나라가 큰 난리를 당하여 대의(大義)를 창도함에 이르러서는 다만 한 번 죽기로 작정하고서 의병의 막부를 도와 온 힘을 다해 모병하여 나라를 보장(保障)하는 공을 이루었고, 처음 관직을 제수받게 되어서는 오히려 왜적이 아직 다 없어지지 않았음을 생각하고 집안을 위해 마음을 씀이 없었으니, 그 지조와 절개가 더욱 우뚝하고 훌륭하였다. 문모계(文茅溪)가 "두 마음을 품지 않고 굴복하지 않았으니, 지킴이 확고하고 지조가 한결같았다."[22]라는 것으로써 뇌문(誄文)을 지은 것은 대개 이유가 있었던 것이다. 공의 주손 억(檍)이 일찍이 나에게 묘비에 적을 글을 구하였는데, 일이 성사되기 전에 세상을 떠났다. 그의 아들 상옥(相玉)이 그 족조(族祖) 동무(東塋)의 소개로 그 부친의 뜻을 이루기를 원하였다. 마침내 이를 위해 명을 붙인다.

스승을 높이고 벗을 취하여	尊師取友
그 배움을 축적한 것은	以積其學者
체를 수립함이었고	體之立也
충심을 떨쳐 일어나 왜적을 막아	奮忠禦寇
그 공적을 다 바친 것은	以效其績者
용을 발휘함이었으며	用之及也
명을 남겨 돌에 새겨서	遺命書石
그 자취를 분명히 한 것은	以明其跡者
의를 확고히 함이었네	義之確也
뒷날 공을 알고자 하는 자는	後之欲知公者
어찌 이 비의 글을 보지 않으랴	盍視此顯刻焉

22 두 마음을……한결같았다 : 모계 문위가 지은 〈제윤여술문(祭尹汝述文)〉에 "저 황석 산성에서 외로이 싸울 적에, 그리고 금오의 감옥에서도, 또한 두 마음을 품지 않고 굴복하지 않았으니, 지킴이 확고하고 지조가 한결같았네.〔彼黃石之月暈, 暨金吾之天獄, 亦不貳而不回, 見守確而操一.〕"라고 하였다. 《茅溪集 卷3 祭文》

기봉 유공 묘갈명 병서

岐峯柳公墓碣銘 並序

공은 휘가 복기(復起)이고 자가 성서(聖瑞)이고 기봉(岐峯)은 그의 호이며, 성은 유씨(柳氏)로 본관이 전주(全州)이다. 7세조(七世祖) 극서(克恕)는 고려 때 보문각 직제학(寶文閣直提學)을 지냈다. 그 아들 빈(濱)은 우리 조선에 들어와 관직이 응교(應教)였고 참판에 증직되었다. 이분이 휘 의손(義孫)을 낳으니 관직이 참판 겸 제학(參判兼提學)인데, 광묘(光廟 세조) 때 병을 핑계 삼아 벼슬하지 않았다. 또 2세(世)를 내려와 휘 식(軾)은 홍문관 전한(弘文館典翰)을 지냈고 이조 참의에 증직되었으니, 곧 공의 증조(曾祖)이다. 조부는 휘가 윤선(潤善)이니 인의(引儀)[23]를 지냈다. 고(考)는 휘가 성(城)이니 사복시 정(司僕寺正)에 증직되었으며, 비(妣)는 문소 김씨(聞韶金氏)이니 판서(判書)에 증직된 김진(金璡)[24]의 따님으로, 가정(嘉靖) 을묘년(1555, 명종10)에 공을 낳았다.

공은 어려서부터 지극한 성품을 지녔다. 부모의 상례(喪禮)를 행함이 마치 성인(成人)과 같았으니, 숟가락과 표주박을 지니고

23 인의(引儀) : 통례원의 종6품직 관원으로 행사에서 의식을 담당하였다.

24 김진(金璡) : 1500~1580. 본관은 의성(義城), 자는 영중(瑩仲), 호는 청계(青溪)이다. 1525년(중종20) 생원시에 합격했으나 출사를 단념하고 경북 안동 임하의 부암 곁에 서당을 짓고 다섯 아들을 훌륭하게 키웠으니, 학봉(鶴峯) 김성일(金誠一, 1538~1593)의 아버지이다. 이조 판서에 추증되었고 사빈서원(泗濱書院)에 제향되었다.

향이 나고 비린 음식을 물리치면서 삼년상을 마쳤다. 이어서 숙구(叔舅) 학봉(鶴峯 김성일(金誠一)) 선생을 따라 공부하여 문행(文行)과 덕량(德量)이 있는 사람으로 일컬어졌다. 힘을 다해 조모(祖母)를 받들어 봉양하였고, 자신의 집에 일찍 과부가 된 숙모(叔母)를 모셔다가 마치 낳아 준 사람처럼 섬겼다.

임진왜란 때 한림(翰林) 김해(金垓)[25] 공과 방어사(防禦使) 곽재우(郭再祐)[26] 공을 따라 의병을 창의하여 왜적을 막아 싸웠으니 계림(鷄林)과 팔공산(八公山)과 화왕산(火旺山)이 곧 그곳이다. 시작부터 끝나는 6년 동안 수고롭게 애쓴 것이 한결같았다. 병란이 지난 뒤에 굶주리거나 굶주려 죽은 시체가 길에 널려 있음에 공이 진휼하여 살린 사람이 매우 많았다.

재상 유영경(柳永慶)[27]이 단문친(袒免親)[28]으로서 공의 행의(行誼)를 사모하여 만나 보려고 하였지만, 공은 그의 가문이 부귀하다는 이유로 끝내 가지 않았다. 만년에는 기양서당(岐陽書堂)[29]을

25 김해(金垓) : 1555~1593. 본관은 광산(光山), 자는 달원(達遠), 호는 근시재(近始齋)이다. 1589년(선조22) 문과에 급제하여 한림(翰林)에 선발되어 예문관 검열에 제수되었다. 저서로는 《근시재집(近始齋集)》이 있다.

26 곽재우(郭再祐) : 1552~1617. 본관은 현풍(玄風), 자는 계수(季綏), 호는 망우당이며, 현 경상남도 의령 출신이다. 조식(曹植)에게 수학하였다. 저서로는 《망우당집(忘憂堂集)》이 있다.

27 유영경(柳永慶) : 1550~1608. 본관은 전주(全州), 자는 선여(善餘), 호는 춘호(春湖)이다. 1572년(선조5) 문과에 급제하여 벼슬이 우의정에 이르렀다.

28 단문친(袒免親) : 상례(喪禮)에 있어 단문에 해당되는 친족을 가리킨다. 단문은 곧 복(服)을 입지 않고 도포나 두루마기의 오른쪽 소매를 맺고 사각건(四角巾)을 써서 애도의 뜻을 표하는 상례이다.

건축하여 날마다 서사(書史)를 음미하며 세월을 보냈으니, 당시의 어질고 덕 있는 이들이 모두 칭찬하였다.

공은 만력(萬曆) 정사년(1617, 광해군9)에 예빈시 정(禮賓寺正)에 제수되었다. 얼마 되지 않아서 세상을 떠났으니 63세였다. 선영(先塋)을 따라 임하현(臨河縣) 임당산(林塘山) 병향(丙向) 언덕에 장사 지냈다. 그 뒤에 손자 지(榰)[30]가 귀하게 됨으로써 좌승지(左承旨)에 증직되었다. 부인 증 숙부인(贈淑夫人)은 영덕 정씨(盈德鄭氏)이니 참봉 정진(鄭溍)의 따님이고, 공의 묘에 합장하였다.

6남을 두었으니 호가 도헌(陶軒)인 우잠(友潛), 득잠(得潛), 지잠(知潛), 수잠(守潛), 의잠(宜潛), 참판에 증직된 희잠(希潛)이고, 3녀를 두었으니 진사(進仕) 정영방(鄭榮邦), 생원(生員) 이명원(李明遠), 김원(金遠)에게 시집갔다. 여남(餘男 서자(庶子))으로 시잠(時潛)이 있다. 우잠의 아들은 호군(護軍) 숙(橚), 호가 백졸암(百拙庵)인 진사 직(稷), 욱(栯), 학(檴), 생원 격(格)이다. 득잠의 아들은 재(榟)와 래(棶)이다. 지잠의 아들은 간(榦)과 은(檼)이다. 수잠(守潛)의 아들은 참(槮)이다. 의잠의 아들은 강

29 기양서당(岐陽書堂) : 기봉(岐峯) 유복기(柳復起)가 후손들의 수학을 위하여 1615년(광해군7)에 세운 서재이다. 1716년(숙종42)에 후손들이 중건하여 서원으로 바꾸고 유복기, 회헌(會軒) 유의손(柳義孫)의 위패(位牌)를 봉안하고 제향하였다. 경상북도 안동시 임동면(臨東面) 수곡동에 있다가, 임하댐 건설로 수몰됨으로 인하여 현재 자리 수곡리(水曲里)로 옮겼다.

30 지(榰) : 유지(柳榰, 1626~1701). 자는 중오(重吾)이다. 예조 좌랑, 밀양 부사(密陽府使), 길주 목사(吉州牧使), 경주 부윤(慶州府尹) 등을 역임하였다.

(榲), 장(樟), 량(樑), 방(枋)이다. 희잠의 아들은 위(橽)와 문과에 급제하여 부윤(府尹)을 지낸 지(榰)이다. 나머지는 기록하지 않는다.

현달한 사람으로, 증손(曾孫) 정휘(挺輝)[31]는 문과에 급제하여 목사(牧使)를 지냈고, 현손(玄孫) 경시(敬時)[32]는 문과에 급제하여 장령(掌令)을 지냈고, 5대손(五代孫) 승현(升鉉)[33]은 문과에 급제하여 참의(參議)를 지냈고 이조 참판에 증직되었으며, 관현(觀鉉)[34]은 문과에 급제하여 참의를 지냈으며, 6대손 도원(道源)[35]은 감역을 지냈고, 정원(正源)[36]은 문과에 급제하여 대사간(大司諫)을 지냈고, 지원(之源)[37]은 문과에 급제하여 별검(別檢)을 지냈으며, 7대손 범휴(範休)[38]는 부사(府使)를 지냈고, 9대손 치명

31 정휘(挺輝) : 유정휘(柳挺輝, 1625~1695). 자는 중겸(仲謙), 호는 공공재(空空齋)이다. 사간원 정언(司諫院正言), 여주 목사(驪州牧使) 등을 역임하였다.

32 경시(敬時) : 유경시(柳敬時, 1666~1737). 자는 흠약(欽若), 호는 함벽당(涵碧堂)이다. 사헌부 장령, 황해도사(黃海都事) 등을 역임하였다. 저서로는 《함벽당집(涵碧堂集)》이 있다.

33 승현(升鉉) : 유승현(柳升鉉, 1680~1746). 자는 윤경(允卿), 호는 용와(慵窩)이다. 예조 좌랑, 풍기 군수 등을 역임하였다. 저서로는 《용와집(慵窩集)》이 있다.

34 관현(觀鉉) : 유관현(柳觀鉉, 1692~1764). 자는 용빈(用賓), 호는 양파(陽坡)이다. 저서로는 《양파집(陽坡集)》이 있다.

35 도원(道源) : 유도원(柳道源, 1721~1791). 자는 숙문(叔文), 호는 노애(蘆厓), 남간(南澗)이다. 저서로는 《노애집(蘆厓集)》이 있다.

36 정원(正源) : 유정원(柳正源, 1702~1761). 자는 순백(淳伯), 호는 삼산(三山)이다. 저서로는 《역해참고(易解參考)》, 《삼산집(三山集)》 등이 있다.

37 지원(之源) : 유지원(柳之源, 1750~1794). 자는 복초(復初), 호는 용암(龍巖)이다.

38 범휴(範休) : 유범휴(柳範休, 1744~1823). 자는 천서(天瑞), 호는 호곡(壺谷)

(致明)[39]은 문과에 급제하였다. 하루는 공의 8세손 병문(炳文)[40]이 공의 유사(遺事)를 가지고 와서 나에게 묘갈명을 부탁하기에, 시험 삼아 살펴보았다.

공은 타고난 품성이 맑고도 밝았고, 행동거지는 순수하면서 성실하였다. 마음가짐은 곧음으로써 하고 몸가짐은 바름으로써 하였으며, 남을 대접함에는 서(恕)로써 하였으니, 그 훌륭한 전범이 모두 후세 사람들에게 법이 될 만하였다. 또 일찍이 부모를 여읜 어린 나이임에도 분발하여 문호(門戶)를 잘 수립했으므로 자손들이 더욱 번성할 수 있었으니, 이는 공이 쌓은 덕에 보응을 받은 것이고, 지난해에 고을 사람들이 기양사(岐陽社)를 세워 제향을 드렸으니, 진실로 명을 할 만하다. 그래서 다음과 같이 말한다.

혁혁하여라, 유씨 종중은	赫赫柳宗
멀리 고려 시대부터였네	遠自麗朝
경사를 길러 상서로움 유전하여	毓慶流祥
이로써 자손들에게 펼쳤네	以布柯條
우뚝하도다, 회헌[41]이여	卓矣檜軒

이다. 송화 현감(松禾縣監), 사복시 주부, 안변 부사(安邊府使) 등을 역임하였다.

39 치명(致明) : 유치명(柳致明, 1777~1861). 자는 성백(誠伯), 호는 정재(定齋)이다. 대사간을 지냈다. 저서로는 《독서쇄어(讀書瑣語)》, 《예의총화(禮疑叢話)》, 《가례집해(家禮輯解)》 등이 있다.

40 병문(炳文) : 유병문(柳炳文, 1776~1826). 자는 중호(仲虎), 호는 소은(素隱)이다. 저서로는 《소은집(素隱集)》, 《완산세첩(完山世牒)》이 있다.

41 회헌(檜軒) : 유의손(柳義孫, 1398~1450)의 호로, 자는 효숙(孝叔)이다. 단종

빛나는 고고한 충절 지녔네 有炳孤忠
공이 그 실마리를 이어서 公承其緖
덕을 자신의 몸에 닦았네 德修于躬
현인을 스승 삼고 적개심을 가졌으니 師賢敵愾
뜻과 절개가 이에 온전하였네 志節寔全
선을 쌓음에 보답을 받아 積善餘報
후손들에게 번성함이 있네 有蕃來雲
나의 명이 화려하지 않지만 我銘不華
이로써 그 묘도에 표하노라 以表其墳

(端宗)이 양위할 때 집현전 학사(集賢殿學士)로서 의리를 지켜 스스로 벼슬을 그만두고, 황방산에 들어가 소와정(笑臥亭)을 짓고 은거하였다. 《회헌유고(檜軒遺稿)》가 전한다.

통정대부 최공 묘갈명 병서

通政大夫崔公墓碣銘 並序

공은 휘가 균(均)이고 자가 여평(汝平)이고 호가 소호(蘇湖)이며 성이 최씨로, 본관은 전주(全州)이다. 전주 최씨는 고려 시대 문하시중(門下侍中) 문성공(文成公) 아(阿)의 후예이다. 이로부터 4세를 지나도록 높은 관직을 한 이가 끊어지지 않았다. 조선에 들어와 또 개녕 현감(開寧縣監) 증 판사(贈判事) 자경(子涇)과 비안 현감(比安縣監) 증 도승지(贈都承旨) 수지(水智)를 지나고, 군수(郡守) 이식(以湜)에 이르렀으니, 이분이 공의 고조(高祖)가 된다. 증조는 휘가 윤신(潤身)이니 무과(武科)에 급제하여 첨사(僉使) 벼슬을 지냈다. 조부는 휘가 담(潭)이니 유자(儒者)의 행실이 있음으로 천거되어 참봉에 보임되었으며 한성 우윤(漢城右尹)에 증직되었다. 고(考)는 휘가 운철(云哲)이니 형조 판서(刑曹判書)에 증직되었으며, 비(妣)는 청풍 김씨(淸風金氏)이니 참봉 김덕후(金德厚)의 따님으로, 중묘(中廟) 정유년(1537, 중종32)에 공을 낳았다.

공은 빼어난 자질을 타고나 준엄하고 방정하며 순일하고 도타웠으며, 효성과 우애는 하늘로부터 타고났다. 형제 세 사람이 함께 살며 재물을 공유하였는데, 혹자가 재산을 분배하라고 권하자, 공이 탄식하며 말하기를, "살아가는 생계의 일 때문에 형제간의 우애롭게 사는 즐거움을 바꿀 수 있겠는가."라고 하였다. 항상 자제(子弟)들에게 교만하고 사치하지 말도록 경계시켰다. 《주역(周

易)》 읽기를 좋아하여 마음을 침잠해서 묵묵히 연구하였으며, 한편으로는 천문(天文)과 지리(地理)에도 통하였다.

임진왜란을 당하였을 때는 아우 소계공(蘇溪公 최강(崔堈))과 함께 창의하여 의병을 일으켰으니 열흘 사이에 모인 무리가 수십 백 명에 이르렀다. 당시에 왜적이 구만동(九萬洞)에 들어왔는데, 공이 아우 소계공에게 정예병을 거느리고 말을 몰아 분발해 격파하게 하니, 왜적이 달아나 붕괴되어 한 지방이 여기에 힘입어서 안도하게 되었다. 어떤 나씨(羅氏) 성을 가진 자의 종족들이 왜적에게 죽임을 당하였는데, 왜적이 바야흐로 그 집에 들어가 의거함에 공의 형제가 병사를 이끌고 가서 격파하여 쫓아내고, 흩어져 숨어 있던 나씨 집안의 노비 장정들을 불러 모아 시신을 수습해서 장례를 지내도록 하였다. 노비들이 모두 감복하여 공을 따르기를 원하였다. 군진의 명성이 더욱 떨쳐지자 산중에서 난리를 피해 있던 사람들이 다투어 돌아와서 공을 따랐다. 이에 소계공을 상장군(上將軍)으로 삼고, 표질(表姪) 이달(李達)을 차장(次將)으로 삼았으며, 공은 곧 모주(謀主)가 되어 병법의 계책을 돕고 군량을 마련하여 공급하였다.

바야흐로 소계공이 달려가 진양(晉陽), 고성(固城), 사천(泗川), 창원(昌原)의 위급한 상황을 지원할 적에 공은 병사를 나누어 담티재 북쪽에 주둔하였는데, 기치(旗幟)를 많이 펼쳐서 '풍운장(風雲將)'이라 자호하고, 이를 큰 글씨로 적어서 거리에 걸어 놓고 왜적들을 현혹하여 제압하였다. 산 아래에 거주하는 백성들로 하여금 낮에는 농사에 힘쓰고 밤이 되면 다들 고개 위로 모이게 하였는데, 한 사람이 각각 네댓 개의 횃불을 들고 좌우로 펼쳐 나열해서 북을 시끄럽게 울려 천지가 진동하도록 하다가 갑자기 불을 끄고 마치 사람이 없는 듯이 적막하게 하였다. 이윽고 또다시 이와 같이 하도록 하였다. 밤마다 그 횃불을 배로 증가시켜 이로써 병사들이 성대함을 적들에게 보였다. 씩씩한 병사 수십 명을 선발하여 활을 가지고 산과 계곡을 출몰하며 말을 달려 돌격하게 하니, 왜적이 매우 의심하고 두려워하며 감히 가까이 오지 못하였다.

당시에 초유사(招諭使) 학봉(鶴峯) 김 선생(金先生)[42]이 공의 형제의 명성을 듣고, 불러서 보고는 크게 기특하게 여겼다. 이어서 창의한 여러 공들과 더불어 삽혈(歃血) 동맹하여 각각 강의 좌우에 주둔하였으며, 군대의 양식이 모자랄 때 공의 도움에 힘입은 사람이 많았다.

왜적이 웅천(熊川) 안민령(安民嶺)에 주둔함에 공이 소계공과 함께 가서 토벌하였는데, 좌우익(左右翼)의 여러 군대가 적들에게 포위되는 위급한 상황을 만나게 되자, 공이 마구 투석(投石)하도록 명하여 한쪽 면을 궤멸시켜서 말을 달려 탈출하게 하였다. 또 창원, 진해(鎭海)의 적과 고성(固城)의 적들이 공을 두려워하여 몰래 서로 왕래함을 근심하여, 길에 모래를 펼쳐 놓고 그 발자취를 남기도록 해서 복병을 설치하여 수없이 참살하였다. 조정에서 이 소식을 듣고는 가상히 여겨서 특별히 수문장(守門將)에 제수하였는데, 공은 나아가지 않았다.

42 학봉(鶴峯) 김 선생(金先生) : 김성일(金誠一, 1538~1593)을 가리키니, 학봉은 그의 호이다.

그 뒤 을사년(1605, 선조38)에 바다의 적들이 대거 침입하여 제주(濟州)에서 도적질하였는데, 배들이 바다를 가릴 정도였으니 모든 진(鎭)이 바람에 스러지듯 하게 되었다. 소계공이 당시에 가리포 첨사(加里浦僉使)로 있어서, 공이 마침 진소(鎭所)에 와서는 그를 위해 도모하여 말하기를, "적들은 많고 우리는 적으며 그들의 칼끝이 매우 예리하니 우리의 병력으로 대항할 수가 없다. 그 형세를 살펴보니 정히 화공법(火攻法)이 합당하다. 그 제압 처치할 방략(方略)을 여차여차하게 하면 반드시 적을 사로잡을 것이다."라고 하였다. 소계공이 그 계책대로 하여 적의 배를 다 불태웠다. 전라도 관찰사가 포문(褒聞)을 하니, 임금께서 녹훈(錄勳)을 명하고 품계를 더하여 통정대부에 올렸다.

공은 평소 벼슬할 마음이 없었다. 혼조(昏朝)가 되어 이륜(彝倫)이 무너지고 패함을 보고서는 형제가 관복을 벗어 놓고 남쪽으로 돌아왔다. 행차에 임하여 시 한 수를 지어 이르기를,

가소로워라, 공명은 해진 신발과 같으니	可笑功名等弊屣
백발 나이에 작은 봉록도 이 몸에 부끄럽네	白頭微祿愧斯身
어느 곳의 순채와 농어가 가을에 정히 좋을까	何處蓴鱸秋正好
일엽편주로 오호의 물가에 가고 싶어라	扁舟擬向五湖濱

라고 하였다. 마침내 돌아와서 형제가 함께 살며 우애의 정이 늙어 갈수록 더욱 도타우니, 사람들이 그 집을 이름하여 '효우려(孝友廬)'라고 하였다. 광해군 8년 병진년(1616) 9월 모일에 졸(卒)하였으니 향년이 80세였다. 묘소는 회현면(會賢面) 당정산(唐頂

山) 자좌(子坐) 언덕에 있다.

공은 기국(器局)이 넓고도 크며 지략(智畧)이 깊고도 깊어서 임기응변으로 제압하여 승리함에 변화를 헤아릴 수 없었다. 힘써 싸워[43] 이긴 공로가 비록 아우에게 미치지는 못하지만, 앉아서 전략을 세우고 운영함[44]은 절로 강회(江淮)의 보장(保障)[45]이 되어서 외로운 군대 약한 병졸로써 굳센 적들을 막아 내어 결국 큰 공을 수립할 수 있었으니, 비록 말 타고 활을 쏘지 못하는 옛날 사람[46]

43 힘써 싸워 : 원문은 '한마(汗馬)'로, 대완(大宛)의 준마(駿馬)인 한혈마(汗血馬)의 준말로, 땀이 어깻죽지에 피처럼 나기 때문에 '한혈'이라고 한다. 여기서는 말이 땀을 흘릴 정도로 싸웠다는 의미이다.

44 앉아서……운영함 : 원문은 '좌운기주(坐運奇籌)'로, 진(秦)나라 때 송의(宋義)가 항우(項羽)에게 "무릇 단단히 갑옷을 입고 무기를 잡는 것에서는 내가 공만은 못하지만, 앉아서 전략을 세우고 운영하는 것에서는 공이 나만 못하오.〔夫被堅執銳, 義不如公, 坐運籌策, 公不如義.〕"라고 한 말에서 가져왔다. 《資治通鑑 卷8 秦記3》

45 강회(江淮)의 보장(保障) : 한 지방을 적의 침략으로부터 막아 내어 안전하게 하였다는 의미이다. 당 현종(唐玄宗) 천보(天寶) 14년(755) 11월에 안녹산(安祿山)이 어양(漁陽)에서 20만 대군으로 반란을 일으켜 12월에 수도를 함락하자, 현종은 촉(蜀)으로 몽진하고 황태자(皇太子)인 숙종(肅宗)이 영무(靈武)에서 즉위한 뒤에 군사를 지휘하여 난리를 평정하였는데, 이때 당나라의 명신(名臣)인 장순(張巡)과 허원(許遠) 등이 강회(江淮)의 보장(保障)이라고 일컬어지는 수양성(睢陽城)에서 서로 협력하여 몇 개월 동안이나 안녹산의 군대를 막다가 성이 함락되자 장렬하게 순절한 고사에서 유래하였다. 《舊唐書 卷187 忠義列傳 張巡》

46 말 타고……사람 : 진(晉)나라 장수 두예(杜預)는 병법에 능하여 많은 공을 세웠으나, 말타기와 활쏘기에는 재주가 없었다. 하지만 학문에는 조예가 깊고 학자들을 우대하였다고 한다. 〈두예열전〉에 "두예가 너무나 약하여 말에 걸터앉지도 못하고 활을 쏘아도 종이를 뚫지 못한다.〔預身不跨馬射不穿札〕"라고 한 데서 유래하였다. 《晉書 卷34 杜預列傳》

이라 할지라도 어찌 이보다 더할 수 있겠는가. 승첩을 아뢰어 공을 논하기에 미쳐서는 한결같이 공적을 모두 장수들에게 양보함으로 사람들이 대수장군(大樹將軍)[47]에 비교하였으니, 이것은 겸양하고 물러남을 높이 몸소 행함인지라 더욱 숭상할 만하다. 그런데 조정에서 그에 보답한 것은 삼등의 녹권(錄券)에 불과하였을 따름이니, 어찌 당일 지사(志士)의 유감이 아니겠는가.

부인 숙부인(淑夫人)은 진양 정씨(晉陽鄭氏)이니 진사(進士) 정관(鄭寬)의 따님으로, 4남 2녀를 두었다. 아들은 홍호(興虎), 산호(山虎), 기호(起虎), 찰방(察訪) 진호(振虎)이고, 딸은 서순개(徐舜凱)와 이명원(李明愿)에게 시집갔다. 홍호는 아들이 둘이니 흡(洽)과 찰방 홍(洪)이고, 산호와 기호는 후사가 없다. 흡은 아들이 하나이니 유립(由砬)이고, 홍은 아들이 둘이니 유집(由磼)과 형조 참의(刑曹參議)에 증직된 유할(由硈)이다. 진호는 아들이 셋이니 염(濂)과 즙(濈)과 오(澳)이다. 염은 아들이 셋이니 유반(由磐), 양자로 나간 유후(由厚), 유구(由久)이다. 즙(濈)은 유후를 양자로 들였다. 오는 아들이 둘이니 유적(由磧)과 유식(由埴)이다. 유반은 아들이 둘이니 진첨(震瞻)과 진망(震望)이다. 유후는 아들이 둘이니 진태(震泰)와 진두(震斗)이다. 유구는 아들이 하나이니 진추(震樞)이다. 유적은 아들이 둘이니 진극(震極)과 진

47 대수장군(大樹將軍) : 자신의 전공(戰功)을 자랑하지 않는 장군을 이르는 말이다. 후한(後漢)의 개국 공신(開國功臣) 풍이(馮異)는 광무제(光武帝)를 섬겨 많은 전공을 세웠으나 사람됨이 겸양하여 논공행상(論功行賞)할 즈음에 언제나 자신의 공로를 드러내지 않고 큰 나무 아래에서 한가로이 쉬고 있었으므로 사람들이 '대수장군'이라고 일컬으며 칭송하였다는 고사에서 유래하였다. 《後漢書 卷47 馮異列傳》

준(震峻)이다. 유식은 아들이 둘이니 진보(震寶)와 진표(震標)이다. 나머지는 기록하지 않는다.

하루는 공의 8대손 상우(祥羽)가 만각(晩覺) 이동급(李東汲)[48]이 지은 행장을 가지고 와서 나에게 보이며 공의 묘에 명을 지어주기를 청하며 말하기를, "저의 선조(先祖)께서 이미 도산사(道山祠)[49]에 제향이 되었습니다마는, 오직 묘도(墓道)에 비석이 없으므로 감히 청합니다."라고 하였다. 내가 사양하였으나 받아들여지지 않아서 마침내 위와 같이 서술하여 차례하고, 이어서 다음과 같이 말한다.

훌륭하여라, 소호공이여	猗嗟蘇湖
빼어난 자질은 하늘로부터 받았네	異質天賦
주역에서 이치와 상을 궁구하였고	易窮理象
윤리로 효성과 우애를 도타이 했네	倫篤孝友
나라가 어려워짐에 창의하였으니	國難倡義
병법[50]이 가슴속에 풍부하였네	韜鈐胸富

48 만각(晩覺) 이동급(李東汲) : 1738~1811. 본관은 광주(廣州), 자는 진여(進如), 호는 만각재(晩覺齋)이다. 편저로 《주문서류(朱門書類)》가 있다.

49 도산사(道山祠) : 도산서원(道山書院). 경남 고성군 구만면 화림리에 있는 서원이다. 1713년(숙종39) 최균(崔均)과 최강(崔堈)의 학문과 덕행을 추모하기 위해 창건하여 위패를 모셨다. 1869년(고종6)에 훼철되었다가, 1960년 지방 유림에 의해 복원되었다.

50 병법 : 원문은 '도검(韜鈐)'으로, 옛날 병서인 《육도(六韜)》와 《옥검편(玉鈐篇)》을 합하여 말한 것인데 이 둘은 병서의 대명사로 불린다. 도검의 '검(鈐)'은 본래

책략을 냄은 장량[51]과 같았고	畫策如良
서툰 활 솜씨는 두예와 같았네	拙射如杜
군량미를 앉아서 마련해 주었고	饋餉坐辦
방략을 행함에는 여유로웠네	方畧行裕
적을 헤아려 제압하여 이겼으니	料敵制勝
포위를 뚫고 적들을 몰아내었네	解圍走寇
귀신같은 계책이 있는 바에	神籌所在
기이한 효과가 그때마다 나타났네	奇效動奏
해적의 전함을 화공으로 공격하니	海艦火攻
적들이 남은 무리가 없었네	賊無遺醜
공적을 미루어 남에게 주고서	推功與人
전혀 자신은 가지지 않았네	畧不自有
맹지반은 후미에서 말을 채찍질했고[52]	孟策殿馬

'금'으로 읽고 하평성 침(侵) 자 운에 속하나 '검(黔)'이나 '검(鈐)'과 통용하는 글자이므로 하평성 염(廉) 자 운에 같이 쓴 것이다.

51 장량(張良) : ?~기원전 189. 한(漢)나라 초기의 정치가로, 자는 자방(子房)이다. 황석공으로부터 《태공병법(太公兵法)》을 받아 익혀서, 유방(劉邦)을 도와 한나라를 세우는 데 지대한 공을 세웠다. 후에 유방이 3만 호의 식읍을 주겠다고 하자 장량은 유방을 처음 만난 곳이 유현(留縣)이므로 유후(留侯)로 봉해 달라고 청하였고, 유방이 이를 들어주었으므로 유후(留侯)라고 불렸다. 《史記 卷55 留侯世家》

52 맹지반은……채찍질했고 : 공자가 말하기를, "맹지반은 공로를 자랑하지 않도다. 전쟁에 패하여 달아나면서 뒤에 처졌다가, 성문에 들어올 때는 말을 채찍질하면서 말하기를 '일부러 뒤처진 것이 아니라, 말이 앞으로 나가지 못해서 그런 것이다.' 했다.〔孟之反不伐, 奔而殿, 將入門, 策其馬曰非敢後也, 馬不進也.〕"라고 하였다. 이는 용맹하고 담대한 자기의 공로를 과장하지 않고 도리어 그것은 자기가 용감한 탓

풍이는 큰 나무 아래 물러나 쉬었네	馮屛大樹
조정에서 그 공적을 녹용함에	朝錄其功
통정대부를 겨우 제수하였네	通政纔授
혼미한 조정이 되기에 미쳐	迨至昏朝
이륜이 장차 무너지려 하자	彝倫將斁
관을 걸어 두고 훌쩍 멀리 떠나	掛冠遐擧
아득히 저 구름 산으로 갔네	邈彼雲岀
한 집에서 형제가 함께 살며[53]	棣華一堂
머리가 희어지도록 화락하였네	湛樂皓首
장수의 책략과 유자의 행실을	將畧儒行
공이 실로 다 갖추고 있으니	公實備具
많은 선비들이 우러러 사모하여	多士景慕
제사를 올려 흠향케 하네	享以俎豆
후손들이 정성을 깃들여서	雲孫寓誠
무덤에 이 비를 세우려 하니	壟碑斯竪
업적을 모아 명으로 드러내어	最績顯詩
천세 뒤에까지 알리노라	以詔千後

이 아니고 자기의 수레를 끄는 말들이 느렸기 때문이라고 겸하해서 말한 것이다. 《論語 雍也》

53 형제가 함께 살며 : 원문은 '체화(棣華)'로, 《시경(詩經)》 상체장(常棣章)을 말하는데, 형제간의 우애(友愛)를 주제로 한 시이다. "상체의 꽃이여, 환하게 아름답지 않은가. 무릇 지금 사람들 가운데, 형제만 한 이 없도다.〔常棣之華, 鄂不韡韡. 凡今之人, 莫如兄弟.〕"라고 한 말에서 유래하였다. 여기서는 소호공이 그 아우 최강(崔堈)과 함께 고향으로 돌아가 살았던 것을 말한다.

가선대부 오위도총부 부총관 최공 묘갈명 병서

嘉善大夫五衛都摠府副摠管崔公墓碣銘 並序

공은 휘가 강(堈)이고 자가 여견(汝堅)이고 호가 소계(蘇溪)이며 소호공(蘇湖公 최균(崔均))의 아우이다. 가계는 소호공의 묘갈명에 기재되어 있다.

공은 명묘(明廟) 기미년(1559, 명종14)에 태어났고, 빼어나고 밝으며 드넓고 굳세어 기상이 호걸스럽고 빼어나며 용감함이 무리들보다 뛰어났으니, 사람들이 모두 큰 인물이 될 것이라고 기대하였다. 임진왜란이 일어났을 때는 백씨(伯氏) 소호공과 함께 창의하여 의병을 일으켰으니, 백씨를 추대하여 모주(謀主)로 삼고 자신은 대장이 되었다. 당시에 적들이 이미 동구(洞口)에 가득 몰려왔다. 공이 필마를 타고 단창(短槍)을 가지고 정예병을 거느리고 적중에서 거세게 싸워 저녁이 다하도록 격전을 치르고서 모두 섬멸하니, 여러 적들이 소문만 듣고도 감히 가까이 하지 못하였다. 또 나씨(羅氏) 집에 침범하여 해를 끼친 적을 참수하였다. 이로부터 군대의 명성이 크게 떨쳐져서 난리를 피해 있던 사람들이 다투어 와서 의지하였다.

학봉(鶴峯) 김 선생(金先生 김성일(金誠一))이 초유사(招諭使)로서 함양(咸陽)에 이르러 공의 형제의 명성을 듣고서 불러 보고는 크게 기특하게 여겼고, 이어서 공은 창의한 여러 공들과 삽혈 동맹(歃血同盟)하였다. 당시에 적들이 진양(晉陽)을 침범하려고 하였는데, 공이 김시민(金時敏)[54] 등과 함께 합세하여 쳐부수어 적들을 패주(敗走)시켰다. 창원(昌原)에 의거한 적들이 진해(鎭海)에 있는 적들과 더불어 서로 호응하여 진양(晉陽)을 도적질하자, 공이 이달(李達) 및 곤양 군수(昆陽郡守) 이광악(李光岳)[55]과 더불어 좌우익으로 나누어 공격하여 패주시켰다. 또 김시민과 함께 가만히 대둔령(大芚嶺)을 넘어 북 치고 고함치며 성에 접근하였고, 몰래 요충지 길에 매복하여 적들이 달아나는 것을 기다렸다가, 추격해서 격파하여 적장 평소태(平小太)를 죽이고, 마침내 진해(鎭海), 고성(固城), 사천(泗川) 3성을 회복하였다.

적들이 또 진양을 열 겹으로 포위하였는데, 공이 이달, 정유경(鄭惟敬), 조응도(趙凝道)와 함께 말을 달려 구원하고, 매우 많은 적병을 살상하였다. 밤에 망진령(望陳嶺)에 올라가서 군중(軍中)에 명하여 각기 네댓 개의 횃불을 들게 하고 북을 두드리며 산과 계곡을 진동케 하니, 적들이 놀라서 군막을 불태우고 달아났다. 승전의 첩보가 이르자 김성일 선생이 크게 기뻐하며 여러 장수들

54 김시민(金時敏) : 1554~1592. 본관은 안동, 자는 면오(勉吾)이며, 시호는 충무(忠武)이다. 1578년(선조11) 무과에 급제하고 1592년에 진주 목사(晉州牧使)가 되었다. 사천(泗川), 고성(固城), 진해(鎭海) 등지에서 왜적을 격파하고, 경상 우도 병마절도사(慶尙右道兵馬節度使)에 올라 김산(金山)에서 적을 격파하였다. 그해 10월 적의 대군이 진주성(晉州城)을 포위하자, 불과 3,800명의 병력으로 7일간에 걸친 치열한 공방전 끝에 적을 격퇴했으나, 이마에 적탄(敵彈)을 맞고 전사하였다.

55 이광악(李光岳) : 1557~1608. 본관은 광주(廣州), 자는 진지(鎭之)이며, 시호는 충장(忠壯)이다. 1584년 무과에 급제하고 곤양 군수(昆陽郡守)가 되었다. 임진왜란 때 왜적이 진주성을 포위하여 목사 김시민의 형세가 위급해지자 초유사(招諭使) 김성일(金誠一)의 명령으로 전투에 투입되었다. 전라도 병마절도사, 경기 방어사 등을 역임하고 선무공신(宣武功臣) 3등으로 광평군(廣平君)에 봉해졌다.

에게 말하기를, "이 성(城)을 보전해 내었으니, 일로(一路)의 남은 성들도 모두 장차 보전할 수 있겠습니다."라고 하였다.

계사년(1593, 선조26)에 풍신수길이 다시 30만 병사를 일으켜 진양을 함락하였다. 공은 이달(李達)과 함께 병사를 거느리고 구원하러 달려갔는데, 두골평(頭骨坪)에 이르러 적들이 포위하자, 공이 말을 치달려 돌격해서 적들을 베어 죽이니, 적들이 바람에 스러지듯 조수가 물러나듯 하였다. 난리를 피했던 백성들 삼백여 명이 여기에 힘입어 안전할 수 있었다.

적들이 김해(金海)에서 와서 웅천(熊川) 안민령(安民嶺)에 주둔함에, 이달과 안신갑(安信甲)이 공의 좌우익으로 적들에게 포위가 되었는데, 공이 백씨(伯氏)의 계책을 써서 군대가 온전하게 벗어날 수 있게 하였다. 여기에 대한 말은 소호공의 행장에 기재되어 있다. 기타 전투에 승리하고 공격하여 취한 공로를 이루 다 기록할 수가 없다. 조정에서 이를 가상히 여겨 도총(都摠) 경력(經歷)을 거쳐 특별히 가리포 첨사(加里浦僉使)에 제수하였다.

을사년(1605, 선조38)에 바다의 적들이 제주(濟州)를 대거 침입하였는데, 여러 진영이 감히 구원하지를 못하였다. 공은 백씨의 화공(火攻)의 계책을 사용하여 적들의 배를 다 불태웠다. 승전첩이 조정에 알려지자 주상께서 크게 가상히 여겨 친서로 품계를 더하여 일등공신(一等功臣)으로 책록하였으며, 순천 부사(順天府使)에 임명하였다. 공은 엄하고 분명하게 정치를 하고, 해산물 음식을 줄여서 백성들에게 은혜를 베풀었으니, 백성들이 비를 세워 그 덕을 칭송하였다.

병오년(1606) 여름에 경상 좌수사(慶尙左水使)로 승진하였는데, 전후로 체임되어 돌아올 때 아전들이 붙여 준 말과 가마와 포와 비단을 일체 다 돌려보냈고, 두건과 입은 옷이 단출하기가 마치 한사(寒士) 같았다. 부총관(副摠管)에 임명되어서는 장복(章服)을 또한 남에게 빌려 입었는데, 주상께서 이를 듣고 금단(錦段)을 하사하여 만들어 입게 하였으니, 사람들이 특별한 옷이 없던 제준(祭遵)[56]에게 비유하였다.

광해조(光海朝)에 비변사에서 경상 우병사(慶尙右兵使)로 추천할 때, 한 상궁이 '돈〔銀〕을 바치고 낙점(落點)을 기다리시라.'라고 한 말을 전한 이가 있으니, 공이 정색(正色)을 하고 말하기를, "신하 된 자가 군부(君父)에게 뇌물을 주어 관직을 얻을 수가 있겠는가. 내가 선대 조정에 은혜를 입어 읍재의 반열에 이르렀으니, 이는 포의(布衣)의 선비로 극에 달한 일이다."라고 하고 끝내 받아들이지 않았다. 광해가 기뻐하지 않고서 충청 수사(忠淸水使)에 임명하였다.

공은 정치가 어지럽고 윤리가 무너지는 것을 보고 위연히 탄식하며 "나는 바닷가 모퉁이 한 사람의 무부(武夫)이니, 어찌 더한 영광을 구하겠는가."라고 하고, 마침내 백씨와 함께 고향으로 돌아와 벼슬하지 않았다. 그 뒤에 또 포도대장(捕盜大將)에 임명하는 명이 있었지만 공은 병을 핑계 대고 나아가지 않았다. 광해 갑

56 특별한……제준(祭遵) : 한(漢)나라 광무(光武) 때 제준은 '제준포피(祭遵布被)'의 고사가 있을 정도로 검약한 생활을 하였다. 광무를 따라 하북(河北)을 정벌하고 군시령(軍市令)과 자간장군(刺姦將軍)이 되었다. 건무(建武) 2년에 정로장군(征虜將軍)에 임명되고 영양후(潁陽侯)에 봉해졌다. 그런데 상으로 받은 물품을 모두 부하들에게 나누어 주어 집 안에는 남은 것이 없었다고 한다. 《後漢書 卷20 祭遵列傳》

인년(1614)에 졸(卒)하였으니 향년이 56세였다. 관에서 예관(禮官)을 보내 부의를 넉넉히 하여 치제(致祭)하였고, 또 지사(地師)에게 명하여 산소 자리를 정하게 했으니, 구만묘동(九萬廟洞) 간좌(艮坐) 언덕에 장사 지냈다. 바닷가 백성 수십 명이 와서 제수(祭需)를 제공하여 3년을 마치도록 게을리하지 않았고, 사림(士林)은 오도산(吾道山) 아래에 사당을 세워 소호공과 함께 제향하였다.

공은 천성이 효성스럽고 우애로웠다. 두 형을 아버지처럼 섬겨 일의 크고 작은 것 할 것 없이 반드시 아뢰어 명을 받아 행하였고, 침상을 나란히 하고 이불을 함께 덮고 살며 화락하고도 즐겁게 지냈다. 집안에서의 행실이 이와 같았으니 나라에 대한 충성이 저와 같음이 마땅하도다.

부인 정부인(貞夫人)은 의령 남씨(宜寧南氏)이니 통정대부 남세운(南世雲)의 따님이고, 공과 함께 묻혔으며 1남 1녀를 두었다. 1남은 주부(主簿) 명호(鳴虎)이고, 딸은 강진선(姜晉善)에게 시집갔다. 명호는 아들이 하나이니 찰방(察訪) 낙(洛)이다. 낙은 아들이 넷이니 유석(由碩), 무과에 급제한 유방(由磅), 유박(由礴), 유질(由礩)이고, 딸이 셋이니 노한주(盧漢鑄), 김만겸(金萬兼), 노순필(盧舜弼)에게 시집갔다. 유석은 아들이 하나이니 진태(震泰)이고, 딸이 둘이니 정달겸(鄭達兼), 박태임(朴泰臨)에게 시집갔다. 유방은 아들이 셋이니 진형(震衡)과 진숭(震嵩)과 진화(震華)이고, 딸이 둘이니 곽문익(郭文瀷), 윤대명(尹大鳴)에게 시집갔다. 유박은 아들이 하나이니 진종(震宗)이고, 딸이 하나이니 노성필(盧成弼)에게 시집갔다. 유질은 아들이 하나이니 진한(震翰)이다. 나머지는 기록하지 않는다.

하루는 공의 방손(傍孫) 상우(祥羽)가 만각(晩覺) 이동급(李東汲) 군이 지은 행장을 가지고 나에게 보이며 명을 지어 주기를 요구하였다. 명은 다음과 같다.

열렬하였어라, 우리 공이여　烈烈維公
무략은 하늘이 준 것이었네　武畧天畀
골상은 연함[57]에 부합했고　相符燕頷
재주는 원비[58]에 가까웠네　技邇猿臂
무과 급제[59]가 이에 시작되고　虎榜伊始
용절[60]에 이윽고 의망되었네　龍節已擬

57 연함(燕頷) : 변방의 장수로 나아가 큰 공을 세워 제후로 봉함을 받을 만한 장군의 골상을 말한다. 서역(西域)에 종군하여 정원후(定遠侯)로 봉해진 후한(後漢) 반초(班超)가 소싯적에 관상을 보았더니, "제비의 턱에 범의 목을 하고 있어서, 멀리 날아가 고기를 먹을 수 있으니, 이는 만리후의 골상이다.〔燕頷虎頸, 飛而食肉, 此萬里侯相也.〕"라고 평했다는 데서 유래하였다. 《後漢書 卷47 班超列傳》

58 원비(猿臂) : 한 문제(漢文帝) 때 이광(李廣)이 활을 잘 쏘았는데 대장군(大將軍)으로서 흉노(匈奴)와 70여 차례의 전쟁을 하여 매우 큰 공훈을 세웠다. 그는 키가 크고 특히 원숭이처럼 팔이 길어서 활을 더욱 잘 쏘았으므로 붙여진 이름이다. "이광은 사람됨이 키가 크고 팔이 원숭이의 팔처럼 생겼으니, 그가 활을 잘 쏜 것은 역시 타고난 것이었다.〔廣爲人長猿臂, 其善射亦天性也.〕"라고 한 고사가 있다. 《史記 卷109 李將軍列傳》

59 무과 급제 : 원문은 '호방(虎榜)'이다. 무과(武科) 합격자의 명단을 가리킨다. 문과는 용방(龍榜)이라 하였다. 당나라 때 육지(陸贄)가 진사시의 시관이 되어 한유(韓愈) 등 많은 명사를 뽑자, 당시 사람들이 이를 용호방(龍虎榜)이라고 치하한 데서 온 말이다.

60 용절(龍節) : 용을 그려 넣은 부절(符節)로, 임금의 임명장을 의미한다. 《주례》

나라의 운이 홀연 어려워졌으니	國運忽否
섬나라 오랑캐가 크게 방자했네	島夷大肆
우리 영남이 먼저 공격을 받아	吾嶺首剶
여러 진이 바람에 스러지듯 했네	列陣風靡
공이 그 의로움을 분연히 일으켜	公奮厥義
소매를 떨치고 일어났네	投袂以起
단창을 가지고 적들을 섬멸하고	單鎗殲賊
병사를 창의하여 기치를 세웠네	倡旅竪幟
서수[61]의 소식 듣기에 미쳐서는	迨聞西狩
죽음으로 맹세하며 적개심 품었네	誓死敵愾
창과 칼날이 향하는 바에	矛鋒所向
적과 싸워 공격해 쳐부수었네	戰克攻破
혹은 적들의 길을 막기도 하고	或扼其路
혹 핍박하여 좁은 데로 몰았네	或迫之隘
소문을 듣고 달아남도 있었고	望風有遁
북소리를 듣고 곧 놀랐네	聞鼓卽駭
세 성이 회복되고 나서는	三城旣復
나머지 성첩도 괜찮아졌네	餘堞亦可
학봉 어른이 크게 기뻐하고	鶴老大喜

에 "산국(山國)에는 호절(虎節), 토국(土國)에는 인절(人節), 택국(澤國)에는 용절(龍節)을 쓴다."라고 한 데서 유래하였다. 《周禮 地官 掌節》

61 서수(西狩) : 임금이 서쪽으로 행차함을 말하는데, 여기서는 임진왜란 때 선조가 서쪽으로 피난 감을 의미한다.

아호[62] 진영에선 축하했네　　鵝陣相賀
진양이 함락되었을 때는　　晉陽之陷
적병의 무리가 열 배였는데　　敵衆十倍
공이 말을 치달려 검을 휘둘러　　躍馬揮劍
풀 베듯 물고기 저미듯 무찔러서[63]　　草薙魚臠
적들이 마침내 붕궤가 되니　　賊遂崩潰
사람들이 평안할 수 있었네　　人得安奠
포위를 당한 곳이 있었지만　　有被其圍
공에게 힘입어 벗어날 수 있었네　　賴公得免
바다의 도적이 헤아리지 못하고[64]　　海寇匪茹
많은 배로 전쟁을 하려 하였네　　萬艘將戰
변방의 고을이 화살에 상하여[65]　　邊邑傷弓

62 아호(鵝湖) : 경상남도 함안군에 있는 용화산 남쪽 기슭 아래, 남강이 낙동강과 합쳐지기 바로 전 지점에 있다.

63 풀……무찔러서 : 당(唐)나라 한유(韓愈)의 〈송정상서서(送鄭尙書序)〉에 "어지러워 다스릴 수 없게 되면 마침내 풀을 베고 짐승을 사냥하듯이 완전히 뿌리를 제거하고서야 그칩니다.〔至紛不可治, 乃草薙而禽獮之, 盡根株痛斷乃止.〕"라고 한 말에서 가져왔다.

64 헤아리지 못하고 : 원문은 '비여(匪茹)'로, 자기 분수를 잘 모른다는 말이다. 《시경(詩經)》 〈6월(六月)〉에 "험윤이 힘을 헤아리지 않고서, 초 땅과 호 땅에 정연하게 거처하여, 호와 삭방을 침략하여, 경양에 이르렀다.〔玁狁匪茹, 整居焦穫, 侵鎬及方, 至于涇陽.〕"라고 한 데서 가져왔다.

65 화살에 상하여 : 원문은 '상궁(傷弓)'이다. 당나라 부혁(傅奕)이 한왕(漢王) 양(諒)에게 아뢴 말 가운데 "끓는 국에 덴 자는 냉채를 불어 마시고, 화살에 상한 새는 굽은 나무를 보고도 놀란다.〔懲沸羹者吹冷虀, 傷弓之鳥驚曲木.〕"라고 한 데서 가져왔다. 《新唐書 卷107 傅奕列傳》

손을 움츠려 펴질 못하였는데[66] 縮手莫展
공이 다시 계책을 사용하여 公又用計
한 번 횃불로 다 불태웠네 一炬燒遍
호백이 조정에 포문을 하니 湖伯褒聞
특별히 큰 고을 부사에 제수했네 特授雄州
잘 다스린 공적을 돌에 새겨 牛刀入石
큰 길에 우뚝 세워 두었네[67] 屹立道周
지위가 곤수에 올랐지만 位登閫帥
담박함은 빈한한 선비 같았네 淡若寒儒
족함을 알고 굽히지 않았으니 知足不枉
곧은 절개는 우뚝 특별하였네 貞節卓殊
고향 사립문[68]에 돌아와 살며 歸臥衡門

66 손을……못하였는데 : 손을 쓰지 못하고 수수방관하고 있다는 말이다. 원문의 '축수(縮手)'는 원래 한유(韓愈)의 〈제유자후문〉에 "서투른 목수가 나무를 깎으면 손가락에 피가 흐르고 얼굴에 땀이 나는데, 뛰어난 장인은 곁에서 구경하며 소매 속에 손을 움츠리고 있다.〔不善爲斲, 血指汗顔, 巧匠傍觀, 縮手袖間.〕"라고 한 데서 가져왔다. 《韓昌黎集 卷23 祭柳子厚文》

67 잘 다스린……두었네 : 소계공이 순천 부사 재직 당시에 엄명(嚴明)한 정치를 한 것으로 그 고을 백성들이 비를 세워 그 덕을 칭송한 것을 가리킨다. 원문의 '우도(牛刀)'는, 지방관이 예악으로 다스리는 것을 비유하는 말이다. 공자(孔子)가 그의 제자 자유(子游)가 무성(武城)에서 예악으로 다스리는 것을 보고 "닭을 잡는 데 어찌 소 잡는 칼을 쓸 것인가.〔割鷄焉用牛刀〕"라고 말한 데서 유래하였다. 《論語 陽貨》

68 사립문 : 원문은 '형문(衡門)'으로, 나무를 가로로 걸쳐서 만든 소박한 문인데, 후세에는 은사(隱士)의 집을 뜻하는 말로 쓰인다. 《시경(試經)》 〈형문(衡門)〉에 "사립문 아래에서 편안히 살 만하도다.〔衡門之下, 可以棲遲.〕"라는 말에서 유래하였다.

어두운 거리에서 정결히 지냈네 潔跡昏衢
공의 시종 자취를 모아 보니 最公終始
고금에 비할 데가 드무네 今古罕比
오직 영령을 모시고 있으니 維靈有妥
해마다 젊은 선비들이 달려오네 歲奔衿佩
구만묘동의 한 면에 九洞一面
그 후손이 뒤쫓아 이장했네 雲孫追緬
명을 새기고 유택을 꾸미니 刻詩賁幽
나의 말은 거짓이 아니라네 我言匪誣

성균 진사 증 호조 좌랑 김공 묘갈명 병서
成均進士贈戶曹佐郎金公墓碣銘 並序

상산(商山) 김달용(金達龍)이 그 종육세조(從六世祖) 성균 진사(成均進士) 증 호조 좌랑(贈戶曹佐郎) 공의 유사(遺事)를 가지고 와서 나에게 보이고 묘갈명을 부탁하면서 말하기를, "공은 휘가 유성(有聲)으로, 집현전 학사(集賢殿學士) 휘 상직(尙直)의 6세손이자 후계(后溪) 선생[69] 휘 범(範)의 종질입니다. 이른 나이에 진사에 급제하였습니다. 지난 임진왜란 때, 공은 아우 유명(有鳴), 유진(有振), 유휘(有輝), 유문(有聞) 네 사람과 함께 창의하여 병사를 모집해서 상주의 안령(鞍嶺)에서 왜적과 싸웠지마는 전공이 없었습니다. 곧 또 노산동(蘆山洞)에 작은 성을 쌓고서 아버지 신(紳)을 모시고 그곳에 들어가 거처하며, 예봉(銳鋒)을 기르고 용맹을 고무시키며 왜적과는 함께 살지 않겠다고 맹세하였습니다. 하루는 왜적의 무리가 갑자기 쳐들어와서 아우 세 사람을 먼저 죽였는데, 공은 아버지를 업고 달아나다가 또한 적들에게 붙잡혔습니다. 공은 두 손 모아 빌며 '나를 죽이고 아버지를 해치지 말라.' 하고, 곧 또 자신의 몸을 펼쳐 아버지를 감쌌지만, 왜적들이 들어주지 않고 공의 팔을 찍었는데, 다른 한쪽 팔로 그 칼날을 막으니 적들이 또 베었습니다. 공은 마침내 목숨이 다하려 하였지

69 후계(后溪) 선생 : 김범(金範, 1512~1566). 자는 덕용(德容), 호는 후계(后溪)이다. 1540년(중종35) 진사가 되었고, 옥과 현감을 지냈다. 명종의 부름으로 조식(曺植)과 함께 학문, 정치에 관하여 진언하였다. 저서로는 《후계집(后溪集)》이 있다.

만 입으로는 오히려 아버지를 살려 달라고 빌며 소리를 끊지 않았으나, 왜적은 끝내 모두 해쳤습니다. 당시에 성안의 병사들이 모두 피살되었는데, 어떤 한 사람이 시체 더미 속에 엎드려서 죽지 않을 수 있었기에 그 상황을 알 수 있었습니다.

이보다 앞서 공의 아우 유문(有聞)은 군량을 운송하기 위해 나갔는데, 돌아와서 이 소식을 듣고는 몸소 공이 해를 당한 곳에 이르러, 그 시신을 풀로 덮어 놓고 곁에 흰 나무 하나를 세워 '효자 진사 김모의 시신〔孝子進士金某之屍〕'이라고 쓰고, 그 아래에 '충효는 하늘로부터 타고났고, 절의는 해처럼 빛났다.〔忠孝出天節義炳日〕'라는 여덟 글자를 쓰고서 공이 두르고 있던 호패(號牌)를 걸어 놓은 것을 보았습니다. 대개 왜적들이 이것으로써 공의 장렬함을 알도록 이를 위해 표해 놓은 것인 듯합니다. 이 일이 조정에 알려지자 특별히 그 효성을 가상히 여겼습니다. 영묘(英廟) 정사년(1737, 영조13)에 이르러 호조 좌랑의 관직을 증직하고, 또 정려(旌閭)하고 복호(復戶)[70]하기를 명하였습니다. 이보다 앞서 창석(蒼石) 이준(李埈) 선생[71]이 《상산지(商山誌)》에 공에 대한 일을 실었으니,[72] 진실로 백세토록 전하여 믿을 만합니다. 그러나

70 복호(復戶) : 충신, 효자, 열녀와 그 밖의 특정한 사람들에 대하여 호역(戶役)이나 기타 국가적 부담을 면제하여 주는 일을 말한다.

71 창석(蒼石) 이준(李埈) 선생 : 1560~1635. 본관은 흥양(興陽), 자는 숙평(叔平), 창석은 그의 호이며, 시호는 문간(文簡)이다. 유성룡(柳成龍)의 문인이며, 정경세(鄭經世) 등과 교유하였다. 저서로는 《창석집(蒼石集)》이 있다.

72 상산지(商山誌)에……실었으니 : 《상산지》 권9 〈충절(忠節)〉에 "김유성은……부자 5명이 함께 죽었다. 셋째 아우 유문이 운량을 위해 나갔다 돌아와 보니, 누구의

오직 그 묘에는 아직도 비를 세우지 못하였으니, 원컨대 집사께서 한마디 말로 빛내 주십시오."라고 하였다.

내가 일어나 감탄하며 다음과 같이 말한다.

임진왜란에 송강무(宋剛武)[73] 공이 맨 먼저 봉강(封疆)에서 죽으니, 왜적들이 관(棺)을 만들어 염(斂)을 해 주기에 이르렀고, 또 '조선충신송모(朝鮮忠臣宋某)'라고 써서 걸고 그 절의를 표하였다. 이 외에는 오랑캐가 놀라 복종함이 이와 같은 경우는 듣지 못하였더니, 지금 공에게 또 그러한 점이 있음을 알았다.

대개 우리나라는 추로(鄒魯)[74]의 나라로서 이 당시에 그 충효와 절의를 하늘로부터 받아 해처럼 빛난 자를 어찌 한정할 수 있겠

시신인지를 알 수가 없었는데, 시신 옆에 진사의 호패를 걸어 두고 또 띠로 시신을 표하고, 두 시신 옆에 '효자 김유성의 아버지'라고 하고, 또 '충효는 하늘로부터 타고 났고, 절의는 해처럼 빛났다.'라고 크게 써서 두 시신 곁에 걸어 두었다.〔金有聲,……父子五人同死, 第三子有聞運糧自外歸, 不辨誰尸, 傍懸進士牌, 又表紳尸, 曰孝子金有聲之父, 又大書忠孝出天節義炳日八字揭之兩尸側.〕"라는 말이 있다.

73 송강무(宋剛武) : 송상현(宋象賢, 1551~1592)을 가리킨다. 본관은 여산(礪山), 자는 덕구(德求), 호는 천곡(泉谷)이다. 동래 부사(東萊府使) 재직 중에 임진왜란이 일어나자 군대를 이끌고 항전했으나, 중과부적으로 순국했다. 민정중(閔鼎重)이 지은 <임진유문>에, 동래 부사 송상현이 왜적들과 싸울 적에 동래부 백성들이 성안으로 들어와 사람들이 빼곡히 들어차서 꼼짝달싹할 수 없었고, 왜적들도 마음대로 칼날을 휘두를 수 없자, 송상현은 수하에게 명령하여 조복을 가져오라고 해서 갑옷 위에 입고 호상에 걸터앉아 낯빛을 바꾸지 않았다.〔令其下取朝衣來穿甲上, 踞胡床不變色.〕라고 하였고, 공이 죽은 뒤에 왜적이 공의 시신을 거두어 동문 밖에 묻고 나무를 세워 표시하고 시를 지어 제사 지냈다.〔賊收公屍, 瘞於東門之外, 立木以表, 而爲詩以祭之.〕라고 하였다. 《老峯集 卷10 壬辰遺聞》

74 추로(鄒魯) : 공자(孔子)와 맹자(孟子)의 유풍(遺風)이 있는 문명한 곳을 말한다. 추(鄒)는 맹자의 출생지이고, 노(魯)는 공자의 출생지이다.

는가. 이에 송공이 호상(胡床)을 지키고 굳게 앉은 채로 적의 칼날을 받은 것과 공이 두 팔을 베이고도 오히려 아버지를 살려 주기를 바란 것 같은 것은 더욱 사람마다 할 수 있는 것이 아니니, 그 일을 모두 아름답다고 말하지 않을 수 있겠는가. 또 조정에서는 참으로 공을 효성으로써 포상하였지만, 유사(遺事)를 가져다 살펴볼 것 같으면 공의 효성의 실제는 충(忠)에서 비롯하였고, 공의 아우 세 사람도 역시 충에 죽었는데, 오직 충으로써 아울러 그들을 포상하지 아니함은 어찌해서인가. 공의 묘는 상주 남쪽 초계(苕溪) 유좌(酉座) 언덕에 있다고 한다. 명은 다음과 같다.

흰 칼날은 눈에 보이지 않고	白刃不見
보이는 것은 오직 아버지였네	見者唯親
아버지를 만약 살릴 수 있다면	親如可活
백 번이라도 기꺼이 죽으려 했네	甘百其身
장렬한 기개가 위로 닿으니	烈氣上薄
하늘의 해도 참담히 빛을 잃었네	天日慘光
저 초계 언덕을 바라봄에	瞻彼苕溪
울창한 백양[75]이 있으니	有菀白楊
어찌 공경하지 않으리오	曷其不敬
효자가 잠든 곳이거늘	孝子攸藏

75 백양 : 당나라 두보(杜甫)의 시 〈장유(壯遊)〉에 "두곡에 노인들 이미 많이 죽어, 사방 들에는 백양(白楊)이 많구나.〔杜曲晩耆舊, 四郊多白楊.〕"라고 한 데서 유래하였다. 고대 중국에서 무덤 위에 심는 나무로 무덤을 가리키는 말로 쓰인다.

장동 처사 황공 묘갈명 병서

墻東處士黃公墓碣銘 並序

장동자(墻東子) 황공(黃公)이 세상을 떠난 지 거의 백 년이 되었다. 그 5세손 택현(宅鉉)이 유사(遺事)를 받들고 와서 나에게 보이고, 공의 묘갈명을 부탁하며 말하기를, "공의 순전한 덕과 아름다운 행실은 후세 사람에게 모범이 되기에 충분합니다. 대산(大山) 이 선생(李先生)[76]이 일찍이 밀암공(密庵公)[77]에게 들은 것으로써 사람들에게 '이는 끝내 민멸되어서는 안 됩니다.'라고 말하였습니다. 하지만 연대가 멀고 사적(事蹟)이 많이 전해지지 않습니다. 선인(先人)이 살아 계실 때에 대략 가문의 부형들에게 들은 것과 만사(輓詞) 뇌문(誄文)에 보이는 것을 가지고 한 통의 문자(文字)를 구성한 것이 아래와 같습니다. 바야흐로 묘도(墓道)에 비석 세우기를 도모함에, 원컨대 어르신께서 은혜로운 한마디 말을 해서 드러내 새길 수 있도록 해 주십시오."라고 하였다. 대개

76 대산(大山) 이 선생(李先生) : 이상정(李象靖, 1711~1781)을 가리킨다. 본관은 한산(韓山), 자는 경문(景文), 호는 대산이며, 시호는 문경(文敬)이다. 1735년(영조11) 문과에 급제하여 연원 찰방, 연일 현감 등을 역임하였다. 정언, 예조 참의, 형조 참의 등에 임명되었으나 모두 사임하고 강학에 힘써 당세의 종사(宗師)로 일컬어졌다. 저서로는 《대산집(大山集)》이 있다.

77 밀암공(密庵公) : 이재(李栽, 1657~1730)를 가리킨다. 본관은 재령(載寧), 자는 유재(幼材), 호는 밀암이다. 갈암(葛庵) 이현일(李玄逸)의 아들이고, 저서로는 《밀암집(密庵集)》, 《주서강록간보(朱書講錄刊補)》 등이 있다.

공은 곧 나의 증왕고(曾王考)이신 환성공(喚惺公)[78]의 사위이다. 그리고 여러 대에 걸쳐 서로 알고 지낸지라, 정의(情誼)상 감히 사양하지 못할 점이 있다. 그래서 유사를 살펴보고 차례하여 쓴다.

공은 휘가 종수(鍾粹)이고 자가 순부(純夫)이며 장수(長水) 황씨이다. 장수 황씨는 신라 시대 시중(侍中) 경(瓊)을 시조로 한다. 우리 조선에 들어와 휘 희(喜)가 있었으니 세종(世宗)을 도와 태평 시대를 이루었고, 호가 방촌(厖村)이고 시호가 익성(翼成)이며 묘정(廟庭)에 배향되었다. 희의 아들 보신(保身)은 전첨(典籤)을 지냈고 소윤(少尹)에 증직되었으며 처음으로 상주(尙州)에 거주하였다. 보신의 아들 종형(從兄)은 선공감 부정(繕工監副正)을 지냈다. 종형의 아들 관(瓘)은 부사(府使)를 지냈고 천관경(天官卿 이조 판서)에 증직되었으며 장원군(長原君)에 봉해졌다. 관의 아들 휘 효헌(孝獻)은 이조 정랑(吏曹正郎)을 지냈고 호가 축옹(畜翁)이니 문장에 뛰어났고 절행(節行)이 있었다. 효헌의 아들 징(憕)은 위솔(衛率)을 지냈다. 징의 아들 준원(俊元)은 현감(縣監)을 지냈으니, 이분이 공에게 고조(高祖)가 된다. 증조는 휘가 뉴(紐)이니 지평(持平)을 지냈고 호는 반간(槃澗)이며 나의 선조 문장공(文莊公)[79]의 문하에서 공부하였다. 조부는 휘가 덕유(德

78 환성공(喚惺公) : 정석교(鄭錫僑, 1646~1700)를 가리킨다. 본관은 진양(晉陽), 자는 희백(希伯), 호는 환성재(喚惺齋)이다.

79 문장공(文莊公) : 정경세(鄭經世, 1563~1633)의 시호이다. 본관은 진주(晉州), 자는 경임(景任), 호는 우복(愚伏)이다. 유성룡의 제자로 이황의 학통을 계승하였는데 특히 주자서(朱子書) 연구와 예학(禮學)에 조예가 깊었다. 저서로는 《우복집(愚伏集)》이 있다.

柔)이니 호조 정랑(戶曹正郞)을 지냈다. 고(考)는 휘가 빈(霦)이니 생원(生員)이며 호는 우석(于石)으로 좌승지(左承旨)에 증직되었다. 세 번째 비(妣)는 한산 이씨(韓山李氏)이니 참봉 이윤배(李胤培)의 따님이다. 공은 현종(顯宗) 병오년(1666, 현종7) 모월 모일에 태어나서 숙묘(肅廟) 병신년(1716, 숙종42) 모월 모일에 졸(卒)하였으니, 51세를 살았다. 묘는 황간(黃澗) 서수원(西水院) 정좌(丁坐) 등성에 있다.

공은 신채(神彩)가 빼어나고 환하며 재기와 국량이 깊고 단정하였다. 12세에 아버지 상(喪)을 당하였는데 너무 슬퍼하여 몸이 몹시 여윔이 마치 성인(成人)과 같았다. 겨우 성동(成童 15세)의 나이에 경사자집(經史子集)을 두루 읽어서 대의(大義)를 통하였으며, 글을 읽어 뜻을 구할 마음을 가졌지만, 태의인(太宜人)[80]이 당(堂)에 계시다는 것으로 과거 공부를 일삼아 18세에 향시에 뽑혔다. 이로부터 시험에 응시하면 문득 합격하였으나 끝내 대과에는 급제하지 못하였다. 부모님이 다 돌아가시고 난 뒤에는 이로 인하여 과거 공부를 그만두고 하지 않았다. 하지만 바야흐로 시험장에 나아갔을 적엔 반드시 옷깃을 여미고 단정히 앉아서 사람들과 응수함에 마치 한가한 곳에서 만난 것처럼 하였으니, 그 마음에 보존한 바를 알 수 있겠다.

공은 어머니를 섬김에 온화함과 공손함을 모두 극진히 하였고,

80 태의인(太宜人) : 의인은 조선 시대 정6품과 종6품 문무관의 부인에게 주어지던 품계로, 앞에 붙인 태(太) 자는 높여 부르는 뜻이다. 여기서는 황종수(黃鍾粹)의 어머니를 가리킨다.

항상 관대(冠帶)를 하고 곁에서 모셨다. 백씨(伯氏)와는 우애가 매우 도타웠으니 비록 분가해서 사는 곳이 달랐지만, 달려가 모시며 기쁘게 해 드리지 않은 날이 없었다. 평소에는 말을 빨리 하거나 얼굴색을 급히 바꾸는 경우가 있던 적이 없었고, 자신의 몸을 단속함과 행실을 절제함에는 움직일 때마다 고인(古人)의 법도에 합당하게 하였다. 무릇 옛 성현의 가언(嘉言)과 격론(格論)은 모두 모아 차록(箚錄)해서 자신을 경계하는 것으로 삼았고, 질의(質疑)하고 문난(問難)하는 이가 있으면 정성스럽게 답하여 지루함도 잊었다. 인애(仁愛)의 마음이 항상 넘쳤으니 남이 당한 기막힌 액운을 보면 반드시 구해 주고 보살펴 주었다.

대개 밀암공(密庵公)과는 도의(道義)로 교제하여 서로 강론하고 연마하여 추중하고 허여함이 이미 얕지 않았으니, 항상 칭도(稱道)함이 마땅하지 아니한가. 시문(詩文) 약간 편이 집에 보관되어 있다.

부인은 진양 정씨(晉陽鄭氏)이니 곧 환성공(喚惺公) 정석교(鄭錫僑)의 따님이고 문장공(文莊公) 우복(愚伏) 선생 정경세(鄭經世)의 현손녀로, 규방의 법도를 지킴이 일찍부터 드러났고, 남편을 섬김에 덕을 어김이 없었다. 아들 셋을 낳았으니 혼(混), 염(濂), 열(洌)이고, 딸 하나를 낳았으니 박사순(朴思淳)에게 시집갔다. 혼은 아들이 둘이니 이중(頤重), 태중(泰重)이고, 딸이 둘이니 참의(參議) 이상정(李象靖), 김상열(金相說)에게 시집갔다. 염은 태중을 사자(嗣子)로 삼았고, 열은 건중(建中)을 사자로 삼았다. 이중은 아들이 둘이니 재희(載熙), 경희(敬熙)이고, 태중은 아들이 하나이니 상희(象熙)이고, 건중은 아들이 하나이니 이희

(履熙)이다. 재희는 아들이 하나이니 시로(蓍老)이다. 시로는 아들이 하나이니 곧 택현(宅鉉)이다. 현손(玄孫) 이하는 기록하지 않는다. 명은 다음과 같다.

덩어리 옥이 쪼개지지 못함은 운명이고　　璞玉之不見剖命也
골짜기 녹나무가 연수를 못다 함도 운명이다　壑柟之不盡年亦命也
그러나 보배로운 채색을 온축하고 좋은 재목을 간직하였지만　然其蘊寶彩而中良材
당시의 논의가 이미 정해졌나니　　當時之論已定
이는 그 하늘이 정한 바일진저　　斯其爲天所定歟

증 이조 참의 찰방 이공 묘갈명 병서

贈吏曹參議察訪李公墓碣銘 並序

우리 퇴도(退陶) 노선생(老先生)[81]의 은택이 장차 백세토록 흘러 끊이지 않거늘, 하물며 세대가 가까움에 있어서랴. 생각건대, 이조 참의(吏曹參議)에 증직된 찰방(察訪) 이공(李公)은 휘가 희철(希哲)이고 자가 원명(原明)으로, 실로 그 현손(玄孫)이다.

이공은 어렸을 때부터 정신이 밝고 맑았으며, 조금 성장하여서는 이미 성인(成人)의 위의(威儀)와 법도를 지녔다. 어버이를 섬기고 윗사람을 공경하였으며 종족에게 처신하기를 한결같이 그에 맞는 도(道)로써 하였으니, 이 또한 천성으로 할 수 있음이었고 애써 억지로 함에서 나온 것이 아니었다. 노년이 되어서 비로소 음보(蔭補)로 경사(京師)에서 벼슬하였는데, 공적인 일이 아니면 문을 나가지 않았다. 임기가 다하고 나서 장수 우(長水郵)에 부임하였는데, 정사를 행함에 청렴하고 간략하여 수고롭게 하지 않아도 다스려졌으니, 관하(管下)의 사람들이 모두 마치 자신의 부모처럼 아끼며 떠받들었다. 역승(驛丞)은 미관(微官)이었지만 오히려 잘못할까를 경계하였다. 임기가 다하기 전에 관직을 버리고 돌아왔다. 날마다 새벽에 일어나 사당에 참배하고, 물러나서는 곧 자리를 정결하게 청소하고서 도서에 즐거움을 붙였다. 때로는 혹 지팡이 짚고 나가 소요하며 임천(林泉)에 의취를 붙여 맑게 살면서 세상을 마쳤

81 퇴도(退陶) 노선생(老先生) : 퇴계(退溪) 이황(李滉, 1501~1570)을 가리킨다.

다. 평소에 남을 원망하거나 미워함이 없었으니, 공과 같은 이는 참으로 노선생의 후손이 되기에 욕됨이 없는 듯하다.

공은 천계(天啓)[82] 임술년(1622, 광해군14) 6월 모일에 태어나서 명릉(明陵 숙종(肅宗)의 능호) 계유년(1693, 숙종19) 12월 모일에 세상을 떠났으니, 72세를 살았다. 백운지(白雲池) 병향(丙向) 언덕에 장사 지냈다. 공이 이조 참의(吏曹參議)에 증직된 것은 증손 세사(世師)[83]가 귀하게 되었기 때문이었다. 이씨는 본관이 진보(眞寶)이다. 증조는 휘가 준(寯)이니 첨정(僉正)을 지냈다. 조부는 휘가 영도(詠道)이니 목사(牧使)를 지냈고 좌승지(左承旨)에 증직되었다. 고(考)는 휘가 기(岐)이니 참봉을 지냈으며, 비(妣) 안인(安人)은 풍양 조씨(豐壤趙氏)이니 참판(參判)에 증직된 검간(黔澗) 조정(趙靖)[84]의 따님이다.

부인 숙부인(淑夫人)은 풍천 임씨(豐川任氏)이니 임지경(任之敬)의 따님이고 참봉 임흘(任屹)[85]의 손녀이다. 아들이 둘이니 이

82 천계(天啓) : 명(明)나라 희종(熹宗)의 연호로, 1621～1627이다.

83 세사(世師) : 이세사(李世師, 1694～1754). 자는 성백(聖伯), 호는 만화헌(晩花軒)이다. 1744년(영조20) 문과에 급제하여 숭록대부 지중추부사(崇祿大夫知中樞府事)를 지내고, 기사관(記事官)에 들어갔다. 벼슬을 사양하다가 1748년에 소명으로 대궐에 들어가, 임금의 물음에 대해 영남 지방의 민폐와 시사 등에 관한 당면 문제를 상소로 답하고, 물러나 두문불출하였다.

84 검간(黔澗) 조정(趙靖) : 1555～1636. 자는 안중(安中), 호는 검간이다. 임진왜란 때에 의병활동을 하였고, 문과에 급제하여 봉상시 정(奉常寺正) 등을 역임하였다. 저서로는 《검간집(黔澗集)》이 있고, 속수서원(涑水書院)에 배향되었다.

85 임흘(任屹) : 1557～1620. 자는 탁이(卓爾), 호는 용담(龍潭)이다. 임진왜란 때 의병을 일으켜 공을 세워 전옥서 참봉에 제수되었으나 사직하고 학문에 전념하였다.

조 참판에 증직된 회(檜), 주(柱)이고, 딸이 넷이니 진사(進士) 고운망(高雲望), 박문표(朴文豹), 강재필(姜再弼), 신익항(申益恒)에게 시집갔고, 여남(餘男 서자(庶子))으로 환(桓)이 있다. 회의 아들은 수약(守約)이니 참봉 벼슬을 하였고 이조 판서(吏曹判書)에 증직되었으며, 주의 아들은 수경(守經)이다. 수약의 아들은 세진(世震), 세관(世觀), 세항(世恒), 세사(世師)가 있는데 세진은 문과에 급제하여 사서(司書)를 지냈고, 세항은 전적(典籍)을 지냈고, 세사는 문과에 급제하여 지사(知事)를 지냈다. 수경의 아들은 세복(世復)은 첨추(僉樞)를 지냈고, 세태(世泰)는 문과에 급제하여 참의(參議)를 지냈다. 세진의 아들은 귀범(龜範), 귀하(龜夏)가 있다. 세관의 아들 귀원(龜元)은 첨추(僉樞)를 지냈고, 귀휴(龜烋)가 있다. 세항의 아들은 귀중(龜重)이다. 세태의 아들은 귀경(龜敬)이다. 5대 이하는 다만 기록해 드러낼 자로는 참봉 야순(野淳)[86]과 문과에 급제하고 지금 군수(郡守)를 역임하고 있는 태순(泰淳)[87]이 있다.

공은 평소에 말하거나 침묵할 때, 움직이거나 고요히 있을 때에 절로 절도(節度)가 있었다. 일찍이 선대(先代)의 약조(約條)에 의거하여 계상계(溪上禊)[88]를 만들어 그 남기신 가르침을 드러내

정범조(丁範祖)가 지은 행장과 안정복(安鼎福)이 지은 묘지명이 전한다.

86 야순(野淳) : 이야순(李野淳, 1755~1831). 자는 건지(健之), 호는 광뢰(廣瀨), 하옹(霞翁)이며, 퇴계 이황의 9대손으로, 이상정(李象靖), 김종덕(金宗德)의 문인이며, 특히 예학(禮學)에 조예가 깊었다. 저서로는 《광뢰집(廣瀨集)》이 있다.

87 태순(泰淳) : 이태순(李泰淳, 1759~1840). 자는 내경(來卿), 호는 초암(草庵)이다. 1801년(순조1) 별시 문과에 급제하고, 벼슬이 병조 참판에 이르렀다.

었다. 서울에서 벼슬할 때, 하루는 이웃에 온 집안이 전염병에 걸리어 죽고 다만 한 여자만 살아남아 있는 것을 보고는 노비에게 명하여 시신을 거두어 안치하게 하고 또 자신의 재물을 출연하여 장사 지내 주게 하였다. 장수(長水)에 있을 때는 살인죄로 감옥에 오래도록 구류된 자가 있었는데, 공이 그 잘못된 것을 살펴보고 힘을 다해 평반(平反 변통을 해서 죄를 경감해 줌)하여 살게 해 주었다. 임진왜란 때, 주부(主簿) 이예(李藝)가 상덕사(尙德祠)의 위판(位版)을 등에 지고 산곡(山谷)에 숨어서 난리의 화를 피할 수 있었던 일이 있었는데, 공이 그 사적이 사라지고 없어질 것을 애석히 여겨 고을의 선비를 창도하여 정관(呈官 관청에 소장(訴狀)을 냄)해서 드러내 알렸다. 이는 모두 후세에 전할 만한 것이다.

하루는 야순(野淳)이 공의 행록을 가지고 와서 나에게 묘갈명을 청하였다. 명은 다음과 같다.

이미 위로 선조를 닮아 누구와도 비교할 수가 없고,[89] 또 박한 벼슬로 베풀었어도 백성들에게 칭송을 받았으니, 이와 같은 사람을 예사 은거와 같이 볼 수 있겠는가. 또 더구나 의롭게 얻은 것

88 계상계(溪上禊) : 계상(溪上)은 이황이 거주했던 마을인 토계리(兎溪里)를 가리키는 말이다.

89 위로……없고 : 한유(韓愈)의 〈상서좌승 공공 묘지명〉에 "공자의 38대에 내가 그 후손을 보니 희고 장신으로 웃음과 말이 적었으니 그 선조를 닮은 점이 있어 누구와도 비교할 수가 없다.〔孔世卅八, 吾見其孫, 白而長身, 寡笑與言, 其尙類也, 莫與之倫.〕"라고 한 말에서 가져왔다. 《唐宋八家文 韓文公文抄 卷14 尙書左丞孔公墓誌銘》 여기서는 이희철이 그 선조 퇴계 이황을 닮았음을 의미한다.

은 먹었으니 비록 거친 음식이지만 기름진 밥이었고, 몸에 명예로움이 있었으니 비록 솜옷이지만 비단 무늬 옷이었다. 나는 알겠노니, 공은 넉넉하고 또 영화로워 참으로 당시에 부러울 것이 없는 사람인 줄.

旣尙類而莫與之倫　又薄施而見頌于民　若是者可視如凡隱淪乎　又況以義而食　雖疏糲是膏粱　有譽于身　雖縕袍是錦紋　吾知公富且榮　眞不羡時之人也

졸암 이공 묘갈명 병서
拙庵李公墓碣銘 並序

공은 휘가 명채(命采)이고 자가 성량(聖亮)이니 그 선조는 벽진 이씨(碧珍李氏)이다. 비조(鼻祖)인 총언(忩言)은 고려 시대에 현달하였다. 10세를 내려와 태학사(太學士) 견간(堅幹)에 이르렀으니, 견간은 문장으로 이름이 나서 세상에서 산화(山花) 선생[90]이라 일컫는 분이다. 그 뒤에 또 도원수(都元帥) 희경(希慶)과 성산군(星山君) 식(軾)이 있으니, 식은 곧 공의 6세조이다. 증조부는 휘가 만생(晩生)이니 공조 참의(工曹參議)에 증직되었다. 조부는 휘가 계윤(繼胤)이니 부사과(副司果)를 지냈다. 고(考)는 휘가 이정(而楨)이고 호가 죽파(竹坡)이니 문장과 행실로 이름이 났으며, 비(妣)는 밀양 박씨(密陽朴氏)이니 참의(參議)에 증직된 박수춘(朴壽春)[91]의 따님으로, 효묘(孝廟) 병신년(1656, 효종7) 2월 모일에 공을 낳았다.

90 산화(山花) 선생 : 이견간(李堅幹). 고려 충숙왕(忠肅王) 때의 문신으로 자는 직경(直卿)이고 호는 국헌정(菊軒亭), 산화노인(山花老人)이라 하였으며 시호는 문안(文安)이다.

91 박수춘(朴壽春) : 1572~1652. 본관은 밀양(密陽), 자는 경로(景老), 호는 국담(菊潭)이다. 병자호란 때 의병을 일으켰으나, 화의(和議)가 성립되었다는 소식을 듣고 산중에 들어가 숭정처사로 자처하며 학문을 연구하였다. 뒤에 호조 참의에 추증되고 대구의 남강서원(南岡書院)에 제향되었다. 저서로는 《국담집(菊潭集)》, 《독서지남(讀書指南)》 등이 있다.

공은 어린아이 때 기어가다가 서책을 보면 문득 밟거나 넘지 않고 반드시 등에 지고 머리에 이었으며, 겨우 말을 알아들을 때는 곧 글자를 알고 글을 지었다. 6세에 경사(經史)에 통하였고, 필법(筆法)이 신묘한 경지에 들었다. 8세에 〈견사(繭絲)〉 시[92]를 지었고, 9세에 〈파촉한종시부(巴蜀漢終始賦)〉를 지었는데 단율장편(短律長篇)을 모두 오묘하게 잘 지었으니, 향리의 사람들이 놀라고 감탄하며 신동(神童)이라고 여겼다.

16세에 향해(鄕解 향시(鄕試))의 양시(兩試)에 장원으로 합격하였다. 이로부터 향시에 합격한 것이 14번인데, 양시에 합격한 것이 다섯 번이고, 다섯 번은 동당시(東堂試)에 합격하였다. 47세에 진사에 응거하고 재차 문과에 합격하여 발탁되었으나, 시험의 합격 여부에 마음을 움직이지 않았고 말씨와 얼굴빛이 변함없으니,[93] 사람들이 그의 우아한 도량에 감복하였다.

92 견사(繭絲) 시 : 부세(賦稅)를 의미하는 뜻으로 지은 시이다. 전국 시대 조간자(趙簡子)가 윤탁(尹鐸)을 진양 태수(晉陽太守)로 임명하자, 윤탁이 "세금을 많이 걷을까요, 아니면 백성을 안정시켜 나라의 보장이 되게 할까요?〔爲繭絲乎, 抑爲保障乎.〕"라고 하고 물으니, 보장(保障)이 되게 하라고 대답하였으므로, 윤탁이 그 호구(戶口)의 수를 줄여 백성의 부세(賦稅)를 경감하였다는 일화가 있다. 《國語 晉語9》

93 이로부터……변함없으니 : 행장에 "이로부터 향시에 합격한 것이 14번인데……47세에 진사에 응거하고 재차 문과에 합격하여 발탁되어서 결국 장원이 되었으니 진사가 된 이듬해이다. 공이 웃으며 '을묘년(1675, 숙종1)에 이미 오늘이 있을 줄 알았다.' 하였으니 을묘년은 곧 문과 급제하여 발탁된 해이고 공은 그 당시 나이 스무 살이었는데 방이 나옴에 공은 안색이 변하지 않았다.〔自此中鄕解者十四,……四十七擧進士, 再捷文科見拔, 其季爲壯元而進士之明年也. 公笑曰乙卯已知有今日, 乙卯卽文科見拔之歲而公時年二十, 榜出也公顏色不變.〕"라고 하였다. 《癡庵集 卷10 拙庵李公行狀》

공은 마침내 문을 닫고 책을 보는 것을 즐거움으로 삼고, 죽파(竹坡) 동쪽에 집을 짓고 호를 졸암(拙庵)이라 하였으며, 소나무, 대나무, 매화, 국화를 집 둘레에 심어 놓고 날마다 그 사이를 다니며 휘파람 불고 읊조렸다. 동남의 인사(人士)들이 의지하고 추중하였으니 어떤 일에 변례(變禮)가 있으면 반드시 공에게 나아가 질정(質正)하였다. 경묘(景廟) 신축년(1721, 경종1) 1월 모일에 66세를 살고 세상을 떠났다. 장차 죽음에 임박하여 문인(門人)에게 고하여 말하기를, "고인(古人) 가운데 기뻐하며 승화(乘化)한 사람이 있으니, 도정절(陶靖節)[94]이 이런 분이다."라고 하였다. 장월방(長月坊) 태좌(兌坐) 언덕에 장사 지냈다.

공은 덕스러운 성품이 무리들에서 빼어났으며 어릴 때부터 효자로 일컬어졌다. 장성하여서는 힘을 다해 어버이를 섬겼으니, 어머니가 병이 들었을 때는 똥을 맛보고 병의 상태를 살피며 손가락에 피를 내어 드시게 하였다. 아버지 어머니 두 분의 상(喪)을 치름에 한결같이 《가례(家禮)》를 따랐다. 바야흐로 효종(孝宗)이 승하(升遐)하셨을 때 공은 네 살이었는데, 아버지 죽파공(竹坡公)이 자리를 정하여 곡하는 것[95]을 보고서 용모와 얼굴빛에 슬퍼하

94 도정절(陶靖節) : 죽은 뒤에 정절공의 시호를 받은 진(晉)나라의 은사(隱士) 도잠(陶潛, 365~427)을 가리킨다. 자가 연명(淵明)이다. 그는 〈귀거래사(歸去來辭)〉에서, "그저 자연의 변화를 따라 돌아가리니, 천명을 즐길 뿐 다시 무엇을 의심하겠는가.〔聊乘化以歸盡, 樂夫天命, 復奚疑.〕"라고 하였다. 《古文眞寶 後集 卷1》

95 자리를……것 : 원문은 '위위이곡(爲位而哭)'으로, 《예기》에 "조문하는 자가 있으면 자리를 정하여 곡한다.〔有弔者則爲位而哭〕"라고 한 말에서 가져왔다. 《禮記 雜記 上》

는 기색을 띠었다. 숙종(肅宗)이 승하하셨을 때는 공이 이미 늙었지만 소식(素食)을 하며 졸곡(卒哭)에 이르렀다.

공은 청렴하고 굳은 지조를 지녔고, 평생 하나도 구차히 취하지 않았으며 자신을 단속함이 매우 엄하였다. 의관(衣冠)을 가지런히 하고 종일 단정히 앉아서 비록 매우 더운 날이라 할지라도 처자(妻子)들에게 피부를 보이지 않았으니 규문(閨門)이 엄숙하게 되었다. 책을 볼 때에 열 줄을 한꺼번에 읽어 내려갔고, 한 번 보고는 문득 기억하였다. 그래서 많은 날을 소비하지 않아도 이미 거질(巨帙)을 다 보았으며, 천문(天文) 지리(地理)와 손오(孫吳)[96] 장로(莊老) 같은 책은 모두 그 추향을 다 궁구하였다. 일찍이 말하기를, "사장(詞章)은 사군자(士君子)가 당당하게 할 공부가 아니다."라고 하였다. 예물을 갖추고서 남악(南嶽)[97]의 문하에 나아가니, 남악 선생이 대견히 여기고 칭찬하며 말하기를, "우리 당에 훌륭한 사람이 있구나."라고 하였다. 일찍이 〈역도설(易圖說)〉, 〈심학지론(心學至論)〉, 〈봉선초의(奉先抄儀)〉, 〈오경체용분합설(五經體用分合說)〉, 〈숭정년보(崇禎年譜)〉를 지었으니, 모두 그 학문을 징험하기에 충분하다. 그러나 공이 세상을 떠난 뒤, 집에 두 번이나 불이 나서 전해지지 않으니 애석하다.

부인, 김해 김씨(金海金氏)는 종사랑(從仕郎) 김한걸(金漢傑)

96 손오(孫吳) : 춘추 시대 제(齊)나라 손무(孫武)와 전국 시대 위(衛)나라 오기(吳起)의 병칭으로, 병법가(兵法家)를 대표적으로 일컫는 말이다.

97 남악(南嶽) : 이현일(李玄逸, 1627~1704)을 가리킨다. 본관은 재령(載寧), 자는 익승(翼昇), 호는 갈암(葛庵)이다. 저서로는 《갈암집(葛庵集)》이 있다. 영해(寧海)의 남악(南嶽)에 거처하였다고 하여 '남악(南嶽) 선생'이라고 칭하였다.

의 따님으로, 아들 의절(宜哲)이 있고, 딸은 박세채(朴世綵), 최남갑(崔南甲), 박증순(朴增純)에게 각각 시집갔으며, 동래 정씨(東萊鄭氏)는 예빈시 정(禮賓寺正) 정흥일(鄭興一)의 따님으로, 딸이 있으니 성윤혁(成允赫)에게 시집갔다. 의절의 사자(嗣子)는 상운(尙運)이다. 상운은 아들 둘이 있으니 홍벽(弘璧), 홍연(弘璉)이다. 홍벽의 아들은 인견(仁堅)이고, 홍연의 아들은 진견(珍堅)이다.

하루는 인견이 그 아들 석기(碩基)를 시켜 좌랑(佐郞) 남경희(南景羲)[98]가 지은 행장을 가지고 나에게 보이며 공의 묘갈명을 청하였다. 명은 다음과 같다.

기이한 재주는 세상에 보기 드물고	絶代奇才
숨겨진 덕은 사람들보다 뛰어났네	過人潛德
이미 그 품부받음은 풍부했는데	旣豐其賦
어찌 복록은 그리도 인색했는지	胡嗇其祿
장월방의 산에	長月之山
네 척 높은 무덤이 있도다	有崇四尺
공은 오히려 썩지 않으리니	公尙不朽
이 비에 새긴 것을 보시라	其視此刻

98 좌랑(佐郞) 남경희(南景羲) : 1748~1812. 본관은 영양(英陽), 자는 중은(仲殷), 호는 치암(癡庵)이며, 이상정(李象靖)의 문인이다. 1790년(정조15) 나이 43세 때 예조 좌랑을 지냈다. 저서로 《치암집(癡庵集)》이 있으니, 권10에 졸암 이공의 행장이 실려 있다.

행와 처사 홍공 묘갈명 병서
幸窩處士洪公墓碣銘 並序

공은 휘가 진(璡)이고 자가 중선(中仙)이며 행와(幸窩)는 그 자호(自號)이다. 남양 홍씨(南陽洪氏)는 고려 시대 금오위(金吾衛) 선행(先幸)[99]을 시조로 한다. 우리 조선에 들어와 호조 판서(戶曹判書)를 지낸 자경(子璥)이 있다. 그 뒤로 높은 벼슬을 하는 이가 이어졌다. 휘가 가신(可臣)이고 호가 만전(晚全)인 분에 이르렀으니, 가신은 학행(學行)으로 천거되어 관직이 형조 판서(刑曹判書)에 이르렀다. 이분이 한성 서윤(漢城庶尹) 영(榮)을 낳았다. 이분이 이조 판서(吏曹判書)를 역임하였고 영의정에 추증되었으며 호가 남파(南坡)이고 휘가 우원(宇遠)인 분을 낳으니, 곧 공의 5세조이다. 고조는 휘가 면(冕)이니 선공 직장(繕工直長)을 지냈다. 증조는 휘가 일지(日知)이니 장사랑(將仕郎)을 지냈다. 조부는 휘가 건(健)이다. 고(考)는 휘가 복전(福全)이며, 비(妣)는 한양 조씨(漢陽趙氏)이니 첨추(僉樞)를 지낸 모의 따님이다. 영묘(英廟) 경신년(1740, 영조16) 정월(正月) 모일에 공은 태어났다.

공은 영특함이 평범한 이보다 더 뛰어났다. 5, 6세부터 이미 엄한 아버지의 가르침을 능히 받들었고 마음을 침잠하여 글을 부

99 금오위(金吾衛) 선행(先幸) : 고려 고종(高宗) 때의 무신이다. 당성(唐城)에 세거한 사족(士族)의 후손으로, 금오위 별장(金吾衛別將)을 지냈으며, 남양 홍씨(南陽洪氏) 토홍계(土洪系)의 시조가 되었다.

지런히 읽어서 날마다 과정(課程)을 두고 공부하였다. 타고난 본성이 지극히 효성스러웠으니, 아버지가 공의 할아버지 상(喪)을 치를 때, 공의 나이는 겨우 열한 살이었지만 상장(喪葬)을 두루 행함이 마치 성인(成人)과 같았고, 3년 동안 상식(上食)을 할 때 모두 아버지를 따라 참여하여 한시도 빠지지 않았다.

이미 장성하여서는 아버지가 술을 좋아하심에 하루에 세 차례를 법도로 하여 항상 이어서 끊이지 않게 하였고, 아버지가 오랜 벗들을 좋아하시기 때문으로 자주 음식을 갖추어 초청하여 즐기시도록 해 드렸다. 어버이가 이미 늙으심에 비록 과거에 응시하였지만 일찍이 어버이 곁을 비우고 떠나지 않았고, 따뜻한지 시원한지를 살피며[100] 달고 부드럽고 맛난 음식을 해 드림[101]에 그 마땅함을 더욱 극진히 하였다.

공은 47세에 선공(先公)의 상(喪)을 당하였는데 송종(送終)에 유감(遺憾)이 없게 하였으며, 몸을 상함이 예제(禮制)를 넘어 거의 지탱하지 못할 정도였다. 어머니가 나이가 더해 감에 쇠하고 병이 깊게 이어지자, 공은 낮이나 밤이나 부축하고 간호하며 옷을

100 따뜻한지 시원한지를 살피며 : 원문은 '온정(溫凊)'으로, 기온에 맞게 부모님을 보살펴 드리는 것을 말한다. 《예기(禮記)》 〈곡례 상(曲禮上)〉에 "자식은 부모님께 겨울에는 따뜻하게 해 드리고 여름에는 시원하게 해 드려야 한다.〔冬溫而夏凊〕"라고 한 데서 유래하였다.

101 부드럽고……드림 : 원문은 '수수(滫瀡)'로, 녹말을 음식물에 섞어 부드럽고 걸쭉하게 만든 음식이다. 부모에게 맛있는 음식을 봉양함을 이른다. 《예기》 〈내칙(內則)〉에 "씀바귀나 부추는 햇것과 묵은 것을 섞어 쌀뜨물로 매끄럽게 하거나 혹은 유지를 사용하여 입에 맞도록 한다.〔堇荁枌楡免薧, 滫瀡以滑之, 脂膏以膏之.〕"라고 한 데서 유래하였다.

벗지 않고 취침한 것이 5, 6년에 이르렀다. 어떤 때는 어머니를 업고 외당(外堂)으로 나가 막힌 마음을 풀어 드렸고, 속옷에 오물이 묻어 있으면 반드시 공이 몸소 세탁하였고, 모시고 식사할 때는 반드시 마치 어린아이처럼 밥상에 마주 앉아 어머니가 기뻐하고 달게 여기시기를 바랐다. 어머니의 병이 심해지면 밤에 반드시 하늘에 기도하며 자신의 몸으로 대신하기를 기원하였다. 어머니 상(喪)을 당하여서는 기절했다가 다시 소생하였고, 몸을 상함이 아버지 상 때와 같았지만, 몸이 쇠하였다는 것으로 예제 지키기를 게을리하지 않았으며, 매달 초하루에는 반드시 성묘(省墓)하고 매양 새벽마다 반드시 사당에 참배하였다. 기일(忌日)에는 슬퍼서 몸이 훼척됨이 상을 치를 때[102]와 같았다. 무릇 제사를 지낼 때에는 역량에 따라 제수(祭需)를 갖추었는데, 몸소 직접 마련하고 지극히 정결(精潔)하도록 힘썼다. 선공(先公)이 남기신 뜻을 본받아 여러 대의 선영(先塋)에 석역(石役)을 마쳤다.

공은 종조숙부(從祖叔父) 섬기기를 아버지처럼 하였으니, 매사를 반드시 자문하고 여쭈어 본 뒤에 행하였다. 종중의 종질이 병이 들었을 때 마음을 다해 약물 치료를 해 주었는데, 아들 없이 죽게 되자 곧 자신의 셋째 손자를 후사로 삼도록 하였고, 그의 두 딸은 혼수를 갖추어 시집보내 주었다. 또 어떤 인척 정(鄭)을 오랜만에 만났더니 사람을 죽여 그 화(禍)를 장차 예측할 수 없는

102 상을 치를 때 : 원문은 '점괴(苫塊)'로, '침점침괴(寢苫枕塊)'의 준말이다. 거적으로 자리를 삼고 흙덩이로 베개를 삼는다는 뜻으로, 거상(居喪)하는 예를 말한다. 《儀禮 喪服》

지라, 공이 자신의 재물을 덜어 구해 주어 무사하게 하였다. 종족(宗族)과 향린(鄕隣)에 밥을 해 먹지 못하는 사람이 있으면 반드시 힘이 닿는 대로 구휼하여 공급해 주었고, 무릇 상장(喪葬)이 있으면 반드시 조문하고 도와주었다.

공 자신의 생활은 매우 소박하였다. 식사에는 채소를 싫어하지 않았고, 의복은 때 묻은 것도 싫어하지 않았으며, 말하기를 "이것이 내 몸에는 편하다."라고 하였다. 일찍이 절약과 검소함을 숭상함으로써 자제를 가르쳤으며, 또 〈십규가훈(十規家訓)〉을 저술하여 복행(服行)하도록 하였다. 이렇게 하고도 그들이 조금 어기는 경우가 있음을 보면 상을 마주하고 앉아서 먹지 않기를 거의 종일토록 하여, 그들이 두려워하며 다시 그렇게 하지 않겠다고 빈 뒤에 그만두었다. 집안을 단속함에는 간약하면서도 말이 적었고 엄하면서도 중후함이 이와 같은 점이 있었다. 금상 을축년(1805, 순조5) 4월 모일에 졸(卒)하였으니, 66세를 살았다. 비봉산(飛鳳山) 오향(午向) 언덕에 장사 지냈다. 그 뒤에 모산(茅山) 간좌(艮坐) 언덕에 이장(移葬)하였다.

공이 신읍(新邑 수원)에서 친임시(親臨試 임금께서 친히 임하시는 시험)에 나아갔을 때, 일찍이 주상께서 어주(御廚) 방장(方丈)의 음식물을 거두어 여러 유생(儒生)들에게 나누어 주라고 명하니, 여러 유생이 앞다투어 가져갔지만, 공은 물러서서 정색(正色)하고 말하기를, "임금님과 아주 가까운 곳에서 이와 같이 무엄(無嚴)해서야 되겠습니까."라고 하였고, 공을 따라 함께 물러난 사람이 또한 10여 명이었다. 주상께서 특별히 불러 앞에 오도록 하고 별도로 다른 지공(支供 음식물을 이바지함)을 하사하니, 공은 곧 부복하여 절하고 받아서 물러났다.

신유사옥(辛酉邪獄)[103]이 바야흐로 벌어짐에 주관(州官)이 도망간 자를 살펴 체포하기 위하여 하급 관리들을 풀어서 보냈는데, 공의 처소에 있다고 잘못 알려져서 뜻하지 않게 갑자기 들이닥쳤다. 그러나 공은 전혀 요동도 하지 않고 천천히 경계하며 걸어서 관부에 들어가 고을 수령을 보고 분명히 밝혀 끝내 별 탈이 없도록 하였다. 초록하여 베껴 쓴 것 40여 권과 저술한 〈풍악록(楓嶽錄)〉, 〈치악록(雉嶽錄)〉, 〈백고경향첩(白藁景香帖)〉 등 약간 권이 집에 보관되어 있다.

부인은 동복 오씨(同福吳氏)이니 정랑(正郎) 모씨의 따님이자 상공(相公)을 역임한 수촌(水村) 오시수(吳始壽)[104]의 증손녀로, 아들 셋을 낳았으니 시영(始瀅), 요절한 시연(始淵), 시철(始澈)이다. 시영은 아들이 넷이니 관(觀), 호(頀), 저(著)는 모두 양자로 나갔고, 하나는 어리다. 시철은 아들이 하나이니 어리다.

하루는 시영 씨가 그의 아들 관을 보내어 나에게 묘갈명을 부탁하며, "돌아가신 문장공(文莊公)[105]이 광해 무신년(1608, 광해군

103 신유사옥(辛酉邪獄) : 순조(純祖) 원년 신유년(1801)에 중국에서 세례를 받고 돌아와 천주교를 전교하던 이승훈(李承薰)을 비롯하여 남인(南人)에 속한 권철신(權哲身), 홍낙민(洪樂敏), 이가환(李家煥), 정약종(丁若鍾) 등을 사형하고, 정약전(丁若銓), 정약용(丁若鏞) 등을 귀양 보낸 일을 말한다.

104 오시수(吳始壽) : 1632~1680. 자는 덕이(德而), 호는 수촌(水村)이다. 1680년(숙종6)에 우의정으로 있다가 경신환국(庚申換局)으로 관직이 삭탈되고 유배되었고, 뒤에 탄핵을 받아 사사(賜死)되었다.

105 문장공(文莊公) : 우복(愚伏) 정경세(鄭經世, 1563~1633)를 가리킨다.

즉위년)에 상소(上疏)하여 노여움을 촉발하였고, 임인(壬人 마음에 흉악을 품은 사람)이 또 죄를 얽어 거의 함정에 빠뜨려 일을 예측할 수 없었는데, 저의 선조(先祖) 만전공(晩全公)[106]이 당시에 물러나 전야(田野)에 계시면서 상소하여 임인의 죄를 논하였습니다. 우리 두 집안의 정의(情誼)가 이와 같은 점이 있으니, 집사께서 혹 한마디 말을 하시어 숨은 빛을 드러내어 주신다면 그 어떤 감사함이 이만하겠습니까."라고 하였다. 마침내 감히 사양하지 못하여 위와 같이 모아 기록하고, 이어서 다음과 같이 말한다.

장부의 지기를 지니고서	以丈夫之志氣
군자의 행의를 도타이 하였으니	篤君子之行誼
안으로 집에서 닦은 것은 아름다움을 다했고	內而修於家者極其美
밖으로 일에 드러난 것은 굳셈을 극진히 했네	外而著於事者極其毅
진실하도다, 처사여	允矣處士
참으로 만전공과 남파공의 후손이로다	展也晩全南坡之孫子
그러나 시명이 이롭지 못하여	顧時命之不利
끝내 궁하게 죽었으니	卒窮而死
나는 이를 위하여 가만히 탄식함을 그치지 못하겠노라	吾於是竊爲之歎咤不已

106 만전공(晩全公) : 홍가신(洪可臣, 1541~1668)을 가리킨다. 자는 희숙(熙叔), 호는 만전(晩全)이다. 호조 좌랑, 제주 통판, 이천 현감 등을 역임하였다. 선조 30년(1597) 이몽학(李夢鶴)이 반란을 일으켜 홍주성을 쳐들어왔을 때, 당시 홍주 목사였던 홍가신이 난을 평정하였다.

승정원 우승지 한양 조공 묘갈명 병서
承政院右承旨漢陽趙公墓碣銘 並序

공은 휘가 석회(錫晦)이고 자가 이성(而晠)이며 성은 조씨(趙氏)이니 그 선대는 한양(漢陽) 사람이다. 한양 조씨는 고려 시대 첨의 중서사(僉議中書事) 지수(之壽)가 비조(鼻祖)이다. 이분의 손자 양기(良琪)[107]에 이르러서는 홍건적을 토벌한 공으로 원 세조(元世祖)가 용성 부원군(龍城府院君)에 봉해 주었다. 현손(玄孫) 인벽(仁璧)은 삼중대광(三重大匡)의 신분으로 고려의 국운이 장차 다하려 함을 보고 양양(襄陽) 땅으로 피하고 두 임금을 섬기지 않는 의리를 지켰으니, 양양 사람들이 그를 위해 사당을 세웠다. 이분이 연(涓)을 낳으니 관직은 우의정(右議政)에 이르렀고 한평 부원군(漢平府院君)에 봉해졌다. 여러 대를 지나 현감(縣監) 종(琮)에 이르렀는데, 종은 기묘사화(己卯士禍)[108]를 피해 영천(榮川 현 경북 영주)으로 와서 살았으니, 이분이 공의 9세조가 된

107 양기(良琪) : 한양 조씨의 시조 조지수(趙之壽)는 중국에 귀화하여 함경도 용진(龍津)에서 살았으니, 1258년(고종45)에 조휘(趙暉)가 철령(鐵嶺) 이북 지역을 들어 원(元)나라에 항복함으로써 쌍성총관부를 설치하고 그 총관이 되었는데, 이후 그 아들 조양기(趙良琪)와 종증손 조소생(趙小生) 등에게 세습되었다. 4대째 조돈(趙暾)에 이르러 고려에 완전히 귀화하였다. 조돈은 조인벽(趙仁璧)의 부친이다.

108 기묘사화(己卯士禍) : 1519년(중종14) 11월 15일 밤에 남곤(南袞) 심정(沈貞) 홍경주(洪景舟) 등 훈구파(勳舊派)가 궁성의 북쪽 문인 신무문(神武門)을 몰래 열고 입궐(入闕)하여 상변(上變)한 뒤에 왕의 지시를 받고는 조광조(趙光祖), 김정(金淨), 김식(金湜) 등 신진사림파(新進士林派)를 무자비하게 숙청한 일을 가리킨다.

다. 고조(高祖)는 휘가 명한(鳴漢)으로 진사에 급제하고 좌승지(左承旨)에 증직되었으며, 효성스런 행실이 있었으니 추복(追服)[109]하여 여묘살이 3년을 하였다. 증조는 휘가 봉징(鳳徵)이니 도사(都事)을 지냈고 예조 참판(禮曹參判)에 증직되었다. 조부는 휘가 원익(元益)이니 동지중추부사(同知中樞府事)를 지냈다. 고(考)는 휘가 규양(葵陽)이니 생원(生員)이며, 비(妣)는 풍산 김씨(豐山金氏)이니 생원 김달용(金達龍)의 따님으로 여사(女士)의 행실이 있었으며, 원릉(元陵 영조의 능호) 정미년(1727, 영조3) 10월 모일에 유동리(酉洞里)에서 공을 낳았다.

공은 타고난 본성이 화락하고 편안하며 자상하고 어질었다. 어린 시절 할아버지 동추공(同樞公)을 따라 냇가에 나가 노닐 적에 우연히 자라 몇 포(包)를 파는 사람을 만났는데, 동추공이 그것을 매입하여 살려 주고자 하였지만 자금이 없음을 근심하자, 공이 곧 새 고의(袴衣)를 벗어 주고 매입하였으니, 그 어진 마음이 이와 같았다. 총명하고 영특함이 남들보다 뛰어났고, 공령문(功令文)도 모두 절묘하게 잘 지어 붓을 대면 도도하게 이어 갔다. 계사년(1773, 영조49)에 비로소 급제하였다. 병신년(1776)에 아버지 생원공의 상(喪)을 당하였다. 상복을 벗고 나서 전적(典籍)에 조용(調用)되었다.

임인년(1782, 정조6)에 만경 현령(萬頃縣令)에 제수되었다. 임금이 인견(引見)하시고 하교하기를, "만경 지방은 재앙이 근래에

109 추복(追服) : 상을 당했을 때 부득이한 사정으로 성복(成服)하지 못한 사람이 추후에 상복을 입는 것을 이른다.

더욱 심한 고을인데, 그대는 어떤 방법으로 구제하려는가."라고 하니, 공이 대답하기를, "일은 멀리서 요량하기가 어렵습니다. 하지만 만약 주린 사람을 정밀하게 가려 반드시 죽을 고르게 먹여 주고, 반드시 진휼미를 고르게 나누어 준다면 혹 거의 될 듯합니다."라고 하였다. 임금이 "과연 그러하구나. 절반 넘게 깨달은 듯하도다.[110] 나는 영남 사람이 다른 이들과 다르기를 희망하니, 힘써 하라."라고 하였다. 공이 이윽고 고을에 가서는 새벽부터 밤까지 게을리하지 않았고, 공적 진휼미가 다 소진되자 또 자신 소유의 것으로 진휼하니, 백성들이 과연 굶주리는 사람이 없었다. 뒤에 임금이 굽어 하문하시고 장려의 교지를 내렸다.

공은 청렴하고 간약함으로 정사를 하였고, 초하루 보름에는 반드시 문묘(文廟)에 참배하였다. 문무(文武)의 사(士)들에게 과정의 공부를 권하여 달마다 시험을 하고 열흘마다 고과(考課)를 하니, 옆의 고을이 다투어 따라 호응하였다. 무릇 하과(夏課)와 추시(秋試)에는 상관(上官)이 반드시 공을 추천하여 주관하게 하니, 호중(湖中)의 선비들이 이 때문에 인재를 놓치지 않는다고 칭송하였다. 흥학재(興學齋)를 마련해 두고 제생(諸生)들을 불러서 사서(四書)와 주서(朱書)를 강독하여 거칠게나마 향방을 알도록 하였다. 어떤 때는 단기(單騎)로 전야(田野)를 두루 시찰하고 민간

110 절반……듯하도다 : 원문은 '사과반(思過半)'으로, 생각이 반을 넘는다는 말이니, 이미 절반 넘게 깨달았다는 뜻이다. 《주역(周易)》 〈계사전 하(繫辭傳下)〉에 "아, 또한 존망과 길흉을 살피고자 하면 쉽게 알 수 있다. 지혜로운 자가 단사를 보면 헤아림이 반을 넘었다.〔噫, 亦要存亡吉凶則居可知矣. 知者觀其彖辭則思過半矣.〕"라고 한 데서 인용하였다.

을 방문하여 질병과 힘든 일에 대해 물었다. 겨울철에 매우 추우면 죽을 쑤어 감옥의 죄수들에게 먹여 죽음의 문턱에 이른 목숨을 살렸고, 최근 10년 동안의 의심스러운 옥사를 상관에게 알리어 평반(平反)하여 살려 주었다. 하루는 위연(喟然)히 탄식하며 말하기를, "관의 벼슬아치가 태만함을 이루는 것은 옛날 사람들이 경계하는 것이었다."라고 하더니, 임기가 다 차기 전에 인끈을 풀어 놓고 돌아왔다.

무신년(1788, 정조12)에 정언(正言)에 제수되었다. 신해년(1791)에 유곡 승(幽谷丞)이 되어 역참의 병졸을 되살아나게 하였다. 얼마 있다가 장령(掌令)으로 옮겼다. 을묘년(1795)에 다시 장령이 된 것이 두 번이고, 지평(持平)에 제수된 것이 두 번이었다. 이로부터 양사(兩司)에 제수하는 명이 없었던 해가 거의 없었다. 일찍이 장령으로서 조정의 부름에 나아갈 때, 출발에 임하여 군덕(君德)을 힘쓰는 데 대한 소장을 초하였으니, 대략 선대왕(先大王) 및 조종조(祖宗朝)에서 학문을 했던 뜻과 동궁(東宮)을 보좌하고 보호하는 일 등의 수천 마디 언어를 서술하였다. 그러나 대궐에 도착하여 미처 올리기 전에 패초(牌招)에 나아가지 않았다는 이유로 견책되어 황해도(黃海道) 수우후(水虞侯)에 보임(補任)되었다.[111]

공이 이윽고 황해도에 부임하여 주수(主帥)에게 말해 이르기

111 패초(牌招)에……보임(補任)되었다 : 조석회(趙錫晦)는 오래 장령을 지내던 중에 패초를 어기고 지방에서 올라오지 않았다는 이유로 황해도 수군 우후에 보임되었다. 《국역일성록 정조 20년 1월 13일》

를, "다만 무예만으로는 다스리기에 부족하니, 오직 문(文)을 해야 이룰 수가 있습니다. 청컨대 과제(課製)를 설치하여 사류(士類)를 흥기해야 합니다."라고 하였더니, 풍문을 들은 자들이 7, 8군(郡)에서 이르렀다. 당시에 임금이 천재시변(天災時變)으로 중외(中外)에 구언(求言)[112]을 하였다. 공은 교지에 응하여 소를 올려 20조를 진달하였으니, "임금이 마음을 바르게 함〔正君心〕, 하늘의 덕을 본받음〔體天德〕, 재상을 가려 뽑음〔擇宰相〕, 기강을 세움〔立綱紀〕, 명기를 아낌〔惜名器〕, 간쟁을 받아들임〔納諫諍〕, 어질고 능한 이를 널리 구함〔訪賢能〕, 사특함과 바름을 분변함〔辨邪正〕, 충효를 장려함〔奬忠孝〕, 원통하고 억울한 이를 신원함〔伸寃抑〕, 상벌을 신중히 함〔愼賞罰〕, 출척을 분명히 함〔明黜陟〕, 토목공사를 정지함〔停土木〕, 재용을 절약함〔節財用〕, 방백을 잘 선발함〔選方伯〕, 무신을 중히 여김〔重武臣〕, 옥사와 송사를 공평히 함〔平獄訟〕, 배우자 없는 이를 돌보아 줌〔恤孤寡〕, 부역을 균등하게 함〔均賦役〕, 풍속을 바르게 함〔正風俗〕"이다. 그리고 끝에는 '임금이 마음을 바르게 함'을 위주로 하여 "임금이 마음을 바르게 하면 온갖 법도가 모두 바르고 많은 일들이 모두 발라져서, 다스리는 도(道)가 바르기를 기다리지 않더라도 절로 발라집니다. 어찌 천변(天變)을 근심하며, 어찌 민은(民隱 백성의 고통)을 근심하겠습니까. 신의 나이[113] 지금 70세입니다. 몸은 늙었어도 마음은 쇠하지

112 구언(求言) : 나라에 재변(災變)이 있을 때 임금이 근신하는 의미에서 시정(時政)의 잘못과 민폐(民弊)에 대한 바른말을 구하던 제도.

113 나이 : 원문은 '견마지치(犬馬之齒)'로, 자기 나이를 낮추어 부르는 말이니, 개

않았는데,[114] 작은 마음도 바치지 못하였더니, 마침 구언(求言)하시는 날을 당하였는지라, 감히 평소의 견해를 바칩니다. 엎드려 원하옵건대 전하께서는 참람하고 망령됨을 특별히 용서하시고 굽어 채납해 주시옵소서."라고 하였다. 처음부터 끝까지 한 만언(萬言)이 모두 경사(經史)를 원용하고 근거로 해서 고금을 드나들며 시무(時務)에 매우 잘 맞았다.

임금께서 답하시기를, "그대는 시종의 반열에서 변방의 곤막(閫幕)을 보좌하는 직책에 나가 있으면서 제일 먼저 나의 뜻에 응하여 20항목을 조목조목 나열함이 매우 착실하고 부지런하니, 영남인(嶺南人)의 기풍을 저버리지 않았다고 말할 만하다."라고 하고, 마침내 조목에 따라 비답을 내렸다. 그리고 "마땅히 유의할 것은 무릇 13조이다."라고 하고, 10줄의 윤음을 내리시어 마치 메아리처럼 이에 화답하셨다. 이어서 "이미 그 말을 채용하였으니, 황해도 수우후(黃海道水虞候) 조석회(趙錫晦)를 그 해당 부서에 명하여 내직으로 옮기게 하라."라고 하고, 즉시 아장(亞長)에 제수하여 말을 타고 서둘러 올라오도록 하였다. 이로부터 임금의 은혜가 더욱 융성하여 한 해에 세 번 아경(亞卿)에 임명되고, 한 번 헌납

나 말이 한갓 나이만 먹는 것처럼 하는 일 없이 나이만 먹는다는 뜻이다.

114 몸은……않았는데 : 원문은 '발단심장(髮短心長)'으로, 비록 두발이 짧아져 늙어도 마음은 쇠하지 않았다는 의미이다. 제후(齊侯)가 여(莒)에서 사냥할 때, 노포별(盧蒲嫳)이 제후를 알현하고 눈물 흘리며 "저의 두발이 이처럼 짧아졌으니 무엇을 할 수 있겠습니까."라고 하자, 이에 자아(子雅)가 "저자의 두발은 짧아졌지만 마음은 매우 심장하니, 아마 우리를 깔고 자기를 생각할 것입니다.〔彼其髮短而心甚長, 其或寢處我矣.〕"라고 한 데서 가져왔다. 《春秋左氏傳 昭公3年》

(獻納)에 제수되었다.

경신년(1800, 정조24) 봄에 원자 책봉을 진하(進賀)하였는데, 공은 나이 70세로 승지(承旨)에 임명되고, 더하여 돌아갈 물자를 하사받았으니, 또한 특별한 은전이었다.[115] 이해 6월에 임금께서 승하하셨다. 11월에 공은 추위를 무릅쓰고 인산(因山) 날 곡반(哭班)에 나아갔다. 임술년(1802, 순조2) 6월 모일에 병으로 집에서 졸(卒)하였으니, 향년이 76세였다. 선영(先塋)을 따라 용궁(龍宮) 모소(茅沼) 오향(午向) 언덕에 장사 지냈다.

부인 숙부인(淑夫人)은 인천 채씨(仁川蔡氏)이니 공조 판서(工曹判書)에 증직된 채형(蔡泂)[116]의 따님으로, 효성스럽고 우애로웠고 자상하였으며 1남 2녀를 낳았으니, 아들은 현수(顯洙)이고 두 딸은 장태준(張泰雋), 박종신(朴宗臣)에게 시집갔다. 둘째 부인은 옥천 전씨(沃川全氏)이니 유순하고 아름다우며 맑고 밝았으며 2남 4녀를 낳았으니, 아들은 생원(生員) 현귀(顯龜), 현로(顯潞)이고, 딸은 이창근(李昌瑾), 홍최근(洪最根), 안정민(安廷敏), 이남수(李枏秀)에게 시집갔다. 서남(庶男)으로 현유(顯游)가 있

115 원자(元子) 책봉(冊封)을……은전이었다 : "이조가 아뢰기를, '이번에 진하할 때 문관 시종신, 무관 변방 방어사, 음관 목사와 부사 이상으로 지방에서 올라와 반열에 참석하는 사람은 서울에 있을 때 부록하고 내려갈 때 60세 이상인 사람은 역마와 양식거리를 지급하는 문제에 대해 이미 연석(筵席)의 하교를 받들었습니다. 문관 시종신……조석회(趙錫晦)'"라고 한 말이 《국역 일성록》 정조 24년 2월 1일 조에 있다.

116 채형(蔡泂) : 1696~1788. 자는 해여(海如), 호는 인재(認齋)이며, 권상일(權相一)의 문인이다. 부친이 병이 들어서 잉어를 원함에, 겨울 강가에 나가니 얼음 속에서 잉어가 뛰어나왔고, 밤에 부친의 약을 구하러 나갔을 때는, 호랑이가 불을 밝혀주었다고 한다. 수직(壽職)으로 공조 판서에 증직되었다.

다. 현수는 아들이 둘이니 병상(秉相)과 치상(致相)이고, 현귀는 아들이 둘이니 연상(淵相)과 기상(基相)이다. 장태준은 아들이 셋이니 장윤검(張胤儉), 장유윤(張胤贇), 그리고 하나는 어리다. 박종신은 아들이 셋이니 모두 어리다. 이창근은 아들이 둘이니 이상형(李商衡), 그리고 하나는 어리다. 홍최근은 아들 하나와 딸 하나를 두었으니 모두 어리다. 이남수는 아들이 둘이니 모두 어리다.

공은 흉금이 너그럽고 평이하며 풍모가 맑고 넓었으니, 남과 더불어 할 적에는 경계를 둠이 없었고 일을 할 때는 진솔하게 임하였다. 대개 충신(忠信)에 넘쳐 우활(迂闊)하다고 의심함이 있을지언정 연지 찍고 분 바르듯 화려하게 장식하고자 아니하였으니, 이것이 공의 대체적 행적이다. 이런 까닭으로 다른 사람이 범함이 있더라도 가슴속에 담아 두지 않았고, 물(物)이 혹 거스르더라도 또한 치지도외(置之度外)하여 삭혀 버렸으며, 그 마음에 오직 스스로 '내가 더 손상이 될 것은 없다.'라고 여기면서 이로써 떳떳함을 지켜 나갔다. 평상시에 늘 의관을 가지런히[117] 하고 지냈으며, 녹봉(祿俸)으로 부모를 봉양하지 못한 것을 애통하게 여겼다. 바야흐로 고을의 우(郵)로 있을 때, 달마다 여러 부형에게 세전(洗腆)[118]을 보내어 섬김에 대신하는 정성을 다하였다.

117 의관을 가지런히 : 원문은 '정건즐(整巾櫛)'로, 건즐은 수건과 빗이니 곧 세수하고 빗질하는 것이다.

118 세전(洗腆) : 음식을 정갈하고 풍성하게 장만하여 공경히 부모를 봉양함을 이른다. 《서경(書經)》 〈주고(酒誥)〉에 "효도로 그 부모를 봉양해서 부모님이 기뻐하시거든 스스로 음식을 정갈하고 풍성하게 장만하여 술을 올리도록 하라.〔用孝養厥父母, 厥父母慶, 自洗腆, 致用酒.〕"라고 하였다.

공은 평생 다른 사람의 허물을 말하지 않았고, 선행을 드러내었다. 베풀어 주기를 좋아하여 곤궁한 이를 구휼하고 결핍한 이를 돌보아 줌에 미치지 못한 듯이 하였으니, 한미(寒微)한 벗과 냉족(冷族)이 다 이로써 귀의하였다. 때로는 집의 비용이 자주 모자랐는데도 곧 말하기를, "가난한 것은 선비의 평상적인 것이다. 하늘이 이미 나에게 분수에 넘치는 관직을 주었는데 만약 부유함으로 더하게 되면 이는 재앙이지 상서로움이 아니다."라고 하였다. 매양 힘써 농사지어서 먹었고, 부역과 조세는 반드시 기한에 앞서 납입하였으며, 가인(家人)에게 경계하여 혹여라도 늦지 않도록 하라고 하였다. 일찍이 한 어린 여종을 사서 길렀는데 만년에 그녀가 한미한 양반의 딸임을 알고는 곧 문서를 불태우고 양식을 싸 주어 보냈다.

일찍이 이조 판서(吏曹判書)의 물음으로 인하여 남중(南中)의 명사(名士) 수십 명을 천거하였는데, 모두 공의에 있는 바였다. 임금을 향하고 대궐을 그리워하는 마음 같은 데 이르러서는 항상 단심(丹心)처럼 환히 빛났다. 진달해 올렸던 만언(萬言)의 소(疏)는 치도(治道)의 본체와 정사(政事)의 방법에 모두 딱 들어맞았다. 그러므로 우리 정고(正考 정조)의 성스럽고 명철함으로써 하나하나 가납(嘉納)하여 채용하시었으니, 공이 평소에 온축한 것이 또 과연 어떠하였겠는가.

공은 일찍이 "구르는 추(樞)는 새것 같고, 흐르는 물은 썩지 않으니, 사람이 근력을 사용하여 건강을 얻음도 또한 이와 같다."라고 하였다. 비록 이미 늙었어도 나가서는 곧 후진들에게 공령(功令 학사(學事)에 관한 규정)을 부과하여 성취시킨 바가 많았고, 집에서는 아손(兒孫)들에게 문학(文學)을 부과하여 반드시 정밀하고 익숙하도록 하였다. 여가가 있을 때는 분전(墳典 삼분(三墳) 오전(五典), 즉 고서(古書)를 말함)에 뜻을 붙여 손으로 책을 넘기며 읽기를 멈추지 않았다. 대개 하루도 일삼는 바 없이 편안하게 지낸 적이 없었고, 어떤 때는 지팡이 짚고 나가서 산택(山澤) 사이를 거닐며 읊조리면서 그 음미한 정취를 드러내 펼쳤으니, 공과 같은 사람은 거의 자신의 분수를 다하고서 승화(乘化)하여 돌아간 자에 가까울 것이다.

하루는 공의 손자 병상(秉相)이 만곡(晩谷) 조술도(趙述道)[119] 공이 지은 행장을 가지고 와서 나에게 공의 묘갈명을 부탁하기에 사양했지만 받아들여지지 않았다. 마침내 추려서 위와 같이 기록하였다. 이어서 다음과 같이 말한다.

통하고 트여 구속된 바가 없는 것이 공의 성품이고

通豁而無所拘者其性也

곧고 단호하여 오직 옳은 바의 것이 그 행함이었다

直截而惟所可者其行也

윤리 강상(綱常)에 처하여서는 병이(秉彛)에 말미암아 행했고

處倫常則率由於秉

경륜을 펼칠 적에는 정도(正道)에 근본하여 적용하였다

展經綸則推本於正

119 조술도(趙述道) : 1729~1803. 본관은 한양, 자는 성소(聖紹), 호는 만곡(晩谷)이다. 저서로는 《만곡집(晩谷集)》이 있다. 행장은 《만곡집》 권14에 실려 있으니 〈통정대부 행 승정원 우승지 조공 행장(通政大夫行承政院右承旨趙公行狀)〉이다.

다만 성스러운 선왕께 총애와 대우를 받았음을 보건대

第觀其得寵遇於先王之聖

재주와 학문이 성대하고 충심과 정성이 빛났음을 알 수 있으니

可知其才學之盛而忠悃之炳

마땅히 아름답게 알려지고 영원토록 전해져야 하리라

宜乎聞之令而垂之永也

벽재 처사 전의 이공 묘갈명 병서
甓齋處士全義李公墓碣銘 竝序

나는 휘가 규운(奎運)이고 자가 향지(向之)인 전의(全義) 이공(李公) 벽재(甓齋)와 가까운 인척[120]인데, 멀리 살아서 평소에는 만나지 못하였더니, 지금 그의 아들 김천 승(金泉丞) 재숭(在嵩)이 장차 공의 묘도에 비를 세우려고 그 아우 재항(在恒)을 보내 나에게 한마디 말을 해 줄 것을 청하였다.

나는 생각건대, 공은 포의(布衣)의 신분으로 일생을 마쳐 이름이 세상에 드러나지는 못하였다. 하지만 타고난 성품이 방정하고 엄숙하며 단정하고 중후하였고 또 빼어난 재주를 지녔으니, 고인(古人)의 학문에 대하여 대체로 이미 할 수 있는 자질을 지니고 있었다. 공은 나이가 거의 40세가 되었을 때 홀연 깨달음이 있어서, 어릴 때 병에 걸려 착실한 공부를 힘써 하지 못한 것을 후회막급으로 여겼다. 마침내 이전에 하던 바둑과 술 마시는 등의 한만한 일을 모두 버리고, 낙건(洛建)의 문자[121]에 마음을 오로지 집중하고 뜻을 다하였으며, 무릇 심신에 유익한 옛 성현(聖賢)의 격언(格言)과 지론(至論)을 모두 뽑아 기록해서 살피고 성찰할

120 가까운 인척 : 원문은 '밀척(密戚)'이다. 우복(愚伏) 정경세(鄭經世)가 전의 이씨(全義李氏) 해(海)의 따님에게 장가들었다.

121 낙건(洛建)의 문자 : 정주학(程朱學)을 말한다. 정자(程子)는 낙양(洛陽)에서 살았고 주자(朱子)는 복건(福建)에서 살며 강학하였으므로 이렇게 말한 것이다.

자료로 삼았다. 평소에 말과 행동을 한결같이 유가(儒家)의 법도를 따라 하였으며, 그러고도 행실이 앎에 미치지 못하는 것을 절름발이 같다고 여겼으니, 이로써 그 집의 편액으로 삼았다.

공은 때로 당세의 이름난 유자(儒者)들과 서로 추종(追從)하여 비록 술 마시는 사이에 창수한 시장(詩章)이라 할지라도 그 의미(意味)는 모두 성리설(性理說) 중에서 나온 것들이었으므로 여러 벗들이 다들 추중하였다. 그러나 시명(時命)이 어긋나 향해(鄕解)에 여러 번 응시하여 입격하였지만, 끝내 성위(省闈 예부에서 치르는 과거 시험)에는 합격하지 못하였다. 오직 한가히 요양하고 독서를 하면서 자질(子姪)들을 가르치는 것을 즐거움으로 삼았다. 이것이 공의 대체적인 행적이다.

대개 공의 타고난 자질과 높은 뜻은 다른 사람보다 뛰어났고, 중년과 만년에는 두려워하고 힘씀이 또한 매우 비범하였으니, 그 가운데 스스로 터득한 바의 것이 사람으로 하여금 상상하고 감탄하게 함이 있다. 그래서 그를 위하여 세계(世系)와 생졸년(生卒年)과 자손(子孫)을 차례하고, 이어서 몇 마디 말을 다음에 쓴다.

이씨(李氏)는 고려 개국 태사(開國太師) 도(棹)를 시조로 한다. 군수(郡守) 필(泌)에 이르러 호서(湖西)에서 달성(達城)의 하곡리(霞谷里)로 옮겨 거주하였다. 6세를 지나 병조 참의(兵曹參議)를 지낸 휘 지화(之華)에 이르렀으니, 지화는 여헌(旅軒) 장선생(張先生)[122]의 문하에서 공부하였고, 문장과 덕망이 한 세대

122 여헌(旅軒) 장 선생(張先生) : 장현광(張顯光, 1554~1637)을 말한다. 본관은 인동(仁同), 자는 덕회(德晦), 호는 여헌이다. 학문과 덕행으로 천거되어 전후 20여

에 추중을 받았다. 증조는 휘가 익번(益藩)이고, 조부는 휘가 제후(濟厚)이니, 모두 통덕랑(通德郎)이다. 고(考)는 휘가 계신(桂臣)이고, 비(妣)는 아주 신씨(鵝州申氏)이니 진사(進士) 신진귀(申震龜)의 따님이다. 생고(生考)는 휘가 필신(弼臣)이고, 비(妣)는 평산 신씨(平山申氏)이니 학생(學生) 신익진(申益晉)의 따님이다.

공은 기미년(1739, 영조15) 모월 모일에 태어나서 병인년(1806, 순조6) 모월 모일에 세상을 떠났다. 묘는 다촌(茶村) 앞 건좌(乾坐) 등성에 있다. 부인은 한산 이씨(韓山李氏)이니 학생(學生) 이명화(李命和)의 따님으로 단정하고 엄숙하며, 아름답고 정숙하였으며, 남편을 섬김에 어김이 없었다. 아들이 셋이니 장남은 재형(在衡)이고, 그 다음은 곧 재숭(在嵩)과 재항(在恒)이며, 딸이 하나이니 이정섬(李鼎暹)에게 시집갔다. 재형은 아들이 하나이니 이용(以容)이고, 재숭은 아들이 넷이니 구용(九容), 관용(觀容)이고 나머지는 어리며, 재항은 아들이 다섯이니 정용(正容), 그리고 나머지는 어리다. 명은 다음과 같다.

울창한 저 산 나무의 아름다운 가지여	菀彼山木之有美柯兮
비와 이슬이 적시는 바이니	雨露之所潤
벌목과 목동의 해가 어찌 깊이 더하겠는가	伐牧之害豈深加也
형연한 옛 거울을 거듭 밝힐 수 있음이여[123]	瑩然古鑑之得重磨兮

차례 관직에 임명되었으나 모두 사퇴하고 학문에만 전념하였다. 저서로는 《여헌집(旅軒集)》이 있다.

123 형연한……있음이여 : 원문의 '고감(古鑑)'은 고경(古鏡)으로, 주희(朱熹)의

빛남이 틈을 타고 일어나니 光輝闖發

앞으로 매몰되더라도 또 무엇이 슬프겠는가 向來埋沒又何嗟也

내가 이로써 공의 무덤 앞에 표시하니 吾以是表公四尺之坡兮

남긴 아름다움이 백 년 뒤에도 없어지지 않으리라 庶遺芬其未沫於百載之遐也

〈송임희지(送林熙之)〉 시에 "고경을 거듭 밝히려면 고방이 필요하니, 그렇게 하면 안광이 햇빛과 밝음을 다투리.〔古鏡重磨要古方, 眼明偏與日爭光.〕"라고 한 데서 가져왔는데, 고경은 옛날 거울이고 고방(古方)은 옛날 방법이란 뜻으로 《주자대전차의(朱子大全箚義)》에서는 "고경은 심(心)을 가리키고, 고방은 경(敬)을 가리킨다." 라고 하였다. 퇴계(退溪) 이황(李滉)이 옛 성현들의 잠(箴), 명(銘), 찬(贊) 77수를 모아 엮은 《고경중마방(古鏡重磨方)》이 있다.

송서 처사 양양 권공 묘갈명 병서

松西處士襄陽權公墓碣銘 並序

양양(襄陽) 권생(權生) 현상(顯相)[124]은 나를 따라 공부하였는데, 그의 왕고(王考) 송서공(松西公)의 행장을 가지고 와서 나에게 보여 주고 묘갈명을 청하며 말하기를, "이것은 두동(斗洞) 황용한(黃龍漢)[125] 공이 지은 것입니다. 평소에 저의 왕고를 깊이 알고 있었으니 그 갖추어 실어 놓은 것이 이와 같습니다. 원컨대 한마디 말씀을 해 주시어 묘도에 비를 세워 드러내게 해 주십시오."라고 하였다. 그래서 살펴보고 서술한다.

송서공은 휘가 응탁(應鐸)이고 자가 천진(天振)이니 좌승선(左承宣)을 지낸 초간(草澗) 선생 휘 문해(文海)[126]의 6세손이다. 권씨는 본래 흔성(昕姓)이었는데 고려 시대 전공판서(典工判書) 섬(暹)이 충목왕(忠穆王)을 피휘(避諱)하여 권(權)으로 바꾸어 하

124 권생(權生) 현상(顯相) : 권현상(權顯相, 1782~1840). 자는 숙화(肅和), 호는 대소재(大疏齋)로 정종로(鄭宗魯)의 문인이다. 1813년(순조13) 과거에 응시하러 가다가 부정으로 합격되는 사실이 있음을 알고 단념하고 곧 귀가하여 은거하였다.

125 황용한(黃龍漢) : 1744~1818. 본관은 창원(昌原), 자는 치현(稚見), 호는 두곡(斗谷), 정와(貞窩)이다. 대산(大山) 이상정(李象靖)의 문인이며, 저서로는 《정와집(貞窩集)》이 있다.

126 초간(草澗)……문해(文海) : 권문해(權文海, 1534~1591). 자가 호원(灝元), 호는 초간(草澗)이며, 이황(李滉)의 문인이다. 저서로는 《초간집(草澗集)》, 《대동운부군옥(大東韻府群玉)》 등이 있다.

사받았으며[127] 관향은 예천(醴泉)이다. 그 뒤에 대대로 공훈과 덕망이 있었다. 수헌(睡軒) 휘 오복(五福)에 이르러서는 무오화(戊午禍)[128]에 죽임을 당하였다. 오복의 막내아우 휘 오상(五常) 또한 연좌되어 귀양 갔다가 뒤에 관직을 제수받았으나 부임하지 않았다. 오상이 참의(參議)에 증직된 휘 지(祉)를 낳으니, 곧 초간(草澗)의 고(考)이다. 또 호군(護軍)을 지낸 휘 별(鼈), 학생(學生) 휘 극중(克中), 휘 질(晊), 휘 봉의(鳳儀)를 지나 휘 미(堳)에 이르렀다. 미는 사간(司諫) 벼슬을 지낸 선성(宣城) 김태일(金兌一)[129]의 손(孫) 김행만(金行萬)의 따님에게 장가들었으니, 원릉(元陵 영조 능호) 병오년(1726, 영조2)에 공을 낳았다. 대개 초간(草澗)은 도산(陶山) 문하에 종유(從遊)하였으며 문학(文學)과 곧은 절개가 그 시대에 추중을 받았다. 호군(護軍)은 병자년(1636) 호란 이후에 은거하여 벼슬하지 않고서 시례(詩禮)로 그

127 권씨는……하사받았으며 : 〈초간 선생 권공 행장(草澗先生權公行狀)〉을 살펴보면 "그 선조는 본래 흔성이었는데, 7세조 휘 섬이 고려 말에 흔이 목왕의 휘였기 때문에 어머니 성을 따라 성을 권씨로 다시 내렸다.〔其先本昕姓, 七世祖諱暹, 當高麗季, 以昕爲穆王諱, 故從母姓更賜姓權氏.〕"라고 하였다. 《草澗集 附錄 草澗先生權公行狀》

128 무오화(戊午禍) : 무오사화(戊午士禍)를 이르는 말이니, 연산군 4년(1498)에 김일손(金馹孫) 등 신진 사류(新進士類)가 유자광(柳子光)을 중심으로 한 훈구파(勳舊派)에 의하여 화를 입은 사건으로, 김일손이 기초한 김종직(金宗直)의 '조의제문(弔義帝文)'이, 세조가 단종의 왕위를 빼앗은 일을 비방한 것이라고 몰아서 죽였다.

129 김태일(金兌一) : 1637~1702. 자는 추백(秋伯), 호는 노주(蘆洲)이다. 현종 1년(1660)에 과거 급제하여 사헌부 감찰(司憲府監察), 홍덕 현감(興德縣監), 영암 군수(靈巖郡守) 등을 역임하였다.

집안을 이어 갔다.[130]

공에게 이르러서도 또한 영특하고 빼어남이 짝할 무리가 없었고, 조금 자라서는 문예(文藝)가 일취월장하였으니, 이공(李公) 현급(賢汲)이 공이 지은 시를 보고 〈고헌과(高軒過)〉[131]로써 비유하였다. 약관의 나이에 문단에 노닐어 풍의(風儀)와 사채(詞采)가 다른 사람들보다 매우 빼어났으니, 무리들이 모두 그를 주목하였다. 고을의 선각자로 족부(族父)인 선계공(仙溪公) 용(墉)[132]과 남야(南野) 박손경(朴孫慶)[133] 공이 모두 공을 추대하여 후배들 중의 으뜸으로 여겼다. 공은 이미 두 문하에 종유(從遊)하여 그 덕행을 훈습(薰襲)해서 실천하기를 힘썼다.

공은 아버지를 여의고 나서 왕고(王考)와 대부인(大夫人)을 섬김

130 호군(護軍)은……갔다 : 호군은 권별(權鼈, 1589~1671)을 가리킨다. 권별은 권문해의 아들이고, 병자호란에 창의하였다. 부친의 학통을 계승하여 성리학을 연구하면서 단군 조선부터 고려 말까지의 왕실 사적과 광해군 이전까지의 인물에 대한 열전을 집대성하여 《해동잡록(海東雜錄)》을 편찬하였다. 원문의 '시례(詩禮)'는 집안에서 부형(父兄)의 가르침을 받는 것으로, 공자의 아들 공리(孔鯉)가 뜰에서 공자의 앞을 빠른 걸음으로 지나다가 시례(詩禮)에 대해 배웠던 일에서 유래하였다. 《論語 季氏》

131 고헌과(高軒過) : 당(唐)나라 이하(李賀)가 지은 시로, 귀빈(貴賓)이 방문했다는 의미이다. 이하는 7세 때에 글을 잘 짓는다는 소문이 퍼졌는데, 한유(韓愈)와 황보식(皇甫湜)이 시험하려고 찾아갔다가 즉석에서 〈고헌과(高軒過)〉라는 시를 지어내는 것을 보고는 경악했다는 고사가 전한다. 《新唐書 卷203 李賀列傳》

132 선계공(仙溪公) 용(墉) : 권용(權墉, 1684~1772)을 가리킨다. 자는 중첨(仲瞻), 호는 선계(仙溪)이다. 동지중추부사(同知中樞府事)를 역임하였다.

133 남야(南野) 박손경(朴孫慶) : 1713~1782. 본관은 함양(咸陽), 자는 희유(希有), 호는 남야(南野)이다. 저서로는 《남야집(南野集)》이 있다.

에 사랑과 공경을 모두 지극히 하였으며, 상(喪)을 당하여서는 예제(禮制)를 지켜 상례(喪禮)대로 하였다. 기일(忌日)이 되어서는 슬퍼하고 애통해 함이 상을 치를 때와 같았고, 제삿날에는 기일 전에 재실에 묵으며 정결히 하여 정성을 다하였으며, 비록 자잘한 절도라 할지라도 반드시 더욱더 삼갔다. 과부가 된 가난한 누이를 불러다가 함께 살며 재물을 공유하고, 그 자식을 교육시켜 업(業)을 성취하여 집안을 이룰 수 있도록 하였다. 또 동당(同堂)의 형제를 모아 함께 밥을 해 먹는 규칙을 만들어, 초하루 보름마다 의관을 갖추어 입고 일제히 외청(外廳)에 모이고, 부녀자들은 안에 있고, 여러 자손 남녀는 좌석을 나누어 차례로 앉으며, 아래로 남녀 종들도 다 그렇게 하도록 하니, 모두 백여 명이 줄지어 식사를 함에 가지런하였다. 제사를 받듦과 빈객을 대접함과 공적(公的) 부세를 삼감과 뜻밖에 일어나는 일에 대비하는 등의 여러 조목을 세웠고, 수입을 헤아려 지출을 하고, 식구를 계산하여 날마다 양식을 공급함에 각각 자제들로 하여금 관장하게 하니, 여유작작하게 범희문(范希文)[134]과 진강주(陳江州)[135]의 남긴 뜻이 있었다.

134 범희문(范希文) : 희문은 북송(北宋) 때의 문신 범중엄(范仲淹, 989~1052)의 자이다. 범중엄은 한창 현달했을 때에 부곽(負郭)의 좋은 토지 천묘(千畝)를 설치하고 이를 의전(義田)이라 이름하여, 여기에서 수확한 재물로 가난한 종족들을 구제하였다. 《宋史 卷310 范仲淹傳》

135 진강주(陳江州) : 진포(陳褒)를 가리킨다. 《소학(小學)》 〈선행(善行)〉에 "강주 진씨는 종족이 7백 명이 되었는데, 식사 때마다 넓은 자리를 펴고 어른과 어린이가 차례로 앉아 함께 먹었다.〔江州陳氏, 宗族七百口, 每食設廣席, 長幼以次坐而共食之.〕"라고 하였다.

종족(宗族)에게 화목하였으니, 비록 소원(疎遠)한 이들이라 할지라도 대우하기를 마치 가깝고 친한 사람처럼 하였다. 남의 험하고 곤궁함을 보면 도와주고 돌봐 주기를 마치 자신의 일처럼 하였다. 젊었을 때 향인(鄕人)과 더불어 서울에 과거 시험을 보러 갔다가 그 서쪽 변방에 급히 가야 할[136] 이가 있음을 보고는 하고 왔던 참말을 그에게 주고 걸어서 돌아왔다. 또 일찍이 원지(遠地)에 달아난 노비를 조사하였는데, 한 여종이 한족(寒族)의 아내가 되었음을 알고는 즉시 그 문서를 불태웠다. 집에 사나운 노복이 법에 저촉되어 죽은 이가 있었는데, 그의 형제들이 종신토록 복역(服役)하면서도 원망하는 기색이 없었다. 평소 재산을 모으는 일에 마음을 두지 않아서 만년에 이르도록 매우 가난하였다. 오직 유익한 벗들과 모이는 것을 기뻐하였으니, 비록 채소 나물을 차려 응대하였지만 그들이 마치 자기 집으로 돌아오듯이 왔다. 평소에 서책을 보지 않은 적이 없었으니, 심하게 병들지 않으면 문득 경건한 마음으로 맑게 앉아서 연구하기를 끊이지 않았다.[137] 배우러 오는 사람이 있으면 반드시 차근차근 정성스럽게 인도하기를 각각 그의 재주에 따라 가르쳐 주었다. 하나의 선행(善行)이 있음을 보면 즐겨 장려하고 진보하게 하였고, 남의 허물을 말하는 이가

136 급히 가야 할 : 원문은 '대성(戴星)'으로, 별이 있을 때 떠난다는 말이니, 아침 일찍이 또는 밤이라도 급히 가야 함을 이른다.

137 연구하기를 끊이지 않았다 : 원문은 '심온(燖溫)'으로, 《중용장구》 제27장의 "옛것을 익혀 새것을 안다.〔溫故而知新〕"의 주에 "온은 '따뜻하게 데움'의 온과 같으니 예전에 배우고 다시 때때로 익힘을 이른다.〔溫猶燖溫之溫, 謂故學之矣, 復時習之也.〕"라고 한 구절에서 인용하였다.

있으면 무심하게 듣지 못한 듯이 하였다.

중년의 나이에 과거 시험에 응거하여 대과, 소과에 예닐곱 번 입격하였으나, 모두 남성시(南省試 예부에서 치르는 과거 시험)에는 합격하지 못하였다. 만년에 행의(行誼)로 전조(銓曹)의 추천을 받았지만 끝내 조용(調用)되지는 못하였다. 정미년(1787, 정조11) 정월에 정침에서 고종(考終)하니 62세를 살았다. 군(郡) 북쪽 두천리(杜川里) 미좌(未坐) 언덕에 장사 지냈다.

배(配)는 광주 이씨(廣州李氏)이니 부사(府使) 이성지(李聖至)의 따님으로 어진 행실이 있었고, 후배(後配)는 의성 김씨(義城金氏)이니 사인(士人) 김창한(金昌漢)의 따님으로 또한 부인의 덕을 어김이 없었다. 4남 2녀를 두었는데, 딸은 박해녕(朴海寧)에게 시집갔고 아들 진한(進漢)과 진락(進洛)은 모두 문행(文行)이 있으니 이씨(李氏) 소생이며, 김백교(金伯敎)에게 시집간 딸과 아들 진수(進洙), 진렴(進濂)은 김씨 소생이다. 진한은 아들이 둘이니 현상(顯相)과 호상(顥相)이고, 딸이 셋이니 하나는 유가진(柳家鎭)에게 시집갔다. 진락은 아들이 넷으로 도상(道相), 교상(敎相), 효상(孝相)이 있다. 박해녕은 딸이 하나인데 시집갔으나 요절하였다. 나머지는 모두 어리다.

공은 성품과 도량이 평탄하고 넓으며 기미(氣味)가 깊고 담박하였고, 맑은 흉금과 고원한 운치가 세속의 무리들에게서 매우 뛰어났다. 심상한 때의 언동(言動)이 절로 법도를 벗어나지 않아 충성스럽고 미더우며 도탑고 후덕하였다. 선행을 즐기고 의(義)를 좋아하였으니 밝고 밝은 여러 행실들이 대개 사람들이 미치지 못할 점이 있었다. 그 깊고 넓은 식견 같은 경우, 《주자강목(朱子綱

目)》과 선조(先祖) 초간옹(草澗翁)의 《대동운부군옥(大東韻府群玉)》 같은 책들을 모두 마음속에 환히 알았다. 그 고금(古今)의 치란(治亂)과 제도의 연혁과 인재의 사정(邪正)과 정교(政敎)의 득실과 문장(文章)의 고하(高下)와 산천(山川) 군국(郡國)의 풍요(風謠)와 토산물의 마땅함을 말함이 마치 낱낱이 손바닥 들여다보듯 하였지만, 또한 이것으로써 스스로 자랑하지 않았다.

공은 평소에 지닌 국량이 넓고도 깊어서 경계를 두지 않았으니, 현우(賢愚) 귀천(貴賤)에게 각각 그들이 기뻐하는 것으로 응수하였다. 소자(邵子)가 이른바 "평생 눈썹을 찌푸리는 일을 하지 않으면 세상에 응당 이를 가는 사람이 없으리라."라고 한 것[138]이 공과 같은 사람을 말함이 아니겠는가. 애석하게도 시명(時命)이 어긋나 끝내 포의(布衣)로서 시골의 초라한 집에서 일생을 마쳤으니, 하늘이 선인(善人)에게 보답하여 베풂이 어찌 그리도 어긋나는지. 아, 슬프도다. 공은 일찍이 스스로 호를 송서(松西)라고 하였고, 시문(詩文) 약간 권이 집에 보관되어 있다고 한다. 명은 다음과 같다.

그 흉금은 깔끔하고 소탈했으며　　灑脫其襟
그 행실은 우뚝하고 뛰어났도다　　卓犖其行

138 소자(邵子)가……것 : 소자(邵子)는 송(宋)나라 소옹(邵雍)이니, 그가 관직을 제수받자 병을 핑계 대고 응하지 않으면서 지은 시에 나오는 구절이다. 원문은 "平生不作皺眉事, 天下應無切齒人."이다. 시호는 강절(康節)이다. 《擊壤集 卷7 詔三下答鄉人不起之意》

초간 어른의 후손으로	草澗之孫
남긴 규범이 이에 아름다웠어라	遺範寔令
구고에서 우는 새가 있었건마는	九皐有鳴
위로 하늘에 들리지 않았고[139]	上天莫聞
말세에 높은 풍모를 지녔지만	叔世高風
더불어 무리 지을 자가 없었네	無與爲羣

139 구고에서……않았고 : 《시경(詩經)》 〈학명(鶴鳴)〉에 "학이 깊은 늪에서 맑은 울음 쏟아내니, 그 소리가 하늘에까지 사무치도다.〔鶴鳴于九皐, 聲聞于天.〕"라는 말에서 원용하였다.

전와 문공 묘갈명 병서

筌窩文公墓碣銘 並序

공은 휘가 계동(啓東)이고 자가 도여(道歟)이며 전와(筌窩)는 그 자호(自號)이다. 문씨(文氏)는 본관이 남평(南平)이니, 비조(鼻祖) 휘 다성(多省)은 석함(石函) 속에서 나서 벽상공신(壁上功臣)이 되었고, 그 뒤 신라와 고려에 크게 현달하였다. 고려 말에 판서(判書) 근(瑾)이 처음으로 합천(陜川)에 거주하였다. 6대손 진사(進士) 매죽와(梅竹窩) 익형(益亨)[140]은 조 문정공(曺文貞公)[141]을 섬겼고 효우(孝友)와 학행(學行)으로 이름이 났다. 이분이 진사(進士)를 지냈고 호가 우곡(愚谷)인 극(剋)을 낳았으니, 극은 임진왜란 때 창의(倡義)하여 왜적을 토벌하였다. 증손(曾孫) 진사 휘 성휘(聖輝)에 이르렀으니, 이분이 공의 증대부(曾大父)가 된다. 대부(大父)는 휘가 명적(命迪)이다. 아버지는 휘가 규서(奎瑞)이니, 창녕 성씨(昌寧成氏) 사인(士人) 성인세(成麟世)의 따님에게 장가들어 숙묘(肅廟) 을미년(1715, 숙종41) 7월 모일에 공을 낳았다.

공은 겨우 돌을 넘기고 아버지를 여의었다. 성품이 영특하고

140 매죽와(梅竹窩) 익형(益亨) : 조선 명종(明宗) 때의 유학자로, 남명(南冥) 조식(曺植)의 문인이고, 1552년(명종7) 진사시(進士試)에 입격하였다.

141 조 문정공(曺文貞公) : 남명(南冥) 조식(曺植, 1501~1572)을 가리키니 시호가 문정이다.

총명하였다. 3세에 같은 유의 아이들과 놀 때, 잘못하여 쌓아 놓은 볏짚에 불이 붙었는데 두려워 볏짚 속에 숨은 아이를 보고는 급히 달려가 그의 어머니에게 알려 주어 그 아이를 구하였다. 효성(孝誠)은 하늘로부터 타고났다. 어머니를 모실 적에 어머니가 치료하기 어려운 병을 10년 동안 앓았는데, 날마다 방책을 상고하고 약을 자세히 살펴 몸소 약을 제조하고 달여서 드시게 하여 끝내 평상을 회복할 수 있게 하였다. 어머니가 더욱 쇠약하여 앉고 누울 때 남의 도움을 필요로 하게 되어서는 공이 출입을 하지 않으며 부축하고 간호하기를 3년 동안 하루 같이 하였다. 이윽고 상(喪)을 당하여서는 장례와 제례를 모두 예에 맞게 하였고, 비록 노년에 이르렀어도 어머니 말이 나오면 문득 눈물을 흘렸다.

공은 명리(名利)에 담박하였으니, 일찍이 성시(省試)에 응시하러 갈 때 여관에 거처했는데, 여관 주인이 곧 권세 있는 재상의 종이었다. 이 종이 재상이 바야흐로 고시관(考試官)이 되었다고 하여 관절(關節 뇌물)을 가지고 한밤중에 은밀하게 말을 하라고 하자, 공이 준엄하게 물리쳤다. 고을 사람들이 공의 행적을 열거하여 방백(方伯)에게 알리고자 하니, 공이 또한 힘껏 저지하였다.

평생 남을 사랑하고 베풀어 주기를 좋아하였다. 병을 앓는 이가 있으면 약을 제조하여 먹도록 하였고, 혼인을 하면 옷과 이불로써 도와주었으며, 상장(喪葬)에는 재력(財力)을 부조하였다. 공은 일찍이 어머니의 병을 치료함으로 인하여 의술의 이치를 자세히 알 수 있게 되었다. 그래서 원근에서 와서 묻는 통에 응수하기가 매우 번거로웠는데, 자제(子弟)들이 그만두라고 간하니, 공이 위연(喟然)히 말하기를, "너희들은 고인(古人)이 훌륭한 의원이 되기를 원함이 있었던 것[142]을 듣지 못하였느냐. 또 사람이 다급함을 고하는 경우가 있으면 의리상 어찌 차마 사양할 수가 있겠느냐."라고 하였다. 집에는 장기, 바둑 같은 기구를 두지 않았고, 평소에는 항상 술을 경계하였으니, 그것들이 일을 폐(廢)하고 본성을 바꾸는 폐해가 매우 깊기 때문이었다. 정묘(正廟) 무술년(1778, 정조2) 8월 모일에 졸(卒)하였으니 64세를 살았다. 합천군의 북쪽 용계동(龍溪洞) 사향(巳向) 언덕에 장사지냈다.

부인은 안동 권씨(安東權氏)이니 참봉(參奉) 권성(權𤢖)의 따님으로 아들이 없다. 삼종제(三從弟) 계래(啓來)의 아들 범성(範成)을 후사로 삼았다. 여남(餘男 서자(庶子))으로 집성(集成)이 있다. 딸은 최흥중(崔興重), 박지학(朴旨學)에게 각각 시집갔다. 범성은 아들 정유(正儒)와 정익(正翼)이 있고, 딸은 강백현(姜伯顯)과 이호운(李虎運)에게 각각 시집갔다.

공은 풍의(風儀)가 매우 빼어났고 타고난 자질이 영특하였다. 널리 경전(經傳)과 제가(諸家)의 글을 섭렵하였고 한편으로는 음양(陰陽) 복서(卜筮) 술수(術數)의 학문에도 미쳤으니, 비록 이런

142 고인(古人)이……것 : 고인은 송(宋)나라 범중엄(范仲淹)을 말한다. 범중엄이 젊었을 때에 "내가 만약 어진 정승이 되지 못한다면 반드시 훌륭한 의원이라도 될 것이니, 의술로 사람을 구할 수 있기 때문이다.〔吾不能爲良相, 必爲良醫, 以醫可以救人也.〕"라고 말하였다는 기록이 〈광사류부(廣事類賦)〉에 전한다.

것들에 전문가(專門家)라고 불리는 사람이라 할지라도 공에게 미치지 못하였다. 남과 더불어 고금(古今) 일의 성패(成敗)를 논할 때, 담론(談論)이 거침없었지만[143] 신중하기가 마치 말이 어눌한 듯이 하였고, 의기(義氣)가 구름에 닿았지만 이를 수렴하여 마치 빈 듯이 하였다. 포부는 매우 범상치 않았고 몸가짐이 구차하지 않았으며, 항상 벽립(壁立)[144]의 뜻을 가지고 있었지만 끝내 세상에 한 번 시행해 보지 못하였다. 하지만 공이 평소 마음을 처함과 일을 행함을 살펴보면 몰세(沒世)토록 칭송할 만한 것이 하나둘로 헤아리지 못할 점이 있다. 공은 이에 호연(浩然)히 돌아간 사람이거늘 또한 무슨 유감이 있겠는가. 하루는 정유(正儒)가 공의 유사(遺事)를 가지고 와서 나에게 묘갈명을 청하였다. 명은 다음과 같다.

생각건대 옛날의 어진 사람은	惟古之賢
스승을 기다려 그렇게 했는데	待師而然
공은 그런 자취 밟지 않고서도	公不踐跡
또한 아름다운 행적이 많도다	亦多徽蹟
남평 문씨가	南平之文

143 거침없었지만 : 원문은 '현하(懸河)'로, 위에 걸려 떨어지는 물줄기, 즉 폭포수를 가리키는 말인데, 진(晉)나라 곽상(郭象)이 도도(滔滔)하게 담론(談論)을 전개하자 태위(太尉) 왕연(王衍)이 "폭포수처럼 쏟아져도 마를 줄을 모른다.〔如懸河瀉水, 注而不竭.〕"라고 칭찬했던 일에서 가져왔다. 《晉書 卷50 郭象列傳》

144 벽립(壁立) : 벽립천인(壁立千仞). 암벽이 천 길이나 높이 솟음을 말하는 것으로, 선비의 드높은 기상과 성대한 기운을 비유한다.

대대로 맑은 향기를 남겼기에 奕世淸芬
명을 새겨 후세에 알리노니 銘以詔後
영원히 전해지길 기약하노라 期垂不朽

입재집

제37권

갈명
碣銘

갈명 碣銘

수암 유 선생 묘갈명 병서
修巖柳先生墓碣銘 並序

아, 생각건대 우리 문충공(文忠公)[1]은 하늘이 낳은 대현(大賢)으로 퇴도(退陶)[2]의 적전(嫡傳)을 얻어 성대하게 백세(百世)의 사표(師表)가 되었다. 그 셋째 아들 수암(修巖) 선생은 문충공을 닮았으면서 이를 본받아 계승하였고, 또 나의 선조(先祖) 문장공(文莊公)[3]을 따라 공부하였는데, 그 덕스런 학문과 행한 정의(情誼)를 목재(木齋) 홍공(洪公)이 이미 행장에 상세하게 기록해 놓았다.[4]

1 문충공(文忠公) : 서애(西厓) 유성룡(柳成龍, 1542~1607)을 가리키니, 시호가 문충이다.

2 퇴도(退陶) : 퇴계(退溪) 이황(李滉, 1501~1570) 선생을 가리킨다.

3 문장공(文莊公) : 우복(愚伏) 정경세(鄭經世, 1563~1633)를 가리키니, 시호가 문장이다.

4 목재(木齋)……놓았다 : 홍공은 홍여하(洪汝河, 1620~1674)를 가리킨다. 본관은 부림(缶林), 자는 백원(百源), 호는 목재이다. 검열(檢閱), 봉교(奉敎), 감찰(監察) 등을 역임하였다. 저서로는 《목재집(木齋集)》, 《휘찬여사(彙纂麗史)》, 《동사제강(東史提綱)》 등이 있다. 《목재집》 권8에 〈수암 유공 행장(修巖柳公行狀)〉이 실려 있다.

그러나 묘도(墓道)에는 드러내 새긴 글이 없었으므로, 선생의 6세손으로 익찬(翊贊) 유심춘(柳尋春)이 나에게 한마디 말을 해 줄 것을 부탁하였다. 대개 나의 고왕모(高王母)[5]가 곧 선생의 따님인지라, 외람되게도 먼 외손의 끝에 해당하는 내가 마땅히 최선을 다해야만 할 뿐이다. 그래서 행장을 살펴보고 삼가 아래와 같이 서술한다.

문충공은 휘가 성룡(成龍)이니, 현감(縣監) 이경(李坰)의 따님에게 장가를 들어서 만력(萬曆) 임오년(1582, 선조15) 7월 모일에 선생을 낳았다.

선생은 성품이 단아하고 정직하며 총명하고 빼어났다. 8세에 어머니 상(喪)을 당하여 곡읍(哭泣)하는 것과 제례(祭禮)를 도움이 마치 성인(成人)과 같았다. 11세에 임진왜란을 만났다. 문충공은 어가(御駕)를 호종(扈從)하여 서쪽〔의주〕으로 가고, 선생은 자부(姊夫) 이씨(李氏)를 따라 영동(嶺東)의 산골짜기로 달아나 숨었는데, 이따금 왜적을 만나 거의 죽을 고비를 넘겼지만 계략으로써 온전할 수 있게 되었으니, 일행들도 또한 힘입은 것이 많았다.

왜란이 평정되고 나서 문충공이 벼슬을 그만두고 남쪽으로 귀향하자, 선생이 아침저녁으로 곁에서 모시며 경전의 뜻에 대해 강론하고 문답함에 묵묵히 계합하고 스스로 터득함이 많았으니, 문충공이 매우 사랑하면서 퇴도(退陶)의 문하에서 공부하지 못함을 한스럽게 여겼다. 선생은 학문을 하는 요체를 듣고 나서 오직 존

5 고왕모(高王母) : 정종로의 고조(高祖) 정도응(鄭道應, 1618~1667)의 배(配) 숙인(淑人) 유씨(柳氏)를 가리킨다.

양(存養 존심 양성(存心養性))과 천리(踐履 실천)의 공부에 마음을 전일(專一)하였고, 좌우(座右)에 '하루 종일 정좌하는 것은 쉽지만, 일각을 조존함은 어렵다.〔靜坐終日易, 操存一刻難.〕'라는 열 글자를 써 두고 스스로 열심히 행하였다.

정미년(1607, 선조40)에 아버지 문충공의 상(喪)을 당하였다. 광해(光海) 경술년(1610, 광해군2)에 사마시에 장원으로 합격하였다. 임자년(1612) 2월에 해서(海西) 옥사[6]가 일어났는데, 선생은 정적(政敵)에게 모함을 받아 체포되었다. 체포되고 나서 병이 심해지자 대신(大臣) 이한음(李漢陰), 심일송(沈一松)[7] 등 여러 공들이 장계를 올려 건의하여, 6월에 비로소 사면되어 돌아왔다. 병진년(1616)에 익위사 세마(翊衛司洗馬)에 임명되었으나 나아가지 않았다.

계해년(1623, 인조1) 인조(仁祖) 반정(反正)에 나의 선조(先祖 정경세(鄭經世))가 부제학(副提學)으로서 경연(經筵)에서 임금을 모셨는데, 임금께서 남중(南中)의 어질고 재주 있는 이를 하문(下

6 해서(海西) 옥사(獄事) : 이른바 김직재(金直哉, 1554~1612)의 옥사이다. 김직재는 본관이 안동이고 자가 경어(景漁)이다. 1612년(광해군4) 연릉 부원군(延陵府院君) 이호민(李好閔), 좌랑을 지낸 송상인(宋象仁) 등과 공모하여 서울을 함락시킨 다음, 이이첨(李爾瞻) 등의 대북파를 제거하고 순화군(順和君)의 양아들 진릉군(晉陵君) 태경(泰慶)을 왕으로 추대하고자 했다는 혐의로 아들 백함(白緘), 사위 황보신(皇甫信)과 함께 처형당했다. 이 사건으로 100여 명이 처형되거나 귀양 가는 등의 처벌을 받았다. 《燃藜室記述 卷19 廢主光海君故事本末 金直哉之獄》

7 이한음(李漢陰), 심일송(沈一松) : 호가 한음인 이덕형(李德馨, 1561~1613)과 호가 일송인 심희수(沈喜壽, 1548~1622)를 가리킨다. 이덕형은 본관이 광주(廣州), 자가 명보(明甫)이며, 시호가 문익(文翼)이다.

問)하심으로 인하여 선생 및 장여헌(張旅軒)[8]을 천거하였다. 이에 선생을 기용하여 봉화 현감(奉化縣監)을 제수하였다. 봉화현은 토지가 척박하고 세금이 과중하여 백성들이 견딜 수 없었는데, 선생이 호조(戶曹)에 신고하여 전제(田制)를 개혁하니,[9] 밭이 늘어나고 세금이 줄어들었으며 떠돌아다니던 자들이 사방에서 돌아와, 처음에는 백(百)을 채우지 못하였던 호구(戶口)가 한 해 사이에 배로 늘었다. 순찰사(巡察使)[10]가 이를 임금께 보고하자, 내외 옷 한 벌을 하사하고 장려하는 유서(諭書)를 내려 "그대가 백성 사랑하기를 마치 자식처럼 여기고 고을 다스리기를 마치 집안처럼 하였으니, 참으로 발탁했던 뜻을 저버리지 않았도다."라고 말씀하셨다. 선생은 갑자년(1624)에 형조 정랑(刑曹正郞)에 제수되었으나 부임하지 않았다. 병인년(1626) 겨울에 영천 군수(榮川郡守 영천은 현 경북 영주를 가리킴)에 제수되었으나 부임하지 않았다.

정묘년(1627) 1월에 오랑캐들이 우리나라를 침범하자, 주상께서 피난하여 강화도로 들어갔다. 고을의 인사(人士)들이 선생을

8 장여헌(張旅軒) : 장현광(張顯光, 1554~1637)을 가리킨다. 본관은 인동(仁同), 자는 덕회(德晦), 호는 여헌이며, 시호는 문강(文康)이다. 공조 좌랑, 형조 참판, 대사헌 등을 역임하였다. 저서로는 《여헌집(旅軒集)》이 있다.

9 개혁하니 : 원문은 '개보(改步)'이니, 개보개옥(改步改玉)의 준말로, 전 시대의 폐해를 말끔히 씻어 제도를 일신(一新)하는 것을 말한다. 《春秋左傳 定公 5年》 인조반정(仁祖反正)이 성공한 뒤 법과 제도를 일제히 정비하였다.

10 순찰사(巡察使) : 민성징(閔聖徵, 1582~1647)을 가리켜 말한 것이다. 《목재집》 권8 〈수암 유공 행장(修巖柳公行狀)〉을 살펴보면, "순찰사 민성징이 선생의 치적(治積)을 보고하자……〔巡察使閔聖徵, 上先生治行,……〕"라는 말이 있다. 민성징은 본관이 여흥이고 자가 사상(士尙)이고 호가 졸당(拙堂), 용졸(用拙)이다.

추대하여 의병(義兵)을 통솔하게 하였는데, 이창석(李蒼石)[11]이 그 기강과 율(律)의 엄함을 보고 감탄하며 말하기를, "처음에 나는 유모(柳某)가 다만 부드럽다고만 여겼을 뿐이었더니, 삼군(三軍)을 통솔함에 이와 같이 용감한 점이 있을 줄 생각하지 못하였다."라고 하였다. 2월에 청도 군수(淸道郡守)가 되었는데, 글을 지어 제생(諸生)을 깨우치고, 훈장(訓長)을 뽑아 그들을 가르치게 하였다. 11월에 그만두고 돌아왔다.

무진년(1628, 인조6)에 익위사 익위(翊衛司翊衛)에 임명되었다. 나의 선조(先祖 정경세)가 장차 기형주(璣衡註)[12]를 진강(進講)하려 함에 선생을 불러 의심되는 뜻을 논의하였다. 이어서 사복시 첨정(司僕寺僉正)에 임명되었다. 기사년(1629)에 외직으로 나가서 예천 군수(醴泉郡守)가 되었는데, 겨울에 관직을 그만두고 돌아왔다.

신미년(1631)에 전라도 도사(全羅道都事)에 제수되었으나 부임하지 않았다. 3월에 합천 현감(陜川縣監)이 되었다가, 계유년(1633) 여름에 임무를 마치고 돌아왔다.

갑술년(1634)에 한성 서윤(漢城庶尹)을 거쳐 사헌부 지평(司憲府持平)에 임명되었다. 당시에 처사(處士) 강학년(姜鶴年)[13]이 장

11 이창석(李蒼石) : 이준(李埈, 1560~1635)을 가리킨다. 본관은 흥양(興陽), 자는 숙평(叔平), 호는 창석이며, 시호는 문간(文簡)이다. 저서로는 《창석집(蒼石集)》이 있다.

12 기형주(璣衡註) : 《서경(書經)》 〈순전(舜典)〉에 "순(舜)이 선기옥형을 만들어 일월(日月)과 오성(五星)을 다스렸다.〔在璇璣玉衡, 以齊七政.〕"라는 대목의 주석(註釋)을 말한다.

령(掌令)으로서 소(疏)를 올려 시사(時事)를 말하였는데, 그 내용이 조정의 의론을 범하여[14] 장차 무거운 법으로 다스려지게 되었다. 선생이 아뢰어 말하기를, "강학년은 시골에 사는 투박하고 어리석은 사람으로 일의 근본을 알지 못하고 망녕되이 백이(伯夷)와 엄연년(嚴延年)의 일[15]을 인용하였습니다. 하지만 그의 본심을 헤아려 보면, 받은 은혜에 감격하여 오로지 말을 다할 것만을 생각한 데 지나지 않은데, 이것으로 죄를 삼으신다면 다만 성세(聖世)의 허물만 되지 않겠습니까."라고 하였다. 대신들의 언쟁이 그치지 않자, 주상께서 말씀하시기를, "나는 말을 함부로 한 것으로 선비를 죽이고 싶지 않다."라고 하였으니, 대개 선생의 말에서 느끼어 깨달음이 있어서였다.

을해년(1635) 1월에 선생은 도산서원에 배알(拜謁)하고, 돌아오는 길에 영천(榮川)의 귀학정(龜鶴亭)[16]에 들렀다가 갑자기 병

13 강학년(姜學年) : 1585~1647. 본관은 진주(晉州), 자는 자구(子久), 호는 복천(復泉), 자운(紫雲)이다. 1623년(인조 원년) 학행(學行)으로 천거되었고, 뒤에 공신들에 의한 정치의 폐단을 상소하였다가 유배되었다.

14 당시에……범하여 : 1634년(인조12) 11월 3일에 장령으로 있던 강학년이 상소하여 임금의 실정과 실덕을 거론하였는데, 언사가 지나치다 하여 12월 9일 삭탈관작되고 이듬해 은진으로 유배되었다. 《仁祖實錄 12年 11月 7日》

15 백이(伯夷)와 엄연년(嚴延年)의 일 : 백이는 주 무왕(周武王) 때 현인이고, 엄연년은 한(漢)나라 장수이다. 강학년이 백이와 엄연년을 거론하며 폐위된 동궁 지와 인성군 공(珙)에 대해 아뢰기를 "백이가 있었다면 반드시 '포악한 자가 포악한 자를 갈아치웠다.'라는 비난을 했을 것이고, 엄연년이 있었다면 반드시 곽광(霍光)을 탄핵하는 조처가 있었을 것입니다."라고 하였다. 《仁祖實錄 12年 11月 3日》

16 귀학정(龜鶴亭) : 백암(栢巖) 김륵(金玏, 1540~1616)이 경상북도 영주〔榮川〕

이 들어 13일에 졸(卒)하였으니, 향년이 54세였다. 원근의 사람들이 모두 탄식하고 애석해 하며 말하기를, "우리 도(道)는 누구에게 의탁한단 말인가."라고 하였다. 이해 모월(某月) 모일(某日)에 선산(善山) 땅에 장사 지내고, 그 뒤에 군위현(軍威縣) 서쪽 어의곡(於義谷) 해좌(亥坐) 언덕으로 이장하였다. 효묘(孝廟) 병신년(1656, 효종7)에 이조 참판(吏曹參判)에 증직되었고, 현묘(顯廟) 임인년(1662, 현종3)에 병산서원(屛山書院)[17] 문충공의 사당에 부향(祔享)되었다.

선생은 겸손하고 곧으며 도량이 넓어 그 한계를 알 수 없었고, 우아하고 순정하며 장엄하고 온화하여 모남을 드러내지 않았다. 성내고 사나운 기운을 얼굴에 나타내지 않았으며, 기지(機智)를 쓰려는 사사로움을 마음에 싹틔우지 않았다. 평소에 복응(服膺)한 것은 오직 자증자(子曾子)가 오로지 내면에 마음을 썼던 것[18]을

가흥리(可興里)에 건립한 정자이다. 1988년에 후손들이 봉화군 봉화읍(奉化邑) 문단리(文丹里) 사암(巳巖)으로 이건(移建)하여 관리하고 있다.

17 병산서원(屛山書院) : 유성룡(柳成龍, 1542~1607)의 학문과 업적을 기리기 위해 설립한 서원이다. 안동시 하회면에 있으며, 1614년(광해군6)에 존덕사를 세워 유성룡의 위패를 모셨고', 그 뒤 그의 아들 유진(柳袗, 1582~1635)을 추가 배향하였다. 1862년(철종13)에 조정에서 '병산서원'이란 이름을 하사하였다.

18 자증자(子曾子)가……것 : 증자가 하루에 세 가지로 자신을 돌이켜 봄을 가리켜 말한 것이다. 《논어》 〈학이(學而)〉에, 증자가 "나는 날마다 세 가지로 나의 몸을 살피노니, 남을 위해 일을 도모함에 충성스럽지 않은가, 벗과 더불어 사귐에 성실치 않은가, 전수받은 것을 복습하지 않는가이다.〔吾日三省吾身, 爲人謀而不忠乎, 與朋友交而不信乎, 傳不習乎.〕"라고 하였다. 그 주에 "여러 제자가 학문이 모두 성인에게서 나왔으나 그 뒤에 멀어질수록 더욱 그 참을 잃었는데, 유독 증자의 학문은 오로지

법으로 삼았고, 부윤방달(孚尹旁達)[19]하고 인후(仁厚)한 용모가 성대하게 면목(面目)에 넘쳐흐르니, 바라보는 사람들이 도(道)를 지닌 군자(君子)라는 것을 알지 못함이 없었다.

선생의 효성과 우애는 하늘로부터 타고나 지극하였다. 아버지 문충공을 섬김에 그 기뻐하심을 다하였고, 상(喪)을 당하여서는 슬픔으로 몸을 상하여 병을 얻어 위태로운 지경에 이르렀다. 제사에는 반드시 5, 6일을 앞서 재계하였으니 음식을 만드는 남녀종들도 또한 목욕하여 정결함을 지극히 하도록 하였다. 일찍 죽은 두 형을 생각하여 그 남은 자식을 마치 자신의 자식처럼 가르치고 길렀다. 형제와 분가할 때에는 적서(嫡庶)를 구분하지 않고 오직 고르게 분배하였다. 종족과 인척, 이웃과 향곡을 대우함에는 소척(疏戚)이 없이 한결같이 그 분수에 맞게 극진히 하였다. 붕우와 더불어 사귐에는 오래되어도 공경하였고, 비록 신분이 낮거나 어린 사람을 접할 때라도 예의와 경건, 사양과 공손함으로 대하였다. 다른 사람의 선행(善行)을 칭송할 때는 마치 자신에게 있는 듯이 하였고, 세간(世間)의 명리(名利)에는 담박한 듯하였다.

선생은 일찍이 과거에 응시하여 이윽고 합격하였지마는, 담당관이 일부러 채택했음[20]을 알고는 마침내 성위(省圍)[21]에는 가지

내면에 마음을 썼다.〔諸子之學, 皆出於聖人, 其後愈遠而愈失其眞, 獨曾子之學, 專用心於內.〕"라고 하였다.

19 부윤방달(孚尹旁達) : 미덥고 바른 덕이 사방에 미침을 뜻한다. 공자가 "대저 옛날에 군자는 덕을 옥에 비겼으니, 온윤하되 윤택함은 인(仁)이요……미더운 덕이 사방으로 퍼짐은 신이다.〔夫昔者君子, 比德於玉焉, 溫潤而澤仁也.……孚尹旁達信也.〕"라고 말한 데서 가져왔다.《禮記 聘義》

않았다. 전후(前後)로 네 번 군읍(郡邑)을 맡아 다스림에, 얼음물을 마시고 나무의 움을 먹듯[22] 늠연하였으니, 사람들이 감히 사사로이 청탁하지 못하였다. 부임한 곳의 백성들이 모두 비를 세워 칭송하였다. 돌아와서는 둥글게 친 담장[23]이 말끔하여 죽으로도 연명하지 못하였지만 편안하게 여겼다. 스스로 고가(故家)의 세신(世臣)으로서 무릇 관직을 제수받음이 있으면 숙배(肅拜)하지 않은 적이 없었고, 또한 일찍이 그 관직에 오래 있지 않았다. 만년에는 사헌부에 들어갔다. 마침 권귀(權貴)의 무리들이 나라의 인재들을 다 없애려고 할 때를 만났는데, 인재들을 위해 분변하고

20 담당관이 일부러 채택했음 : 〈수암 유공 행장〉에 "교리 엄성이 경시관으로 있다가 선생의 큰 명성을 사모하여 과거의 장원으로 발탁하고 과를 일반 등급과 다르게 하려 했다. 선생은 서울에 들어가면 주사(主司)가 이름을 기록할 것을 염려하여 결국 대과에 가지 않았다.〔嚴校理惺, 爲京試官, 慕先生大名, 擢置魁試, 課絶常等. 先生慮入洛而主司採名見錄, 遂不赴省試.〕"라고 하였다.

21 성위(省圍) : 성시(省試), 즉 대과를 말한다. 초시(初試)에 합격한 사람을 서울에 모아서 치르던 과거 시험이다. 복시(覆試) 또는 회시(會試)라고 한다. 예조(禮曹)에서 주관하였다.

22 얼음물을……먹듯 : 원문의 '빙벽(氷蘗)'은 청고(淸苦)한 지절(志節)을 의미하는 말로, 청빈한 생활로 얼음물을 마시고 나무의 움을 먹는다는 '음빙식벽(飮氷食蘗)'이라는 말에서 유래하였다. 백거이(白居易)의 "삼 년 세월 동안 자사로 있으면서, 얼음물을 마시고 나무의 움을 먹는다.〔三年爲刺史, 飮氷復食蘗.〕"라는 시구가 있다. 《白樂天詩集 卷1 三年爲刺史》

23 둥글게 친 담장 : 원문은 '환도(環堵)'로, 청빈한 선비의 검소한 거처를 가리키는 것이니, 《예기(禮記)》 〈유행(儒行)〉에 "선비는 가로세로 각각 10보 이내의 담장 안에서 거주하니 좁은 방은 사방에 벽만 서 있을 뿐이다.〔儒有一畝之宮, 環堵之室.〕"라는 말에서 유래하였다.

막기를 견고하고 간절하게 하였다.

살펴보건대, 그 평생의 어묵(語默)과 출처(出處)가 모두 예전 순유(醇儒)들의 법도에 부합하였고, 문장을 지음에는 조리(造理)가 정밀하고 빈틈없어 한결같이 법도에 맞고 진실하여 응용함을 위주로 하였다. 대개 선생의 학문은 겸양과 공손과 독실(篤實)함을 근본으로 해서 고요하고 굳셈으로써 지키고, 공평하고 정당함으로써 행하며, 쌓고 오래함으로써 유지하여, 비록 명성이 이미 이루어지고 도(道)가 이미 높았지만 항상 조금도 가진 것이 없는 듯이 하였으니, 군자의 성대한 덕이 아니면 어찌 이런 경지에 이를 수 있었겠는가.

선생은 휘가 진(袗)이고 자가 계화(季華)이며 성은 유씨(柳氏)로 본관이 풍산(豐山)이다. 풍산 유씨는 대대로 하회(河回)에 살았는데 선생에 이르러 처음으로 상산(商山)의 시리(柴里)로 옮겼다. 고조(高祖)는 휘가 자온(子溫)이니 진사(進士)이고 이조 판서(吏曹判書)에 증직되었다. 증조는 휘가 공작(公綽)이니 군수(郡守)를 지냈고 좌찬성(左贊成)에 증직되었다. 조부는 휘가 중영(仲郢)이니 관찰사(觀察使)를 지냈고 영의정(領議政)에 증직되었다.

전배(前配)는 정부인(貞夫人)에 증직된 영가 권씨(永嘉權氏)이니 충정공(忠定公) 권벌(權橃)[24]의 증손녀이고 호군(護軍) 권채

24 권벌(權橃) : 1478～1548. 자는 중허(仲虛), 호는 충재(冲齋), 훤정(萱亭), 송정(松亭)이며, 시호는 충정(忠定)이다. 기묘사화에 연루되어 파직당하고 귀향하여 15년간 고향에서 지내다가 복직되었다. 양재역 벽서 사건에 연루되어 유배지인 삭주(朔州)에서 죽었다. 삼계서원(三溪書院)에 제향되었으며, 저서로는 《충재집(冲齋集)》이 있다.

(權采)의 따님으로 선생의 묘에 부장(祔葬)되었으며, 1남 8녀를 두었다. 아들 천지(千之)는 유일(遺逸)로 장령(掌令)을 지냈고, 딸은 감역(監役) 김시민(金時敏), 부사(府使) 신숭구(申嵩耉), 금처순(琴處謙), 참봉(參奉) 이상일(李尙逸), 김종준(金宗準), 나의 고조(高祖)이며 유일(遺逸)로 자의(諮議)를 지낸 정도응(鄭道應), 부사(府使) 곽문용(郭文溶), 이재관(李在寬)에게 시집갔다. 후배(後配) 진양 하씨(晉陽河氏)는 하옥(河沃)의 따님으로 아들 하나를 낳았으니, 직장(直長) 백지(百之)인데 양자로 나갔다. 장령 천지는 아들이 셋이니 명하(命河), 참봉 경하(經河), 위하(緯河)이며, 딸이 넷이니 장만용(張萬容), 조중윤(趙重胤), 권구(權榘), 유일로 별제(別提)를 지낸 이만부(李萬敷)에게 시집갔다. 직장 백지는 아들이 넷이니, 장하(章河), 석하(錫河), 창하(昌河), 응하(應河)이고, 딸이 셋이니 생원 김하진(金夏鎭), 김남수(金南粹), 강진석(姜震錫)에게 시집갔다. 이하 지파(支派)는 다 기록하지 않는다. 명하의 사자(嗣子)는 후겸(後謙)이고, 후겸의 사자는 성로(聖魯)이고, 성로의 사자는 발(潑)이고, 발의 사자는 곧 심춘(尋春)이니, 선대의 업을 잘 계승하였으며, 현달한 자는 성로의 셋째 아들 광억(光億)으로 문과에 급제하여 정언(正言)이 되었다. 명은 다음과 같다.

천지의 순정하고 화한 기운을 모아	鍾天地醇和之氣
성현의 중정한 이치를 함양하였으니	涵聖賢中正之理
그 뜻을 세움에 도탑고 성실했으며	篤誠乎其立志也
그 몸가짐을 삼가고 두려워하였네[25]	兢業乎其持己也

이에 덕스런 국량이 순수하였고　　於焉而德器粹
이에 학문의 역량이 지극하였네　　於焉而學力至
남을 사랑함엔 춘풍이 발육하는 뜻 있었고　愛物則有春風發育之意
일을 말함엔 고인의 강단한 뜻 있었네　　言事則有古人剛果之義
겸손하면서도 크고 넓으면서도 굳세었으니　　謙而賁弘而毅
의당 진실로 문충공의 아들 됨에 걸맞았고　宜其允稱爲文忠公之子
추로[26] 백세의 선비에게 법이 되겠도다　　而矜式於鄒魯百世之士也

25 삼가고 두려워하였네 : 《서경(書經)》 〈고요모(皐陶謨)〉에, 고요가 "안일과 욕심으로 제후를 가르치지 마시고, 삼가고 두려워하소서.〔無敎逸欲有邦, 兢兢業業.〕" 라고 한 말에서 가져왔다.

26 추로(鄒魯) : 공자와 맹자의 유풍(遺風)이 있는 문명한 곳을 말한다. 추(鄒)는 맹자의 출생지이고, 노(魯)는 공자의 출생지이다. 여기서는 예부터 추로지향(鄒魯之鄕)이라 일컬어지는 영남 지방을 의미한다.

통훈대부 세자시강원 보덕 우헌 채공 묘갈명 병서
通訓大夫世子侍講院輔德愚軒蔡公墓碣銘 並序

고(故) 시강원 보덕(侍講院輔德) 우헌(愚軒) 채공(蔡公)은 영묘(英廟) 병오년(1726, 영조2)에 졸(卒)하였으니 지금부터 77년 전인데 묘도(墓道)에 아직 비석이 없다. 그의 5세손 하규(夏圭)가 청대(淸臺) 권 희정공(權僖靖公)[27]이 찬술한 행장(行狀)을 가지고 와서 나에게 보이며 한마디 말을 청하기에, 사양하였지만 받아들여지지 않아서 삼가 다음과 같이 쓴다.

공은 휘가 헌징(獻徵)이고 자가 문수(文叟)이며 본관이 인천(仁川)으로, 고려 때 동지사(同知事) 선무(先茂)가 그 상조(上祖)이다. 조선에 들어와 휘 윤(倫)이 있었으니 문과에 급제하여 필선(弼善) 벼슬을 하였다. 또 휘 수(壽)는 예조 참판(禮曹參判)이 되었고 인천군(仁川君)에 봉해졌으며 시호는 양정(襄靖)이고 호는 나재(懶齋)로, 성묘(成廟 성종(成宗)) 때의 명신(名臣)인데 만년에 물러나 함창(咸昌)의 이안(利安) 마을에 살았으니, 이분이 공의 7대조가 된다. 양정(襄靖)의 손(孫)은 무일(無逸)이라 하니 헌납(獻納)을 지냈고 호는 휴암(休庵)이다. 이분이 휘 유광(有光)을

27 청대(淸臺) 권 희정공(權僖靖公) : 권상일(權相一, 1679~1759)을 가리킨다. 본관은 안동(安東), 자는 태중(台仲), 청대는 그의 호이며, 희정(僖靖)은 시호이다. 저서로는 《청대집(淸臺集)》이 있다. 《청대집》 권13 〈부사 여물헌 채공 행장(府使與物軒蔡公行狀)〉이 실려 있다.

낳으니 군자감 첨정(軍資監僉正)을 지냈다. 이분이 휘 천계(天啓)를 낳으니 참봉(參奉)을 지냈다. 이분이 휘 이복(以復)을 낳으니 생원(生員)이다. 이분이 휘 기종(起宗)을 낳으니 곧 공의 아버지로, 승평 김씨(昇平金氏) 좌의정(左議政) 양경공(襄景公) 김승주(金承霔)[28]의 후손 학생(學生) 김경장(金慶長)의 따님에게 장가들어 숭정(崇禎) 후 4년 무자년(1648, 인조26)에 공을 낳았다.

공은 이미 장성하여서는 양자로 나가 승지(承旨)에 증직된 종조숙부(從祖叔父) 휘 지수(之洙)의 후사가 되었다. 승지공의 배(配)는 숙부인(淑夫人)에 증직된 풍천 임씨(豐川任氏)이니 판서(判書) 임권(任權)[29]의 현손(玄孫)이고 학생(學生) 임후(任慏)의 따님이다.

공은 을묘년(1675, 숙종1)에 사마시(司馬試)에 합격하였고, 무오년(1678) 명경과(明經科)에 급제하여 국자(國子 성균관)에 들어갔고, 보안 승(保安丞)에 제수되었으나 부임하지 않았다. 경신년(1680)에 창락 승(昌樂丞)에 제수되어 부임하였으나 얼마 되지 않아 관직을 버리고 돌아왔다.

28 김승주(金承霔) : 1354(공민왕3)~1424(세종6). 호는 월담(月潭), 시호가 양경(襄景)이다. 고려 말 조선 초의 변혁기에 무반으로 입신하여 경상도 병마절제사(慶尙道兵馬節制使), 좌군 도총제(左軍都總制), 공조 판서(工曹判書), 좌의정(左議政)을 역임하였으며, 방춘서원(芳春書院)에 제향되었다.

29 임권(任權) : 1486~1557. 본관은 풍천(豐川), 자는 사경(士經), 호는 정용(靜容)이며, 시호는 정헌(貞憲)이다. 계유년에 급제하였다. 기묘년 사화 때에 면직되었다가, 뒤에 집의(執義)가 되었으나, 청류(淸流)로 내침을 당해 외관(外官)으로 있었다. 곧 파직되었으나 뒤에 다시 서용되었다.

기사년(1689)에 기폐(起廢 면직된 사람을 다시 벼슬에 씀)할 적에 육품(六品)에 올라서 사복시 주부(司僕寺主簿)가 되었다. 얼마 있다가 예조(禮曹) 병조(兵曹) 정랑(正郎) 겸 춘추관 기사관(春秋館記事官)이 되었다. 경오년(1690)에 사간원(司諫院)에 들어가 정언(正言)이 되었다. 계유년(1693)에 장령(掌令)에 임명되었는데, 부모님을 편히 봉양하기 위하여 군(郡)에 임명되기를 원하여 진주 목사(晉州牧使)가 되었고, 겨울에 서장관(書狀官)에 충원되었지만 어버이가 늙었다는 것으로 사양하였다.

갑술년(1694)에 고향으로 돌아왔다.[30] 기묘년(1699)에 어머니 숙부인(淑夫人)의 상(喪)을 당하였다. 임오년(1702)에 인동 부사(仁同府使)에 제수되었는데 얼마 되지 않아 파직되었다. 정해년(1707)에 판교(判校)에 임명되었다. 무자년(1708)에 영해부(寧海府)를 맡아 다스렸으나, 4년 지나서 어떤 일 때문에 파직되었다.

기해년(1719)에 숙종(肅宗)께서 기로소(耆老所)에 들어가 나이 70살 된 시종신(侍從臣)에게 은혜를 더하였는데, 공은 통정(通政) 첨지중추부사(僉知中樞府事)로 승진하였다. 공은 성수(聖壽)가 무강(無疆)하다는 것으로써 서울에 들어가 하례를 드렸다. 그 뒤 8년 지난 병오년(1726, 영조2) 2월 19일에 집에서 고종(考終)하였다. 모월 모일 상주(尙州) 곡산동(曲山洞) 모향(某向) 언덕에 장

30 고향으로 돌아왔다 : 원문은 '부귀(賦歸)'로, 〈귀거래사(歸去來辭)〉를 읊으며 향리로 돌아옴을 말한다. 진(晉)나라 도연명(陶淵明)이 팽택 현령(彭澤縣令)으로 있다가, 오두미 때문에 소인에게 허리를 굽힐 수는 없다면서 벼슬을 그만두고 〈귀거래사(歸去來辭)〉를 읊으며 돌아갔다는 고사에서 유래하였다.

사지냈다.

공은 어릴 적에 시원하고 빼어나 얽매임이 없었는데, 어느 날 아버지의 가르침을 받고는 곧바로 스스로 책망하며 수학(受學)에 마음을 전일(專一)하였다. 그 후로는 학업이 날로 진보하여 경사(經史)와 제자서(諸子書)를 모두 통달하였고 문사(文詞)가 풍부하고 민첩하여 공사(公私) 간의 시험에 문득 장원 급제하였다. 재기와 도량이 넉넉하고도 컸으며 얼굴과 모습은 우람하고 훤칠하였으니, 젊어서부터 어른스럽다고 일컬어졌다. 일찍이 대성(臺省)에서 주대(奏對)할 적에 임금의 뜻에 맞게 하여 《통감(通鑑)》 한 부를 하사받았다.

진주(晉州)에 충신사(忠臣祠)가 있는데 이서(吏胥)가 천관(薦祼)[31]을 주관하던 것을, 공이 의논하여 병사(兵使)와 목사(牧使)가 헌관(獻官)이 되도록 정하였다.[32] 인동(仁同) 관아가 오래도록 괴이한 일이 있어서 폐한 지가 이미 오래되었는데, 공은 부임한 날 곧바로 들어가 살았다.[33] 영해(寧海)에서 돌아올 때 고을의 백성들

31 천관(薦祼) : 제사의 절차로 천은 제수(祭需)를 올리는 것을 말하고, 관은 신의 강림(降臨)을 바라며 모사(茅沙)를 담은 그릇에 술을 조금씩 세 번 따르는 것을 말한다.

32 진주(晉州)에……정하였다 : 〈부사 여물헌 채공 행장〉에 "진주 재임 시절 진주에 충신묘가 있는데 이서가 그 관천을 관장함에 매우 더럽고 게을리하였다. 공이 의논하여 병사를 초헌으로 삼고 목사를 아헌으로 삼기를 정하였다.〔在晉州, 州有忠臣廟, 吏胥掌其灌薦, 甚褻而慢. 公議定兵使爲初獻, 牧使爲亞獻.〕"라는 말이 있다.

33 인동(仁同)……살았다 : 〈부사 여물헌 채공 행장〉에 "인동 관사에 요괴한 설이 있음으로 인하여 폐한 지 오래되었지만, 수레에서 내린 날 곧 수리하라 명하고서 들어가 살았다.〔在仁同衙舍, 因妖說廢久, 下車日, 卽命修理而入居.〕"라는 말이 있다.

이 다들 애석하게 여겨 전별 자리를 마련하여 그 뜻을 다하였다.

공은 평소에 행실을 단속하여 시속(時俗)에서 모나거나 남다른 행동을 하지 않았다. 하지만 일찍이 산택재(山澤齋)와 남악(南岳)[34]의 문하에 종유(從遊)하여 위기지학(爲己之學)의 방도를 들을 수 있어서 날마다 반드시 일찍 일어나 관대(冠帶)를 갖추어 입고는 엄연(儼然)하게 처하였고, 암실(暗室)이라고 해서 혹 태만하지 않았다. 어버이 섬김에 기뻐하심을 극진하게 해 드렸다. 선조를 받듦에는 정성을 다하였으니, 매양 제사 때에는 반드시 재계하고[35] 닭이 울기를 기다렸다가 제사를 올렸으며, 혹 병이 들어 참여할 수 없을 때는 상의(上衣)와 대대(大帶)를 몸에 걸치고 제사가 끝나기를 기다렸다. 백형(伯兄)을 사랑하고 여러 조카를 어루만짐에 그 도리를 모두 극진히 하였다. 집이 본래 가난하여 단표(簞瓢)[36]

34 산택재(山澤齋)와 남악(南岳) : 산택재는 홍여하(洪汝河, 1621~1678)를 가리킨다. 본관은 부계(缶溪), 자는 백원(百源), 호는 목재(木齋), 산택재이다. 1654년(효종5) 문과에 급제하여 검열, 대교, 병조 좌랑, 사간을 역임하였다. 저서로는 《목재집(木齋集)》이 있고, 편서로는 《동사제강(東史提綱)》이 있다. 남악은 이현일(李玄逸, 1627~1704)을 가리킨다. 본관은 재령(載寧)이고 자는 익승(翼升)이고 호는 갈암(葛庵), 남악(南嶽)이다. 대사헌, 이조 판서 등을 역임하였다. 저서로는 《갈암집(葛庵集)》이 있다.

35 재계하고 : 원문은 '제명(齊明)'으로, 《중용장구》 제16장에 "귀신의 덕이 성대하다.……천하 사람들로 하여금 재계하고 옷을 잘 차려 입고서 제사를 받들게 하고, 뚜렷하게 그 위에 있는 듯하고 그 좌우에 있는 듯하다.〔鬼神之爲德, 其盛矣.……使天下之人齊明盛服, 以承祭祀, 洋洋乎如在其上, 如在其左右.〕"라고 한 말이 있다.

36 단표(簞瓢) : 안빈낙도(安貧樂道)의 생활을 가리킨다. 《논어》 〈옹야(雍也)〉에 "어질다, 안회(顏回)여. 한 그릇 밥과 한 표주박 물을 마시며 누항에 사는 것을 사람들은 근심하며 견뎌 내지 못하는데, 안회는 그 즐거움을 바꾸지 않으니, 어질도다,

조차도 혹 다하여 없더라도 처하기를 편안한 듯이 하였다. 구학(丘壑)에서 한가로이 살며 서사(書史)를 실컷 보았으니, 향린(鄕隣)의 후생들이 의귀(依歸)하여 우러르며 물으러 오지 않는 이가 없었고, 유림(儒林)에 큰 일이 있으면 반드시 공을 기다려 결정하였다. 이 당시에 영남 우도(右道)는 대개 공을 중하게 여겼다.

부인 숙부인(淑夫人)은 강씨(姜氏)이니 진산 부원군(晉山府院君) 강시(姜蓍)[37]의 후손이고 선교랑(宣教郎) 강전(姜腆)의 따님이다. 2남 4녀를 두었으니, 아들은 통덕랑(通德郎) 명적(命廸), 문과에 급제하여 좌랑(佐郎) 벼슬한 명운(命運)이고, 딸은 권완(權悰), 강섬(姜暹), 김정하(金挺河), 남정삼(南鼎三)에게 시집갔다. 측실 소생의 딸이 있으니 송임(宋恁)에게 시집갔다. 명적은 아들이 셋이니 형(瑩), 학(壆), 옥(玉)이고, 딸이 넷이니 조중경(趙重經), 김미석(金眉錫), 강복서(姜復瑞), 정격(鄭格)에게 시집갔다. 명운은 아들이 하나이니 보(寶)이다. 내외 손자와 증손자는 많아서 기록하지 않는다. 명(銘)은 다음과 같다.

여기는 덕이 높은 선배가 묻힌 곳이니	是惟碩德先輩之藏
후세 사람들은 훼상하지 말지어다	後之人其無毁傷

안회여.〔賢哉, 回也. 一簞食, 一瓢飮, 在陋巷, 人不堪其憂, 回也, 不改其樂, 賢哉, 回也.〕"라고 한 공자의 말에서 유래하였다.

37 강시(姜蓍) : 1339(충숙왕 복위8)~1400(정종2). 본관은 진주(晉州), 시호는 공목(恭穆)이다. 1357년(공민왕5) 생원에 합격하여 문하찬성사(門下贊成事), 안동부사(安東府使)를 역임하였다. 조선 건국 후 유배되었다가 후에 상의 문하찬성사(商議門下贊成事)를 지냈다.

동부승지 퇴촌 남공 묘갈명 병서

同副承旨退村南公墓碣銘 並序

지난 숙묘(肅廟) 기사년(1689, 숙종15)에 중궁(中宮)께서 사가(私家)로 물러났다.[38] 당시에 직간(直諫)으로 죄를 받은 사람이 세 명[39]인데, 그 가운데 정재(定齋) 박태보(朴泰輔) 공은 그 충렬(忠烈)이 더욱 성대하여 화(禍)를 입은 것이 더욱 혹독하였으니, 조야(朝野)의 사람들이 원통해 하지 않는 이가 없었다. 그러나 임금의 진노가 매우 심하여 간언(諫言)을 하는 자에게 흉악한 반역을 범한 죄로 다스리라는 교지를 내리기에 이르게 되니, 대신(大臣) 이하의 모든 사람들이 입을 다물고 감히 말하지 못하였다. 오직 고(故) 승지(承旨) 남공(南公)만이 헌납(獻納)의 직위로서 먼저 임금께 글을 올려 그 관직을 회복해 주기를 청하니, 임금께서

38 중궁(中宮)께서 사가(私家)로 물러났다 : 중궁은 숙종의 계비(繼妃) 인현왕후(仁顯王后)를 가리키니, 기사환국(己巳換局)으로 서인이 실각하고 5월에 폐위되었다. "중궁(中宮)이 폐위(廢位)되어 사제(私第)에 거처하게 되었다."《국역숙종실록 15년 기사 윤3월 28일》

39 세 명 : 오두인(吳斗寅, 1624~1689), 이세화(李世華, 1630~1701), 박태보를 가리킨다. 이들은 인현왕후(仁顯王后)가 폐위되자 함께 반대하는 소를 올렸다가 국문을 받았고, 오두인은 의주(義州)로 유배 가던 도중에 파주에서 죽었으며 박태보는 진도에 정배(定配)되었다. 숙종은 "안으로 거역의 마음을 품고 임금에의 도리를 잊은 흉역(凶逆)한 무리에게는 악을 징계하는 법이 없을 수 없다. 박태보, 오두인, 이세화 등의 아들과 사위와 동생 및 숙질(叔姪)을 아울러 영구히 삭탈(削奪)하고 금고(禁錮)하라."라고 비망기를 내렸다.《국역숙종실록 15년 기사 5월 2일》

엄한 소리로 무엄(無嚴)함을 책망하자 좌우의 사람들이 모두 아연실색하였지만, 공은 두려워하지도 않고 흔들리지도 않으며 직언 올리기를 꺼리지 않았다. 이에 임금께서 노여움을 조금 거두었다. 그 뒤에 마침내 박태보의 관직을 회복해 주라고 명하였으니, 대개 공이 그 당시에 힘써 간쟁한 것이 임금의 마음을 열게 함이 있어서였으니, 또한 올바른 일이 아니겠는가.

삼가 살피건대 공은 휘가 후(垕)이고 자가 재원(載元)이니, 시조는 김충(金忠)으로 당(唐)나라 여남(汝南) 사람이다. 김충은 당나라에서 벼슬하여 안렴사(按廉使)가 되었고, 천보(天寶)[40] 말년에 일본(日本)에 사신을 다녀오다가 표류하여 신라 영해부(寧海府) 축산포(丑山浦)에 이르렀다. 당시에 중국은 크게 어지러워 천자가 파천(播遷)하였다. 김충은 이로 인하여 그대로 머물며 동국(東國)에서 벼슬하였으니, 신라 경덕왕(景德王)이 그가 본래 여남 사람이라는 것으로써 남씨(南氏) 성을 하사하였고 이름을 민(敏)으로 바꾸었으며 영양백(英陽伯)에 봉하였다. 시호는 영의(英毅)이다. 자손들이 이로 인하여 영양(英陽)을 본관으로 삼았다. 그 후세에 휘 군보(君甫)가 있으니 고려에 벼슬하여 관직이 밀직부사(密直副使)가 되었고, 옮겨 의령(宜寧)에 봉해졌으니 남씨의 분파 호적이 이로부터 시작되었다.

4세를 내려와 휘 을번(乙蕃)은 관직이 문하시중(門下侍中)이고 의령 부원군(宜寧府院君)에 봉해졌으며 시호는 경열(敬烈)이니, 이분이 공의 9대조(九代祖)이다. 을번의 아들은 휘가 은(誾)이니

40 천보(天寶) : 당나라 현종 742년부터 756년까지이다.

우리 태조를 도운 것으로 개국공훈(開國功勳)에 책록(策錄)되고 의령군(宜寧君)에 봉해졌으며, 시호가 강무(剛武)이고 묘정(廟庭)에 배향(配享)되었다. 그 아들은 휘가 경호(景祜)이니 판중추부사(判中樞府事)를 지냈고, 습봉(襲封)되었으며 시호가 안호(安胡)이다. 그 아들은 휘가 희(暿)이니 훈련도정(訓鍊都正)을 지냈다. 그 아들은 휘가 숙(俶)이니 삭녕 군수(朔寧郡守)를 지냈고 이조 판서(吏曹參判)에 증직되었으며 의평군(宜平君)에 봉해졌다. 그 아들은 휘가 예석(禮錫)이니 부사과(副司果)를 지냈고 한성 좌윤(漢城左尹)에 증직되었는데, 경사(京師)에서 문경(聞慶)으로 옮겼으며 곧 공의 고조(高祖)이다. 증조는 휘가 영(嶸)이니 효도한 것으로써 서애(西厓) 유 선생(柳先生 유성룡(柳成龍))에게 천거되었고, 뒤에 관직이 군수(郡守)가 되었고 좌참찬(左參贊)에 증직되었으며, 또 함창(咸昌)으로 옮겨 자리를 잡았다. 조부는 휘가 창조(昌祖)이니 현감을 지냈다. 고(考)는 휘가 극로(極老)이고, 비(妣)는 완산 이씨(完山李氏)이니 도사(都事) 이영광(李榮光)[41]의 따님이고 계양군(桂陽君) 이증(李增)[42]의 후손으로, 갑신년(1644, 인조22) 9월 모일에 공을 낳았다.

공은 어릴 때부터 빼어나고 시원스러워 눈매가 마치 새벽별 같

41 이영광(李榮光) : 손재(損齋) 남한조(南漢朝)가 지은 공의 행장에 의하면 이영선(李榮先)으로 되어 있다. "비는 완산 이씨이니 금부도사 영선의 따님이다.〔妣完山李氏, 禁府都事榮先之女.〕"《損齋集 卷15 高祖考……府君行狀》

42 계양군(桂陽君) 이증(李增) : 1427~1464. 세종의 서자이다. 세종의 총애를 받았으며 수양대군의 편에 서서 세조반정에 참여 이후 좌익공신 1등에 녹훈되었다. 시호는 충소(忠昭)이며 자는 현지(顯之)이다.

았다. 8세에 처음 글을 배움에 총명하고 영특하여 과정의 공부를 재촉함을 번거롭게 하지 않았다. 15세에 책 상자를 짊어지고 소당(素堂) 권황(權愰)[43]의 문하에 들어갔다. 동학(同學)의 여러 아이들과 더불어 희롱하는 이야기를 하지 않고, 경전(經傳)의 뜻을 질정해 묻고 종일 단정히 앉아 외우고 읽었으며, 여가 시간에는 사장(詞章)과 필획(筆劃)을 익혔다.

임인년(1662, 현종3) 진사시에 입격하였다. 기유년(1669)에 명경과(明經科)에 합격하여 성균관에 예속되었고, 신해년(1671)에 학유(學諭)에 부직(付職)되었다. 임자년(1672)에 의정부 사록(議政府司錄)에 제수되었다. 계축년(1673)에 박사(博士)로 옮겨 전적(典籍)으로 승진하였다가 예조 낭관(禮曹郎官)으로 옮겼다. 가을에 대동 찰방(大同察訪)에 임명되었는데 동기(同氣)의 상(喪)[44] 때문에 나아가지 못하였다. 갑인년(1674)에 또 예조 좌랑(禮曹佐郎)을 거쳐 병조(兵曹)로 전직되었고, 얼마 있다가 감찰(監察)로 옮겼다.

을묘년(1675, 숙종1) 무안 현감(務安縣監)에 제수되었다. 무안 고을은 풍속이 경박하고 사나워서 본래 다스리기 어렵다고들 하

43 소당(素堂) 권황(權愰) : 본관은 안동, 호는 소당이다. 양촌(陽村) 권근(權近)의 10세손으로 함창 일대에 살며 후진을 양성하였다. 문과에 급제하였고, 통훈(通訓)으로 1781년(정조5)에 도임하여 동년(同年) 11월 20일 서울에서 대동환전(大同換錢)의 일로 나귀(拿歸)하였다. 《商山誌 卷9 人物》

44 동기(同氣)의 상(喪) : 남공의 행장에 "당시에 아우 학생공의 상을 당하여 차마 어버이 곁을 떠나 멀리 부임하지 못하고 해당 조정에 정고하여 체직을 받았다.〔時遭弟學生公喪, 以不忍離親遠赴, 呈該曹得遞.〕"라고 하였다. 《損齋集 卷15 高祖考……行狀》

였다. 공의 호령(號令)이 엄하고 약속(約束)이 분명하니, 백성들과 관리들이 모두 두려워 몸을 움츠리며 감히 함부로 행동하지 못하였다. 이에 학교를 세우고 병졸과 탈것을 수선하였으며, 재용(財用)을 절약하고 과조(科條)를 삼가하여 그 피폐했던 정사를 일신(一新)하였다. 청렴결백함으로 자신을 단속하며 추호도 스스로 누를 끼치지 않았다. 봄과 가을에 양로예(養老禮)를 행하고, 무릇 석채(釋菜) 및 사직(社稷) 성황(城隍) 등의 제사는 모두 직접 행하였다. 이보다 앞서 벌빙(伐氷)의 역사(役事)가 온 경내의 고질적인 폐단이 되었는데, 공이 봉급을 떼어 사람을 모집해서 고을 안에 못을 열어 때에 맞춰 얼음을 채취하여 보관하게 하였으니, 백성들이 지금까지도 여기에 힘입고 있다. 정사년(1677)에 어떤 일로 인하여 파직되었다.[45]

무오년(1678)에 서용(敍用)되어 병조 좌랑(兵曹佐郞)에 임명되었고, 예조(禮曹)로 옮겼다가 사헌부 장령(司憲府掌令)에 승진하였다. 얼마 있다가 사예(司藝) 봉상시 부정(奉常寺副正)으로 옮겼고, 겨울에 청주 목사(淸州牧使)에 임명되었으나, '공이 외직으로 나가는 것은 마땅하지 않다.'라고 말한 사람이 있어서, 다시 장령에 임명되었다.

기미년(1679)에 정언(正言)에 제수되었고, 얼마 있다가 다시 장령으로 옮겼다. 당시에 김만중(金萬重)[46]이 죄명(罪名)으로 관

45 어떤……파직되었다 : 행장에 "병사가 군기의 일로써 무고하여 계를 올려 파직되었다.〔兵使以軍器事, 構誣啓罷.〕"라고 하였다. 《損齋集 卷15 高祖考……行狀》

46 김만중(金萬重) : 1637~1692. 본관은 광산(光山), 자는 중숙(重叔), 호는 서포

직에 제수되지 못하다가 갑자기 예조 참의(禮曹參議)에 의망(擬望)[47]이 되었는데, 공이 그것이 지나친 요행임을 논계(論啓)하여 전조(銓曹 이조(吏曹))를 추고(推考)하기를 청하였다가, 임금의 엄한 분부를 받았다.

경신년(1680)에 사복시 정(司僕寺正)으로서 직강(直講)에 옮겼고, 봉상시 정(奉常寺正), 종부시 주부(宗簿寺主簿)로 이직하였으며, 《열성어제(列聖御製)》[48] 두 권을 내사(內賜 임금이 친히 내려 주는 것)받았고, 또 정언(正言)에 임명되었다. 이어서 사직(司直)에 부직(付職)됨을 피혐(避嫌)하여 고향으로 돌아왔다. 4월에 해기(駭機 화기(禍機))가 갑자기 일어나고 시사(時事)가 크게 변해서 대간(臺諫)들이 서로 이어서 외직에 보임(補任)되었다. 공은 중화부사(中和府使)에 제수되었다가 얼마 되지 않아 대론(臺論)에 엮이어 파직되었다.

공은 이로 인하여 물러나서 살 계획을 하였다. 그 집에 편액을 '퇴촌(退村)'이라 하고, 한가로이 거처하며 문내(門內)의 자질(子姪)들과 이웃의 학도(學徒)들을 교수(敎授)하였으니, 과정(課程)을 엄하게 세워 두고 게으르거나 소홀히 하지 못하게 하였다. 한가할 때는 구학(丘壑) 사이를 소요하고 자적(自適)하며 지냈다.

(西浦)이며, 시호는 문효(文孝)이다. 홍문관 대제학(弘文館大提學)을 지냈다. 저서로는 《구운몽(九雲夢)》, 《사씨남정기(謝氏南征記)》 등이 있다.

47 의망(擬望) : 관원(官員)을 임명할 때 전조(銓曹)에서 세 사람의 후보자를 추천하던 일이다.

48 열성어제(列聖御製) : 조선 태조(太祖) 이후 역대 임금들의 시문(詩文)을 모아 엮은 책이다.

병인년(1686)에 아버지 상(喪)을 당하였는데 송종(送終 장례) 봉전(奉奠 장례 후 제사 모시는 것)의 예를 한결같이 《가례(家禮)》에 의거하여 반드시 정성스럽게 하고 반드시 미덥게 하여 3년을 하루 같이 하였다.

기사년(1689)에 조정에서 폐고(廢錮)[49]된 사람들을 불러들였는데, 공은 장악원 정(掌樂院正)으로 불려 갔다가 옮겨 정언(正言)에 임명되었다. 당시에 양사(兩司)에서 합계(合啓)하는 일이 있었는데, 좌상(左相) 목래선(睦來善)[50]이 대간(臺諫)이 대신(大臣)에게 미리 의논하지 않았다는 것으로써 청대(請對)하여 그 잘못됨을 말하였다. 공은 헌부(憲府)와 더불어 연명으로 피혐(避嫌)하여 말하기를, "대간이 일에 따라 논열(論列)하는 것은 직분인데, 어찌 일찍이 남의 지시를 받아서 달려가 받들고 따르며 오직 미치지 못할까 두려워하겠습니까. 만약 반드시 대신에게 품의(稟議)하여 진계(陳啓)한다면 대신의 허물은 누가 다시 이를 말하겠습니까."라고 하였다. 좌상이 차자를 올려 인입(引入)[51]하고, 공도 또한 소(疏)를 진달하여 체직을 청하니, 임금께서 후한 비답을 내리시고 윤허하지 않았다. 얼마 되지 않아 어떤 일로 인하여 체직(遞

49 폐고(廢錮) : 종신(終身)토록 관리(官吏)가 될 수 없게 함을 말한다.

50 목래선(睦來善) : 1617~1704. 본관은 사천(四川), 자는 내지(來之), 호는 수옹(睡翁)이다. 1689년(숙종15) 우의정이 되었다가 기사환국 때 서인을 제거하는 데 앞장서 좌의정에 올랐다. 1694년 갑술옥사에 위리안치(圍籬安置)되었고, 1699년에 풀려났다.

51 인입(引入) : 벼슬아치가 잘못된 일에 대하여 인책(引責)하고 출사하지 않음을 이른다.

職)되었고, 집에서 지낸 것이 거의 반년이었다. 대개 정재(定齋) 박태보(朴泰輔)가 죽음을 각오하고 간언한 것은 이해 4월에 있었는데, 공은 언지(言地 간관(諫官)의 지위)에 있지 않은 것으로써 항상 북받치고 울적한 마음을 품었다가, 8월에 이르러 헌납(獻納)에 임명되자, 임금의 진노를 무릅쓰고 그의 원통함을 드러내 아뢰었다.

경오년(1690)에 또 장령(掌令)에 임명되고 집의(執義)로 승진하였다. 이어서 승정원 동부승지(承政院同副承旨)에 초수(超授 차례를 뛰어넘어 제수함)되었다. 얼마 있다가 체직되어 부호군(副護軍)에 부직(付職)되었다. 이때 모부인(母夫人)의 나이가 이미 칠순이었기에 공이 군(郡)을 맡아 다스림을 요청하여, 영광 군수(靈光郡守)가 되었다. 마침 동래(東萊)에 관왜(舘倭)가 불안정한 조짐이 있었는데, 조정에서 그 일을 처리할 마땅한 사람 찾기를 어려워하자, 비국(備局)에서 먼저 공을 천거하였다. 공은 변방의 군(郡)은 어머니를 편히 봉양할 수 없다는 것으로 여러 번 사양하였지만, 임금께서 윤허하지 않고 특별히 파격의 은명(恩命)을 내려 어머니를 봉양하게 하였다. 이윽고 부임(赴任)하여 관(舘)의 왜(倭)와 약속하여 한결같이 삼척(三尺)의 법[52]을 준수하도록 하니, 관왜가 숨을 죽이고 물러나 감히 문 밖으로 한걸음도 나오지 않았다.

당시에 변방의 고을이 크게 기근이 들어 굶어 죽은 시신들이 즐비하였는데, 공이 다방면으로 조치함에 마음을 다해 진휼하고

52 삼척(三尺)의 법 : 법률(法律)을 말하는 것으로, 옛날에는 삼척의 죽간(竹簡)에다 법률을 기록했기 때문에 이렇게 말한 것이다.

구제하니, 떠돌며 빌어먹던 사람들이 돌아와 모이고 초췌하던 백성들이 점차 소생하였다. 8월 11일에 관왜의 연회에 갔다가, 돌아오는 길에 해운대(海雲臺)에 이르러 폭질(暴疾)에 걸렸고 이튿날 졸(卒)하였으니 향년(享年)이 47세였다. 반츤(返櫬 널을 고향으로 모시고 돌아감)하는 날, 고을의 백성들이 울면서 전송하는 자가 거리를 메우고 들판을 가득 채웠다. 부고가 알려지자 임금께서 특명으로 치전(致奠)과 부의(賻儀)를 내렸다. 10월에 상주(商州) 은척(銀尺) 내 우산(牛山) 임좌(壬坐) 언덕에 장사 지냈다.

전부인(前夫人)은 경주 이씨(慶州李氏)이니 신라의 원훈(元勳) 이알평(李謁平)[53]의 후손이자 부사(府使) 이숭언(李崇彦)의 따님으로, 자태와 성품이 단정하고 맑으며 순박하고 온화하여 남편을 섬김에 그 덕을 어김이 없었고, 공과 같은 언덕에 장사 지냈다. 후부인(後夫人)은 안동 권씨(安東權氏)이니 태사(太師) 권행(權幸)[54]의 후손이고 정랑(正郎) 권덕연(權德衍)의 따님으로, 마음가짐이 부드럽고 아름다웠으며 전부인의 자녀를 마치 자신이 낳은 아이처럼 어루만지고 사랑하였고, 막곡(幕谷) 자향(子向) 언덕에 장사 지냈다.

53 이알평(李謁平) : 생몰년은 미상이다. 신라 초기 사로 육촌(斯盧六村) 중의 하나인 알천양산촌(閼川楊山村)의 촌장이다. 기원전 69년 사로 육촌 촌장들과 함께 나정(蘿井) 가에서 혁거세(赫居世)를 얻었으며, 기원전 57년 혁거세를 왕으로 추대하고 나라 이름을 서라벌이라 하였다.

54 권행(權幸) : 고려 태조(太祖) 때의 문신이고 공신이며, 안동 권씨(權氏)의 시조이다. 930년(태조13)에 후백제군을 무찌르는 데 공을 세워 태조로부터 권씨(權氏) 성(姓)을 하사받았다.

이씨는 2남 4녀를 낳았으니, 장남 도익(圖翼)은 문과(文科)에 급제하여 박사(博士)가 되었고, 차남 도선(圖翧)은 후사로 나갔고 진사(進士)이며, 딸은 권두건(權斗建), 이운(李澐), 이수(李脩), 이주진(李柱震)에게 시집갔다. 권씨는 1남을 낳았으니 도숙(圖翻)이다. 손증(孫曾) 이하는 기록하지 않는다. 오직 진사 도선의 손자 필석(必錫)이 문과에 급제하여 지평(持平) 벼슬을 하였고, 증손 한조(漢朝)는 대유(大儒)로 우리 영남 사람들에게 추중을 받았고, 한호(漢皜) 또한 학문을 도타이 하여 선비들에게 명망이 있다.

공은 자태가 빼어나고 특별하며, 신채(神彩)가 엄하고 굳세었다. 평소에 뽐내고 자부함을 일삼지 않았지만 사람들이 감히 쳐다보지 못하였고, 아랫사람에게 임해서는 눈을 부라리며 사람을 본 적이 없었다. 일찍이 남의 연회(宴會)에 가서 시자(侍者)가 정석(正席)을 차지하는 것을 돌아보니, 시자가 쳐다보고는 모두 그만두었다. 사헌부(司憲府)에 있을 때 아전을 독려하여 범도(犯屠 불법으로 소를 도살함)자를 체포하라고 하였는데, 아전이 한 중신(重臣)의 집에서 소를 잡아 죽인 것을 알고도 고기를 찾아오지 못하자, 담장을 타고 돌입해서 고기를 가지고 나왔다.[55] 그 법령 행하고 금지함이 이와 같았다.

55 사헌부(司憲府)에……나왔다 : 남한조가 찬술한 행장에 "사헌부에 있을 때 범도자를 체포하라고 독려하였는데, 아전이 한 중신의 집에서 소를 잡아 죽인 것을 알았지만 고기를 찾지 못하자, 그 담장을 타고 올라가 살펴보니 중신의 첩이 후당에서 고기를 손질하고 있기에 마침내 돌입하여 고기를 가지고 나왔다.〔在憲府時, 督捕犯屠者, 吏知一重臣家殺牛, 而肉不可得, 梯其牆窺見, 重臣之妾於後堂宰肉, 遂突入捉肉而出.〕"라고 한 말이 있다. 《損齋集 卷15 高祖考府君行狀》

공은 성품이 강직하고 고고하여 권세 있고 요직에 있는 이를 가까이하지 않았으며, 남과 더불어 처신할 때는 화복(禍福)으로써 그 마음을 다르게 먹지 않았다. 동종(同宗) 가운데 상국(相國) 남구만(南九萬)[56]과 판서(判書) 남용익(南龍翼)[57]이 당시에 권력을 잡고 있었지만, 공은 벼슬살이한 지 여러 해 동안 한 번도 가서 보지 않았다. 상서(尙書) 이귀암(李歸巖)[58] 공은 같은 경상도 사람으로 혼인의 정의(情誼)가 있었고, 또 그의 아들 참판(參判) 이담명(李聃命)[59]과는 같은 무리의 벗이었지만, 바야흐로 이공이 이조(吏曹)의 전형을 맡고 있을 적에 공은 절대 방문하지 않았다. 하루는 반열의 자리에서 만나, 이공이 말하기를, "그대가 노부(老夫)를 보러 오지 않는 것은 어찌해서인가요. 지금 다행히 만났으니 정답게 이야기할 만한지요?"라고 하니, 공이 "조정에서는 남의

56 남구만(南九萬) : 1629~1711. 본관은 의령(宜寧), 자는 운로(雲路), 호는 약천(藥泉)이며, 시호는 문충(文忠)이다. 숙종 때 정치운영의 중심에 있으면서 소론(少論)의 영수로 지목되었다. 저서로는 《약천집(藥泉集)》이 있다.

57 남용익(南龍翼) : 1628~1692. 자는 운경(雲卿), 호는 호곡(壺谷)이며, 시호는 문헌(文憲)이다. 청요직(淸要職)을 두루 지내고, 문장과 글씨에 뛰어나 문명을 떨쳤으나, 기사환국(己巳換局)에 연루되어 명천(明川)에 유배되어 죽었다.

58 이귀암(李歸巖) : 이원정(李元禎, 1622~1680)을 가리킨다. 본관은 광주(廣州), 자는 사징(士徵), 호는 귀암이며, 시호는 문익(文翼)이다. 1680년(숙종6) 경신대출척(庚申大黜陟)으로 유배되어 장살(杖殺)되었다. 뒤에 신원이 되어 영의정에 증직되었다.

59 이담명(李聃命) : 1646~1701. 자는 이로(耳老), 호는 정재(靜齋)이다. 허목(許穆)의 문인이다. 경신대출척(庚申大黜陟) 때 홍주 목사에서 파직되었으나, 숙종 9년(1683) 복관되어 감사, 참판 등을 지냈다.

자리를 지나 말을 해서는 안 됩니다."[60]라고 하자, 이공이 웃으며 일어나 말하기를, "그렇다면 내가 짐짓 가서 이야기해야겠군."이라고 하였다.

경신년(1680, 숙종6)에 이공(李公)이 무고를 당하여 강계(江界)로 귀양을 가고 옥사(獄事)가 연이어지자 사람들이 감히 안부를 묻지 못하였다. 공은 당시에 중화(中和)를 맡아 다스리고 있었는데, 이공의 아들이 적소(謫所)에 아버지를 뵈러 간다는 소식을 듣고는, 나가 보고서, 가는 데 필요한 물자를 도와주었다. 8월에 옥사가 다시 일어나 이공이 끝내 국문당하는 뜰에서 세상을 떠났다. 상구(喪柩)가 남쪽으로 내려올 때 공은 이미 집으로 돌아와 있었는데, 집안의 종들에게 상여를 메고 고개를 넘도록 자세히 명하니, 그 집에서 더욱더 그 의리에 감동하였다.

공은 어버이 섬김에는 효도와 공경을 모두 지극히 하였으니, 닭이 처음 울 때 반드시 세수하고 머리 빗고는 어버이께 문후드림을 날마다 행하면서 항상 같은 시각(時刻)에 하였다. 아버지가 돌아가시고 나서 어머니 연세가 높고 병이 깊어지자 공은 밤낮으로 곁에서 모시며 탕약을 올리고 미음을 드시게 하였고, 반드시 손수 알맞게 간을 맞추었으니, 이 일을 함에 일찍이 남의 힘을 빌리지

60 조정에서는……됩니다 : 공행자(公行子) 아들의 상(喪)에 왕환(王驩)이 조문오자 사람들이 그 앞으로 가서 말을 건네고 왕환이 자리에 앉자 그 자리에 나아가서 얘기를 나누는 사람이 있었는데 맹자는 왕환과 얘기를 나누지 않았다. 이에 왕환이 자기를 무시한다고 불쾌하게 여기자 맹자가 그 말을 듣고, "예에 조정에서는 남의 자리를 지나 남과 더불어 말하지 않으며 계단을 넘어서 남과 읍하지 않는다.〔禮, 朝廷不歷位而相與言, 不踰階而相揖也.〕"라고 한 말에서 가져왔다. 《孟子 離婁下》

않았다. 어머니가 수근채(水芹菜)를 좋아함에 경성(京城)에서 생산되는 것은 이른 봄에 매우 여리고 맛이 좋으니, 공은 며칠 간격으로 사람을 모아서 배도(倍道)[61]로 가서 사 가지고 와서 드렸다.

일찍이 소당(素堂) 권황(權愰)에게 수업(受業)을 받았다는 것으로써 힘을 다해 그 집안을 돌보아 얼고 굶주림에 이르지 않게 하였으며, 기일(忌日)에는 반드시 제수를 올렸으니 이를 종신토록 하였다. 항상 궁한 이를 돌보고 가난한 이를 구휼함을 일삼았으니, 향린(鄕隣)에 먹여 주길 기다리는 자가 매우 많았지만 거기에 부응함에 미치지 못한 듯이 하였다. 매양 영예로이 진출함을 두려움으로 삼았다. 장자(長子) 박사공(博士公) 도익(圖翼)이 과거에 급제함에 하례하는 손님이 자리에 가득하니, 공이 슬픔에 잠겨 말하기를, "가득 차면 덜어지고 겸손하면 더해지는 것[62]이 천도(天道)이다. 내가 이미 하대부(下大夫) 반열에 올랐는데 네가 또 갈옷을 벗었으니[63] 어찌 삼가고 두려워하지 않겠는가. 너는 담담히 물러남으로 처세하여 남이 시기하는 바 됨을 벗어남이 옳다."라고 하였다.

오호라, 공은 하늘로부터 받은 자질이 매우 빼어났다. 이른 나이에 드날려 장도(長途)의 길에 올랐으니 어디를 간들 마땅하지

61 배도(倍道) : 보통에 비해 갑절의 길을 걷는 것을 말한다.

62 가득 차면……것 : 원문은 '만손겸익(滿損謙益)'으로, 《서경》에 "가득하면 덜어짐을 부르고 겸손하면 더함을 받으니 이것이 바로 천도이다.〔滿招損, 謙受益, 時乃天道.〕"라고 한 말에서 가져왔다. 《書經 大禹謨》

63 갈옷을 벗었으니 : 원문은 '석갈(釋褐)'로, 과거에 합격하여 벼슬하게 되면 갈옷을 벗기 때문에 이렇게 말한다.

않겠는가마는, 그러나 마침 세상의 도가 뒤집히는 때를 만났고 또 요직에 있는 사람이 인도해 주는 힘도 없어서, 전후로 입조(立朝)한 것이 몇 년에 지나지 않고 주현(州縣)을 맡아 다스린 것이 겨우 오고(五考)[64]였다. 하지만 평생 자신의 몸단속을 한 대체는 한결같이 강직(剛直)함에서 나왔으니, 이로써 임금을 섬겨 대각(臺閣)에서 쟁론(爭論)할 때면 곧 풍채(風彩)가 세상에 떨쳐졌고, 이로써 아랫사람을 거느림에 변방을 눌러 다스릴 때면 곧 위엄스런 소리가 멀리까지 두렵게 하였다. 박정재(朴定齋)의 관직을 복직해 주기를 청함에 이르러서는 더욱 공의 뛰어난 대절(大節)이 되니, 나는 이 때문에 옷깃을 여미고 공경히 감복한 지가 오래되었다.

공의 현손(玄孫) 한조(漢朝) 씨가 박사공(博士公)이 모은 것과 가전기문(家傳記聞)을 가지고 편찬하여 한 통의 행장[65]을 지어 나에게 보여 주며 묘갈명을 지어 주기를 부탁하였다. 마침내 사양하지 못하고 삼가 위와 같이 서술하고 명을 붙여 다음과 같이 말한다.

씩씩하고 용감한 남공은 矯矯南公
강하고 굳셈을 천성으로 타고났네 剛毅天出
드높은 뜻은 분명하고 밝았으며 抗志明爽
일에 처함은 엄하고 정제되었네 處事峻截

64 오고(五考) : 1년에 두 번씩 외임 수령의 행정 실적을 고사하여 9등으로 나누는데, 오고(五考)는 다섯 번의 고사를 거쳤다는 말로 2년 반 동안 외임 수령으로 재임했다는 뜻이다.

65 행장 : 《손재집(損齋集)》 권15에 〈고조고 부군 행장(高祖考府君行狀)〉이 실려 있다.

중앙과 외직을 나들며 한 정치는	出入中外
그때마다 명성과 위엄이 있었네	動有聲烈
우뚝하게 조정에 서 있을 땐[66]	鶚立朝端
풍채가 늠름하고도 굳세었네	風彩凜烈
위엄은 동래의 오랑캐를 눌렀고	威讋萊蠻
정사는 오랑캐의 교활함을 굴복시켰네	政伏胡猾
자신의 청렴결백함을 복행하였고	服我淸白
요직의 사람에게 발걸음 끊었네	要津跡絶
또 대단한 점이 있으니	又有大者
충신의 절개를 드러냄이었네	暴忠臣節
조양에서 한 번 우니[67]	朝陽一鳴
천의가 비로소 돌아섰네	天意始斡
우뚝한 저 우산에	屹彼牛山
송백이 울창하여	松栢鬱鬱
바람과 눈을 홀로 맞으니	風雪獨凌
공의 모습에 방불하도다	公像彷彿

66 우뚝하게……땐 : 뛰어난 인재라는 의미로, 후한(後漢) 공융(孔融)이 예형(禰衡)을 추천하면서 "사나운 새가 수백 마리 있어도 한 마리의 독수리보다 못하니, 예형을 조정에 세우면 반드시 볼만한 점이 있을 것이다.〔鷙鳥累百, 不如一鶚, 使衡立朝, 必有可觀.〕"라고 말한 데서 유래하였다. 《後漢書 卷80下 文苑列傳 禰衡》

67 조양에서……우니 : 조양일명(朝陽一鳴). 《시경(詩經)》 〈권아(卷阿)〉에 "저 높은 산등성이에는 봉황이 울고, 저 아침 해 뜨는 동산에 오동나무가 자란다.〔鳳皇鳴矣, 于彼高岡, 梧桐生矣, 于彼朝陽.〕"라고 한 구절에서 가져왔다. 여기서는 신하의 충직한 상소를 뜻한다.

가선대부 병조 참판 겸 동지의금부사 평산 신공 묘갈명 병서
嘉善大夫兵曹參判兼同知義禁府事平山申公墓碣銘 並序

삼가 생각건대, 우리 숙묘(肅廟) 조정에는 훌륭한 재상과 명망(名望)이 있는 공경(公卿)이 많았지만, 편당(偏黨)이 없고 적막(適莫)이 없이[68] 나아가고 물러나며 출사하고 은거하기를 오직 의(義)에 따라 행할 뿐이었다. 그리하여 충(忠)과 성(誠)이 아래위로 미덥고 명성과 사적(事蹟)이 내외에 드러나 시종(始終)에 우뚝하게 명철(明哲)하였던 사람으로는 대개 참판(參判) 신공(申公) 같은 이가 없으니, 어찌 크나큰 국량과 원대한 식견을 하늘에서 얻어서 평일에 스스로 갈고 닦음이 보통 사람보다 빼어나서가 아니겠는가.

삼가 살피건대, 공은 휘가 후명(厚命)이고 자가 천휴(天休)이고 호는 임하당(林下堂)이며 계통은 평산(平山)에서 나왔다. 평산 신씨는 고려 태조를 도와 나라를 열었으며 시호가 장절(壯節)인 휘 숭겸(崇謙)[69]이 그 시조(始祖)이고, 고려가 망함에 이르러 우

68 적막(適莫)이 없이 : 무엇은 옳고 무엇은 그르다는 식의 아집(我執)과 편견(偏見)이 없어야 한다는 말이다. 적(適)은 오로지 주장함을 말하고, 막(莫)은 즐겨 하지 않음을 말한다. 공자가 "군자는 천하의 일에 꼭 해야 된다고 고집함이 없고 해서는 안 된다는 편견이 없이 의를 따를 뿐이다.〔君子之於天下也, 無適也, 無莫也, 義之與比.〕"라고 말한 데서 온 말이다. 《論語 里仁》

69 숭겸(崇謙) : 신숭겸(申崇謙, ?~927). 초명은 능산(能山)이다. 918년(태조1)에 홍유(洪儒), 배현경(裵玄慶), 복지겸(卜智謙)과 함께 왕건(王建)을 추대하여 고

리 조선에 벼슬하지 않은 휘 안의(晏義)가 있었으니, 조손(祖孫)이 고려 오백 년의 시종(始終)이 된다.

안의의 아들은 휘가 개(槩)[70]이니 세종조에 재상으로 태평 시대를 이루었고 시호는 문희(文僖)이며 묘정(廟庭)에 배향(配享)되었다. 그 아들은 휘가 자승(自繩)이니 대사성(大司成)을 지냈다. 그 아들은 휘가 숙정(叔楨)이니 홍문관 정자(弘文館正字)에 선발되었고 장령(掌令)에 증직되었다. 4대를 내려와 좌승지(左承旨)에 증직된 휘 여길(汝吉)에 이르렀다. 그 아들은 휘가 상철(尙哲)[71]이니 나의 선조 문장공(文莊公)[72]을 사사(師事)하였고 태학(太學)의 추천에 따라 정랑(正郎) 벼슬을 지냈고 정묘 원종훈(丁卯原從勳)에 책록(策錄)되었고 좌승지(左承旨)에 증직되었으며, 손자 판윤(判尹) 후재(厚載)가 귀하게 됨으로써 이조 참판(吏曹

려 건국에 큰 공을 세웠다. 927년에 공산(公山)에서 견훤(甄萱)의 군대에게 왕건이 포위되자, 김락(金樂) 등과 힘써 싸워 구출하고 전사하였다. 태사(太師)로 추증되었으며, 고려 태묘(太廟)에 배향되었다.

70 개(槩) : 신개(申槩, 1374~1446). 자는 자격(子格), 호는 인재(寅齋)이다. 사간원 우사간(司諫院右司諫), 예조 참의, 좌의정 등을 역임하였고, 세종 때 《고려사(高麗史)》 편찬에 참여하였으며 저서로는 《인재집(寅齋集)》이 있다.

71 상철(尙哲) : 신상철(申尙哲, 1585~1632). 이민구(李敏求)가 지은 묘갈명에 "정묘년(1627, 인조5)에 어가가 강도로 피신했을 때 군이 호조 좌랑으로서 홀로 머물며 관약을 관장하였다.……뒤에 정사 원종훈으로써 좌승지에 증직되었다.〔丁卯輿駕避兵江都, 君以戶曹郎獨留, 掌管鑰.……後以靖社原從勳, 贈左承旨.〕"라고 하였다. 《東州集 卷9 戶曹正郎申公墓碣銘》

72 문장공(文莊公) : 우복(愚伏) 정경세(鄭經世, 1563~1633)를 가리키니 시호가 문장이다.

參判)에 증직되었다. 그 아들은 휘가 형구(衡耉)로 용양위 부호군(龍驤衛副護軍)이고 또한 이조 참판에 증직되었으니, 곧 공의 고(考)이다. 비(妣)는 정부인(貞夫人)에 추증된 창령 성씨(昌寧成氏)이니 참의(參議) 성시헌(成時憲)의 따님으로, 숭정(崇禎) 무인년(1638, 인조16) 정월 19일에 상주(尙州) 영순리(永順里) 집에서 공을 낳았다.

공은 어려서부터 지혜와 도량을 지녔으니 여러 아이들의 떠드는 데는 끼이지 않았으며, 문예(文藝)가 일찍 이루어졌다. 14세에 대책(對策)을 작성하여 사람들을 놀라게 하였다. 병오년(1666, 현종7)에 별시(別試)에 급제하여 청현직(淸顯職)을 두루 거쳤으니, 내직에서는 승문원 정자(承文院正字), 성균관 전적(成均館典籍) 직강(直講), 호조(戶曹)·예조(禮曹) 정랑(正郎) 겸 춘추관 기사관(兼春秋館記事官), 사헌부 지평(司憲府持平) 장령(掌令), 사간원 정언(司諫院正言) 사간(司諫) 겸 지제교(兼知製敎), 홍문관 수찬(弘文館修撰), 장악원 정(掌樂院正), 승정원 좌승지(承政院左承旨), 형조 참의(刑曹參議), 병조 참지(兵曹參知), 병조 참의(兵曹參議), 도총부 부총관(都摠府副摠管), 장예원 판결사(掌隷院判決事), 한성부 좌·우윤(漢城府左右尹), 공조(工曹)·호조(戶曹)·병조(兵曹)·형조(刑曹) 참판(參判), 의금부 동의금(義禁府同義禁), 경연 특진관(經筵特進官)을 역임하였고, 외직에서는 율봉 찰방(栗峯察訪), 무장 현감(茂長縣監), 전주(全州)·해운(海運) 판관(判官), 나주(羅州)·안주(安州)·충주(忠州) 목사(牧使), 강릉(江陵)·장단(長湍) 부사(府使), 강원도(江原道)·충청도(忠淸道) 관찰사(觀察使), 평안도 절도사(平安道節度使), 중국 사행(使行)

부사〔赴燕副使〕, 용만 접반사(龍灣接伴使) 세 번 등을 역임하였으며, 청주(淸州)·울산(蔚山) 삼척(三陟)은 부임하지 않았다. 은대(銀臺)와 서곤(西閫)[73]에 승진한 것은 경신년(1680, 숙종6)에서 신미년(1691) 사이에 있었다.

지평(持平)이 되었을 때는 크게 탐욕스러운 이가 동석(同席)에 있는 것을 보고 휘장을 사이에 두고 논박하여 관리의 명부에서 그의 이름을 삭제하게 하였다.[74] 장령(掌令)이 되었을 때는 입시(入侍)하여 계복(啓覆)[75]을 함에, 사람을 죽인 옥사가 세 건 있었는데 삼공(三公) 이하가 같은 말로 판결하였지만 공만 홀로 살리는 쪽 의론에 붙이니,[76] 임금께서 공의 옥사를 판결함이 명쾌하다고 칭찬하고 특별히 그 말을 따랐다.

우윤(右尹) 벼슬을 할 때, 붕당(朋黨)과 과거제도의 폐단에 대하여 상소(上疏)함에 임금이 꺼리고 싫어하는 것을 정확하게 말

73 서곤(西閫) : 곤(閫)은 곤수(閫帥)로 서도(西道) 곧 평안도의 병사(兵使)를 이른다.

74 지평(持平)이……하였다 : 안정복(安鼎福)이 지은 묘지명에 "지평에 임명되었을 때, 같은 직위에 있는 한모가 일찍이 크게 탐욕스럽기로 호가 났다. 공은 휘장을 사이에 두고 논박하여 관리의 명부에서 그의 이름을 빼 버릴 것을 청하니, 주상이 종신토록 서용(敍用)하지 말 것을 명하였다.〔拜持平, 同席韓某曾號巨贓. 公隔帳駁論, 請削仕籍, 上命終身不敍.〕"라고 한 말이 있다. 《順菴集 卷24 申公墓誌銘》

75 계복(啓覆) : 임금에게 상주(上奏)하여 사형수를 재심(再審)하는 것을 말한다.

76 살리는……붙이니 : 원문은 '부생의(傅生議)'로, 사형에 처할 죄인에게 의의(疑義)가 있을 때 그 죄를 경감(輕減)시키어 목숨을 살려 주는 것이다. 《한서(漢書)》 권23 〈형법지(刑法志)〉에 "간악한 관리들이 기회를 잡아 장사하여 죄인을 살리고자 하면 살리는 쪽으로 의론을 붙이고, 죽이고자 하면 사형 죄에 해당하는 안건에 비유한다.〔姦吏因緣爲市, 所欲活則傅生議, 所欲陷則予死比.〕"라는 내용이 있다.

해서 넉넉한 비답을 받았으니, 사람들이 봉황이 조양(朝陽)에서 우는 것[77]이라고 말하였다.

금오(金吾)에 있을 때는 권력과 귀함을 가진 어떤 사람이 북쪽 유생을 살해하여 장차 대사(代死)를 당하게 되었는데, 공에게 구해 주기를 비니,[78] 공이 말하기를 "삼척(三尺)의 법이 지극히 엄합니다."라고 하였고, 끝내 법대로 하였다.

기묘년(1699, 숙종25)의 과옥(科獄)[79]은 모두 요직에 있는 사람의 자제가 해당되었는데 옥사가 장차 풀리려 하자 공이 법에 따라 다스리도록 상소(上疏)하고 또 여섯 사람의 죄상을 밝혀내었으니, 그 가운데 한 사람은 공의 절친한 인척(姻戚)[80]이었지만 염

77 봉황이……것 : 신하의 충직한 상소를 뜻한다. 《시경(詩經)》 〈권아(卷阿)〉에 "저 높은 산등성이에는 봉황이 울고, 저 아침 해 뜨는 동산에 오동나무가 자란다.〔鳳皇鳴矣, 于彼高岡, 梧桐生矣, 于彼朝陽.〕"라고 한 구절에서 유래하였다.

78 금오(金吾)에……비니 : 〈신공 묘지명〉에 "회양 수령 유신일이 수령의 말을 범했다는 이유로 북쪽 유생 이우백을 곤장으로 때려서 죽게 했는데, 임금이 반드시 법으로 처리하고자 하였다. 유는 요로에 권세가 있었다. 그 아우 득일이 공이 주상의 신임을 받고 있다고 여겨 참판 권환에게 요구하여 공에게 자기 형을 구해 주기를 빌도록 하였으나, 공은 들어주지 않았다.〔淮陽倅兪信一以犯馬, 棍打北儒李友白致死, 上必欲置法, 兪當路有權勢, 其弟得一以公爲上所信, 要權參判瑍, 欲乞公救解, 公不聽.〕"라고 하였다. 《順菴集 卷24 申公墓誌銘》

79 과옥(科獄) : 〈신공 묘지명〉에 "기묘년……겨울에 대신 이탄이 과거(科擧)에 부정한 사람을 적발하여 아뢰었는데, 모두 고관의 자제였기에 옥사가 장차 무산될 형세였다.〔己卯……冬, 臺臣李坦發, 啓科賊, 而皆紈袴子弟, 獄將解.〕"라고 한 말이 있다. 《順菴集 卷24 林下堂申公墓誌銘》

80 절친한 인척(姻戚) : 묘지명에 "그 가운데 김인지는 공과 매우 가까운 인척이었으나 공은 조금도 두둔하지 않고 마침내 그 옥사를 이루었다.〔其中金麟至, 公切姻

두에 두지 않았다.

형조(刑曹)에서 재직할 때는, 팔도의 유생(儒生)들이 양주(楊州) 도봉서원(道峯書院)[81]에 함께 향사함[82]을 상소하여 저지한 일로 많이들 곤장을 맞고 유배되었다. 해를 넘기고 나서, 공이 상소하여 용서해 주기를 청하니, 후원(喉院 승정원(承政院))에서 받아주지 않았고, 아홉 번 올려 아홉 번 기각되자, 이에 막히고 가려진 상황을 아울러 진달해서 마침내 청이 받아들여졌다.

전주 판관(全州判官) 재임 시절에는 공문서가 날마다 구름처럼 많이 쌓였는데, 공은 당시에 육형(六刑)의 관리로 하여금 일제히 고하게 하여, 듣고서 처리함이 마치 신(神)과 같았다. 나주(羅州)에서는 봉급 수천 석(數千石)을 덜어서 기민(饑民)을 구휼하고 세금을 대비하였으며, 말 40필을 갖추어 백성들의 쇄마(刷馬)[83]를 견감(蠲減)하였다.

평안도 관찰사 재임 시절에는 병사를 진무하고 병갑을 수리하

也, 公不容護終成其獄.〕"라는 말이 있다. 《順菴集 卷24 林下堂申公墓誌銘》

81 도봉서원(道峯書院) : 선조(宣祖) 6년(1573)에 조광조(趙光祖)의 학문과 덕행을 추모하기 위하여 양주(楊州) 도봉산에 세워진 사액(賜額) 서원이다. 뒤에 송시열(宋時烈)을 배향하였다.

82 유생(儒生)들이……향사함 : 도봉서원에 송시열을 배향하는 일로, 《순암집》에 "당시에 도봉서원에 우암 송시열을 함께 향사하는 일로 전국의 유생들이 다투는 이가 천여 명이었으니 크게 시론을 거슬러 연명으로 상소한 유생들 가운데 우두머리는 유배를 보내고 나머지는 과거에 응시할 자격을 박탈하고 홀로 상소한 사람에 대해서는 곤장을 치려 하였다.〔時以道峯並享尤庵宋時烈事, 八路儒生爭之者千餘人, 大忤時論, 疏頭編配, 疏下停擧, 獨疏決杖.〕"라고 하였다. 《順菴集 卷24 申公墓誌銘》

83 쇄마(刷馬) : 각 지방에 관용(官用)으로 배치해 두던 말.

여 군정(軍政)을 크게 닦았다. 소장(疏章)을 작성하여 관방(關防)[84]의 득실, 병사와 백성의 휴척(休戚)을 논하여 말하기를, "창성(昌城) 좌방영(左防營)은 강변(江邊)의 육지가 끝나는 지점에 있어서, 적의 기병이 밤중에 습격하여 얼음을 타고 건너오는 것이 단지 한 번 눈 깜짝할 사이이니, 이것이 어찌 중요한 군병의 주진(主鎭)을 설치할 곳이겠습니까. 청컨대 내지(內地)의 험한 요해지에 읍(邑)을 옮겨서 적을 맞아 싸워야 하니, 예를 들면 완항령(緩項嶺) 옛 읍(邑) 터 같은 곳입니다. 그렇지 않으면 구성(龜城)의 계반령(谿盤嶺)에 방영을 옮겨 창졸간의 습격에 막지 못하는 근심을 벗어나게 해야 합니다. 이산(理山)의 고리산(古理山)과 창성(昌城)의 당아성(螳蛾城)은 매우 험준하니, 성을 쌓고 양식을 비축하여 장졸(將卒)이 궤멸되어 돌아갈 데를 대비하고 그리고 백성들이 피난해 들어갈 곳으로 대비한다면 군정(軍情)이 믿을 데가 있을 것입니다. 또 가정에는 장정을 남겨 두어 종군을 마음 편하게 하도록 하고, 고을에는 공문서 전달을 교대로 하여 변방 백성의 부역을 줄여 주는 것이 또 급히 해야 할 일입니다."라고 하였다. 소장이 이미 갖추어졌지만 체직을 당하여 올리지는 못하였으니, 식자(識者)들이 한스럽게 여겼다.

호영(湖營)에 있을 때는 불치(不治)로 축출한 세 사람이 있었으니 모두 귀척의 세도 있는 집안사람이었고, 궁가(宮家)가 민전(民田)에 마음대로 세금을 거두는 일이 있어 이를 막을 수 없는 지경에 이르렀는데, 공이 소(疏)를 진달하여 끝내 백성들의 원망

84 관방(關防) : 관문(關門)을 만들어서 외적을 방어하는 곳.

을 풀어 주었다. 그 은덕을 남긴 고을로 율봉(栗峯), 무장(茂長), 강릉(江陵) 같은 곳에는 비석을 세웠고, 청북(淸北)은 동비(銅碑)를 세웠다.

계유년(1693) 연행(燕行) 때는 의주(義州)에 머물며 행장 속 물건을 봉표(封標)하고, 압록강에 이르러 검수함에 봉표가 없는 은(銀) 일만 이천 량을 적발하였지만, 공만 홀로 이 행차에 몰래 숨긴 재화가 없었다.

무인년(1698)에 용만(龍灣)에 시장이 열렸는데 시랑(侍郎) 도대(陶大)가 와서 감독하였다. 시랑 도대는 성질이 탐욕스럽고 포악하였으나 공이 접반사로서 부지하고 바로잡기를 잘하니, 도대가 공을 공경하면서도 꺼렸다. 쌀 가격이 공평하게 되고 나서, 도대가 한 봉서(封書)를 원접사(遠接使) 최석정(崔錫鼎)에게 주어서 임금께 바치기를 요구하였다. 공이 말하기를, "서신의 내용을 알지 못하면서 임금께 올리는 것이 옳겠습니까."라고 하고, 뜯어서 보니 '권제(眷弟)'라고 일컬음[85]이 있었다. 최석정이 매우 놀라 어쩔 줄을 몰라 하니, 공이 말하기를, "이 서신을 대뜸 올리는 것은 불가합니다. 서신을 돌려줄 계책을 내야 합니다."라고 하였지만,

85 권제(眷弟)라고 일컬음 : 우의정 최석정이 구휼미를 수송해 오는 청나라 사신을 중강(中江)에서 맞이할 때, 청나라 사신으로 온 이부 시랑(吏部侍郎) 도대(陶大)가 숙종에게 봉서(封書)를 올렸는데, 숙종에게 자신을 '권제(眷弟)'로 지칭하는 등 그 내용이 매우 오만하고 무례하였다. 이에 당시 사간으로 있던 이건명(李健命) 등이 사신의 임무를 제대로 수행하지 못하여 나라를 욕되게 하였다는 이유로 최석정을 논핵할 것을 발의하였고, 양사(兩司)에서 합계(合啓)하여 최석정을 파직할 것을 청하였다. 《국역숙종실록 24년 5월 1일, 21일, 28일》

최석정은 듣지 않고 끝내 가져다 진달하여 탄핵을 받아 파직되기에 이르렀다. 뒤에 조정에서 공이 계책한 바를 알고는 크게 칭찬하며 장차 발탁하여 기용하려 하였는데, 꺼리는 자가 있어서 마침내 없던 일이 되었다.

신사년(1701) 1월 모일에 충주(忠州) 오갑(烏甲) 선산(先山) 아래에서 졸(卒)하였으니 64세를 살았다. 처음에는 여주(驪州) 원형리(元亨里)에 장사 지냈다가, 그 뒤 갑술년(1754, 영조30)에 충주(忠州) 개천동(開川洞) 을좌(乙坐) 언덕에 이장하였다.

공은 영표(嶺表 영남(嶺南))에서 일어나 단지 고고(孤高)하고 충성스러우며 질박하고 성실함으로써 임금에게 인정을 받았으니, 제수되고 임명된 관직이 말의(末擬)[86]로 말미암은 것이 많았다. 무릇 공격하고 탄핵함이 있으면 그냥 놔두고 대응하지 않았다. 서적(書籍)과 궁검(弓劍) 등을 상으로 하사받은 것 같은 경우는 혹 상례(常例)를 벗어나기도 했다. 일찍이 입시(入侍)하였을 때 술에 취하여 위의(威儀)를 잃었는데 임금께서 웃으며 술을 하사하여 총애를 보이시니, 공이 그 받은 은혜에 감격하였다.

외직과 내직에서 경륜(經綸)을 함에는 힘을 다하고자 아니함이 없었다. 그러나 시대에 구애되어 그 펼쳐 베푼 것이 백 가지 중에 한둘이 안 되었다. 하지만 붕당(朋黨)이 매우 극성하여 경알(傾軋 간계를 써서 남을 모함하는 것)이 이어질 때, 공은 곧은 도(道)를 품고

86 말의(末擬) : 말망(末望)으로 주의(注擬)함을 이른다. 관리를 임명할 때 전형(銓衡)을 맡은 아문에서 합당하다고 여기는 세 사람의 후보자로 삼망(三望)을 갖추어 올리는데, 삼망의 끝자리에 추천된 사람을 말망이라 한다.

그 사이에서 행하며 마음가짐과 견지한 논리가 한결같이 공평하고 관대함에서 나오니, 피차에 있어 모두 싫어함이 없었다. 또 기미를 밝게 비추어 볼 수 있어서 초연히 멀리 물러났으니, 갑인년(1674, 현종15)에는 외직으로 나가 해운(海運)을 맡아 다스렸다. 그 뒤에 충주(忠州), 동번(東藩), 청풍(淸風)에 부임함도 또한 경기갑(庚己甲)의 변국(變局)[87]을 미리 알고 화복(禍福)의 관건을 멀리함이었다.

공은 평소에 재상 허적(許積)[88]과 잘 지냈는데, 그의 얼자(孼子) 허견(許堅)의 교만하고 방자함을 보고는 점차 멀리하여 영선(瀛選 홍문관(弘文館)의 인선(人選)) 만윤(灣尹 의주 부윤(義州府尹))에 천거됨을 힘써 피하였고, 허적이 화(禍)를 당하기에 미쳐서는 공이

87 경기갑(庚己甲)의 변국(變局) : 경신환국(庚申換局, 1680), 기사환국(己巳換局, 1689), 갑술환국(甲戌換局, 1694)을 가리킨다. 경신환국은 숙종(肅宗) 6년 남인 일파가 정치적으로 서인에 의해 대거 축출된 사건으로, 남인은 1674년(현종15)의 갑인예송(甲寅禮訟)에서 승리하여 정권을 잡았으나, 숙종이 즉위하여 남인을 견제하는 와중에 역모의 혐의를 받아 죽임을 당하거나 유배되었다. 기사환국은 숙종 15년에 후궁 소의 장씨(昭儀張氏)의 소생을 원자로 정하려는 문제를 기회 삼아 남인이 서인을 축출하고 재집권한 사건으로, 그 여파로 송시열(宋時烈)은 사사되고, 김수흥(金壽興), 김수항(金壽恒) 등이 파직되었다. 갑술환국은 숙종 20년에 당시 집권층인 남인이 인현왕후(仁顯王后)의 복위를 꾀하던 서인을 제거하려다가 오히려 실각한 사건으로, 이를 계기로 남인은 와해되고 서인이 집권하게 되었으며, 기사환국으로 왕비가 된 장씨는 다시 희빈(禧嬪)으로 강등되었다.

88 허적(許積) : 1610~1680. 본관은 양천(陽川)이다. 남인(南人)으로 제1, 2차 예송(禮訟)에서 서인과 대결했으며, 제2차 예송에서 승리하여 집권한 뒤 탁남(濁南)의 영수가 되었다. 아들 허견(許堅)의 역모 사건에 연좌되어 사사되었으나 기사환국(己巳換局)으로 신원되었다. 허적은 신후명의 작은 어머니의 아우이다.

홀로 명(命)을 기다리는 허적에게 가서 위로하였다.[89]

동번(東藩)에 제수되었을 때[90] 조정의 의논이 장차 대간 장관(臺諫長官)으로 바꾸어 임명해서 경신년의 옥사를 주도한 이를 발계(發啓)하도록 하려 하니, 공은 그것이 진취(進取)를 도모함이 될까 혐의해서 사양하고 따르지 않았다. 민정중(閔鼎重),[91] 이언강(李彦綱),[92] 박태손(朴泰遜)[93] 세 사람과는 오랜 정의가 있었다. 기사년(1689)에 세 사람이 서쪽 변방에 귀양을 갔지만, 공이 청북(淸北)을 순찰을 할 때 두루 방문하기를 평소처럼 하였다.

공은 타고난 성품이 넓고도 넓었다. 자신을 탄핵하거나 의망(擬望)을 가로막는 사람에게 처신하기를 평탄하게 하니, 말을 한

89 허적이……위로하였다 : 허적의 서자 허견의 옥사가 일어났을 때, 영상 허적이 동문 밖에서 명을 기다리고 있는데 "공이 입직하던 도중에 나아가 문후하니, 허 영상이 놀라고 기뻐하여 말하기를, '지금이 어느 때인데 그대가 와서 문안하는가.'라고 하였으니, 듣는 사람들이 훌륭하게 여겼다.〔公自直中往候之, 許相驚喜曰此何時而君來問耶. 聞者韙之.〕"라는 말이 있다.《順菴集 卷24 林下堂申公墓誌銘》

90 동번(東藩)에 제수되었을 때 : 강원도 관찰사에 임명되었을 때를 가리킨다.

91 민정중(閔鼎重) : 1628~1692. 본관은 여흥(驪興), 자는 대수(大受), 호는 노봉(老峯)이며, 시호는 문충(文忠)이다. 송시열의 문인이고 부제학, 대사헌, 판중추부사 등을 역임하였다. 1689년(숙종15) 기사환국 때 삭직되고 뒤에 벽동으로 유배되었다. 저서로는《노봉집(老峯集)》이 있다.

92 이언강(李彦綱) : 1648~1716. 본관은 전주(全州), 자는 계심(季心)이다. 1678년(숙종4) 문과에 급제하여 청요직을 두루 거쳤으며 숙종 23년 이래 여러 차례 형조판서에 제수되었다. 기사환국 때 삭직 유배되었다.

93 박태손(朴泰遜) : 1641~1692. 본관은 반남(潘南), 자는 여길(汝吉), 호는 천휴(天休)이다. 1673년(현종14) 식년시에 급제하였다. 승지, 이조 참판 등을 역임하였다. 기사환국 때 강계(江界)로 유배되었다.

자들이 도리어 공경히 복종하였다. 곤궁한 이에게 나누어 주고 급한 이를 돌보아 주기를 마치 미치지 못한 듯이 하였고, 더욱이 혼례와 상례(喪禮)에는 힘을 다하여 비록 평소에는 몰랐어도 듣고 보는 대로 반드시 베풀었다.

공은 무릇 아홉 차례 고을 수령이 되었고, 세 차례 관찰사를 역임하였지만, 빙벽(氷蘗)[94]처럼 하기를 하루 같이 하였으니, 돌아옴에 죽조차도 혹 잇지 못하면서도 편안한 듯이 하였다. 더욱이 내행(內行)에 도타워 어버이 섬김에 색양(色養)[95]을 모두 지극히 하였고, 상(喪)에는 매우 애통해 하여 몸을 손상하기에 이르렀으며, 제사에는 공경함을 극진히 하였다. 동기(同氣)간에 우애로웠고 종족(宗族)에게 화목하여 다 그 분수에 따라 극진히 하였다.

부인 정부인(貞夫人)은 일선 김씨(一善金氏)이니 판결사(判決事) 김하량(金廈樑)의 따님으로, 공과 같은 해에 태어났고 공보다 4년 뒤에 세상을 떠났으며 공의 묘에 부장(祔葬)하였고, 여사(女士)의 기풍이 있었으니, 아우 대사간 원섭(元燮)이 평소 굳세고 분개하였지만, 담론함에 항상 자씨(姊氏)에게 굴복하였다.

94 빙벽(氷蘗) : 청렴함을 뜻한 말로, 청빈한 생활로 얼음물을 마시고 나무의 움을 먹는다는 '음빙식벽(飮氷食蘗)'이라는 말에서 유래하였다. 백거이(白居易)의 "삼 년 세월 동안 자사로 있으면서, 얼음물을 마시고 나무의 움을 먹는다.〔三年爲刺史, 飮氷復食蘗.〕"라는 시구에서 가져왔다. 《白樂天詩集 卷1 三年爲刺史》

95 색양(色養) : 자식이 공순(恭順)한 안색으로 부모를 섬기는 것을 말한다. 일설에 부모의 안색을 살펴 그 뜻을 잘 받드는 것이라고도 한다. 자하(子夏)가 효(孝)에 대해 묻자, 공자가 "얼굴빛을 온화하게 하기가 어렵다.〔色難〕"라고 한 데서 유래하였다. 《論語 爲政》

3남 4녀를 두었다. 아들 필훈(弼勛)과 생원(生員) 필문(弼文)은 모두 문행(文行)으로 이름이 났고, 필인(弼仁)은 진사(進士)이며, 딸은 참봉(參奉) 권응경(權應經), 승지(承旨) 권부(權孚), 진사 홍만항(洪萬昌), 좌랑(佐郎) 이찬(李瓚)에게 각각 시집갔다. 필훈은 아들 사적(思廸)이 있고, 딸은 허해(許海), 강충휴(姜衷休), 김부렴(金復濂)에게 각각 시집갔다. 필문은 아들 사술(思述)이 있다. 필인은 아들 사손(思遜), 양자로 나간 사막(思邈), 사우(思遇), 사억(思億)이 있고, 딸은 황기중(黃器重), 권정균(權正均)에게 각각 시집갔다. 권응경의 아들은 진사 권세전(權世銓), 권세현(權世鉉)이 있고, 딸은 홍중겸(洪重謙), 이만정(李萬鼎), 봉사(奉事) 오필운(吳弼運), 참봉(參奉) 이달중(李達中)에게 각각 시집갔다. 권부는 아들 권탐(權耽)이 있고, 딸은 유경유(柳慶裕), 심집(沈㙫), 승지(承旨) 홍양보(洪亮輔)에게 각각 시집갔다. 홍만창은 아들 홍중희(洪重熙)가 있고, 딸은 권보경(權輔經)에게 시집갔다. 이찬의 아들은 현감 이만협(李萬恊), 참판 이만회(李萬恢), 이만희(李萬憘)가 있고, 딸은 정미(鄭渼)에게 시집갔다. 증현손(曾玄孫)은 다 기록하지 않는다.

공의 현손 치봉(致鳳)이 순암(順菴) 안정복(安鼎福)[96] 공이 찬술한 묘지(墓誌)와 해좌(海左) 정범조(丁範祖)[97] 공이 찬술한 묘

96 순암(順菴) 안정복(安鼎福) : 1712~1791. 본관은 광주(廣州), 자는 백순(百順), 호는 순암, 우이자(虞夷子)이며, 시호는 문숙(文肅)이다. 성호(星湖) 이익(李瀷)의 문인이다. 저서로는 《순암집(順菴集)》이 있으니, 《순암집》 권24에 공의 묘지명이 실려 있다.

97 해좌(海左) 정범조(丁範祖) : 1723~1801. 본관은 나주(羅州), 호는 해좌이다.

표(墓表)를 가지고 와서 나에게 보이며 묘갈명을 청하였다. 나는 생각건대, 공은 나의 증왕모(曾王母)와 남매이니 의리상 감히 사양하지 못하였다. 명은 다음과 같다.

감식과 저울질이 공평하였고	鑑衡之公平歟
미래를 점침이[98] 신령했도다	著龜之神靈歟
마음을 처함이 어찌 그리 공정했으며	處心之何其公
기미를 살핌이 어찌 그리도 밝았던가	見幾之何其明
금석도 그 굳셈을 비유하기 부족하고	金石不足喩其剛
강해도 그 도량을 견주기가 부족하네	江海不足比其量
그 일신의 명이 완전하고 순수하였으니	是其身命之完粹
의당 명릉[99]의 조정에서 보기 드물리라	宜罕覩於明陵之庭也

대사헌, 형조 판서 등을 지냈다. 시율과 문장에 뛰어나 사림의 모범이 되었고, 당대 문학의 명성자로 평가되어 문사의 임무를 맡았다. 저서로는 《해좌집(海左集)》이 있으니, 《해좌집》 권25에 〈병조 참판 신공 묘표(兵曹參判申公墓表)〉가 실려 있다.

98 미래를 점침이 : 원문은 '시귀(著龜)'로, 점을 칠 때 사용하는 시초(著草)와 거북 껍질이다. 사물을 판단하는 기준을 삼는 것이며, 나아가서 모든 의문을 판별해 주는 원로나 국사(國士)를 뜻하는 말로 쓰인다. 송(宋)나라 소식(蘇軾)의 〈제구양문충공문(祭歐陽文忠公文)〉에 구양수(歐陽脩)를 평하여 "공이 세상에 산 것이 66년인데 백성들은 부모가 있고 국가에는 시귀가 있었네.〔公之生於世, 六十有六年, 民有父母, 國有著龜.〕"라고 하였다. 《東坡全集 卷91》

99 명릉(明陵) : 숙종(肅宗)의 능호이다. 숙종의 재임기간은 1675~1719년이다.

종부시 정 남암 손공 묘갈명 병서

宗簿寺正南巖孫公墓碣銘 並序

우리 영묘(英廟) 5년 무신년(1728, 영조4)[100]에 호서(湖西)에서 흉역(兇逆)이 일어났다.[101] 그 역당들이 안의(安義)와 합천(陜川) 경내에 창궐하니 조야(朝野)의 사람들이 놀라 들끓었고 경내를 지키는 수령이 혹 겁이 나서 달아나 숨는 지경에 이르렀다. 오직 고(故) 남암(南巖) 손공(孫公)만은 바야흐로 벼슬하지 않고 집에서 지내다가, 자신의 몸을 돌보지 않고 분연히 일어나 맨 먼저 창의(倡義)하였다. 그리고 여러 고을에 격문을 돌려 유시하니, 의로운 소리가 미치는 곳의 원근 사람들이 다 메아리처럼 호응하고, 공을 추대해서 의승대장(義勝大將)으로 삼았다. 공이 단상에 올라가 병사들에게 맹세하고, 장차 관군(官軍)과 협력하여 적의 무리를 무찔러 죽이려 하였는데, 곧바로 적들이 평정되어 파하였다. 하지만 충심을 분발하고 적개(敵愾)한 뜻은 진실로 천하에 드러

100 영묘(英廟) 5년 무신년(1728, 영조4) : 영조 즉위년인 갑진년(경종4)으로부터 5년째 되는 해이다.

101 호서(湖西)에서 흉역(兇逆)이 일어났다 : 1728년에 이인좌(李麟佐)를 중심으로 한 소론(小論) 일파가 반란을 일으켰던 일을 가리킨다. 소론은 경종(景宗) 연간에 왕위 계승을 둘러싼 노론과의 대립에서 일단 승리하였으나 노론이 지지한 영조가 즉위하자 위협을 느끼게 되었다. 이에 이인좌, 정희량(鄭希亮), 박필현(朴弼顯) 등 소론의 과격파들이 영조가 숙종의 아들이 아니며 경종의 죽음에 관계되었다고 주장하면서 영조와 노론을 제거하고 밀풍군(密豐君) 이탄(李坦)을 왕으로 추대하고자 난을 일으켰다.

내기에 충분하였다. 또 바야흐로 기약한 대로 진영에 나아갈 때 자질(子姪)들을 불러 옷을 헤쳐 배에 난 검은 사마귀를 보이며 말하기를, "나는 적(賊)과 함께 살지 않겠다. 혹 불행을 당하게 되면 곧 이것으로써 징험을 삼아라." 했었다. 공이 한 번 죽음으로 나라에 은혜를 갚고자 하였다는 것을 여기에서 또한 알 수 있다. 이 당시에 고(故) 참의(參議) 유승현(柳升鉉)[102] 공도 또한 강좌(江左)에서 창의[103]하였는데, 조정에서 아울러 가상히 여겼다.

공은 기유년(1729, 영조5)에 차제(次第)에 따라 종부시 정(宗簿寺正)에 임명되었다. 유공(柳公)은 곧 승자(陞資)하여 종성 부사(鍾城府使)에 제수되었는데, 공은 당하(堂下)로서 외직으로 나가 능주 목사(綾州牧使)가 되었다. 좌의정 이태좌(李台佐)[104]와 우의정 이집(李㙫)[105]이 함께 공의 사람됨을 아뢰어 더욱 장려하

102 유승현(柳升鉉) : 1680~1746. 본관은 전주(全州), 자는 윤경(允卿), 호는 용와(慵窩)이다. 문과에 급제하여 공조 참의, 종성 현감, 풍기 군수 등을 역임하였다. 이인좌(李麟佐)의 난 때 지역에서 의병장으로 추대되었다. 저서로는 《용와집(慵窩集)》이 있다.

103 강좌(江左)에서 창의 : 영조실록에 "영천(榮川) 사람……호소사(號召使) 조덕린(趙德隣)도 또한 안동(安東)에서 조사(朝士)와 유생(儒生) 1백여 인을 모아 의병을 선창하여 일으켜서 전 정랑(正郎) 유승현을 의병장(義兵將)으로 삼고, 정자(正字) 권만(權萬) 등이 이를 도와 이제 바야흐로 군사를 모으고 군량을 모아 앞으로 적진(敵陣) 근처로 가서 관군(官軍)을 돕고자 합니다."라고 하였다. 《국역영조실록 4년 무신 4월 6일》

104 이태좌(李台佐) : 1660~1739. 본관은 경주(慶州), 자는 국언(國彦), 호는 아곡(鵝谷)이며, 시호는 충정(忠定)이다. 1699년(숙종25) 문과에 급제하여, 호조 판서, 이조 판서, 우의정, 좌의정 등을 역임하였다.

105 이집(李㙫) : 1664~1733. 본관은 덕수(德水), 자는 노천(老泉), 호는 취촌

고 발탁하기를 청하자 임금께서 옳다고 하였지만, 공이 이미 사폐(辭陛)[106]하여 실행하지 못하였으니, 공의(公議)가 애석히 여겼다.

금상(今上)은 무신년(1788, 정조12)에 이르러 당시에 창의(倡義)했던 여러 사람을 찾도록 명하였는데, 유공(柳公)은 이조 참판(吏曹參判)에 포증(褒贈)되었지만, 공은 상달(上達)에 미치지 못하였다는 것으로 또 홀로 포증되지 못하였으니, 어찌 개탄스럽지 아니하겠는가.

삼가 살피건대, 공은 휘가 경석(景錫)이고 자가 중백(仲百)이며 본관은 경주(慶州)이니 신라 육부(六部)의 대성(大姓) 가운데 하나이다. 먼 조상인 휘 순(順)은 어머니를 섬김에 지극히 효성스러워 아들을 땅에 묻다가 종을 얻은 기이한 일[107]이 있었으니, 이 일이 《삼강행실(三綱行實)》에 실려 있다. 신라를 지나 고려에 이르기까지 대대로 이름난 공경(公卿)이 있었다. 우리 조선에 들어와 휘 등(登)이 있으니 현감(監察) 벼슬을 하였고 참의(參議)에 증직되었다. 이분이 공의 9대조가 된다. 고조는 사복시 정(司僕寺

(醉村)이며, 시호는 장숙(莊肅)이다. 1677년(숙종23) 문과에 급제하여 좌의정에 이르렀다.

106 사폐(辭陛) : 지방에 수령(守令)이 되어 가는 신하, 또는 외국에 사신으로 가는 신하가 임금에게 하직 인사를 드리는 일을 말한다.

107 순(順)은……일 : 손순(孫順)은 모친을 봉양하기 위하여, 할머니의 밥을 빼앗아 먹는 손자인 자기 자식을 산에 데려가 파묻으려다가 석종(石鐘)을 발견하여 아들을 묻지 않고 석종을 가지고 집에 돌아왔다. 종소리가 대궐까지 들려 자초지종을 알게 된 흥덕왕이 손순의 효성에 감동하여 집 한 채와 해마다 메벼 50석을 내렸다는 고사가 있다. 《三國遺事 卷5 孝善 孫順埋兒 興德王代》

正)에 증직된 휘 홍효(興孝)이니, 임진왜란 때 곽망우당(郭忘憂堂)[108]을 따라 화왕성(火旺城) 전투에서 공로가 드러났다. 증조는 진사(進士)로 좌승지(左承旨)에 증직된 휘 당(禟)이니 조월천(趙月川)[109] 문하에 종유(從遊)하여 자신 다스리기를 강직한 지조로 하였으며, 예안(禮安)에서 처음으로 상주(尙州) 율리(栗里)로 거처를 옮겼다. 조부는 휘가 신의(愼儀)이니 병조 참판(兵曹參判)에 증직되었다. 고(考)는 휘가 만웅(萬雄)이니 관직은 부윤(府尹)을 지냈고 호는 야촌(野村)이며, 높은 명망과 맑은 덕이 있어서 세상 사람들에게 추중을 받았다. 비(妣) 숙부인(淑夫人)은 재령 강씨(載寧康氏)이니 사인(士人) 모(某)의 따님이고 남계(南溪) 강응철(康應哲)[110]의 후손으로, 현종(顯宗) 기유년(1669, 현종10) 모월 모일에 공을 낳았다.

공은 어려서부터 기국(器局)이 침착하고 굳세었으며 기상(氣

108 곽망우당(郭忘憂堂) : 곽재우(郭再祐, 1552~1617)를 가리킨다. 본관은 현풍(玄風), 자는 계수(季綏), 망우당은 그의 호이며, 시호는 충익(忠翼)이다. 임진왜란 때 의병을 일으켜 공을 세우고, 정유재란 때 화왕산성(火旺山城) 등지에서 왜적을 격파하였다.

109 조월천(趙月川) : 조목(趙穆, 1524~1606)을 가리킨다. 본관은 횡성(橫城), 자는 사경(士敬), 월천은 그의 호이다. 퇴계(退溪) 이황(李滉)을 사사하였고, 누차 조정에서 벼슬을 제수하였으나 대부분 부임하지 않고 학문 연구에 힘썼다. 도산서원 상덕사(尙德祠)에 배향되었다.

110 남계(南溪) 강응철(康應哲) : 1562~1635. 본관은 재령(載寧), 자는 명보(明甫), 남계는 호이다. 임진왜란 때 정기룡(鄭起龍)과 함께 의병을 일으켜 싸웠으며, 광해군 때 고향 상주로 돌아와 독서와 저술로 일생을 마쳤다. 상주의 연악서원(淵嶽書院)에 배향되었으며, 저서로는 《남계집(南溪集)》이 있다.

像)이 크고 두터웠으니, 사람들이 모두 원대함에 이를 것으로 기대하였다. 숙종 병자년(1696, 숙종22)에 명경과(明經科)에 급제하여 국자(國子 성균관)에 소속되었다. 경진년(1700)에 청암 찰방(靑巖察訪)이 되었는데 고과(考課)에 연이어 최고였고, 어사(御使)가 또 포계(褒啓)를 올렸으며, 우인(郵人)이 비석을 세워 칭송하였다. 임기가 다하고 전적(典籍)으로 승진하였는데, 조정이 평안하지 못함을 보고서 관직을 버리고 돌아왔다.

정해년(1707)에 울진 현령(蔚珍縣令)에 임명되었는데, 얼마 있지 않아서 어머니 상(喪)을 당하였다. 상복을 벗고 나서, 울진의 유생 이백여 명이 재차 비변사(備邊司)에 정고(呈告)를 올려 공이 울진에 있기를 원하며 "십 일 관직에 있으면서 백성들의 병폐를 모두 제거하였으니, 백세토록 잊지 못할 것입니다."라고 말하였다.

임진년(1712)에 아버지 부윤공(府尹公)의 상(喪)을 당하였다. 경자년(1720)에 숙묘(肅廟)께서 승하하셨다. 공은 당시에 병이 들었지만 추워도 무릅쓰고 인산(因山)에 갔다. 저지하는 사람이 있자, 공이 말하기를, "임금과 어버이는 일체(一體)인지라 방상(方喪)[111]하여 차이가 없어야 하거늘, 어찌 감히 질병으로써 해이할 수 있겠는가."라고 하였다.

갑진년(1724, 경종4) 예조 좌랑(禮曹佐郎)에 제수되었다. 얼마 있다가 고부 군수(古阜郡守)에 임명되었는데, 고부는 다스리기 어렵다고들 하였지만, 공이 고부군을 다스린[112] 지 얼마 되지 않아

111 방상(方喪) : 임금의 상을 당했을 때 부모상을 당한 경우에 견주어 참최 삼년(斬衰三年)으로 복을 입는 것을 말한다. 《禮記 檀弓上》

서 명성과 치적이 드러나 알려졌다. 을사년(1725, 영조1)에 크게 흉년이 들었다. 공은 조처를 해서 구휼하고 구제하니, 온 경내가 온전히 살 수 있었다. 연이어 포계(褒啓)에 올랐다.

병오년(1726)에 체직되었다. 그 뒤 3년이 곧 무신년(1728)이다. 공은 곧 능주 목사(綾州牧使)에 부임하여 학교를 일으키고 피폐함을 제거하니, 사민(士民)들이 다들 칭송하였다. 그사이에 장령(掌令)에 의망(擬望)된 것이 두 번이었다. 경술년(1730) 겨울에 어사(御史) 황정(黃晸)[113]이 죄로 얽음으로써 파직되었다. 이듬해 봄에 심리(審理)하여 사건을 본도(本道)로 내려보내 조사를 하도록 하였는데 끝내 실상이 없었다. 공은 일찍이 연악산(淵嶽山) 중에 집을 지어 만년에 깃들어 쉴 계획을 했었는데, 이때부터 벼슬살이할 뜻을 끊고 문을 닫고 수양하며 한가히 지냈다. 때로는 짚신 신고 야인 복장으로 지우(知友)들을 맞아 술 마시고 읊조리는 것을 즐거움으로 삼았다. 임자년(1732) 4월 모일에 세상을 떠났으니 64세를 살았다. 고을의 발산(鉢山) 갑좌(甲坐) 언덕에 장사 지냈다. 장례에 모인 사람이 사백여 명이었다.

112 다스린 : 원문은 '시전(視篆)'으로, 관인(官印)을 들고 공무를 본다는 뜻이니 수령이 고을을 다스림을 의미한다. 전(篆)은 보통 전서(篆書)로 관인을 새기기 때문에 생긴 말이다.

113 황정(黃晸) : 1689~1752. 본관은 장수(長水), 자는 양보(陽甫)이다. 숙종 기해년(1719) 문과에 급제하였다. 《국역 영조실록》 6년(1730) 조에 "전 평사(評事) 이흡(李潝), 교리(校理) 황정(黃晸), 병조 좌랑 오원(吳瑗), 헌납(獻納) 김상성(金尙星)을 인견(引見)하고 친히 봉서(封書)를 주면서 경상, 전라, 충청, 경기 제도(諸道)에 나누어 보내어 감사와 수령의 치부(治否)를 염찰(廉察)케 하였다."라고 한 말이 있다.

공의 효도하고 우애로우며 친척과 화목함은 천성(天性)에서 나왔다. 아버지 부윤공이 병을 앓음에 공은 정성을 다해 부축하고 간호하면서 잠시도 그 곁을 떠나지 않았다. 아버지의 병이 심해지게 되어서는 대변이 단지 쓴지를 맛보고 증상을 알아보았다. 이윽고 상(喪)을 당하여서는 염(斂)을 하고 빈소를 차리며 장사 지내고 제사드림을 한결같이 예제(禮制)를 준수하여 최질(衰絰)을 벗지 않았으며 형식과 마음[114]을 모두 지극히 하였다. 선공(先公)이 병으로 누워 있을 때 은어(銀魚)를 먹고 싶어 하였는데, 시기가 맞지 않아 드리지 못한 것을 한스럽게 여겨 종신토록 은어를 먹지 않았다. 매달 반드시 묘소에 올라가 성묘를 하였는데 춥거나 덥다고 해서 혹여라도 하지 않은 적이 없었다.

백씨(伯氏)가 병석에 있은 지 여러 달이 되자 구제하고 간호하는 방법을 지극히 하지 않음이 없었고, 세상을 떠나 장사 지내고는 자주 그 묘에 가서 슬프게 울부짖고 눈물을 흘렸다. 형의 자식을 마치 자신의 자식처럼 돌보았고, 판매한 토지는 다 미루어 돌려주어서 가업(家業)을 잃지 않도록 하였다. 일찍이 이웃 고을 관아에 달려갔는데 마침 주린 이를 구휼할 때였다. 공이 척당(戚黨)한 사람이 그 가운데 있는 것을 보고서 그릇의 밥과 한 말의 쌀을 청해서 얻어 몸소 당을 내려가 그와 말을 나누면서 위로하고

114 형식과 마음 : 원문은 '이척(易戚)'으로, 이(易)는 형식에 치중한 것을, 척(戚)은 슬픔을 가리키는 말이다. 《논어》 〈팔일(八佾)〉에 임방(林放)이 예(禮)의 근본을 묻자, 공자가 대답하기를 "예는 사치하기보다는 차라리 검소한 것이 낫고, 상은 형식적으로 잘 치르기보다는 차라리 슬퍼하는 것이 낫다.〔禮與其奢也寧儉, 喪與其易也寧戚.〕"라고 한 말에서 유래하였다.

어루만져 주니, 이를 보는 사람들이 칭찬하며 감탄하였다.

공은 마음가짐이 충성스럽고 후하며 몸가짐이 맑고 밝았다. 나의 증조(曾祖) 지현공(知縣公)[115]은 공의 아버지 부윤공과 이웃에 살면서 친한 벗으로 지냈는데, 공이 섬기기를 매우 공손하게 하였다. 그 상(喪)이 나기에 이르러서 공은 호서의 역참에 있었는데 관아를 닫고서 거애(擧哀)[116]하였고, 기일(忌日)에는 또 지현공을 위해 소식(素食)을 하였다. 어버이와 친하게 지내던 사람 중에 상을 당하여 염(殮)을 할 수 없는 사람이 있으면 문득 입고 있던 옷을 벗어 수의로 삼게 해 주었다.[117]

지방관으로 있을 때는 백성 가운데 서로 송사하는 자가 있으면 반드시 먼저 일깨워 자복(自服)하도록 하였고, 봉록(俸祿)을 덜어서 백성의 요역을 보충하였으며, 일찍이 자손을 위하여 산업(産業)을 경영하여 세우지 않았다. 세 번 군읍(郡邑)을 맡아 다스렸지만 전답과 하인이 증가된 바가 없었다. 복식이 검소하여 초라하기가 마치 한사(寒士) 같았고, 심하게 병을 앓지 않으면 항상 띠를 묶고 거처하며 마치 빈객을 마주하는 듯이 하였다. 자제들을

115 지현공(知縣公) : 신령 현감(新寧縣監)을 지낸 정종로의 증조 정석교(鄭錫僑, 1646~1700)를 가리킨다. 정석교는 자가 희백(希伯)이고 호가 환성재(喚醒齋)로, 학행(學行)으로 숭릉 참봉(崇陵參奉)에 제수되었고 대신의 천거로 신령 현감을 역임하였다.

116 거애(擧哀) : 상사(喪事) 소식을 듣고 신위를 마련하고 곡하는 것을 말한다.

117 입고……주었다 : 원문은 '해의수지(解衣襚之)'로, 《예기(禮器)》 〈소의(少儀)〉에 "신이 군의 상에 수의를 바칠 때,〔臣致襚於君〕"라고 하였는데, 그 주에 "옷으로 죽은 자를 보내는 것을 수라 한다.〔以衣送死者, 謂之襚.〕"라고 하였다.

경계시켜 한결같이 겸양하고 공손하도록 하고, 입으로는 남의 허물을 말하지 않도록 하였다. 일찍이 말하기를, "충성스럽고 두터움과 청렴결백함은 우리 집안의 법이니, 너희들이 마땅히 삼가 지켜서 잃지 말아야 한다."라고 하였다. 유고(遺稿) 약간 권이 집에 보관되어 있다.

부인 숙인(淑人)은 안동 권씨(安東權氏)이니 동계(桐溪) 권달수(權達手)[118]의 후손 사인(士人) 모의 따님으로, 시부모를 효성으로 섬겼고 군자(君子)의 짝이 됨에 어김이 없었으며, 정미년(1667, 현종8)에 태어나 기유년(1729, 영조5)에 세상을 떠났고, 단밀현(丹密縣) 송현(松峴) 해좌(亥坐) 언덕에 장사 지냈다. 2남 1녀를 두었으니, 아들은 운억(雲億)과 운채(雲采)이고, 딸은 유후비(柳後玭)에게 시집갔다. 손증(孫曾) 이하는 기록하지 않는다. 공의 사현손(嗣玄孫)인 좌랑(佐郎) 진익(鎭翼)이 강재(剛齋) 이승연(李承延)[119]이 찬술한 행장을 가지고 와서 나에게 보이며 그 묘갈명을 부탁하였다. 나는 실로 공의 의(義)를 사모하여 한마디 말을 하고 싶었던 자인지라, 마침내 위와 같이 차례하고, 시로 이어 다음과 같이 말한다.

118 동계(桐溪) 권달수(權達手) : 1469~1504. 본관은 안동(安東), 자는 통지(通之), 동계는 호이다. 홍문관 수찬, 이조 정랑 등을 역임하였고, 1504년(연산군10) 연산군의 생모 윤씨를 종묘에 모시는 것에 반대하다가 유배되고, 다시 압송되어 국문을 받던 중 옥사하였다.

119 강재(剛齋) 이승연(李承延) : 1720~1806. 본관은 연안(延安), 자는 태보(台甫), 강재는 호이다. 80세에 첨지중추부사(僉知中樞府事)가 되었다. 시문(詩文)에 능하여 상주지방 낙강시회(洛江詩會)에 참석하며 많은 연구시(聯句詩)를 남겼다.

훌륭하여라, 남암이여	懿哉南巖
충절이 탁월하고 특별하였네	忠節卓殊
창의하여 적을 토벌할 적에는	倡義討賊
죽음으로 맹세하고 자신을 잊었네	誓死忘軀
비록 곧바로 병사를 해산하였지만	雖卽罷師
참으로 그 계책은 훌륭하였네	寔壯厥猷
빛나고 빛나는 그 충심이	炳炳赤衷
환하게 온 세상을 비추었네	輝暎寰區
대개 공의 타고난 자질은	盖公天資
침착하고 굳세어 짝할 이 적네	沈毅寡儔
평소에 행했던 돈독한 행실은	平居篤行
박한 사내를 도타이 할 만하네[120]	可敦薄夫
세 고을을 두루 맡아 다스림에	歷典三邑
백성들이 노래하고 읊조렸네	氓俗歌謳
기름진 고을에서 청절을 부지하여[121]	處腴持蘗
담담하기가 가난한 유자와 같았네	澹若寒儒
애석해라, 시대를 만나지 못하여	惜不遇時
끝내 형통한 큰길이 막혔음이여	竟阻亨衢
발산이 푸르고 푸르니	鉢山蒼蒼

120 박한……만하네 : 《맹자》 〈만장 하(萬章下)〉에, 화성(和聖)으로 일컬어지는 유하혜(柳下惠)의 풍도를 듣게 되면 "비루했던 사내가 너그러워지고, 야박했던 사내도 돈후해진다.〔鄙夫寬, 薄夫敦.〕"라고 한 말에서 가져왔다.

121 청절을 부지하여 : 원문은 '지벽(持蘗)'으로, 청렴함을 뜻한 말이다. 벽은 "맑은 얼음을 마시고 쓰디쓴 황벽나무를 먹는다.〔氷淸蘗苦〕"라는 말에서 가져온 것이다.

저 소호를 마주하네	面彼蘇湖
호의 물이 끊어지지 않으리니	湖水不絶
공의 이름 더불어 함께하리라	公名與俱

박연 김공 묘갈명 병서

博淵金公墓碣銘 並序

대장부가 세상에 태어나서 문(文)으로 태평 시대를 아름답게 꾸미지[122] 못한다면, 곧 무(武)로써 외부의 모멸을 막아야 함이 옳다. 이 두 가지는 국가를 위해 충성을 바치는 점은 똑같다. 하지만 만약 위급 존망(危急存亡)한 날에 만 번 죽을 마음으로 종묘(宗廟)와 사직(社稷)을 호위한 사람이라면, 그 공로와 공적(功績)이 문묵(文墨)으로 직분에 이바지한 자와 비교해서 현격하게 나을 뿐만이 아닐 것이거늘, 혹자가 '무(武)가 문(文)에 미치지 못한다.'라고 말함은 어찌해서인가. 우리나라의 임진왜란에 무릇 의(義)를 떨쳐 일어난 여러 분들로 찬란함이 마치 북두(北斗) 장경성(長庚星)[123] 같은 사람은 손가락을 꼽아 헤아릴 만하니, 박연(博淵) 김공(金公)이 그 가운데 한 사람이다.

공은 휘가 태허(太虛)이고 자가 여실(汝實)이다. 나이 24세에

122 아름답게 꾸미지 : 원문은 '비식(賁飾)'이다. 비괘(賁卦)가 비식(賁飾)의 상(象)이 됨은 상하 두 체(體)의 강유가 사귀어 서로 문식(文飾)을 하기 때문이라는 것에서 유래하였다. 하체(下體)는 본래 건(乾)인데 유(柔)가 와서 그 가운데를 문식하여 이(離)가 되었고, 상체(上體)는 본래 곤(坤)인데 강(剛)이 가서 그 상(上)을 문식하여 간(艮)이 되었으니, 이는 바로 산 아래에 불이 있음이 되어 문명(文明)에 그쳐 비(賁)를 이룬 것이다. 《周易 賁卦 彖 程傳》

123 장경성(長庚星) : 금성(金星)의 별칭이며 태백성(太白星)이라고도 하는데, 저녁 무렵 서쪽 하늘에 가장 밝게 빛나는 별이다.

붓을 던지고, 3년 지난 뒤에 호방(虎榜)[124]에 올랐으며, 또 4년 지나 아이 첨사(阿爾僉使)가 되었다. 왜구(倭寇)가 대거 침입하여 부산(釜山) 동래부(東萊府)가 연이어 함락되기에 이르러, 공은 팔공산에서 동지(同志)들과 창의하여 삽혈(歃血)하고 적을 토벌하기를 맹세하였다. 방백(方伯)이 공의 지혜와 용기가 있음을 듣고 울산(蔚山) 임시 수령에 임명하였다. 공은 흩어져 달아난 사람들을 불러 삼천 명을 모아서 군인(郡人)인 전 현감(前縣監) 박홍춘(朴弘春), 전 봉사(前奉事) 김응충(金應忠)을 나누어 서면(西面)·남면(南面)의 장수로 삼아 육로(陸路)의 적들을 막도록 하고, 서인충(徐仁忠)을 해병(海兵)의 장수로 삼아 수로(水路)의 적들을 끊도록 하며, 자신은 병사 삼백 명을 거느리고 세 장수의 보고에 근거하여 위급한 상황에 따라 말을 달려 공격하였는데, 한 달 동안 여덟 번 전투하여 여덟 번 승첩(勝捷)을 아뢰었다. 바야흐로 이 때에 군(郡) 병사의 정예(精銳)로움이 당시에 으뜸이었다. 10월에 이르러 적의 배 6척이 기장(機張)으로부터 도착하니, 육지에 있던 오백(五百)의 적들이 아이포(阿爾浦)에서 왔다. 공은 박홍춘(朴弘春) 등과 더불어 종일토록 힘껏 싸워서, 배 두 척의 적들을 남김없이 모조리 죽였고, 육지에서는 오십여 급(級)을 베었다. 관찰사와 곤수(閫帥 병사(兵使)와 수사(水使) 등의 별칭)가 아울러

124 호방(虎榜) : 문과에 급제하는 사람들의 명단을 발표하는 용방(龍榜)이 있었으니, 당(唐)나라 때 육지(陸贄)가 진사시(進士試)의 시관이 되어 한유(韓愈) 등 많은 명사를 뽑자, 당시 사람들이 이를 용호방(龍虎榜)이라고 치하한 데서 온 말이다. 우리나라에서는 이 고사를 따다가 문과를 용방(龍榜)이라고 하고 무과를 호방(虎榜)이라고 하였다.

치계(馳啓)하여 공을 정식 수령으로 삼게 되었다.

계사년(1593, 선조26) 4월에 적들이 수륙(水陸) 양쪽으로 합세하여 네 도(道)에서 아울러 진격함에, 공은 군(郡)의 병력을 경주(慶州)로 이동하여 주둔시키고, 서인충(徐仁忠) 등과 함께 이견대(利見臺)[125]의 바다에서 접전하여 칼로 베고 활을 쏘아 죽였는데 그 수를 헤아릴 수 없고, 또 월성(月城)과 장기(長鬐) 사이에서 연이어 싸워서 적들의 군기(軍器)를 빼앗고 삼백여 급을 베어 올렸다. 도원수(都元帥) 권율(權慄)[126] 공과 어사(御史) 한준겸(韓浚謙)[127] 공과 병사(兵使) 박진(朴晉)[128] 공이 아울러 치계(馳啓)

125 이견대(利見臺) : 대왕암(大王巖)으로, 지금 경주(慶州)에 있다. 신라 문무왕은 평소에 왜(倭)의 잦은 침범을 근심하여 죽어서 용이 되어 나라를 수호하겠다고 하였고, 임종 때 자신을 화장하여 동해의 물속에 장사 지내라고 유언하였다 하는데 이것이 지금 경주에 있는 대왕암이다. 뒤에 신문왕(神文王)이 유언대로 장사한 뒤 추모하여 대(臺)를 쌓고 바라보니 큰 용이 바다 가운데 나타나 보였기 때문에 이 대를 이견대라고 이름 붙였다 한다. 이는 《주역》 〈건괘(乾卦) 구이(九二)〉에 "나타난 용이 밭에 있으니, 대인을 만나 봄이 이롭다.〔見龍在田, 利見大人.〕"라는 말에서 가져왔다. 《新增東國輿地勝覽 卷21 慶尙道 慶州府 樓亭 利見臺》

126 권율(權慄) : 1537~1599. 본관은 안동(安東), 자는 언신(彦愼), 호는 만취당(晩翠堂), 모악(暮嶽)이다. 1582년(선조15) 문과에 급제하였고, 의주목사(義州牧使) 재직 중 임진왜란이 일어나자 참전하여 행주대첩(幸州大捷)을 승리로 이끌었다. 1604년 선무공신(宣武功臣)에 책록되고, 영가 부원군(永嘉府院君)으로 추봉되었다.

127 한준겸(韓浚謙) : 1557~1627. 본관은 청주(淸州), 자는 익지(益之), 호는 유천(柳川)이며, 시호는 문익(文益)이다. 인조반정으로 딸이 인열왕후(仁烈王后)에 책봉되자 영돈령부사가 되고 서원 부원군(西原府院君)에 봉해졌다.

128 박진(朴晉) : 1560~1597. 본관은 밀양(密陽), 자는 명부(明夫)이며, 시호는 의열(毅烈)이다. 1592년(선조25) 밀양 부사 재임 중 임진왜란이 일어나자 경상 좌도 병마절도사가 되어 각지의 의병들과 연합해 경주성(慶州城)을 탈환하는 등 영남 지

를 하니, 주상께서 가상히 여기시어 특별히 승자(陞資)를 명하고 《대학(大學)》 한 부를 하사하였다.

갑오년(1594)에 가선(嘉善)에 오르고 조방장(助防將)을 겸하였다. 을미년(1595)에 가의(嘉義)에 오르고 동지중추부사(同知中樞府事)에 임명되었다. 정유년(1597) 10월에 명나라 장수 경리(經理) 양호(楊鎬)를 따라 부산의 왜적을 포위하였다. 적들 가운데 철의(鐵衣)를 입은 자가 성(城)에 올라가 탄환을 마구 쏘아 명나라 병사가 전진하다가 문득 죽었거늘, 공이 하나의 화살로 그를 죽이니 경리가 크게 기뻐하여 공의 등을 어루만지며 말하기를, "드물게 있는 인재로다."라고 하였다.

이듬해인 1598년 봄에 망우당(忘憂堂) 곽재우(郭再祐) 공과 더불어 화왕성(火旺城)[129]에서 협력하여 가등청정의 군대를 물리쳤다. 기해년(1599)에 또 조방장(助防將)으로서 울산(蔚山)에 거주하였고, 여름에 특별히 성주 목사(星州牧使) 겸 우도 방어사(右道防禦使)에 제수되었다.

경자년(1600) 봄에 어사(御史) 조탁(曺倬)[130]이 공의 군민(軍

역에서 뛰어난 전공을 세웠다.

129 화왕성(火旺城) : 경상남도 창녕군 창녕읍 옥천리에 있다. 삼국 시대의 산성(山城)으로 사적 제64호이다. 현재 동문, 서문, 연못 등의 시설이 남아 있다. 임진왜란 때 의병장 곽재우가 이 성을 본거지로 하여 전공을 세웠다. 성은 이때 곽재우에 의하여 크게 수축되었고 임진왜란 후에도 한두 차례 중수되어 지금까지 전한다.

130 조탁(曺倬) : 1552~1621. 본관은 창녕(昌寧), 자는 대이(大而), 호는 이양당(二養堂), 치재(耻齋)이다. 1599년(선조32) 문과에 급제하여, 예조 좌랑, 병조 좌랑, 정언(正言), 강원도 암행어사 등을 역임하였다. 영의정에 추증되었다.

民)을 다스림이 제일(第一)이라고 진계(陳啓)를 하니, 임금께서 특별히 공을 우병사(右兵使)에 임명하였다. 공은 가을에 성주(星州)의 일 때문에 파직되었는데, 체찰사(體察使) 이덕형(李德馨)[131] 공이 "이 사람의 지혜와 용기는 버려 두어서는 마땅하지 않습니다."라고 계를 올림으로 인하여 특별히 좌병사(左兵使)에 임명되었다.

갑진년(1604) 봄에 본도(本道) 방어사(防禦使)에 제수되었고, 겨울에 자헌대부(資憲大夫)에 올라 도총관(都摠管)에 임명되었다. 을사년(1605) 봄에 또 방어사에 제수되었다. 이때 수상(首相)이 사람을 보내 말하기를, "방어사는 마땅한 직책이 아니니, 다만 나를 찾아오시오."라고 하였지만, 공은 답을 하지 않았다. 또 요구를 하자 곧 이윽고 성을 나가 버렸다.[132] 병오년(1606)에 또 우병사(右兵使)에 제수되었다. 신해년(1611)에 또 방어사(防禦使)가 되었고, 이어서 도총관(都摠管)에 임명되었는데, 가을에 사직하고 돌아왔으니, 곧 광해군 4년이었다.

임자년(1612) 봄에 전전 시위(殿前侍衛)를 맡았고, 가을에 충

131 이덕형(李德馨) : 1561~1613. 본관은 광주(廣州), 자는 명보(明甫), 호는 한음(漢陰)이다. 1580년(선조13) 문과에 급제하여 벼슬이 영의정에 이르렀다. 저서로는 《한음문고(漢陰文稿)》가 있다.

132 수상(首相)이……버렸다 : 수상(首相)은 유영경(柳永慶)으로, 조인영(趙寅永)이 지은 공의 행장에 "다시 방어사에 제수되었다. 유영경이 수상으로서 사람을 보내 뜻을 전해, '방어는 실함이 아니니, 만약 나를 보러 오면 마땅히 특별히 승진시키겠다.' 하였다. 공이 답하지 않자, 다시 요구하니, 이미 떠날 차비로 차려 도문을 나갔다.〔復授防禦使, 柳永慶以首相, 使人致意曰"防禦非實銜, 若見我, 當優敍." 公不答, 更要之, 已俶裝出都門.〕"라고 한 말이 있다. 《雲石遺稿 卷14 知中樞府事金公行狀》

홍도 병사(忠洪道兵使 충청도 병사)에 임명되었고, 얼마 있다가 도총관(都摠管)에 임명되었으며, 이듬해 4월에 동지중추부사에 제수되었는데, 모두 사퇴하고 돌아왔다.

대개 공은 일찍이 운문산(雲門山)[133] 하류(下流)에 작은 정자를 지어서 편액을 '박연(博淵)'이라 하였다. 매양 한번 관직을 그만두면 가벼운 갖옷에 띠를 느슨하게 입고 물고기 새들과 가까이하였고, 아손(兒孫)들을 가르치고 농포(農圃)를 갈면서 즐거움으로 삼았다. 경신년(광해군12) 3월 모일에 정침(正寢)에서 고종(考終)하였으니 66세를 살았다. 부고가 알려지자 조정에서 사제(賜祭)와 치부(致賻)[134]를 전례와 같이 하였다. 10월에 밀양(密陽)의 대사동(大寺洞) 갑좌(甲坐) 언덕에 장사 지냈다.

공은 타고난 자질이 질박(質朴)하고 풍채가 엄하고 굳세었으며, 마음가짐이 부드러우면서 곧았고 겉치레를 하지 않았으니, 비록 지위가 금자(金紫)[135]에 이르렀지만 겸손하고 물러남에 한결같았고 청렴결백으로 스스로를 지켰으며, 권세가 있고 신분이 높은 이에게 아첨하지 않았다. 관직을 그만두고 집에서 지낼 때는 담담하기가 한사(寒士) 같았다. 만년에는 혼조(昏朝)를 만나 여러 번

133 운문산(雲門山) : 경상도 청도(青道)의 동쪽 96리 지점에 있는 산이다. 기암괴석과 계곡이 절경을 이루며, 현재 경상남도 청도군 운문면(雲門面)과 경상북도 밀양시(密陽市) 산내면(山內面)의 경계에 속한다.

134 치부(致賻) : 신하가 죽었을 때 임금이 부의(賻儀)를 보내는 것을 말한다.

135 금자(金紫) : 금인자수(金印紫綬)의 준말로, 고관(高官)의 별칭으로 쓰인다. 한나라 때 승상(丞相)과 태위(太尉) 등이 모두 황금 인장(印章)에 자색 수대(綬帶)를 띠었던 데서 유래하였다.

드러난 직책에 제수되었지만 모두 한 번 숙배하고 돌아왔다. 이것이 그가 잡아 지킨 것이었으니, 또 어찌 보통사람이 미칠 수 있는 것이겠는가.

대저 공은 무예(武藝)로써 말해 보면 지혜와 용기를 겸하여 갖추었고, 출처(出處)로써 말해 보면 몸과 명예를 모두 완비하였다. 나라가 어지러워짐에 곧 한마(汗馬)[136]가 되어 쇄약(鎖鑰)[137]을 굳세게 한 몸이 되었고, 세상이 혼란해짐에 곧 기려(騎驢)[138]가 되어 강호(江湖)에 노니는 사람이 되었다. 그 고요한 지조와 깨끗한 아취가 또 후세에 모범이 되기에 충분하다. 오호라, 훌륭하도다.

김씨의 선계는 광주(廣州)에서 나왔다. 공의 증조는 휘가 차무(次武)이니 좌승지(左承旨)에 증직되었으며, 조부는 휘가 려(礪)이니 호조 참판(戶曹參判)에 증직되었으며, 고(考)는 휘가 희증(希曾)이니 좌찬성(左贊成)에 증직되었고, 비(妣)는 월성 박씨(月城朴

136 한마(汗馬) : 대완(大宛)의 준마(駿馬)인 한혈마(汗血馬)의 준말로, 천리마처럼 뛰어난 재질을 갖춘 인재를 가리키는데, 《한서(漢書)》 권6 〈무제기(武帝紀)〉에 "태초(太初) 4년에 이사장군(貳師將軍) 이광리(李廣利)가 대완왕(大宛王)의 머리를 베고 한혈마(汗血馬)를 획득하여 돌아오니, '서극천마가(西極天馬歌)'를 지었다."라고 한 데서 유래하였다.

137 쇄약(鎖鑰) : 변방을 방어하는 직책을 말한다. 《춘추좌전(春秋左傳)》 희공(僖公) 32년 기사에, 기자(杞子)가 정(鄭)으로부터 진(秦)에 사신 와서 고하기를, "정인(鄭人)이 나로 하여금 북문(北門)의 관(管)을 맡으라 했다."라고 하였고, 그 주에, "관(管)은 약(鑰)이다."라고 한 데서 유래하였다.

138 기려(騎驢) : 기려객(騎驢客)으로, 시상(詩想)에 빠져드는 시인을 말한다. 당(唐)나라 가도(賈島)가 시상에 몰두하며 말을 타고 가다가 경조윤(京兆尹)의 행차를 피하지 않아 붙잡혀 들어간 고사가 있다. 《新唐書 賈島傳》

氏)이니 정랑(正郎) 박춘수(朴春壽)의 따님으로 정경부인(貞敬夫人)에 추증되었는데, 모두 공이 귀하게 되었기 때문에 증직되었다.

부인 정부인(貞夫人)은 부여 백씨(扶餘白氏)이니 선전관(宣傳官) 백추행(白秋行)의 따님이다. 아들 수겸(守謙)은 공을 따라 창의(倡義)하였고 또한 녹훈(錄勳)되었으며 관직은 부호군(副護軍)을 지냈다. 딸은 성탁(成擢), 김익(金瀷)에게 각각 시집갔다. 수겸의 아들은 명현(命鉉)이다.

하루는 공의 7세손 정권(定權)이 이재(頤齋) 조우인(曺友仁)이 찬술한 행장[139]을 가지고 와서 나에게 보이며 공의 묘갈명을 청하기에 마침내 살펴 차례하고 이어서 다음과 같이 말한다.

문과 무로써 국가에	文武於國
충심을 바침에는 똑같지마는	效忠則一
환란을 물리침으로 말해 보면	語其排患
문이 무에 짝을 하지 못하네	文莫武匹
탁월하여라, 오직 공이여	卓哉惟公
난리에 임해 절개를 드러냈네	臨難著節
적개심으로 군사에게 맹세하고	誓師敵愾
비에 씻고 바람에 머리 빗었네	雨沐風櫛

139 이재(頤齋)……행장 : 조우인(曺友仁, 1561~1625)의 《이재집(頤齋集)》에는 김태허의 행장이 보이지 않는다. 하지만 조인영(趙寅永, 1782~1850)의 《운석유고(雲石遺稿)》에 김태허의 행장이 실려 있으니, 권14에 〈지중추부사 김공 행장(知中樞府事金公行狀)〉이라는 제목으로 되어 있다. 조인영은 본관은 풍양(豐壤), 자는 희경(羲卿), 호는 운석이며, 시호는 문충(文忠)이다.

홍의[140]와 함께 힘써 싸웠으며	紅衣幷力
명나라 장수가 감탄하였네	華帥嘖舌
남쪽 지방의 보장[141]으로	南土保障
한 면에 우뚝하였네	一面其屹
빛나고 빛나는 충심(衷心)이	炳炳赤衷
푸른 하늘에 질정할 만하네	蒼穹可質
천으로부터 포상을 받아서	褒賞自天
여러 번 곤월[142]을 잡았네	屢杖閫鉞
기미에 밝았으니 혼조에	炳幾昏朝
나아감도 즐겨 하지 않았네	就亦不屑
저 박연에서 즐거이	樂彼博淵
배회하며 날을 보냈네	徜徉送日
그 출처를 살펴보면	跡其出處
또한 매우 명철하였네	亦孔之哲
나의 명문이 화려하지 않지만	我銘不華
후세 사람이 잇기를 바라노라	來者庶述

140 홍의(紅衣) : 망우당(忘憂堂) 곽재우(郭再祐, 1552~1617)를 가리킨다.

141 보장(保障) : 전국 시대(戰國時代) 조 간자(趙簡子)가 윤탁을 진양 태수(晉陽太守)로 임명하자, 윤탁이 "세금을 많이 걷을까요, 아니면 백성을 안정시켜 나라의 보장이 되게 할까요?〔爲繭絲乎, 抑爲保障乎?〕"라고 물으니, 보장(保障)이 되게 하라고 대답하였다는 일에서 유래하여 나라를 보호함을 이른다. 《國語 晉語9》

142 곤월(閫鉞) : 곤수(閫帥)의 부월을 쥐여 줌을 말하니, 병사(兵使)를 가리킨다.

역정 노공 묘갈명 병서
櫟亭盧公墓碣銘 並序

주상 14년 갑술년(1814, 순조14) 겨울에 전(前) 부사(府使) 안강(安康) 노상추(盧尙樞)[143]가 우산(愚山)에 있는 나를 방문하여 그의 6세조 역정공(櫟亭公)의 묘갈명을 청하며 말하기를, "선조(先祖)의 잠긴 덕과 숨은 빛은 왕부(王父)[144]이신 절도공(節度公)이 세마(洗馬) 이눌은(李訥隱)[145] 공에게 행장을 받아서 이미 밝게 드러내었습니다. 만약 다시 집사의 한마디 말씀을 얻어서 묘비에 드러내 새긴다면 이보다 큰 다행이 없겠으니, 감히 이 때문에 청합니다."라고 하였다. 이윽고 또 그 아들 익엽(翼燁)을 통해 행장 및 유고(遺稿) 약간을 나에게 보여 주었다. 그래서 살펴보고 다음

143 노상추(盧尙樞) : 1746~1829. 본관은 안강(安康), 자는 용겸(用謙), 호는 서산와(西山窩)이다. 1780년(정조4) 무과에 급제하여 선전관(宣傳官), 홍주 영장(洪州營將), 가덕 첨사(加德僉事) 등을 역임하였다. 저서로는 《가법정제(家法正制)》가 있다.

144 왕부(王父) : 노상추의 할아버지 노계정(盧啓禎, 1695~1755)을 가리킨다. 자는 국휴(國休), 호는 죽월헌(竹軒月)이다. 31세에 무과 급제하여, 전라 우도 수군절도사(全羅右道水軍節度使), 경상 좌도 병마절도사(慶尙左道兵馬節度使) 등을 역임하였다.

145 이눌은(李訥隱) : 이광정(李光庭, 1674~1756)을 가리킨다. 본관은 원주(原州), 자는 천상(天祥), 호는 눌은이다. 1696년(숙종22) 진사가 되었고, 이후 여러 차례 관직에 제수되었으나 나아가지 않았다. 문장과 행의로 여러 번 추천을 받았으며, 후학을 기르는 데 전념하였다. 저서로는 《눌은집(訥隱集)》이 있다.

과 같이 서술한다.

공은 휘가 경필(景佖)이고 자가 구중(懼仲)으로, 신라 시대 대광(大匡) 광한(光漢)의 후예이다. 조선 시대에 들어와 군기 첨정(軍器僉正) 종선(從善)이 있었으니, 점필재(佔畢齋)[146]와 한훤당(寒暄堂)[147]의 문하에 종유(從遊)하였다. 증손으로 교수(敎授) 희식(希軾)에 이르렀으니, 희식은 부모님께 효도하고 문장(文章)에 뛰어났다. 이분이 진사(進士)로 휘가 수함(守諴)이고 호가 송암(松庵)인 분을 낳으니, 수함은 박송당(朴松堂)[148] 문하에서 공부하였고, 전의 이씨(全義李氏) 이요(李曜)의 따님과 판서(判書)에 증직된 옥산 장씨(玉山張氏) 열(烈)[149]의 따님에게 장가들어서 각

146 점필재(佔畢齋) : 김종직(金宗直, 1431~1492)을 가리킨다. 본관은 선산(善山), 자는 효관(孝盥), 계온(季昷)이며, 시호는 문충(文忠)이다. 고려 말 정몽주(鄭夢周), 길재(吉再)의 학통을 이은 아버지로부터 수학하고, 후일 사림의 조종이 되었으며, 절의를 중시해 조선 시대 도학(道學)의 정맥을 이어 가는 중추적 구실을 하였다. 저서로는 《점필재집(佔畢齋集)》, 《청구풍아(靑丘風雅)》 등이 있다.

147 한훤당(寒暄堂) : 김굉필(金宏弼, 1454~1504)의 호이다. 본관은 서흥(瑞興), 자는 대유(大猷)이다. 김종직의 문인으로, 《소학(小學)》을 읽고 깨달은 바가 있어서 몸을 닦고 집을 다스림에 모두 예법을 따랐다. 1494년(성종25)에 유일(遺逸)로 천거되어 남부 참봉(南部參奉), 주부(主簿)를 역임하였다. 1498년(연산군4) 무오사화 때에 점필재의 문인이라 하여 희천(熙川)으로 유배되었고, 1504년 갑자사화 때에 처형되었다.

148 박송당(朴松堂) : 박영(朴英, 1471~1540)을 가리킨다. 본관은 밀양(密陽), 자는 자실(子實), 호는 송당이다. 어릴 때부터 무예에 뛰어나 아버지가 이름을 영(英)이라 하였다. 항상 자신이 무인으로서 유식한 군자가 되지 못한 것을 한탄하였는데, 1494년(성종25)에 성종이 승하하자 낙동강 변에 집을 짓고 '송당'이라는 편액을 걸고, 학문에 힘썼다.

각 3남을 낳았는데, 공은 셋째 아들이며 가정(嘉靖) 갑인년(1554, 명종9)에 태어났다.

공은 어릴 때부터 남다른 자질이 있었고 덕스런 국량이 일찍이 이루어졌으며 돈독한 행실로 이름이 났다. 다섯째 아우 역락공(亦樂公) 경륜(景倫), 여섯째 아우 경암공(敬庵公) 경임(景任)과 더불어 더욱 동류들에게 추중을 받았다. 여헌(旅軒) 선생[150]이 공의 계비(繼妣)의 동생으로, 공과 더불어 동갑인지라, 일찍이 책상을 이어 놓고 강론하고 공부하였다. 당시의 명류(名流)로, 박항재(朴恒齋),[151] 여감호(呂鑑湖),[152] 신오봉(申梧峯),[153] 최인재(崔訒齋)[154]

149 열(烈) : 장열(張烈, ?~1561). 장현광(張顯光)의 아버지로, 참봉 벼슬을 하였고, 이조 판서(吏曹判書)에 증직되었다.

150 여헌(旅軒) 선생 : 장현광(張顯光, 1554~1637)을 가리킨다. 본관은 인동(仁同), 자는 덕회(德晦), 호는 여헌이며, 시호는 문강(文康)이다. 저서로는 《여헌집(旅軒集)》, 《성리설(性理說)》, 《용사일기(龍蛇日記)》 등이 있다.

151 박항재(朴恒齋) : 박영(朴灝, 1546~1561). 생원이었으며, 호는 항재(恒齋)로, 현자다운 행실을 갖췄으나 일찍 세상을 떠났다.

152 여감호(呂鑑湖) : 여대로(呂大老, 1552~1619)로, 본관은 성산(星山), 자는 위수(渭叟), 호는 감호(鑑湖)이다. 조식(曺植)의 문인이다. 임진왜란 때 의병을 일으켜 전공을 세웠으며, 경양사(鏡陽祠)에 봉향(奉享)되었다.

153 신오봉(申梧峯) : 신지제(申之悌, 1562~1624)로, 본관은 아주(鵝州), 자는 순보(順甫), 호는 오봉(梧峯), 구로(龜老)이다. 창원 부사(昌原府使)로 있을 때 명화적(明火賊)을 토평하고 민심을 안정시켜 통정대부(通政大夫)에 올랐다.

154 최인재(崔訒齋) : 최현(崔晛, 1563~1640)으로, 본관은 전주(全州), 자는 계승(季昇), 호는 인재(訒齋)이며, 시호는 정간(定簡)이다. 정구(鄭逑)의 문인으로 문과에 급제하여 부제학, 강원도 관찰사를 역임하였다. 예조 판서에 추증되었고, 저서로는 《인재집(訒齋集)》이 있다.

같은 여러 공들이 이미 함께 서로 절차탁마하였다. 이로 인하여 정한강(鄭寒岡)[155]의 문하에 나아가 질의(質疑)하고 더 배우기를 청하여 견문(聞見)이 날로 넓어졌다.

18세에 향천(鄕薦)[156]에 뽑혔다. 20세에 사마시(司馬試)에 합격하였다. 이해에 선고(先考)의 상(喪)을 당하였는데, 송종(送終)의 예를 한결같이 《가례(家禮)》에 의거하였고, 여묘(廬墓)살이 3년을 하였다. 여러 아우들을 가르치고 깨우쳐, 모두 성대하게 명성이 칭송할 만한 점이 있도록 하였다. 아우 경암공이 과거에 급제하기에 이르러 공이 말하기를, "쇠퇴한 가문에 한 사람만 급제하면 충분하다."라고 하고, 마침내 자신은 과거 공부를 그만두고, 날마다 형제들과 더불어 글 읽기를 즐거움으로 삼았다. 조정(朝廷)에서 능참봉에 제수하였지만 부임하지 않았다. 문밖에 상수리나무가 있어서 이로 인하여 역정(櫟亭)으로 자호(自號)하였다.

공은 임진왜란 때 아우 경암과 함께 창의하여 의병을 규합해서 상산(商山) 일대의 적들을 막았으니, 임기응변함에 움직일 때마다 알맞은 방법을 두었다. 갑오년(1594, 선조27)에 이르러 안기역승(安奇驛丞)에 임명되었는데, 역(驛)이 쇠잔하고 피폐함이 이미 극에 달하였지만 소생할 수 있도록 하였다. 안동부(安東府)를 겸

155 정한강(鄭寒岡) : 정구(鄭逑, 1543~1620)를 가리킨다. 본관은 청주(淸州), 자는 도가(道可), 호는 한강이며, 시호는 문목(文穆)이다. 이황(李滉), 조식(曹植)의 문인이다. 우승지(右承指), 공조 참판, 대사헌 등을 역임하였다. 저서로는 《한강집(寒岡集)》이 있다.

156 향천(鄕薦) : 매년 군읍(郡邑)에서 행의(行誼)가 특별한 자를 추천하여 조정에 올리는 것을 말한다.

하여 관장하게 되었을 때, 의심나는 옥사나 체류된 죄수가 있는 것을 공이 한 번 보면 곧 판결하였으니, 아전과 백성들이 모두 신명(神明)하다고 일컬었다. 얼마 되지 않아 폭질(暴疾)로 졸(卒)하였으니 42세를 살았다. 문동(文洞) 진향(辰向) 언덕에 장사 지냈다.

부인은 옥산 장씨(玉山張氏)이니 장영(張嶸)의 따님이다. 아들이 없어서 다섯째 아우의 아들 세효(世孝)를 취하여 후사로 삼았으며, 딸이 하나 있으니 김공(金玒)에게 시집갔다. 세효는 아들이 둘이니 이원(以元)과 호군(護軍) 이달(以達)이고, 딸이 둘이니 이도응(李道凝), 홍양우(洪陽羽)에게 시집갔다. 김공은 아들이 넷이니 김천(金濿), 김언(金漹), 김사(金瀉), 김유(金濡)이고, 딸이 둘이니 현감(縣監) 심진(沈溍), 윤겸형(尹謙亨)에게 시집갔다. 이원은 아들이 둘이니 성보(聖輔)와 성빈(聖賓)이고, 딸이 넷이니 한태중(韓泰重), 김득현(金得賢), 임동태(林東泰), 조하진(曺夏震)에게 시집갔다. 이달은 아들이 둘이니 성좌(聖佐)와 성익(聖翊)이고, 딸이 셋이니 정건도(丁健燾), 남두표(南斗杓), 조상천(趙祥天)에게 시집갔다. 성보는 아들 계하(啓夏)가 있다. 성빈은 아들 병사(兵使) 계정(啓禎)과 양자로 나간 계상(啓祥)이 있다. 성좌는 아들 계문(啓文)이 있다. 성익은 아들 계영(啓永)이 있다. 계정의 아들은 철(澈)이다. 철의 아들은 곧 부사군(府使君)이다. 나머지는 기록하지 않는다.

대저 공은 조선(祖先)의 공열(功烈)과 사우(師友)의 어짊과 학술(學術)의 바름과 행의(行誼)의 도타움에다가 창의(倡義)하고 적개(敵愾)한 충성심과 마른 걸 소생시키고 숨은 걸 빛나게 하는 능력을 더 지녔으니, 평일에 남긴 일이 마땅히 여기에 그치지 아니할 것인데, 병란(兵亂)의 끝에 다 잃어버리고 남은 것이 없다. 오직 여러 어진 이들이 지은 만사(輓詞)와 뇌문(誄文)이 있으니, 혹자는 그 영특하고 빼어난 인걸(人傑)임을 일컬었고, 혹자는 그 예(禮)로써 자신의 몸을 단속함을 일컬었으며, 혹자는 그 정련한 금(金)과 강(剛)한 옥 같음을 일컬었고, 혹자는 그 참된 마음과 순수한 덕을 일컬었다. 이밖에 칭술(稱述)한 바가 또한 한둘이 아니니 이것이 어찌 한자(韓子)가 이른바 "더불어 함께한 사람이 많은지 적은지를 보면 그 덕을 알 수 있다."라고 한 것[157]이 아니겠는가. 명(銘)은 다음과 같다.

아아, 훌륭하도다 역정이여	於休櫟亭
어찌 역으로 호를 삼았는가	曷號以櫟
내가 그 재목을 살펴보니	我觀其材
실로 법도에 딱 맞는도다	實中繩墨
곧아서 축이 갈라지지[158] 않고	貞不軸解
발라서 배배 꼬인 것[159]과는 다르니	直殊卷曲

157 한자(韓子)가……것 : 한자는 한유(韓愈)를 가리키고, 《당송팔대가문초(唐宋八大家文鈔)》 권14 〈고공원외 노군 묘명(考功員外盧君墓銘)〉에 "더불어 함께한 사람이 많은지 적은지를 보면 이에 그 덕을 알 수 있다.〔觀所與衆寡, 玆可以審其德矣.〕"라고 한 말에서 가져왔다.

158 축이 갈라지지 : 원문은 '축해(軸解)'로, 나무 조직이 치밀하지 못해서 이리저리 갈라졌다는 의미이다. 《장자(莊子)》 〈인간세(人間世)〉에 "위로 가지를 살펴보았더니 구불구불해서 대들보로 쓸 수 없었고, 아래로 커다란 뿌리를 살펴보았더니 가운데가 갈라져서 관을 만들 수 없었다.〔仰而視其細枝則拳曲而不可以爲棟梁, 俯而視其大根則軸解而不可以爲棺槨.〕"라고 한 데서 유래하였다.

큰 집 명당에 巨厦明堂

사용하면 알맞지 않음이 없네 用無不適

그 천성이 이에 온전하였고 其天是全

그 절개가 마침내 특별했네 其節遂特

효성은 맹종의 읍순[160]을 사모했고 孝慕泣笋

정성은 왕부의 누백[161]에 느끼었네 誠感淚栢

나라가 위급함에 충을 떨치고 國危奮忠

방패의 역할을 하고자 했으니 干楯擬作

상주 길을 가로질러 끊어서 橫截商路

159 배배 꼬인 것 : 원문은 '권곡(卷曲)'으로, 《장자》 〈소요유(逍遙遊)〉에 "내게 큰 나무가 있는데, 사람들은 이것을 가죽나무라고 합니다. 줄기는 울퉁불퉁하여 먹줄을 칠 수가 없고, 가지는 배배 꼬여서 자를 댈 수가 없습니다. 길에 서 있지만 목수가 거들떠보지도 않습니다.〔吾有大樹, 人謂之樗. 其大本擁腫而不中繩墨, 其小枝卷曲而不中規矩, 立之塗, 匠者不顧.〕"라고 한 말에서 가져왔다.

160 맹종의 읍순(泣笋) : 맹종(孟宗)이 겨울에 대밭에 가서 울자 죽순이 돋아난 일을 말한다. 《삼국지》에 "오(吳)나라 맹종(孟宗)의 모친이 죽순 나물을 즐겨 하였는데, 겨울철에 구할 수가 없었다. 그러자 맹종이 대밭으로 들어가 슬프게 우니, 죽순이 올라왔다."라고 했다는 일이 있다. 《三國志 卷48 吳書 三嗣主傳》

161 왕부의 누백(淚栢) : 진(晉)나라 왕부(王裒)가 그의 아버지 왕의(王儀)가 진 문제(晉文帝)의 사마(司馬)로 있으면서 직간을 했다가 죽음을 당하였는데, 아버지 묘소 곁에 여막을 지어 놓고 아침저녁으로 아버지의 무덤에 가서 절하고 측백나무를 부여잡고 슬피 울었더니, 그 눈물에 젖은 나무가 말라죽었다고 하는 일을 말한다. "왕부가 비명에 죽은 아버지를 애통해 하였다.……묘 옆에 여막을 짓고 아침저녁으로 항상 묘에 이르러 절하고 무릎 끓고 잣나무를 잡고 슬피 울어 눈물이 나무에 묻으니, 나무가 그 때문에 말라 죽었다.〔王裒痛父非命.……廬于墓側, 旦夕常至墓所, 拜跪, 攀栢悲號, 涕淚著樹, 樹爲之枯.〕"라는 말이 있다. 《小學 善行 第6 明倫》

적을 막아 냄이 성책 같았네	遏敵如柵
역을 관장하고 안동부를 겸함에	管驛兼符
움직일 때마다 춘각이 있었네[162]	動有春脚
이슬을 뿌려 마른 나무 적시고	灑露潤枯
바람 일으켜 넘어진 이 일으켰네	扇飆起躄
애석해라, 천수가 넉넉지 않아	惜夭天年
호랑이와 용이 넘어지듯 했네	虎顚龍踣
저 문동을 바라보매	瞻茲文洞
추오[163]가 적막하여라	楸梧寂歷
어찌 공경하지 않으리오	曷其不敬
큰 인물이 머무는 곳인 걸	碩人攸宅

162 춘각(春脚)이 있었네 : 원문은 '유춘각(有春脚)'이다. '다리 달린 봄날〔有脚陽春〕'의 준말로서 어진 정치를 하는 지방 수령을 가리키는 말이다. 당(唐)나라 때 재상(宰相) 송경(宋璟)이 백성을 사랑하는 정사를 펼치자 "그의 발길이 닿는 곳마다 따뜻한 봄빛이 만물을 비춰 주는 것 같다.〔所至之處, 如陽春煦物也.〕"라고 하면서 유각양춘이라고 불렀다는 고사에서 유래하였다. 《開元天寶遺事 卷下》

163 추오(楸梧) : 옛날 묘전(墓前)에 심었던 개오동나무와 오동나무를 말한다. 당(唐)나라 시인(詩人) 허혼(許渾)의 〈금릉회고(金陵懷古)〉 시에 "원근의 개오동과 오동나무는 천관의 무덤이요, 높고 낮은 벼와 기장은 육대의 궁전이로다.〔楸梧遠近千官冢, 禾黍高低六代宮.〕"라고 하였다.

창주 이공 묘갈명 병서
滄洲李公墓碣銘 並序

공은 휘가 창진(昌鎭)이고 자가 운장(雲長)이며 성이 이씨(李氏)이니, 고려 벽진 장군(碧珍將軍) 총언(悤言)의 후예이다. 제학(提學)을 지낸 휘 견간(堅幹)에 이르렀으니, 견간은 세상에서 산화(山花) 선생[164]이라고 일컫는 분이다. 고조(高祖)는 휘가 인손(麟孫)이니 진사(進士)이다. 조부는 휘가 등림(鄧林)이니 문과에 급제하여 좌랑(佐郎)을 지냈으며 도타운 학문과 힘써 행함으로 이름이 났다. 고(考)는 휘가 언영(彦英)이고 호가 완석정(浣石亭)이며 관직이 좌부승지(左副承旨)였으니, 입조(立朝)하여 큰 일을 함이 많았다. 비(妣) 현풍 곽씨(玄風郭氏)는 종부시 정(宗簿寺正) 곽간(郭趕)의 따님이고, 안동 권씨(安東權氏)는 주부(主簿) 권사성(權思性)의 따님으로 만력(萬曆) 기미년(1619, 광해군11) 11월에 성주(星州) 오도지리(吾道旨里) 집에서 공을 낳았다.

공은 단정하고도 엄숙하며 총명하여 어릴 때부터 놀이를 좋아하지 않았다. 성장하여서는 효성과 우애가 도타웠고 학문(學問)에 부지런하였다. 기묘년(1639, 인조17)에 아버지 승지공(承旨公)의 상(喪)을 당하였고, 상복을 벗고 나서는 더욱더 힘을 써서 스스로

164 산화(山花) 선생 : 산화는 이견간(李堅幹)의 호이다. 고려 충숙왕(忠肅王) 때의 문신으로 자는 직경(直卿)이고 호는 국헌정(菊軒亭), 산화노인(山花老人)이라 하였으며 시호는 문안(文安)이다. 진현관 제학(進賢館提學)을 지냈다.

경계하는 말을 지어서 바른 마음을 얻고 반듯한 행실을 닦았다.

경인년(1650, 효종1)에 서울에서 시원(試院)[165]에 들어갔다가 영남 유생이 소를 올린 일로 모두 정거(停擧 과거를 못 보게 함)되었다[166]는 소식을 듣고 개연(慨然)히 말하기를, "내가 실로 상소하는 일에 참여하지 않았지만, 이것을 스스로 다행스러워할 수 있겠는가."라고 하고 마침내 시험을 치지 않고 나오니, 사론(士論)이 장하게 여겼다.

신해년(1651)에 숙부인(淑夫人)의 상(喪)을 당하였고, 상복을 벗고 이어서 과거 공부를 그만두었다. 이보다 앞서 아버지 승지공이 완석정(浣石亭)을 지어 놓았었는데, 공은 그곳에 나아가 좀더 수리를 하고서 날마다 오랜 벗들을 초청해서 거기에서 시를 외고 읊조렸다. 주자(朱子)의 "오도(吾道)를 창주(滄洲)에 부치리라."라고 한 말[167]을 취하여 창주로 자호(自號)하였다. 그 높은 정의(情意)와 우아한 정취를 알 수 있는 이가 드물었다.

정사년(1677, 숙종3)에 천거되어 김천 승(金泉丞)에 제수되었다. 신유년(1681)에 또 황산 승(黃山丞)에 제수되었으나, 끝내

165 시원(試院) : 과시(科試)를 치르는 곳으로 시소(試所)라고도 한다.

166 영남……정거(停擧)되었다 : 영남 유생들이 이이(李珥)와 성혼(成渾)을 변호하여 상소하자, 헌부(憲府)에서 도(道)를 위협하는 풍조라 하여 조사해서 죄 주기를 진언하니, 임금이 아뢴 대로 하라고 윤허한 일이 있다. 《국역효종실록 1년 5월 20일》

167 주자(朱子)의……말 : 주희(朱熹)가 무이산(武夷山) 창주정사(滄洲精舍)에서 지은 악부시(樂府詩) 〈수조가두(水調歌頭)〉에 "영원히 인간 세상 일을 버리고, 나의 도를 창주에 부치리라.〔永棄人間事, 吾道付滄洲.〕"라고 한 말을 가리킨다. 《晦菴集 卷10》

나아가지 않았다. 갑자년(1684) 8월 모일에 졸(卒)하였으니 66세를 살았다. 김산(金山)의 공동산(孔洞山) 모향(某向) 언덕에 장사 지냈다.

부인은 해평 윤씨(海平尹氏)이니 현감(縣監) 윤경지(尹敬之)의 따님이자 참판(參判) 정립(鄭岦)[168]의 외손녀이다. 아들 둘을 낳았으니 통덕랑(通德郎) 해발(海潑), 해관(海寬)이고, 딸 하나를 낳았으니 남서명(南瑞明)에게 시집갔다. 해발은 아들이 일곱이니 문과에 급제하여 지평(持平) 벼슬한 주천(柱天), 주우(柱宇), 주남(柱南), 주한(柱漢), 주항(柱恒), 주숭(柱崇), 생원(生員) 주대(柱大)이고, 딸이 둘이니 정중태(鄭重泰), 남하회(南夏會)에게 시집갔다. 주천은 아들이 하나이니 생원(生員) 희춘(熙春)이고, 딸이 하나이니 생원 안취인(安就仁)에게 시집갔다. 나머지는 기록하지 않는다.

공의 평생의 입심(立心)은 충신(忠信)을 주장하였고 몸가짐은 한결같이 정직으로써 하였다. 맑고 고아함이 세속에서 특출했지만 튀는 행동은 하지 않았고, 자상하게 마음을 다하였지만 흘러넘치는 일은 절대 없었다. 엄하고 정돈된 가운데 따뜻하고 우아한 모습을 지녔으며, 너그럽고 느긋한 가운데 강하고 절제하는 뜻을 지녀서 가슴속이 항상 맑아서 속기를 벗어났다. 이것은 실로 공이 하늘에서 얻은 것으로 가정에서 복행하고 익힌 바였다는 것을 속

168 정립(鄭岦) : 1574~1629. 본관은 연일(延日), 자는 여수(汝秀)이다. 이조 정랑(吏曹正郎), 형조 참의(刑曹參議), 강원도・충청도 관찰사, 공조 참판(工曹參判) 등을 역임하였다.

일 수 없다.

이런 까닭으로 드러내어 행한 여러 행실은 모두 여유작작하게 넉넉함이 있었다. 부모를 섬김에는 비록 늙었을지라도 자처하기를 마치 어린아이처럼 하고, 항상 부모님 곁에서 차마 잠시도 떠나지 않았으며, 명(命)함이 있으면 즉시 애써 행하고 게을리하지 않아서 그 즐거움이 극진하시도록 하였다. 전후(前後) 부모님 상(喪)을 치를 적에 모든 부신(附身)과 부관(附棺)[169]을 한결같이 예경(禮經)을 준수하였지만 슬픔과 애통함이 예제를 넘었다.

형제를 대우함에 적서(嫡庶)를 따지지 않고 한결같이 지극한 정성으로써 하여 차등을 두지 않았고, 토지와 노비들은 선공(先公)이 따로 많이 주었지만, 분가할 때에는 모두 합해서 고르게 나누어 주었으며, 자신은 여위고 못한 것을 가졌다. 외가[170]가 본래 넉넉하였으나 아들이 없어서 공을 시양자(侍養子 부모를 모시고 봉양하는 아들)로 삼고 이로 인하여 그 산업(産業)을 다 주고자 하였지

169 부신(附身)과 부관(附棺) : 상사(喪事)를 치르는 예를 의미한다. 《예기》에, 자사(子思)가 "상은 3일 만에 빈소에 모시되 시신에 부속되는 물건들을 반드시 성심껏 준비하고 반드시 신실하게 갖추어 나중에 후회하지 말게 해야 하고, 3개월 만에 장례를 치르되 무릇 관에 넣을 물건을 반드시 성심껏 챙기고 진실하게 넣어 뒤에 후회됨이 없게 해야 한다.〔喪三日而殯, 凡附於身者, 必誠必信, 勿之有悔焉耳矣. 三月而葬, 凡附於棺者, 必誠必信, 勿之有悔焉耳矣.〕"라고 한 말에서 가져왔다. 《禮記 檀弓上》

170 외가 : 원문은 '위양가(渭陽家)'로, 춘추 시대 진 강공(秦康公)이 태자로 있을 적에 장차 본국인 진(晉)나라로 돌아가는 외삼촌 중이(重耳), 즉 진 문공(晉文公)을 전송하였던 곳으로, 그 당시 강공이 이별을 아쉬워하고 죽은 어머니를 그리며 읊은 노래가 《시경》 〈위양(渭陽)〉이다. 그 시에 "내가 외숙을 전송하려고 위수 북쪽에 이르렀네.〔我送舅氏, 曰之渭陽.〕"라고 하였다.

만, 공이 사양하고 받기를 좋아하지 않고, 그 족자(族子)를 세워 주관하게 하였다. 추원(追遠)[171]에 돈독하였으니, 증조 이상(曾祖以上) 3세의 묘에 모두 비를 세워서 표하였다.

공은 성현(聖賢)의 서적 가운데 《주역(周易)》, 《춘추(春秋)》, 《논어》와 《주자강목(朱子綱目 통감강목(通鑑綱目))》을 가장 즐겨 읽었으니, 체(體)를 밝혀 용(用)에 알맞게 하려 함이었다. 문장을 지을 때는 반드시 고고(高古)하고 탁절(卓絶)함을 위주로 하였으니, 비록 과거 공부를 할 때일지라도 득실(得失)을 담담하게 보았다. 어떤 때는 서로들 시초(試草)를 구해 보려 하였지만 보여주지 않았다. 세상을 떠나는 날에는 시자(侍者)에게 "지금은 시간이 얼마나 되었나?"라고 여러 번 묻고, 오시(午時)가 되자 자리를 바로하고 옷을 바꿔 입고 훌쩍 떠났으니, 좋구나, 그 또한 '군자(君子)가 좋은 끝맺음이 있다.'[172]라는 것이로다. 하루는 공의 후손 도(鍍)가 나에게 묘갈명을 지어 주기를 부탁하였다. 명은 다음과 같다.

산화 선생의 향기를 계승하고 　　襲山花馥
완석정의 아름다움을 이었네 　　趾浣石美

171 추원(追遠) : 세대가 선조를 추모하는 뜻으로, 《논어》 〈학이(學而)〉에 "어버이 상을 당했을 때 신중하게 행하고 먼 조상님들을 정성껏 제사 지내면 백성들의 덕성이 한결 돈후하게 될 것이다.〔愼終追遠, 民德歸厚矣.〕"라고 한 말에서 가져왔다.

172 군자(君子)가……있다 : 원문은 '군자유종(君子有終)'으로, 군자가 끝을 잘 마쳐 유종의 미를 거둠을 말한 것이다. 《주역(周易)》 겸괘(謙卦) 괘사(卦辭)에 "겸은 형통하니, 군자가 좋은 끝맺음이 있다.〔謙亨, 君子有終.〕"라는 말에서 가져왔다.

거취에 자취가 깨끗하였고	跡潔去就
경사를 음미함이 심오했네	味深經史
인륜에 도타운 행실이	篤倫之行
이에 후손을 넉넉하게 하리라	寔裕來嗣

기성랑 송애 이공 묘갈명 병서

騎省郎松厓李公墓碣銘 並序

우리 동방의 문장(文章)에 능한 선비는 대부분 조정에 빛나 드러나고 임금의 계책을 도와 빛내어서 크게 국가를 울림이 성대하였다. 그런데 오직 송애(松厓) 이공(李公)은 젊어서부터 문형(文衡)을 맡으리라는 촉망을 받았고, 또한 이미 과거 시험에 고제(高第)로 발탁되어 벼슬길에 올랐다. 그러나 장수(長壽)하지 못하여 이루지 못하였으니, 참으로 개탄스럽고 한스럽다. 하지만 그 경술(經術)에 근본하고 행의(行誼)를 도타이 하여 풍채(風彩)와 모범이 되는 것 같은 점은 당시 사람들이 우뚝이 복응하는 바가 되었으며 지금까지도 오히려 상상(想象)함에 쇠하지 않았으니, 그렇다면 그 빛나 드러남이 또한 어찌 문득 저와 같지 않겠는가.

공은 휘가 수대(遂大)이고 자가 취이(就而)이니 성묘(成廟 성종)의 별자(別子) 무산군(茂山君) 휘 종(悰)[173]의 후손이다. 고(考)는 휘가 정흥(鼎興)이니 관직은 사평(司評)을 지냈으며, 대사간(大司諫) 권기(權愭)의 따님에게 장가들어서 숙묘(肅廟) 원년 갑인년(1674)에 공을 낳았다.

공은 어려서 뛰어나고 준수하면서도 얽매이지 않았으니, 가루(街樓)에서 놀며 타구(打毬 공치기)와 각저(角觝 씨름) 놀이를 하였다. 15세가 되어서야 비로소 자신이 하던 것을 접고 글을 읽기

173 무산군(茂山君) 휘 종(悰) : 성종의 열두째 아들로, 명빈(明嬪) 김씨 소생이다.

시작하였는데, 한 해 만에 경서(經書)와 사서(史書) 만여 언(萬餘言)을 외웠다. 더욱이 공벽 고문(孔壁古文 《논어》)과 모정시(毛鄭詩 《시전(詩傳)》)와 추(鄒) 땅 맹씨서(孟氏書 《맹자》)를 좋아하였으며, 드러내어 공령가(功令家)의 글을 지음에[174] 붓을 대면 병의 물을 거꾸로 쏟아붓듯[175] 하였으니, 떨쳐 빛남이 천만 사람들보다 뛰어났다. 20세에 진사시(進士試)에 입격하였다. 29세에 전책(殿策)[176]에 장원 급제하였는데, 임금께서 부귀한 집안 인물의 글이라고 의심하여 등급을 내려 제2등으로 명명하였다. 예에 따라 괴원(槐院 승문원의 별칭)에 보임되고 병조 좌랑(兵曹佐郎)에 올랐다.

공은 얼마 있다가 외직으로 나가 관동(關東) 막부를 보좌하여 지공거(知貢擧)가 되었다. 이 당시에 희암(希庵) 채팽윤(蔡彭胤),[177] 수혜(秀蕙) 오상렴(吳尙濂)[178] 및 공이 당세 삼문장(三文章)으로

174 공령가(功令家)의 글을 지음에 : 과거(科擧) 시험을 위하여 공부하는 글의 문체를 짓는 것을 말한다.

175 병의……쏟아붓듯 : 원문은 '약건령(若建瓴)'으로, 한(漢)나라 전긍(田肯)이 고조에게 용병의 유리한 형세에 대해 진언을 하면서, "마치 지붕 꼭대기에 앉아 물병을 거꾸로 들고 아래로 쏟을 때처럼 막힘이 없을 것이다.〔譬猶居高屋之上建瓴水〕"라고 한 데서 가져왔다. 《史記 卷8 高祖本紀》

176 전책(殿策) : 과거 시험 과목의 하나로, 임금이 직접 정치에 관한 계책을 물으면 그에 대한 대책문을 작성하는 것이다.

177 채팽윤(蔡彭胤) : 1669~1731. 본관은 평강(平康), 자는 중기(仲耆), 호는 희암(希菴), 은와(恩窩)이다. 송곡(松谷) 이서우(李瑞雨)의 문인이다. 대사간, 병조 참판 등을 역임하였다. 저서로는 《소대풍요(昭代風謠)》, 《희암집(希菴集)》 등이 있다.

178 오상렴(吳尙濂) : 1680~1707. 본관은 동복(同福), 자는 유청(幼淸), 호는 연초재(燕超齋), 수혜이다. 이서우의 문인이다. 28세의 나이에 죽었지만 그의 문장은 신라 최치원과 고려 이색에 비견된다는 평가를 받을 만큼 뛰어나 이후 남인문학에

일컬어졌다. 그런데 공은 유독 송곡(松谷) 이서우(李瑞雨)[179]의 의발(衣鉢)을 전수받았다. 그 크고도 넓으며 요긴하고도 오묘한 글이 마치 운몽(雲夢)을 틔우듯[180] 하고 함영(咸英)을 연주하듯[181] 하였으니, 거편(巨篇)이나 단장(短章)을 막론하고 지을 때마다 모두 사람들의 입에 회자(膾炙)되었다. 감식안도 또한 신(神)과 같았으니, 학사대부(學士大夫)들이 한번 공의 품평을 받은 뒤에는 빛나게 문장으로 세상에 이름을 알리지 않는 이가 없었다. 이에 온 세상 사람들이 서로 중히 여겼다. 문형(文衡)을 주관하는 이가 장차 호당(湖堂)[182]에 공을 처하게 하려 했는데, 공이 갑자기 세상을 떠났으니, 곧 숙묘(肅廟) 무자년(1708, 숙종34)으로 향년

많은 영향을 미쳤다. 저서로는 《연초재유고(燕超齋遺稿)》가 있다.

179 이서우(李瑞雨) : 1633~?. 본관은 우계(羽溪), 자는 윤보(潤甫), 호는 송곡이다. 허목(許穆)에게 시문을 인정받아 남인(南人) 최초로 청직(淸職)인 정언이 되었으며, 황해도 관찰사로 있다가 갑술환국(甲戌換局) 때 삭출당하였다.

180 운몽(雲夢)을 틔우듯 : 한(漢)나라 사마상여(司馬相如)의 〈자허부(子虛賦)〉에 "가을에 청구(靑丘)에서 사냥을 하고 멀리 동해 밖에서 자유로이 노닐며 운몽택(雲夢澤)과 같은 8, 9개의 큰 늪을 목구멍에 삼켜도 가슴에 전혀 막히지 않는다."라고 한 데서 나온 말로, 넓은 강산이 자신의 도량과 견줄 만하다는 것이다. 운몽택은 오늘날 호북(湖北) 안륙현(安陸縣) 남쪽에 위치하였던 초(楚)나라의 이름난 큰 늪의 이름이기도 하다. 《史記 卷117 司馬相如傳》

181 함영(咸英)을 연주하듯 : 함영은 황제(黃帝)의 음악인 함지(咸池)와 제곡(帝嚳)의 음악인 오영(五英)을 가리킨다.

182 호당(湖堂) : 독서당(讀書堂)의 이칭이다. 세종(世宗)이 문학에 특이한 재질을 보인 집현전(集賢殿)의 신하에게 사가(賜暇)하여 독서하게 하였는데, 성종(成宗)이 독서당을 용산(龍山) 두모포(豆毛浦)에 옮겨 세우면서 호당이라고 이름하였다. 《續大典 禮典 獎勸條》

(享年) 35세였다. 용인(龍仁) 포곡(蒲谷) 간좌(艮坐) 언덕에 장사 지냈다.

공은 글에 대해 표현이 좋을 뿐만 아니었고, 문장이 담고 있는 바의 도(道)를 좋아해서 깊이 침잠하고 음미하여 반드시 환히 꿰뚫은 뒤에야 그만두려 하였다. 그러므로 혹시라도 마음과 말이 서로 어긋나는 점이 있으면 수없이 그것을 읽었으니, 이 때문에 본령(本領)이 수립되었다. 모부인(母夫人)의 상(喪)을 치름에 일 년 동안 죽만 먹어서 몸이 훼손되어 병이 들었지만 초목의 맛난 음식[183]을 가까이하지 않았다.

바야흐로 과거 시험에 응시하였을 때, 공을 꺼리는 자가 겉으로는 공을 위해 시권(試券)을 검사하는 척하면서 음으로는 강제(講題)를 빠뜨려 버리는 일을 당하였는데, 공은 감제(柑製)[184]에 장원을 하여 뽑히게 되어서는 태연하게 어떤 기미도 얼굴색에 표하지 않았다. 승문원(承文院)에 있을 때는 김춘택(金春澤)[185]의

183 초목의 맛난 음식 : 원문은 '초목자(草木滋)'로, 채소와 양념으로 입맛을 돋우어 준다는 뜻이다. 《예기(禮記)》 〈단궁(檀弓)〉에 "증자(曾子)가 '상중에 병이 있으면 주육(酒肉)을 먹고 초목의 자미〔草木之滋〕도 있어야 한다.' 하였다."라고 했는데, 그 주에 "초목은 생강, 계피 등을 말한다."라고 하였다.

184 감제(柑製) : 제주(濟州)에서 새로 익은 감자(柑子)를 진상하면 궁중에서 그 감자를 문신들에게 나누어 주고 시를 짓게 하여 등급을 매기는 것이다.

185 김춘택(金春澤) : 1670~1717. 본관은 광산(光山), 자는 백우(伯雨), 호는 북헌(北軒)이며, 시호는 충문(忠文)이다. 종조부 김만중(金萬重)에게 수학하였고, 시문(詩文)과 글씨에 뛰어났으며, 폐비 민씨 복위를 주도한 혐의로 체포되었으나 갑술환국으로 남인이 축출되면서 풀려났다. 《구운몽(九雲夢)》 등을 한문으로 번역하였다. 그의 아우는 김운택(金雲澤, 1673~1722)으로, 자는 중행(仲行)이고 호는 백운

아우를 분관(分館)[186]에서 출척한 것 때문에 임금께 견책을 받았지만, 더욱 힘써 주장하였다. 관동(關東)에 있을 때는 춘천(春川) 수령이 전형(銓衡)을 맡고 있는 그 형의 세력을 믿고 아시관(亞試官)에게 무례하게 대함을 보고서 바로 이 일을 진계(陳啓)하여 그를 파직시켰다. 남의 사사로운 허물을 용납함에 이르러서 또한 시원시원하였다.

대개 공은 용모가 수려하고 맑아서 돌아보면 빛이 나고 바라보면 마치 신선(神仙)과 같았으며, 지기(志氣)가 호탕하고 활달하여 같은 유들을 압도하면서도, 또 학문에 힘씀과 효를 행함에 근본하였으니, 그 굳센 절개와 우아한 국량이 이와 같았다. 가령 장수를 누려 평소 마음에 온축한 것을 펼 수 있었다면 곧 크나큰 왕업을 윤색(潤色)하였을 것이니, 수립한 탁월함을 논하지 않더라도, 어찌 끝이 있겠는가. 지금 유고 약간 편이 있으니, 모두 뛰어난 음율이다. 풍악(楓嶽 금강산)을 유람하며 지은 작품은 세상 사람들이 금강산을 그린 듯하다고 한다.

부인 숙인(淑人)은 정씨(丁氏)이니 참의(參議) 정시윤(丁時潤)의 따님이다. 아들이 셋이니 민헌(民獻), 후사로 나간 민준(民儁), 민현(民顯)이고, 딸이 하나이니 남하중(南夏仲)에게 시집갔다. 민헌의 아들은 일진(一鎭), 상진(商鎭), 약진(若鎭), 태진(台

헌(白雲軒)이다. 1699년(숙종25)에 사마시에 합격하여 진사가 되고 1704년에 춘당대 문과 급제하였다.

186 분관(分館) : 문과(文科) 급제자를 대상으로 승문원(承文院), 성균관(成均館), 교서관(校書館)의 권지(權知)로 나누어 보직함을 말한다.

鎭), 유진(儒鎭)이고, 딸은 허간(許榦)에게 시집갔다. 민준의 아들은 해진(海鎭), 수진(秀鎭)이다. 민현의 아들은 영진(英鎭)이고. 딸이 셋이니 장녀는 허엄(許曮)에게 시집갔고 차녀는 곧 나의 아내이고 막내는 오환(吳瓛)에게 시집갔다. 남하중(南夏仲)의 아들은 남원(南遠), 남황(南逿), 남달(南達), 남규(南逵)이다. 하루는 영진(英鎭)의 아들 재록(在祿)이 그 선인(先人)의 명으로 나에게 공의 묘갈명을 부탁하였다. 명은 다음과 같다.

규벽의 정밀함이요	奎璧之精歟
산악의 신령함이로다	山嶽之靈歟
오는 것이 우연이 아니었거늘	其來不偶
가는 것이 어찌 그리 가벼웠나	其去何輕
세상 사람이 모두 공의 문장을 사모하는데	世皆慕公之文章
애석하게도 운에 응해 크게 울리지 못했네	惜其不應運而大鳴
내 오직 한스럽기는 공의 뜻과 절개가	吾獨恨公之志節
세상에 드리워 법이 되지 못함이라	不能垂世而爲章程也

흡곡 현령 이공 묘갈명 병서
歙谷縣令李公墓碣銘 並序

공은 휘가 수겸(守謙)이고 자가 익경(益卿)이니 문순공(文純公) 퇴도(退陶) 이 선생(李先生 이황(李滉))의 6세손으로 현묘(顯廟) 갑인년(1674, 현종15) 10월 모일에 태어났다. 뛰어난 자질을 지녔고 어버이 섬김에 효를 지극히 하였다. 무자년(1708, 숙종34) 3월에 선부인(先夫人)의 상(喪)을 당하였고 5월에 선공(先公)이 또 세상을 떠났다. 공은 다른 형제자매가 없어서 혼자 스스로 어른들을 모시고 간호하였는데, 약을 먹여 드리고 미음을 드시게 함을 모두 자신이 직접 하고 남에게 맡기지 않았다. 전후 상(喪)에 음료를 입에 넣지 않아서 거의 숨이 끊어질 지경이 된 것이 여러 번이었다. 선생의 음덕으로 능참봉에 임명되었고, 전중(殿中) 금오(金吾)를 거쳐 정산 현감(定山縣監), 흡곡 현감(歙谷縣監)을 역임하였다. 기미년(1739, 영조15) 2월 모일에 졸(卒)하였으니 66세를 살았다.

공은 선정가(先正家)[187]의 사람으로서 가학(家學)에 젖어 본래 지닌 것이 있었으니, 여러 행실이 실로 밝고 빛났다. 그 가운데 가장 큰 절개는, 무신역변(戊申逆變)[188]이 호서(湖西)에서 일어났

187 선정가(先正家) : 선정(先正)은 퇴계 이황을 가리킨다.

188 무신역변(戊申逆變) : 무신년(1728, 영조4)에 경종(景宗) 사후 정권에서 배제된 노론의 거두 김일경(金一經)의 잔당인 이인좌(李麟佐)와 정희량(鄭希亮) 등이

을 때의 일이다. 그때 곤영(閫營)의 장수가 모두 피살되어 죽자, 역도들이 가만히 요충지에 의거하여 두 길로 나누어 서울로 향하니, 조야(朝野)가 크게 놀랐다. 공은 역변을 듣고서 서둘러 말을 달려 도산서원(陶山書院)에 들어가서 문족(門族) 및 고을의 인사(人士)들을 모아 의병을 창의하니, 무리가 모두 공을 추대하여 대장(大將)으로 삼았다. 공은 곧 돌아와 사당에 고(告)하고, 고을에 들어가 창의소를 마련하고 글을 보내어 병사와 양식을 모집해서, 안동(安東) 의병장 유승현(柳升鉉)[189] 공과 더불어 날을 정해 함께 출발하자고 약속하였다. 이때 마침 관군(官軍)이 이미 적을 격파하였다. 이 때문에 창의했던 병사들이 마침내 파하여 경내를 나가 섬멸토벌한 공이 없었다. 그러나 안무사(安撫使)가 임금께 아뢰자, 그 충의(忠義)의 격렬함을 장려하였으니, 유공(柳公)은 곧 선왕(先王 영조)께서 포증(褒贈)하였고,[190] 공도 비록 그 감추어지

공모하여 영조 즉위 후 실세한 소론의 호응을 얻어 밀풍군(密豐君) 탄(坦)을 추대하여 왕통을 바로 세워야 한다고 주장하여 일으킨 반란을 말한다.

189 유승현(柳升鉉) : 1680~1746. 본관은 전주, 자는 윤경(允卿), 호는 용와(慵窩)이다. 1719년(숙종45) 증광시에 급제하였고, 1728년(영조4) 이인좌의 난이 일어나자 의병을 일으켰다. 1746년 풍기 군수가 되었고, 그해에 임소(任所)에서 세상을 떠났다. 저서로는 《용와집(慵窩集)》이 있다.

190 유공은……포증(褒贈)하였고 : 채제공(蔡濟恭, 1720~1799)이 지은 유승현의 묘갈명에 "지금 임금 무신년에 상께서 옛 공훈을 기억하시어 이미 공의 창의를 가상히 여기고 특별히 가선대부 이조참판 겸 동지 경연의금부사 홍문관제학 동지춘추관 성균관사 오위도총부 부총관을 증직하였다.〔今上戊申, 上記舊勳, 旣嘉公倡義, 特贈嘉善大夫吏曹參判兼同知 經筵義禁府事弘文館提學 同知春秋館成均館事 五衛都摠府副摠管.〕"라고 하였다. 《慵窩集 卷4 附錄 墓碣銘》

고 드러남이 같지 않지마는, 논하는 자들이 똑같이 본다고 한다.

공은 평소에 날마다 사당에 참배하였으니, 이를 늙을 때까지 그만두지 않았다. 관직에 있을 때는 청렴하고 삼갔으니, 정산(定山)에서 돌아올 적에 하나의 대자리가 짐 속에 있는 것을 보고는 즉시 돌려주었다. 늘상 마음에 삼가고 조심한 것은 오직 선조를 더럽힐까 두려워함이었으니, 공 같은 사람은 참으로 대현(大賢)의 주손(胄孫)이 되기에 부끄러움이 없도다.

이씨는 본관이 진보(眞寶)이다. 선생〔퇴계 이황〕의 손자 휘 안도(安道)는 직장(直長) 벼슬을 하였고 호가 몽재(蒙齋)이다. 이분의 사자(嗣子) 휘 억(嶷)은 사직서 참봉(社稷署參奉)을 지냈다. 이분이 순릉 참봉(順陵參奉)을 지낸 휘 명철(命哲)을 낳았다. 이분이 예천 군수(醴泉郡守)를 지낸 휘 고(杲)를 낳으니, 곧 공의 고(考)이다. 비(妣) 숙인(淑人)은 문소 김씨(聞韶金氏)이니 처사(處士) 김단(金煓)의 따님이다.

부인 숙인(淑人)은 부림 홍씨(缶林洪氏)이니 참봉(參奉) 홍상문(洪相文)의 따님으로, 법도 있는 가문에서 생장하여 맑은 덕을 지녔고 공과 같은 묘에 묻혔으니, 묘는 모향(某向) 언덕에 있다. 장남은 세덕(世德)이니 현감(縣監)이고 차남은 세헌(世憲)이며, 딸은 참봉 김경온(金景溫), 유준(柳浚), 참판에 증직된 최수인(崔壽仁), 현감 권정택(權正宅)에게 각각 시집갔다. 세덕의 아들은 군수(郡守) 귀응(龜應)이고, 딸은 김현동(金顯東), 생원(生員) 김서동(金瑞東), 생원 김성익(金聖翼), 감사(監司) 김한동(金翰東)에게 각각 시집갔다. 세헌의 아들은 귀몽(龜蒙)이다. 김경온의 아들은 김익동(金翼東), 감역(監役) 김진동(金鎭東), 김두동(金斗

東)이다. 유준의 아들은 유관춘(柳觀春)이다. 최수인의 아들은 진사 최광옥(崔光玉), 생원 최광악(崔光岳), 참판 최광벽(崔光璧), 진사 최광익(崔光翊), 진사 최광직(崔光稷), 참봉 최광적(崔光廸)이다. 권정택의 아들은 현감 권사호(權思浩), 권사부(權思溥)이다. 귀응의 아들은 군수(郡守) 지순(志淳)이고, 귀몽의 아들은 종순(鍾淳), 현감 이순(頤淳), 명순(明淳), 사순(師淳), 승순(承淳), 연순(延淳)이다. 지순의 사자(嗣子)는 휘녕(彙寧)이다. 나머지는 기록하지 않는다. 하루는 이순(頤淳)이 공의 유사(遺事)를 가지고 와서 나에게 묘갈명을 부탁하였다. 명은 다음과 같다.

단혈[191]에서 생장한 것에 평범한 새가 없으며, 신연[192]에서 길러진 것에 예사 물고기가 없다. 공 같은 이는 묻지 않아도 그 사람됨을 알겠거늘, 하물며 그 큰 절의가 우뚝하여 보통 사람과 다른 것이 있음에랴. 내가 그래서 명을 지어 후세에 알리노라.

生於丹穴者無凡羽　養於神淵者無常鱗　如公不問可知其爲人　況其大節有犖然而異等倫者乎　吾故詩之以詔來辰焉

191 단혈(丹穴) : 전설 속에 나오는 산 이름으로, 봉황이 산다고 하는 산이다. 《산해경(山海經)》 〈남산경(南山經)〉에 "단혈의 산에……새가 사는데, 그 모양은 닭과 같고 오색 무늬가 있으니 봉황이라고 한다.〔丹穴之山,……有鳥焉, 其狀如鷄, 五采而文, 名曰鳳皇.〕"라고 하였다.

192 신연(神淵) : 《회남자(淮南子)》 〈제속훈(齊俗訓)〉에 "비를 오게 하는 것은 흑려가 제일이다.〔致雨不若黑蜧〕"라는 말이 나오는데, 허신(許愼)의 주(注)에 "흑려는 신령한 뱀〔龍〕이다. 신령한 못에 잠겨서 구름과 비를 잘 일으킨다.〔黑蜧神蛇也, 潛於神淵, 能興雲雨.〕"라고 하였다.

자족당 남공 묘갈문

自足堂南公墓碣文

공은 휘가 극주(極柱)이고 자가 천경(天擎)이며 성이 남씨(南氏)이다. 남씨는 중국(中國) 여남(汝南) 사람 김충(金忠)에서 시작하였으니, 김충은 당(唐)나라의 안렴사(按廉使)로서 일본(日本)에 사신 갔다가 태풍을 만나 표류하여 영해(寧海)에 정박하였는데, 신라의 왕(王 경덕왕(景德王))이 그가 남쪽에서 왔다는 것으로써 남씨 성을 하사하고 이름을 민(敏)으로 바꾸고 영양현(英陽縣)에 봉하였다. 고려 때 휘 군보(君甫)가 있었으니 의령(宜寧)을 관적으로 하였고 관직이 밀직 부사(密直副使)에 이르렀다. 몇 세대를 지나 휘 을번(乙蕃)에 이르렀으니, 을번은 시중(侍中) 벼슬을 하였고 의령 부원군(宜寧府院君)에 봉해졌으며 시호는 경렬(敬烈)이다. 이분이 의성군(宜城君)에 봉해지고 판상서사(判尙書事)를 지냈으며 시호가 강무(剛武)인 휘 은(誾)을 낳으니, 은은 우리 태조를 도와 개국원훈(開國元勳)에 책록되었고 태실(太室)에 배식(配食)되었다. 후세에 좌윤(左尹)에 증직된 휘 예석(禮錫)에 이르러 비로소 문희(聞喜 경상도 문경)에 거주하였다. 이분이 휘 영(嶸)을 낳으니 호가 고산(孤山)으로, 서애(西厓) 선생[193]이 효행(孝行)으로 천거함으로써 군수(郡守) 벼슬을 하였고, 좌참찬(左參贊)에 증직되었으며 제향을 받았다.[194] 이분이 진사 휘 창우(昌宇)를 낳

193 서애(西厓) 선생 : 유성룡(柳成龍, 1542~1607)을 가리키니, 호가 서애이다.

으니, 창우는 돈독한 학문으로 향당(鄕黨)의 사표가 되었으며, 곧 공의 고(考)이다. 비(妣)는 평산 신씨(平山申氏)이니 문희공(文僖公) 신개(申槩)[195]의 후손 신구(申謳)의 따님으로 숭정(崇禎) 기묘년(1639, 인조17) 7월 모일에 공을 낳았다.

공은 총명하고 슬기로움이 남들보다 뛰어났다. 9세에 증사(曾史)[196]를 수업함에 날마다 두 번 배우면서 공부한 바를 마음을 다해 정진하였고, 비록 어렵고 뜻이 깊은 글이라도 반드시 꿰뚫어 통해야 곧 그만두었다. 17세에 증광(增廣) 향시(鄕試)에 합격하였다. 23세에 선공(先公)의 상(喪)을 당하였다. 무신년(1668, 현종9)에 선비(先妣)의 상을 당하였다. 정묘년(1687)에 생원시에

194 제향을 받았다 : 소양서원(瀟陽書院)에 제향되었다. 소양서원은 경상북도 문경시 가은읍에 소재하는 서원으로, 16세기 가은 인근 지역에서 출생하여 중앙에서 관직생활을 하다가 만년에 고향으로 돌아와 학문연구를 한 정언신(鄭彦信, 1527～1591), 남영(南嶸, 1548～1616), 심대부(沈大孚, 1586～1657), 김낙춘(金樂春, 1525～1586), 이심(李禟, 1598～1657) 5인을 제향하였다. 1745년(영조21)에 훼철되었다가 1801년(순조1)에 복설되었다. 1871년(고종8)에 다시 훼철되었으나 1990년에 복원되었다.

195 문희공(文僖公) 신개(申槩) : 1374～1446. 문신으로, 문희는 시호이다. 1417년(태종17)에 집현전 제학(集賢殿提學)이 되었고, 1436년(세종18)에 《고려사(高麗史)》 수찬에 참여하였고. 1439년 우의정에 올라 야인의 침입을 막기 위한 장성 축조를 건의하였다.

196 증사(曾史) : 원(元)나라 사람 증선지(曾先之)가 편찬한 중국 역사서 《십팔사략(十八史略)》을 말한다. 《십팔사략》은 편년체(編年體)로 《사기(史記)》, 《한서(漢書)》로부터 《신오대사(新五代史)》에 이르기까지 16종의 정사(正史)와 2종의 송대(宋代) 사료(史料)를 취사(取捨)하여 태고로부터 송말(宋末)까지의 사실(史實)을 간략하게 기록하여 초학자의 역사 교재로 삼은 것이다.

입격하였다.

신미년(1691)에 고을 사람들과 의논하여 임호서원(臨湖書院)[197]을 건립하여 4선생을 제향하고, 학규(學規)를 세우고 학전(學田)을 마련해 두어 많은 선비들이 의귀(依歸)할 수 있도록 하였다.

임오년(1702)에 아들 영(坽)에게 명하여 영천(靈泉) 가에 누각을 짓게 하고, 자족(自足)으로 편액을 걸었다. 기축년(1709)에 의논하여 종손(宗孫) 집에 조천(祧遷)할 별묘(別廟)를 건립하였고, 뒤에 제전(祭田)을 들이고 제기(祭器)를 구비해서 해마다 양정(兩丁)[198]의 제향을 행하도록 하였다. 이듬해 경인년(1710) 7월 모일에 졸(卒)하였으니 72세를 살았다. 문희현(聞喜縣) 서쪽 대현(大峴) 해좌(亥坐) 언덕에 장사 지냈다.

공은 성품이 효성스럽고 순하며 행실이 도탑고 후덕하였으며, 깨끗한 지조와 근면한 재주를 지니고, 여기에 학문(學問)의 힘을 더하였다. 바야흐로 해제(孩提)[199]의 어린아이 때 어머니가 유방의 부증(浮症)으로 아파하는 모습을 보고 다시는 젖을 빨지 않았다. 아버지 상(喪)을 당하여서는, 병이 심하여 습렴(襲斂)[200]에 임

197 임호서원(臨湖書院) : 경상북도 함창(咸昌)에 건립한 서원이다. 표연말(表沿沫, 1449~1498), 홍귀달(洪貴達, 1438~1504), 채수(蔡壽, 1449~1515), 권달수(權達手, 1469~1504), 채무일(蔡無逸, 1496~1546)을 배향하였다.

198 양정(兩丁) : 봄과 가을에 석전제(釋奠祭)를 올릴 때 매년 2월과 8월의 첫 정일(丁日)에 거행하는데, 이를 본받아 봄가을 정일(丁日)에 제사를 올리는 것을 말하는 듯하다.

199 해제(孩提) : 《맹자》 〈진심 상(盡心上)〉에 나오는 말로, 2, 3세 정도의 나이로 웃을 줄 알고, 손을 잡고 안아 줄 만한 아이를 말한다.

할 수 없었는데, 이를 죽을 때까지 애통해 하면서 평생 화려한 옷을 가까이하지 않았다. 어머니 상을 당하여서는 3년을 다하도록 질대(絰帶)를 벗지 않았으며 모든 상례는 한결같이 《가례(家禮)》를 따랐다. 숙부(叔父) 섬기기를 자신의 아버지처럼 하였으니, 송종(送終)에 이르러 모두 극진하게 하여 남은 한이 없도록 하였다. 큰 누이가 죽자 그의 세 아들을 데려다 길러 주었으니, 막내는 곧 태어나 아직 첫돌도 지나지 않았기에 자신의 아이와 젖을 함께 먹여 양육하였다. 외종가(外從家)에 삼상(三喪)을 당한 이가 있었으니, 그 외로이 남은 아들이 겨우 네 살이었는데, 공이 재물을 내어 장사 지내 주고 마음을 다해 돌봐 주고 보호하였다.

을해년(1695)에 큰 흉년을 당하여서는 맛있는 것을 끊고, 적은 것이라도 나누어 주어서[201] 가까운 이웃의 유리걸식하는 이들을 구휼하고 구제하였으니, 여기에 힘입어 산 사람이 많았다. 이윽고 소성(小成)[202]하자 벼슬에 나아가기를 권하는 자가 있으니, 공이

200 습렴(襲斂) : 죽은 사람의 몸을 씻긴 뒤에 옷을 입히고 염포(殮布)로 묶는 일. 염습(殮襲)과 같다.

201 맛있는……주어서 : 원문은 '절감분소(絶甘分少)'로, 자기가 가진 것을 버려 남을 후하게 대접하는 것을 말한다. 《한서》에 "이릉(李陵)은 맛있는 것을 끊고 적은 것이라도 나누어 주었기에〔絶甘分少〕 사람들에게 죽을 힘을 다하도록 할 수 있었으니, 옛적의 명장이라도 이보다 나을 수는 없다."라고 한 말에서 가져왔다. 《漢書 卷62 司馬遷傳》

202 소성(小成) : 《예기(禮記)》 〈학기(學記)〉에 "입학한 지 7년 만에 학문의 깊은 뜻을 강구하는 것을 보아 벗을 취하는 것을 소성이라 하고, 9년 만에 유를 미루어 널리 통달하고 마음의 지표를 굳게 세워 변동 없는 것을 대성이라 한다.〔七年視論學取友, 謂之小成, 九年知類通達, 强立而不反, 謂之大成.〕"라고 한 말에서 유래하여,

말하기를, “나의 뜻이 아닙니다.”라고 하였다. 종질(從姪)인 승지(承旨) 후(垕)가 사마시(司馬試)에 합격하였는데, 당시에 당의(黨議)가 매우 치성(熾盛)하였고 예송(禮訟)도 또한 일어났다. 공은 시를 지어 그를 면려하였으니,

어찌 가을 잎이 바람 따라 떨어짐을 따르겠는가　肯從秋葉隨風落
스스로 겨울의 푸름이 사계에 일관되게 보전하라　自保冬靑貫四時

라는 구절이 있다.

공은 평소에 논리를 견지함이 방정(方正)하였고, 일에 처신함이 자세하고 치밀하였다. 더욱이 현인을 존중하고 학문을 흥기하는 일에 도타웠으니, 계책을 드러내고 생각을 표출함에 그때마다 모두 원대하였으므로 원근의 선비[203]들이 공을 향하여 복종하지 않는 이가 없었고, 전후로 경영하여 건축한 것은 공이 모두 창도하여 이끌고 주관했던 것이다.

매일 일찍 일어나 세수하고 뜨락을 말끔히 소제하고서 저녁까지 단정히 앉아 있었다. 몸은 게으르고 태만한 기운을 띠지 않았고, 귀는 비루하고 도리에 어긋나는 말을 듣지 않았다. 도서(圖書)를 좌우에 두고서 깊이 잠기어 음미하고 풀이하였다. 자제(子弟)들 및 고을의 후생들이 학업을 청하거나 의문점을 질정함이

작은 성취를 이루었다는 것이니, 소과(小科)에 급제한 것을 말할 때 쓴다.

203 선비 : 원문은 ‘봉액(縫掖)’으로, 선비가 입는 도포의 별칭이니, 여기서는 선비를 의미한다.

있는 경우에 정성을 다해 말해 주어[204] 거듭거듭 해설해 주었으며, 재품(材品)에 따라 힘을 다해 가르쳐 인도하니, 여기에 힘입어 성취한 자가 서로 이어졌다. 또 차츰 사라져 가는 고인(古人)의 하나의 선(善)과 하나의 행실을 모두 찾아내어 표출해서 후세에 전해지도록 하였다. 다른 사람의 선을 드러내기를 좋아하였고, 또 남의 허물을 용납하지 않았다. 그러므로 현자(賢者)는 그 풍모를 사모하였고 불초자(不肖者)는 그 엄함을 꺼렸다. 당(堂) 앞에 방당(方塘)을 열고 주위에 소나무와 대나무와 매화와 국화를 섞어 심어 놓고 날마다 그 사이를 소요하였으니, 그 자득(自得)한 정취를 또 어찌 사람들이 미칠 수 있는 것이겠는가.

바야흐로 병이 심해짐에 정신이 어지럽지 않을 때, 선조의 기제사라는 것으로 고기즙을 물리치고 내오지 않게 하며 말하기를, "한 숨이 아직 끊어지지 않았는데 감히 선조를 잊겠는가."라고 하였고, 집사람에게 경계하여 "염(殮)에 화려한 옷을 사용해서 나의 불효를 더하게 하지 말라." 하고 마침내 졸(卒)하였으니, 그 또한 군자(君子)가 몸을 마칠 때 바르게 죽는 것[205]을 사모한 것이리라.

204 정성을……주어 : 원문은 '고갈양단(叩竭兩端)'으로, 공자가 "내가 아는 것이 있는가? 나는 아는 것이 없다. 그러나 어떤 사람이 나에게 무엇을 물을 경우에는 그가 아무리 무식한 사람이라고 하더라도 나는 묻는 내용의 양쪽을 다 말해 준다.〔吾有知乎哉? 無知也. 有鄙夫問於我, 空空如也, 我叩其兩端而竭焉.〕"라고 말한 데서 가져온 것이다. 《論語 子罕》

205 군자(君子)가……것 : 증자(曾子)가 "군자는 사람을 사랑하는 데에 덕으로 하고, 소인은 사람을 사랑하는 데에 구차히 편안함만 취하는 것으로 한다. 내가 무엇을 구하겠는가. 나는 바르게 죽을 수 있다면 그만이다.〔君子之愛人也以德, 細人之愛人也以姑息, 吾何求哉. 吾得正而斃焉, 斯已矣.〕"라고 말한 데서 가져왔다. 《禮記 檀弓上》

시문(詩文) 약간 권이 집에 보관되어 있다.

부인은 경주 이씨(慶州李氏)이니 별제(別提) 이규영(李奎英)의 따님으로 규방의 법도를 매우 잘 갖추고 있었다. 아들은 유(堬), 윤(掄), 진사(進士) 영(坽)이 있고, 딸은 송치문(宋治文)에게 시집갔다. 유는 아들 도진(圖翻), 도훤(圖楦)이 있고, 딸은 노하기(盧夏紀), 채령(蔡靈), 이인명(李寅明)에게 각각 시집갔다. 윤은 아들 도운(圖運), 도원(圖遠), 도섬(圖暹), 도적(圖適)이 있다. 영은 아들 도돈(圖翶)이 있고, 딸은 김태석(金泰錫), 정수해(鄭壽海)에게 각각 시집갔다. 송치문의 아들은 송이종(宋爾琮)이다. 나머지는 기록하지 않는다.

치헌 유공 묘갈명 병서

耻軒柳公墓碣銘 並序

공은 휘가 세훈(世勛)이고 자가 신재(愼哉)이며 성은 유씨(柳氏)이니, 그 선대는 문화인(文化人)이다. 문화 유씨는 비조(鼻祖)가 휘 거달(車達)이니, 거달은 고려 태조를 도와 벽상공신(壁上功臣)에 책훈(策勳)되었고 지위는 대승(大丞)이었다. 그 뒤에 대대로 경상(卿相)이 나왔다. 본조〔조선〕에 들어와 충경공(忠景公) 양(亮)이 있었으니, 양은 태조를 도와 문성 부원군(文成府院君)에 책봉되었다. 그 후손 현령(縣令) 적(績)에 이르러 서울에서 영남의 안음현(安陰縣)으로 이거(移居)하였다. 이분이 사직(司直) 효손(孝孫)을 낳으니, 또 합천(陜川)으로 이사하였고, 자손들이 이로 인하여 가계를 이루었다. 효손이 상호군(上護軍) 귀년(龜年)을 낳았다. 귀년이 현감(縣監) 희영(希榮)을 낳았다. 희영이 충의위(忠義衛) 옥(沃)을 낳으니, 옥은 의성 옥씨(宜城玉氏)로 장령(掌令) 옥자광(玉自光)의 따님에게 장가들어서 가정(嘉靖) 갑자년(1564, 명종19) 4월에 공을 낳았다.

공은 총명하고 영특하였다. 5, 6세에 부모를 공경하고 글 읽기를 좋아할 줄 알았다. 조금 성장하여서는 덕스러운 기풍이 일찍 이루어졌고, 정성스런 효도가 지극히 도타웠으니 어버이를 봉양하고 학문에 힘쓰는 것을 본분의 일로 삼았다. 어버이께 혼정신성(昏定晨省)하고 맛난 음식으로 봉양하는 여가에는 종일 단정히 앉아서 성리(性理)를 깊이 탐색하여 잠자고 먹는 것도 잊는 데 이르렀다. 아버지 충의공(忠義公)이 병이 들게 되어서는, 공은 띠를 풀지 않고서 모시고 간호하며 똥을 맛보고서 병의 차도를 살피며 하늘에 기도함에 극진하게 하지 않음이 없었다.

이윽고 상(喪)을 당하여서는 곡용(哭踊)[206]하여 거의 목숨이 끊어질 뻔하였다가 살아났지만, 한 국자의 물도 입에 넣지 않은 것이 7일이었다. 송종(送終)의 여러 예절을 한결같이 문공(文公 주희(朱熹))의 《가례(家禮)》를 따랐다. 장사 지내고는 곧 묘소 곁에서 여묘살이를 하면서 삼 년을 피눈물을 흘리며 아침저녁에는 오직 보릿가루 죽 한 그릇만 먹었을 뿐이었다. 그러나 어머니의 문후를 살핌에는 바람이 불고 비가 내려도 혹 하지 않은 적이 없었다. 상복을 벗고 나자마자 또 어머니 상을 당하였는데 상례를 행함에 전상(前喪)과 같이 하였으니, 시훼(柴毁)[207]하여 뼈만 앙상하여 성묘할 때 부축해서 꿇어앉아 절하기에 이르렀지만, 끝내 삼 년을 다하도록 아무 탈이 없었다. 사람들이 모두 '하늘이 도운 것이다.'라고 말하였다. 방백(方伯)이 이 사실을 조정에 알렸는데, 정려(旌閭)를 명하고 판액(版額)에 네 구절을 적어 하사하였으니, "병상의 어버이 모시고 똥을 맛보아 병세를 살폈고, 여막에 거처하며 피눈물을 흘렸도다. 육 년을 죽을 먹었고, 슬픔으로 몸을 상

206 곡용(哭踊) : 상주(喪主)가 매우 슬피 울며 발을 구르는 것을 말한다. 《예기》 〈단궁(檀弓)〉에, 공자가 어머니가 돌아가시자 어린아이처럼 곡하는 자가 있음을 보고 "예는 남에게 전할 수 있고 남이 본받아 이어 갈 수 있어야 한다. 그러므로 곡하고 몸부림치는 일에도 절도가 있는 것이다.〔夫禮爲可傳也, 爲可繼也. 故哭踊有節.〕"라고 말한 데서 인용하였다.

207 시훼(柴毁) : 상(喪)을 당하여 지나치게 애통해 한 탓에 몸이 손상된 것을 말한다.

함이 한결같았도다.〔侍病嘗糞, 居廬泣血, 啜粥六年, 哀毁如一.〕"라고 하였다. 공은 놀라 감당할 수 없어서 죽을 때까지 걸지 않았다.

임진년(1592, 선조25)에 왜구가 대거 침입하였는데, 공은 향병(鄕兵)을 규합하여 망우당(忘憂堂) 곽공(郭公)[208]과 더불어 같은 소리로 창의(倡義)하였다. 정유년(1597)에 또 화왕성(火旺城)에 따라가서 마음을 화합하고 계책을 도왔지만, 끝내 그 공(功)을 감추고 스스로 드러내지 않았다. 당시에 같은 군(郡) 정인홍(鄭仁弘)[209]의 근거 없는 헛된 명망이 심하게 널리 퍼진다는 것으로 공은 이를 싫어하여 두릉(杜陵) 옛골에 피하여 치헌(恥軒)으로 그 집에 편액을 걸었다. 이윽고 정인홍(鄭仁弘)이 대사헌(大司憲)이 되어 찾아왔으나, 공은 병을 핑계 대고 만나 보지 않았다. 날마다 그곳에서 고요히 지내며 새벽에 가묘(家廟)를 배알하는 것 외에는 저녁이 되도록 글 읽기를 그치지 않았다.

공의 학문은 대체로 《소학(小學)》 및 《심경(心經)》과 《근사록(近思錄)》을 도타이 믿어서 조존(操存)하고 함양(涵養)하는 근원으로 삼았다. 더욱이 《주역(周易)》과 《춘추(春秋)》에 심취하여 연구를 지극히 하지 않음이 없었으니, 다만 〈계몽십훈(啓蒙十訓)〉, 〈경전제영(經傳諸詠)〉, 〈자경(自警)〉 등의 시들만 보아도

208 망우당(忘憂堂) 곽공(郭公) : 곽재우(郭再佑, 1552~1617)를 가리킨다.

209 정인홍(鄭仁弘) : 1535~1623. 본관은 서산(瑞山), 자는 덕원(德遠), 호는 내암(萊庵)이다. 조식(曺植)의 문인이고, 학행으로 천거되어 장령 등을 지냈고, 임진왜란 때 합천에서 의병을 일으켜 공을 세웠다. 이이첨과 계축옥사를 일으켜 영창대군을 제거하고 서령 부원군에 봉해졌다. 우의정, 좌의정, 영의정을 역임하였다. 인조반정으로 참형되었다. 저서로는 《내암집(萊庵集)》이 있다.

조예(造詣)가 얕지 않음을 알 수 있다.

숭정(崇禎) 신미년(1631) 10월 모일에 졸(卒)하였으니 68세를 살았다. 임종(臨終)할 때, 목욕하고 옷을 바꾸어 입고서 부녀자들을 물리고 기쁜 듯이 세상을 떠났다. 좋도다, 또한 군자가 바름을 얻어 죽은 것이로다. 군(郡)의 북쪽 약사방(若士坊) 자좌(子座) 언덕에 장사 지냈다.

부인은 파평 윤씨(坡平尹氏)이니 윤대승(尹大承)의 따님이고 감사(監司) 윤황(尹璜)의 후손으로, 성품과 행실이 맑고 조화로웠으며 효성과 공경이 모두 지극하였다. 9남 2녀를 두었다. 아들은 돈선(敦善), 돈서(敦恕), 돈의(敦義), 돈성(敦省), 돈양(敦養), 돈성(敦誠), 돈흠(敦欽), 양자로 나간 돈검(敦儉), 돈근(敦謹)이고, 딸은 신여망(申汝望), 전팔고(全八顧)에게 시집갔다.

하루는 공의 5세손 경기(景基)가 강한사(姜寒沙)[210]가 찬술한 행장을 가지고 와서 나에게 공의 묘갈명을 지어 주길 청하며 말하기를, "선조(先祖)의 지극한 행실과 아름다운 덕은 행장을 보면 징험할 수 있습니다. 또 박무민(朴无悶)[211] 옹이 공에 대한 만시

210 강한사(姜寒沙) : 강대수(姜大遂, 1591～1658)를 가리킨다. 본관은 진주(晉州), 자는 학안(學顔), 면재(勉哉)이다. 1610년(광해군2)에 사마시에 합격하여 지평, 장령, 순천 부사, 전주 부윤 등을 거쳤다. 저서로는 《한사집(寒沙集)》이 있다. 《한사집》 권6에 〈치헌유공행장(耻軒柳公行狀)〉이 실려 있다.

211 박무민(朴无悶) : 박인(朴絪, 1583～1640)을 가리킨다. 본관은 고령(高靈), 자는 백화(伯和), 호는 무민당(无悶堂)이다. 외종숙인 정인홍(鄭仁弘)에게 배웠다. 《산해사우연원록(山海師友淵源錄)》을 편찬하였다. 저서로는 《무민당집(无悶堂集)》이 있다. 《무민당집》 권1에 〈만유치헌(挽柳恥軒)〉이 실려 있다.

(輓詩)를 지었으니,

백수에 홀로 구업을 온전히 할 수 있었으니	白首獨能全舊業
청운이 새로 아는 것을 좇음이 부끄러워라	青雲堪咤逐新知
다소의 세상 인간 구체 같은 무리들이	多少世間狗彘輩
공의 이문 아래를 지나면 땀이 응당 흐르리	過公閭下汗應垂

라고 하였습니다. 이 밖에 《속삼강행실(續三綱行實)》에도 또한 공의 실제 행적을 갖추어 실어 놓았습니다. 그래서 고을의 사림(士林)들이 이미 제사를 드립니다마는, 오직 빠진 것은 묘도(墓道)의 비석이니, 감히 청합니다."라고 하였다. 나는 나도 모르게 무릎을 치며 공경하고 감탄하면서 삼가 이상과 같이 차례하여 쓰고, 이어서 다음과 같이 명을 한다.

훌륭하여라, 공의 효성은	猗嗟公孝
사람들이 나란히 할 자 드무네	民鮮與倂
조정의 포상이 이미 이르렀고	朝褒旣至
읍지에도 또한 빛나네	邑誌又炳
그 평생을 추적해 보면	跡其平生
도탑게 성현을 사모하였고	篤慕賢聖
시종 부지런히 공부하여	始終勤學
이치를 궁구하고 본성을 길렀네	窮理養性
근본이 수립되고 도가 생겨나니	本立道生
움직임에 바르지 않음이 없었네	動罔非正

창의하여 충심을 바치고도	倡義效忠
자취를 거두어 스스로 물러났네	斂跡自屛
간사함을 분변하고 권세에 담담하여	辨奸恬勢
흉인을 피해 깨끗한 데 나아갔네	避地就淨
이 많은 아름다움을 갖추었으니	具玆衆美
그 덕이 더욱 성대하여라	其德采盛
많은 선비들이 사모함을 붙이니	多士寓慕
전형이 영원토록 드리우리	型範垂永
울창한 저 소나무 잣나무가	菀彼松栢
약사방 언덕에 마주 빛나니	坊原交暎
훗날 여기를 지나는 사람이	後有過者
누가 감히 공경치 않으리오	其敢不敬

동지중추부사 압호정 허공 묘갈명 병서

同知中樞府事壓湖亭許公墓碣銘 並序

우리 조선에 임진왜란이 났을 때, 무릇 창의(倡義)하여 왜적을 토벌한 자는 대소를 막론하고 다들 포상의 은전을 입었다. 그런데 내가 본 바 김해(金海) 압호정(壓湖亭) 허공(許公) 같은 사람은 곧 17의병장(義兵將) 가운데 한 분이거늘, 이에 유독 책훈의 문서에 누락되어 있으니 어찌해서 그런가.

대개 이 당시에는 태평 시대가 이미 수백 년이 되었는지라, 갑자기 미친 왜구가 대거 쳐들어옴을 당하여 영토를 지키고 울타리를 맡은[212] 신하들이 또한 모두 두렵고 겁이 나서 어찌할 바를 몰라 혹은 성을 버리고 멀리 달아나고, 혹은 무리를 끼고 자신을 호위한 자가 서로 이었다. 그러나 공은 콩잎이나 먹고 사는 일개 초야의 사람으로서 오직 군부(君父)를 위해 목숨을 바치는 것이 대의(大儀)가 되는 줄을 알고서 집안의 재물을 기울이고 집의 종들을 쓸어 보내어 망우당(忘憂堂) 곽재우(郭再祐)의 병세(兵勢)와 축성(築城)에 드는 비용을 도왔으며, 부자(父子)가 모두 망우당의 진영에 달려가 적과 맞서 싸우기를 도와서 그 막아 지키려는 뜻

212 울타리를 맡은 : 원문은 '전번(典藩)'으로, 울타리를 맡은 사람이다. 《시경(詩經)》 〈판(板)〉에 "큰 덕을 갖춘 사람은 나라의 울타리이며 많은 무리는 나라의 담이다.〔价人維藩, 大師維垣.〕"라고 한 데서 가져온 말로, 국가의 울타리, 곧 관찰사를 뜻한다.

을 이루게 하였으니, 그 충(忠)이 성대하다. 가령 조정에서 그 실상을 알 수 있었다면 보상한 바의 것이 마땅히 여러 공보다 못하지 않았을 텐데, 지금 수백여 년이 지나도록 아직도 세상에 크게 드러내지 못하였으니, 어찌 개탄할 만한 것이 아니겠는가.

공은 휘가 언심(彦深)이고 가락국(駕洛國) 출신의 허씨(許氏)로, 본관은 분성(盆城 김해(金海))이다. 고려 말 중랑장(中郎將) 기(麒)[213]가 신돈(辛旽)[214]을 탄핵하고 석탄(石灘) 이존오(李存吾)[215]를 구제한 것으로써 고성(固城)에 귀양 갔는데, 이로 인하여 그곳에 살았다. 그 뒤 몇 대를 지나 생원(生員) 원보(元輔)에 이르렀

213 기(麒) : 허기(許麒). 고려 말의 문신으로, 평장사(平章事)를 지냈으며, 두문동(杜門洞) 현인의 한 사람이다. 신돈을 탄핵하는 상소를 올렸다가 경상도 고성(固城)에 유배를 당하였다. 그 뒤에 왕이 신돈을 처벌하고 불렀으나 나아가지 않고 고성에 그대로 살았다. 고성의 도연서원(道淵書院)에 배향되었다.

214 신돈(辛旽) : ?~1371. 고려 공민왕 때 개혁 정치를 단당했던 승려로 본관은 영산(靈山), 승명은 편조(遍照), 자는 요공(耀空)이며, 왕이 내린 법호로 청한거사(淸閑居士)가 있다. 돈은 집권 후에 정한 속명이다.

215 석탄(石灘) 이존오(李存吾) : 1341~1371. 고려 후기의 문신으로 본관은 경주(慶州), 자는 순경(順卿), 호는 석탄(石灘), 고산(孤山)이다. 정언(正言)의 신분으로 신돈(辛旽)의 횡포를 탄핵하다가 왕의 노여움을 샀으나, 이색(李穡) 등의 옹호로 극형을 면하고 장사 감무(長沙監務)로 좌천되었다. 그 뒤 공주 석탄(石灘)에서 은둔 생활을 하며 울분 속에 지내다가 죽었다. 정몽주(鄭夢周), 박상충(朴尙衷) 등과 교분이 두터웠다. 신돈의 전횡을 풍자한 시조 1수를 비롯해 3수의 시조가 《청구영언(靑丘永言)》에 전한다. 성균관 대사성에 추증되었으며, 여주 고산서원(孤山書院), 부여 의열사(義烈祠), 무장 충현사(忠賢祠)에 봉향되었다. 저서로는 《석탄집》이 있다. 《고려사(高麗史)》 권112 〈이존오열전(李存吾列傳)〉에 이존오가 정추(鄭樞)와 함께 공민왕에게 글을 올려 신돈을 탄핵한 사실이 있다.

으니, 원보는 문장(文章)으로 이름이 났고 처음으로 의령(宜寧)에 거주하였다. 이분이 공의 증조가 된다. 조부는 휘가 관(瓘)이다. 고(考)는 휘가 안인(安仁)이니 형조 참판(刑曹參判)에 증직되었으며, 비(妣)는 진양 하씨(晉陽河氏)이니 참봉(參奉) 하혼(河渾)의 따님으로, 일찍 과부가 되어 남편의 상에 곡(哭)을 잘함[216]으로써 알려져서 정려(旌閭)를 받았고 정부인(貞夫人)에 봉해졌다.

공은 가정(嘉靖) 임인년(1542, 중종37)에 태어났다. 기국이 호탕하고 활달하며 강개(慷慨)하여 큰 절개를 지녔다. 바야흐로 왜적이 쳐들어온 처음에, 온 집안이 도모하여 공과 함께 모두 피하자고 하니, 공이 말하기를, "군주가 근심하는 것은 신하의 치욕이고, 군주가 모욕을 받는 것은 신하가 죽음으로 갚아야 함[217]이 직분입니다. 우리들이 비록 녹(祿)을 먹은 자들은 아니지만, 그래도 의관(衣冠)을 갖추어 입은 집안인데, 어찌 풀숲에서 구차히 살려고[218] 하민(下民)들과 똑같이 하겠습니까."라고 하였다.

216 남편의……잘함 : 원문은 '선곡(善哭)'으로, 《맹자》 〈고자 하(告子下)〉에 "화주와 기량의 아내가 그 남편의 상(喪)에 곡을 잘하여 나라의 풍속을 변화시켰다.〔華周杞梁之妻, 善哭其夫而變國俗.〕"라는 구절에서 가져왔다.

217 군주가……함 : 원문은 '주우신욕 주욕신사(主憂臣辱 主辱臣死)'로, 군주가 근심하는 일이 있으면 신하는 그 근심을 풀기 위해서 치욕을 감수하고 나가서 해결해야 하고 임금이 욕을 당하면 신하는 죽음으로 지켜야 한다는 뜻이다. 《사기(史記)》 권79 〈범수열전(范雎列傳)〉에 "소왕이 조회 때 탄식을 하자 응후가 앞으로 나와 말하기를 '신이 들으니, 군주가 근심하는 것은 신하의 치욕이고, 군주가 모욕을 받는 것은 신하의 죽을죄라고 하였습니다. 지금 대왕께서 조정에서 근심하시니, 신이 감히 그에 해당하는 죄를 청합니다.'라고 하였다.〔昭王臨朝歎息, 應侯進曰臣聞主憂臣辱, 主辱臣死. 今大王中朝而憂, 臣敢請其罪.〕"라는 내용이 있다.

당시에 망우당(忘憂堂) 곽재우(郭再祐)는 공의 부인의 아우로서 현풍(玄風)에서 창의하였으나 모은 바의 병력이 오합지졸이고 또한 적었다. 공은 이미 가동(家僮) 수백 명과 곡식 수천 곡(斛)으로 돕고, 또 청하여 말하기를, "의령은 남쪽에는 진주 강물이 있고 동쪽에는 낙동강이 있어서 삼면이 막힌지라 굳게 지킨다면 보장(保障 보호 장벽)의 땅이 됩니다."라고 하니, 곽공이 그렇다고 여겨 마침내 신번창(新繁倉)[219]으로 나아가 의거하여 초계(草溪)의 군기(軍器)를 운반해 놓고, 혹은 전투를 하고 혹은 지키면서 강을 따라 오는 왜적을 막아 끊었다. 곽공은 본래 공의 사람됨을 중히 여겨 무릇 의논하고 계획할 것이 있으면 자문한 바가 많았다. 이로 인하여 공이 전군(典軍)의 임무를 맡게 되었는데, 이에 병사의 기세가 크게 떨쳐지고 의병의 명성이 사방에 전해졌다. 이빈(李薲)[220] 공이 당시에 순변사(巡邊使)가 되어 편지를 보내 장

218 풀숲에서 구차히 살려고 : 동진(東晉) 원제(元帝) 때 왕돈(王敦)이 반란을 일으켜, 주변 사람들이 주의(周顗)에게 피란하라고 권유하자, 주의가 "내가 대신의 자리를 채우고 있는 신분으로, 조정이 결딴이 난 이 마당에, 어떻게 다시 풀숲 사이에서 구차하게 살려고 하면서, 밖으로 호월에 몸을 던질 수가 있겠는가.〔吾備位大臣, 朝廷喪敗, 寧可復草間求活, 外投胡越邪.〕"라고 말한 데서 가져왔다.《晉書 卷69 周顗列傳》

219 신번창(新繁倉) : 조선 시대에 부근의 물산을 모았던 곳이다. 당시에는 남쪽으로는 청도현(淸道縣)을 지나 의령과, 북쪽으로는 초계(草溪)와 이어지는 도로가 발달했으며, 동쪽의 신흥역(新興驛)을 통하여 영산(靈山), 창녕(昌寧), 삼가(三嘉) 등지와 연결되었다. 신번은 본래 신라의 신이현(新尒縣)이었는데, 757년(경덕왕16)에 의상(宜桑)으로 고쳐 강양군(江陽郡, 지금의 陝川郡)의 영현으로 하였다. 940년(태조23) 신번(新繁)으로 고쳤고, 1391년(공양왕3)에 의령현(宜寧縣)에 이속시켰다. 조선 시대에 의령현의 직촌(直村)이 되었다.

려하며 말하기를, "공은 왜란이 일어난 처음부터 의병을 일으키기를 도왔으니, 그 자신의 몸을 잊고 나라를 위해 죽음을 각오한 뜻은 비록 옛 열사(烈士)라 하더라도 어찌 이보다 더하겠습니까."라고 하였다.

갑오년(1594, 선조27) 봄에 곽망우당 공이 석문(石門)과 악견(嶽堅) 두 산에 성을 쌓았는데, 공이 백 곡(百斛)의 쌀로써 도왔다. 공이 또 왜적의 머리를 베어 바치니, 순변사가 장계를 올려 조정에 알림으로써, 특별히 홍패(紅牌)를 내리고 사제(賜第)[221]를 내렸다. 그해 겨울에 또 승자(陞資)되어 동지중추부사(同知中樞府事)에 임명되었는데, 공은 아직 적을 모조리 섬멸하지 못하고 크게 공을 이루지 못하였음을 수치로 여겨, 매양 포계(褒啓)[222]할 때를 당하여서는 문득 물러나 스스로 억누르고 자랑하지 않았다. 왜적이 물러난 뒤에는 곧 자취를 거두어 일찍이 의령현(宜寧縣) 남쪽 염강(濂江) 가에 지어 놓았던 압호정(壓湖亭)에서 강과 산, 물고기와 새로써 즐거움으로 삼으며 일생을 마쳤으니, 60여 세를 살았다.

바야흐로 공이 살아 있을 때, 어떤 벗이 시를 주어 말하기를,

220 이빈(李贇) : 1537~1603. 조선 중기의 무신으로 본관은 전주(全州), 자는 문원(聞遠)이다.

221 사제(賜第) : 임금의 명령으로, 특별히 과거에 급제한 사람과 똑같은 자격을 내려 주는 것이다.

222 포계(褒啓) : 포창(褒彰)하도록 상주하는 것을 말한다.

군중에는 단지 소상국이 있지마는	軍中只有蕭相國
세상에는 부질없이 악천추가 없네[223]	世上空無鄂千秋

라고 하였다. 공이 세상을 떠나고 나서 소재(少宰) 권태일(權泰一)[224]이 만시(輓詩)를 지어 말하기를,

인간 세상 따라 썩은 쥐 다툼[225]을 부끄러워하고	恥逐人間爭腐鼠
문득 강가로 와서 노니는 물고기를 완미했네	却來江上玩游魚

223 군중에는……없네 : 소상국(蕭相國)은 소하(蕭何)를 가리킨다. 한(漢)나라 고조(高祖)가 천하를 평정하고 공신의 위차(位次)를 정할 때 모두 조참(曹參)의 공이 제일이라고 하여 정하지 못했는데, 알자(謁者)로서 한 고조를 수행하던 악천추가 소하(蕭何)를 수공(首功)으로 추천하자, 한 고조가 옳다고 여겼고, 악천추를 봉하여 안평후(安平侯)를 삼았다. 《漢書 卷39 蕭何列傳》

224 권태일(權泰一) : 1569~1631. 본관은 안동(安東), 자는 수지(守之), 호는 장곡(藏谷)이며, 구봉령(具鳳齡)의 문인이다. 1599년(선조32) 별시(別試) 문과(文科)에 급제하여 형조 판서(刑曹判書), 전라도 관찰사(全羅道觀察使) 등을 지냈다. 저서로는 《장곡집(藏谷集)》이 있다.

225 썩은 쥐 다툼 : 원문은 '쟁부서(爭腐鼠)'로, 관위(官位)를 다투는 것을 의미한다. 《장자(莊子)》 〈추수(秋水)〉에, 혜자(惠子)가 양나라 재상을 할 적에 어떤 사람이 "장자가 당신을 대신해서 재상에 앉을 것이다."라고 하니, 혜자가 장자를 찾자, 장자가 혜자를 찾아가 말하기를 "남방에 새가 있는데, 이름을 원추라 하네. 그대는 아는가? 원추가 남해에서 출발해 북해로 날아갈 적에,……올빼미가 썩은 쥐를 물고서, 원추가 지나가는 걸 보고는 '꽥' 하고 소리를 질렀다네. 지금 그대는 그대의 양나라 재상 자리를 두고 나에게 꽥 하고 소리를 지르는가?"라고 하였다. 그 주에, 원추가 소리를 지른 것은 자기의 먹이인 썩은 쥐를 빼앗을까 두려워하였기 때문이라고 하였다.

라고 하였다. 공의 초년과 만년의 절개를 여기에서 살펴보면 또한 알 수 있다.

대개 공은 어릴 때부터 어머니의 자상한 가르침을 받들어 선조를 받들고 어버이를 섬김에 정성과 효성을 지극히 할 수 있었다. 이미 장성하여서는 수우(守愚) 최영경(崔永慶),[226] 죽유(竹牖) 오운(吳澐)[227]과 함께 경서와 사서를 강론하였고, 또 아들 도(纛)를 수우에게 맡겨 공부시켰다. 대개 근본이 있음이 이와 같았으니 그 충의(忠義)를 떨쳐 일으키고도 조용히 물러남을 견지한 것이 또 어찌 저와 같지 않을 수 있겠는가.

공의 묘소는 의령현 남쪽 개수원(介樹院) 갑좌(甲坐) 언덕에 있다. 부인은 곽씨(郭氏)이니 감사(監司) 곽월(郭越)의 따님이다. 아들은 곧 도(纛)이다. 도의 아들은 종무(宗茂)이다. 종무의 아들은 초(礎)와 반(磻)이고, 딸은 하달영(河達永), 정연경(鄭延慶), 강미(姜渼)에게 각각 시집갔다. 초의 사자(嗣子)는 일(槍)이다. 반의 사자는 제(梯)이고, 딸은 권태형(權泰亨)에게 시집갔다. 나

226 수우(守愚) 최영경(崔永慶) : 1529~1590. 본관은 화순(和順), 자는 효원(孝元), 수우는 그의 호이다. 조식(曺植)의 문인이다. 학행(學行)이 뛰어나 여러 번 관직에 제수되었으나 나가지 않았고, 진주(晉州) 도동(道洞)에 은거하여 정구(鄭逑), 김우옹(金宇顒), 오건(吳健) 등과 교유하였다. 1589년(선조22) 정여립 모반 사건이 일어나자 가공의 인물 길삼봉(吉三峯)으로 무고되어 위관(委官)인 정철(鄭澈)에게 국문(鞫問)을 받다가 죽었다. 1591년에 신원(伸冤)되어 대사헌에 증직되었고 1611년에 덕천서원에 배향되었다.

227 죽유(竹牖) 오운(吳澐) : 1540~1617. 본관은 고창(高敞), 자는 대원(大源), 호는 죽유(竹牖), 율계(栗溪)이다. 조식(曺植)과 이황(李滉)의 문인으로 경주(慶州), 청송(青松) 등의 지방관을 역임하였다. 저서로는 《죽유집(竹牖集)》이 있다.

머지는 기록하지 않는다.

하루는 공의 7대손 겸(慊)이 공의 유사(遺事)를 가지고 와서 나에게 보이며 말하기를, “이것은 그 사적이 《의춘지(宜春志)》와 송암(松巖) 이로(李魯)[228]가 지은 《사성강목(四姓綱目)》[229]에 갖추어 실려 있는 것이니, 보잘것없는 제가 감히 한 터럭만치라도 속일 수 있겠습니까. 오직 집사께서 적어 묘도에 비를 새겨서 후세에 전하여 믿게 할 수 있도록 해 주십시오.”라고 하였다. 나는 사양하였지만 받아들여지지 않아서 마침내 위와 같이 차례하여 쓰고 이어서 명을 붙인다.

국가가 어려울 때 충성을 바침은	國難效忠
떳떳한 충정에 근본한 것이었네	本於彝衷
크고 작은 공이 비록 다를지라도	小大雖殊

228 송암(松巖) 이로(李魯) : 1544~1598. 본관은 고성(固城), 자는 여유(汝唯), 호는 송암(松巖)이며, 시호는 정의(貞義)이다. 조식의 문인이다. 1590년(선조23) 문과에 급제하여 형조 좌랑, 비안 현감 등을 지냈다. 임진왜란 때 조종도(趙宗道)와 함께 창의(倡義)할 것을 약속하고 귀향하여 삼가, 단성으로 나가 의병을 일으키고, 경상 우도 초유사(慶尙右道招諭使) 김성일(金誠一)의 종사관(從事官), 소모관(召募官), 사저관(私儲官)으로 활약하였다. 저서로는 《송암집(松巖集)》이 있다.

229 사성강목(四姓綱目) : 독특한 체제의 족보로, 사성은 아버지의 양계(兩系)인 고성 이씨(固城李氏)와 창녕 성씨(昌寧成氏), 어머니의 양계인 남평 문씨(南平文氏)와 안악 이씨(安岳李氏)이다. 이 족보는 1577년(선조10)부터 1597년(선조30)까지 근 20년 동안 자료를 널리 수집하고 탐방하여 많은 노력 끝에 초안한 것이며 그 안에는 16세기 후반을 기준으로 진주, 합천, 성주 등 경상 우도 남명학파(南冥學派)에 속했던 인사들의 가계가 거의 망라되다시피 하였다.

그 절의(節義)는 곧 같다네	其節則同
더구나 포의의 신분으로서	況以布衣
이에 의로운 병사를 일으킴에랴	肇起義師
이로써 왜적의 기세를 막았으니	用遏賊勢
공적이 어찌 없어지겠는가	功孰與夷
그 자랑하지 않음으로 말미암아	由其不伐
맹세한 글에 빠지게 되었지마는	盟書致闕
천추토록 유전하여 비추어	流照千秋
그 의렬이 빛남이 있도다	有炳其烈
오직 이 개수원은	惟茲介樹
공의 혼백이 깃든 곳이니	公魄攸寓
아, 너희 나무꾼과 목동들아	咨爾樵牧
무덤[230] 가까이에 오지 마라	毋近堂斧

230 무덤 : 원문은 '당부(堂斧)'로, 《예기》에 공자의 상(喪)에 연(燕)나라에서 보려고 온 자가 있어 자하의 집에 묵었는데, 자하가 무엇을 보려고 왔는지를 물으니, 그가 "옛날에 부자께서 '내가 봉분의 당 같은 것을 보았고 방 같은 것을 보았고 하실을 엎어 놓은 것 같은 것도 보았고 도끼 같은 것도 보았는데 도끼 같은 쪽을 따르겠다.'라고 하였다.〔昔者夫子言之, 曰吾見封之若堂者矣, 見若坊者矣, 見若覆夏屋者矣, 見若斧者矣, 從若斧者焉.〕"라고 말한 데서 유래하였다. 《禮記 檀弓上》

승정원 동부승지 연담 이공 묘갈명 병서

承政院同副承旨蓮潭李公墓碣銘 並序

대산(大山) 이 선생(李先生)[231]은 교남(嶠南 영남(嶺南) 지방)에서 창도(倡道)하여 위로 도산(陶山)[232]의 서업(緖業)을 계승함에, 사방에서 문하에 이른 선비들이 한 시대에 지극히 뛰어난 분들이었으니, 고(故) 연담(蓮潭) 이공(李公)은 그 가운데 한 사람이다. 그 장려와 추앙을 입고 학문의 요체를 계승함이 오래도록 훈도(薰陶) 받은 자들과 더불어 다름이 없었으니, 또한 훌륭하지 아니한가.

살피건대, 공은 휘가 경명(景溟)이고 자가 치휘(穉暉)이니 그 선대는 한산인(韓山人)이다. 한산 이씨는 고려 말 문효공(文孝公) 곡(穀)[233]과 문정공(文靖公) 색(穡)[234]으로부터, 우리 조선조 양경공(良景公) 종선(種善)과 문열공(文烈公) 계전(季甸)과 대사성(大司成) 우(堣)와 현감(縣監) 장윤(長潤)과 판관(判官) 치

231 대산(大山) 이 선생(李先生) : 이상정(李象靖, 1711~1781)을 가리킨다. 본관은 한산(韓山), 자는 경문(景文), 호는 대산이다. 저서로는 《대산집(大山集)》이 있다. 경상북도 안동의 고산서원(高山書院)에 제향되었다.

232 도산(陶山) : 퇴계(退溪) 이황(李滉, 1501~1570)을 가리킨다.

233 문효공(文孝公) 곡(穀) : 이곡(李穀, 1298~1351)을 가리킨다. 고려 때의 문신, 학자이다. 원(元)나라에 들어가 과거에 급제하여 벼슬을 받고 문명(文名)을 떨쳤으며, 본국에서 정당문학(政堂文學), 도첨의찬성사(都僉議贊成事) 등을 지냈다.

234 문정공(文靖公) 색(穡) : 이색(李穡, 1328~1396)을 가리킨다. 고려 때의 문신, 학자이다. 이제현(李齊賢)의 문인으로, 삼은(三隱)의 한 사람이다. 원(元)나라에서 벼슬하다가 귀국하여 정당문학(政堂文學) 등을 지내고 공신에 책록되었다.

(穉)와 내자시 정(內資寺正) 지번(之蕃)을 지나, 휘가 산해(山海)이고 호가 아계(鵝溪)로 목릉(穆陵 선조(宣祖)의 능호)의 재상이 되어 부원군(府院君)에 봉해진 분에 이르렀다. 이분이 휘가 경전(慶全)이고 호가 석루(石樓)이며 좌참찬(左參贊) 벼슬을 한 분을 낳았다. 또 검렬(檢閱) 구(久)와 진사(進士) 상빈(尙賓)과 현감(縣監) 운근(雲根)과 정랑(正郞)을 지내고 이조 참의(吏曹參議)에 증직된 덕운(德運)과 통덕랑(通德郎)을 지내고 이조 참판(吏曹參判)에 증직된 성(宬)을 지나, 승지(承旨)를 지내고 휘가 수일(秀逸)이며 호가 귀호(龜湖)인 분에 이르렀으니, 수일이 공의 고(考)이다. 비(妣) 숙부인(淑夫人)은 청주 한씨(淸州韓氏)이니 부윤(府尹) 한명상(韓命相)의 후손이고 진사 한종욱(韓宗煜)의 따님으로, 영묘(英廟) 계축년(1733, 영조9) 10월 8일에 공을 낳았다.

공은 어릴 때 남다른 자질을 지녔다. 처음 공부를 시작할 때부터 각고의 노력을 하고 부지런히 힘써서 예업(藝業)이 일취월장하였다. 귀옹(龜翁) 정언충(鄭彦忠)[235]의 가문에 장가들기에 이르러서는 곧 국사(國士)로서 대우를 받았다. 정언충이 일찍이 풍기(豐基) 임소(任所)[236]에 갈 때 공을 데리고 갔는데, 공은 하나의 방을 청소하고 단정히 거처하며 성현(聖賢)의 글을 깊이 연구하

235 귀옹(龜翁) 정언충(鄭彦忠) : 1706~1772. 본관은 동래(東萊), 자는 국이(國耳), 호는 귀옹(龜翁)이다. 영조 경신년에 문과에 오르고 벼슬이 동부승지, 형조 참판(刑曹參判) 등을 역임하였다.

236 정언충이……임소(任所) : 〈정공 묘갈명〉에 "신사년(1762, 영조37)에 풍기 군수로 옮겼다.〔辛巳移守豐基〕"라는 기록이 있다. 《大山集 卷48 龜翁鄭公墓碣銘》

다가 의심나서 잘 모르는 것이 있으면 그때마다 귀옹에게 질정(質正)하였다. 하루는 《소학(小學)》을 읽다가 홀연 개연히 감탄하며 말하기를, "사람이 사람다운 사람이 될 수 있는 것이 여기에 있다."라고 하고, 곧 이것으로써 자신의 몸을 단속하였다. 학문의 향상에 마음을 가다듬어 힘쓴 것이 여러 해가 되자 마침내 남쪽으로 가서 도산(陶山) 사당(祠堂 도산서원 상덕사(尙德祠))에 참배드리고, 호상(湖上)[237]에서 대산(大山)을 뵙고 절하고서 학문하는 요체를 물었다. 공은 이때부터 공거(公車 과거 시험에 급제하는 것)를 버릴 뜻이 있었지만, 어버이의 명이 있어서 감히 그만두지는 못하였다.

갑오년(1774, 영조50)에 국자시(國子試)에 응시하였고, 정묘(正廟) 원년 정유년(1777, 정조1)에 급제하니, 주상께서 '이번 방(榜)에서 사람을 얻었다.'라고 칭찬하였다.

기해년(1779)에 아버지 상(喪)을 당하였는데 삼년상을 마칠 때까지 몸이 상하도록 슬퍼함이 하루 같았다. 임인년(1782, 정조6)에 친정 주서(親政注書)에 임명되었다. 을사년(1785)에 전적(典籍)에 승진하였다. 병오년(1786)에 예조 좌랑(禮曹佐郎)에 임명되었다.

무신년(1788)에 사헌부 지평(司憲府持平)에 임명되었다. 당시에 사학(邪學)이 마구 치성할 조짐이 있었다. 공은 일찍이 이를 근심했었더니, 이에 이르러 상소(上疏)하여 격물(格物) 치지(致

237 호상(湖上) : 소호(蘇湖)를 가리키니, 대산(大山) 이상정(李象靖)이 거주하는 곳이다.

知)와 성의(誠意) 정심(正心)의 설(說)을 진달하여 임금의 덕을 면려하고, 이어서 이를 언급하여 사학(邪學)의 해로움을 성대히 말하고, 법을 마련해서 엄하게 금지하기를 청하였다. 임금께서 넉넉한 비답을 내리고, 묘당(廟堂)으로 하여금 이를 시행하도록 하였다. 대개 공의 이 상소는 이단(異端)을 물리친 최초의 적치(赤幟)[238]가 되었다. 가을에 어머니 상을 당하였는데 아버지 상 때와 똑같이 몸을 상하였다.

신해년(1791)에 사간원 정언(司諫院正言)에 임명되었다. 임자년(1792)에 홍문관 수찬(弘文館修撰)에 임명되었는데, 임금의 뜻을 어긴 것으로 양근 군수(楊根郡守)에 보임되었다. 공이 이미 임지에 부임하여서는 마음과 힘을 다해 다스렸다. 표재(俵灾)[239]와 봉적(捧糴)[240]을 분명하게 함에 한결같이 하였고, 여러 해 동안 허위로 기재된 장부의 이포(吏逋)[241]를 찾아내어 다 징수해서

238 적치(赤幟) : 한(漢)나라의 한신(韓信)이 정형구(井陘口)에서 조군(趙軍)을 대파(大破)하고 조왕(趙王)을 사로잡을 때에 쓴 술책으로, 미리 경기(輕騎) 2천을 가려서 모두 한나라를 나타내는 붉은 기를 지니게 하여 대기시킨 다음 자신이 조군과 싸우다가 거짓 패주하는 것을 조군이 성벽을 비우고 추격하자 그 틈을 타서 경기를 시켜 성벽에 달려가서 조기(趙旗)를 뽑고 한나라의 붉은 기를 꽂게 하여 조군의 기세를 크게 꺾은 일이 있었다. 이 말에서 가져와 기준이 됨을 의미한다. 《史記 卷92 淮陰侯列傳》

239 표재(俵灾) : 흉년에 조세(租稅)를 감면해 주는 것을 말한다. 감사가 호조(戶曹)에서 배당한 재결수(災結數)에 의하여 일정한 수량의 재결을 군현에 분배하면 수령들은 그 분배된 수량에 의하여 관내의 전지에 재결을 배당하니 이것을 표재라고 한다.

240 봉적(捧糴) : 환곡(還穀)을 나눠 주고 받아 내는 일을 말한다.

조금도 백성들에게 해가 미치지 않도록 하니, 백성들이 매우 기뻐하였다.

이듬해에 지평(持平)으로 소환(召還)되었다. 공은 상소하여 윤문동과 안익의 일[242]을 논하여 제방(隄防 막아 방지함)이 엄중하지 않고 의리(義理)가 점차 어두워진다는 등의 말로써 절절하게 진달하니, 임금께서 소(疏)의 말이 금령(禁令)에 관계된다고 여겨 소장을 받들어 올린 사헌부 서리를 형배(刑配)하라고 명하였다.[243] 공이 예대(詣臺)[244]하면서 피혐(避嫌)하니, 임금께서 또 유시하여 말하기를, "안익의 일이 만약 뿌리 뽑혀 제거되지 않았다면 대신

241 이포(吏逋) : 아전이 공금을 사사로이 빌려 쓰고서 갚지 않는 일, 또는 갚지 않은 액수를 말한다.

242 윤문동(尹文東)과 안익의 일 : 내용은 《국역 일성록》 〈정조 17년 계축(1793) 7월 19일〉 기록에 상세히 실려 있으니, 전관(銓官)이 윤문동과 안익을 의망(擬望)한 것이 잘못된 일이라고 진달하여, "탕척하는 법과 제방(隄防)을 엄히 하는 의리가 조화롭게 행해지고 어그러짐이 없게 하여 성상의 뜻을 받들어 행하는 방도로 삼아야 하거늘, 어째서 욕심을 채울 좋은 기회로 간주하고서 오직 자기 편 사람 끌어들이기만을 생각하고 지극히 중한 의리(義理)를 돌아보지도 않고 통분으로 답답해 하는 여론은 생각지도 않는단 말입니까.……신은 해당 전관에게는 아울러 책임을 물어 삭직(削職)하는 벌을 시행하고, 윤문동과 안익에 대해서는 추가로 간삭하고 태거하여 의리를 천명하고 나라의 기강을 엄히 하는 것을 결단코 그만두어서는 안 된다고 생각합니다."라고 말하였다.

243 소(疏)의……명하였다 : 《국역 일성록》 〈정조 17년 계축 7월 19일〉 조에 "금령에 저촉된 해당 사헌부 서리를 오늘 내로 한 차례 엄히 형추한 뒤에 절도(絶島)에 정배하라."라고 전교하였다.

244 예대(詣臺) : 사헌부나 사간원의 관원이 진계(陳啓)할 일이 있을 때 궁중의 대청(臺廳)에 나아가는 일을 말한다.

(臺臣)이 마땅히 엄히 이를 처리하라."라고 하셨다. 공은 머리를 조아리며 말하기를, "신은 죽어도 감히 교지를 받들지 못하겠습니다."라고 하였다. 이에 사알(司謁)이 엄한 교지를 전하여 재촉해 나가도록 명한 것이 10여 차례에 이르렀다. 당시에 또 문이 잠기는 시간이 된 지라, 공이 부득이 물러 나갔다. 그다음 날 승정원에서 대신(臺臣)이 곧바로 물러 나갔다는 것으로 논계(論啓)[245]하여 마침내 파직되었다. 곧바로 서용(敍用)되어 헌납(獻納)에 임명되었다.

갑인년(1794)에 장령(掌令)으로 옮겼다. 이때부터 들고 나며 주유(周流)하여 삼사(三司)를 떠나지 않았다. 을묘년(1795)에 사간(司諫)으로 승진하였고 집의(執義)로 옮겼다. 또 문겸 선전관(文兼宣傳官)에 임명되었다. 임금이 유사문(柳師文)의 일[246]을 정

245 승정원에서……논계 : 《국역 일성록》 〈정조 17년 계축 7월 20일〉 조에, 정원(政院)에서 "지평 이경명이, 피혐할 일이 있다고 하고는 어제 잠깐 들어왔다가는 이내 나갔으니, 그것만으로도 이미 너무나 놀라운데 오늘 날이 저문 뒤에 또 대각에 갔다가 어느새 나가 버렸습니다. 대신(臺臣)의 거취는 본래 진중해야 하거늘 이처럼 대각에 불쑥 나왔다가 휙 가 버렸으니, 전에 없던 일로 보고 듣는 사람들을 크게 놀라게 하였습니다. 엄하게 추고하는 것이 어떻겠습니까?"라고 하였다.

246 유사문(柳師文)의 일 : 사헌부가 유사문(柳師文)의 일에 관한 이전부터의 논계(論啓)를 진달하고, 이어 이여절(李汝節)에게 해당 형률(刑律)을 시행할 것을 청한데 대해, 임금이 "속히 논계를 정지하라."라는 비답을 내렸다. 《국역일성록 정조 19년 을묘 9월 24일》 그 이전에 유사문은 유성한(柳星漢)의 아버지로, 유성한의 일이 일어난 뒤에도 도성(都城) 안에 살면서 손님을 맞이하여 임금을 꾸짖고 욕했다는 탄핵을 받았다. 이 기사에 앞서 정조가 한 말을 보면, 옛날에는 살옥 문서를 판하한 뒤에 양사가 모두 가져다가 보고 발계(發啓)할 것은 발계하였으므로 전계(傳啓)를 빼먹을 우려가 없었는데, 지금은 그러지 않아서 전계할 사안이 없으므로 유사문의 사안이 없었

계(停啓)[247]하도록 명하였는데, 공이 불가함을 고집하였다.

병진년(1796)에 중시(重試)에 합격하고, 이어서 군자감 정(軍資監正)에 임명되었다. 얼마 있다가 다시 사간(司諫)이 되어 탐관오리를 탄핵하였고, 또 사학(邪學)의 우두머리 이존창(李存昌)[248]을 법으로 바루기를 청하니, 임금께서 모두 가납(嘉納)하시었다. 또 장용영 종사관(壯勇營從事官) 홍수영(洪守榮)을 제관(祭官)으로 차출한 일[249]로써 상소하여 전관(銓官)의 무엄한 상황을 논하니, 임금께서 빨리 윤허하시었다. 곧바로 부응교(副應敎)에 승진하였다. 당시 임금이 직접 사학의 옥사를 국문함에, 공을 문랑(問郎)으로서 사간(司諫)에 이배(移拜)하였다. 임금께서 교지를 내려

더라면 전계를 빼먹게 될 것이라고 하였다. 《국역일성록 정조 16년 윤4월 21일》

247 정계(停啓) : 대간(臺諫)이 조정의 잘못된 처사에 대하여 논계(論啓)하던 일을 그만두는 것이다.

248 이존창(李存昌) : 1759~1801. 본래 충청도의 관교(官校)로서 녹암(鹿庵) 권철신(權哲身)에게서 천주교를 배웠다고 한다. 충청도 내포(內浦) 일대에서 천주교의 지도적 인물로 활동하다가 신해박해 때 배교했다. 그러나 다시 활발한 전도 활동을 벌이다가 1791년(정조15)에 체포되어 배교를 서약하고 풀려났으며, 그 뒤 전도 활동을 재개하다가 1795년 다시 체포되어 감영에 구금되었다. 1797년 정조(正祖)는 이존창이 개과천선하면 방면하도록 명하였다. 1799년 이존창은 충청 감사 이태영에게 배교를 서약하고 석방되어, 연금(軟禁) 생활을 하면서 장교(將校)로 복무하던 중 신유박해 때 처형되었다. 한국 초기 천주교사에서 그는 충청도 지역에 처음 복음을 전파한 '내포의 사도(使徒)'로 추앙되고 있다.

249 장용영 종사관(壯勇營從事官)……일 : 이조 참의 성덕우(成德雨)가 장용영의 종사관 홍수영(洪守榮)을 납향 대제(臘享大祭)의 제관(祭官)으로 차출한 일을 말한다. "이조가 장용영의 종사관인 홍수영을 납향 대제(臘享大祭)의 제관(祭官)으로 차출하라."라고 하였다. 《국역일성록 정조 20년 병진년 12월 16일》

말씀하기를, "말로써 양묵(楊墨)을 막을 수 있는 자는 성인(聖人)의 무리이다."라고 하고, 특별히 승정원 동부승지(承政院同副承旨)에 제수하였다.

정사년(1797)에 병조 참지(兵曹參知)로 옮겼다. 얼마 있다가 다시 승지(承旨)가 되었다. 외직으로 나가서 평산 부사(平山府使)가 되었는데, 사은숙배(謝恩肅拜)를 할 때 임금께서 나이를 물어보시고는 근기(近畿) 지역 고을로 바꾸라고 명하여 남양 부사(南陽府使)가 되었다. 연신(筵臣)이 공의 경학(經學)의 경지를 우러러 아룀으로, 영광스럽게 받은 포상(褒賞)이 곤복(袞服)[250]을 넘었다.

무오년(1798)에 임금께서 다른 이름난 고을로 바꾸라고 명함에, 마침내 강릉(江陵)을 다스리는 관직에 제수되었다. 공은 부임하여 먼저 백성들이 가마를 메고 고개를 넘는 폐단을 제거하였고, 또 인삼 상인이 진공(進貢)을 빙자하여 값을 올리는 폐단을 막았으며, 또 해산물의 정공세(正供稅) 외에 함부로 징수하는 폐단을 제거하였으니, 부임한 지 반 년이 되기도 전에 온 경내(境內)가 고무(鼓舞)되었다. 임금께서 이를 들으시고 근신(近臣)에게 유시하여 "이 사람은 남양(南陽)에서의 다스림이 제일(第一)이더니, 지금 또한 그러하구나. 마땅히 한 방백(方伯)으로 대우해야겠다."라고 하셨다.

이듬해 기미년(1799) 1월 29일에 불행하게도 병으로 관아에서

250 곤복(袞服) : 삼공(三公)의 공복(公服)으로, 옛날에 천자가 상공(上公)에게 곤의(袞衣)를 내렸다고 한다.

졸(卒)하였으니 향년이 67세였다. 고을 사람들 대소 할 것 없이 눈물을 흘리지 않는 이가 없었다. 3월에 양주(楊州) 송산(松山) 계좌(癸坐) 언덕에 반장(返葬)하였다.

공은 타고난 성품이 조용하고 맑았으며, 외면은 평탄하고 온화하였지만 내면은 강하고 과감하였고, 사람들과 더불어 처신함에 경계를 두지 않았지만, 그 지킨 바를 보면 굳세어서 빼앗을 수 없는 점이 있었다. 항상 유학(儒學)의 공부는 오직 박학(博學)과 독행(篤行)에 있다고 여겨 마침내 휘장을 내리고[251] 스스로 힘썼다. 더욱이 육경(六經)과 《중용》, 《대학》을 힘써 공부하였고, 만년이 되어서는 오로지 정밀하게 공부한 것이 곧 《주서절요(朱書節要)》 한 부일 따름이었다.

공은 평소에 자신을 숨기고 감추어 남이 알아주기를 구하지 않았으니, 그 위기지학(爲己之學)과 무실(務實 실제에 힘씀)은 실로 암암리에 스스로 닦은 지취를 얻었다. 그러므로 그날에 볼 만한 행실을 말해 보면, 어버이를 섬김에는 효도와 봉양을 한결같이 하여 어버이의 뜻과 몸을 섬기기를 모두 지극히 하였으니, 어버이 뜻에 앞서 받들어 따르며 조금도 어김이 없었다. 집이 매우 가난하였지만 달고 맛난 음식을 빠뜨림이 없었다. 모부인(母夫人)이 바야흐로 독로(篤老 70세 이상의 노인)로 측투(廁牏)의 일[252]을 해야

251 휘장을 내리고 : 원문은 '하유(下帷)'로, 공부에 전념함을 의미한다. 한(漢)나라 동중서(董仲舒)가 장막을 쳐 놓고 제자들을 가르치면서 오래된 제자가 새로 온 제자를 가르치는 방식으로 공부를 시켰는데, 3년 동안 뜰을 나오지 않았기 때문에 제자 중에 그의 얼굴을 모르는 자가 있었다고 한 데서 유래하였다. 《漢書 卷56 董仲舒傳》

하기에 이르렀는데, 또한 반드시 직접 하고 남에게 맡기지 않았다. 이미 영감(永感)[253]이 되어서는 전성(專城)[254]을 얻은 것이 세 번이었지만, 녹(祿)으로 봉양하기에 미치지 못한 것을 지극히 애통히 여기고, 차마 맛난 음식을 먹지 못하였다. 기제사(忌祭祀)를 지내기에 이르러서는 부르짖어 곡하기를 마치 상을 당한[255] 초기와 같이 하였다.

임금을 섬김에는 충심(忠心)을 한결같이 바쳤다. 입조(立朝)해서는 곧 정성스럽게 옛 성왕(聖王)의 명선(明善)과 성신(誠身)의 요체로써 임금에게 바랐다. 일에 다툴 만한 것이 있으면 강직하게 논하여 꺾이지 않았으니, 맨 먼저 사학(邪學)을 배척하여 그 근원을 막았다. 융성한 포상을 받고 초탁(超擢 등급을 뛰어넘어 발탁하는 법)을 받아 외직으로 나가서 백성들을 다스리게 되

252 측투(厠牏)의 일 : 《사기(史記)》 권103 〈만석군열전(萬石君列傳)〉에 "시중드는 사람에게 물어 어버이의 속옷과 측투를 취하여 직접 빨고 청소했다.〔竊問侍者, 取親中裙厠牏, 身自浣滌.〕"라고 한 데서 나온 말로, 서광(徐廣)의 주에는 '화장실 담장'이라 하였으며, 맹강(孟康)의 주에는 '변기통'이라 하였다.

253 영감(永感) : 부모(父母)가 모두 사망하여 길이 감모(感慕)한다는 뜻으로 부모 없는 사람을 지칭한 말이다.

254 전성(專城) : 지방 고을 수령이 되어 녹봉으로 부모를 봉양하는 것을 전성지양(專城之養)이라 한다. 여기서는 지방 고을 수령이 된 것을 의미한다.

255 상을 당한 : 원문은 '단괄(袒括)'로, 단문 괄발(袒免括髮). 시마(緦麻) 이하의 복(服)에서 두루마기 등 웃옷의 오른쪽 소매를 드러내는 것을 '단(袒)'이라 하고 관(冠)을 벗고 괄발(括髮)하여 머리에 사각건(四角巾)을 쓰는 것을 '문(免)'이라 하는데, 이는 상을 당한 동고조(同高祖) 종형제에게는 복(服)이 없으므로 단문을 하여 애의(哀意)를 표하는 상례(喪禮)이다. 여기서는 상을 처음 당했을 때를 의미한다.

어서는 이르는 곳에 따라 폐단을 말끔히 제거하여[256] 명성과 업적이 환히 빛났으니, 더욱 성주(聖主)께서 알아주고 장려하는 바가 되었다. 방악(方岳 감사를 가리킴)의 중임(重任)에 바야흐로 짐짓 날을 꼽아 임명하려고 하였는데, 유독 어찌 하늘은 공에게 나이를 빌려주지 않고 그 본디 온축한 것을 펼침이 여기에 그치게 할 뿐이었던가.

더욱 한스러워할 만한 것은, 공이 평소 분잡하고 화려한 것을 즐거워하지 않았다는 점이다. 비록 벼슬살이하는 날에도 뜻한 바가 강호(江湖)에 있지 않은 적이 없었다고 하나, 가령 공이 임하(林下)에 물러나 지내며 원하는 바와 같이 할 수 있었다면, 나는 공의 평소 문학(問學)의 공부가 반드시 깊고 지극해져서 이로써 남에게 은혜로이 도울 것이 참으로 얕거나 적지 않을 줄 더욱 알겠다. 그렇지만 지금 어찌 미칠 수 있겠는가. 저술한 시문(詩文)에 간간이 작자(作者)들의 모범이 되는 것이 있지만 남아 있는 것이 또한 거의 없으니, 이 또한 개탄스러워할 만하다. 하지만 공의 평생을 따라가 보면 그 마음을 보존함과 일을 처리함은 옛 군자에 부끄러움이 없다고 할 만하다. 오호라, 공경할 만하도다.

부인은 숙부인(淑夫人)에 추증된 동래 정씨(東萊鄭氏)이니 곧 도승지(都承旨) 귀옹(龜翁) 정언충(鄭彦忠)의 따님으로, 부인의 범절을 매우 잘 갖추었다. 아들이 하나이니 광도(廣度)로 지금 화

256 폐단을 말끔히 제거하여 : 원문은 '즐구파양(櫛垢爬痒)'으로, 때를 벗기고 가려운 데를 긁어 주어 문제가 되는 곳을 제거한다는 것을 의미한다.

순(和順) 읍재(邑宰)이고, 딸이 하나이니 진사(進士) 정약련(丁若錬)에게 시집갔다. 광도의 아들은 규영(圭永)이고, 딸은 어리다.

하루는 공의 종자(從子) 광건(廣健)이 그 선인(先人) 순봉(筍峯)이 찬술한 가장(家狀)을 가지고 와서 나에게 보이며 공의 묘갈명을 부탁하기에 그 글에 나아가 은괄(檃括)[257]하여 위와 같이 쓰고, 다음과 같이 말한다.

문왕을 기다리지 않고 흥기하는 자는 호걸의 선비라고 맹자가 말하셨다.[258] 명성과 이익을 추구하는 세속 학자들과 도성 안에 거처하면서도 문을 닫고 스스로를 지키며 중인들이 맛보지 못한 바를 맛보는 자는, 보한경이 고정씨에게 칭찬을 받은 것[259]이 아니겠는가. 공의 우뚝 서서 분연히 일어나 성인과 철인의

257 은괄(檃括) : 기울어지고 굽은 것을 바로잡는 기구로, 굽은 것을 잡는 것을 은(檃)이라 칭하고 모난 것을 잡는 것은 괄(括)이라 한다. 《회남자(淮南子)》에, "그 굽은 것이 발라지게 되는 것은 은괄의 힘이다.〔其曲中規, 檃括之力.〕"라고 하였다. 또한 은괄(檃栝)로도 쓰는데 이는 전체를 포괄(包括)한다는 뜻이기도 하다.

258 문왕을……말하셨다 : 맹자가 말하기를 "문왕을 기다린 뒤에 흥기하는 자는 범민이니, 호걸의 선비로 말하면 비록 문왕이 없더라도 오히려 흥기한다.〔待文王而後興者凡民也, 若夫豪傑之士, 雖無文王, 猶興.〕"라고 하였다. 《孟子 盡心上》

259 보한경(輔漢卿)이……것 : 주자(朱子)가 일찍이 보한경에게 보낸 편지에 "한경은 몸이 명성과 이익을 추구하는 세속적 학자들과 도성 안에 있으면서도 문을 닫아걸고 스스로 지키며 뭇사람들이 맛보지 못한 것을 맛보고 있으니, 비록 지난날 금화의 동문 선비들이라도 당신에게 비교될 수 있는 사람은 거의 없을 것입니다.〔漢卿身在都城俗學聲利場中, 而能閉門自守, 味衆人之所不味, 雖向來金華同門之士, 亦鮮有見其比者.〕"라고 하였다. 《朱子大全 卷59 答輔漢卿》 금화 동문은 동래(東萊) 여조겸(呂祖謙)의 문하생(門下生)들을 말한다.

궤적을 따른 것 같음은, 더욱 후인들이 공경하고 바라는 바 될 만하다.

孟子云不待文王而興者 豪傑之士也 夫居都城俗學聲利場中 閉門自守 味衆人之所不味者 此非輔漢卿之見稱於考亭氏者耶 若公之特立奮起 以趨聖哲之軌 尤可爲後人之所欽企也

지은이 **정종로(鄭宗魯)**

1738(영조13)~1816(순조16). 본관은 진주(晉州), 자는 사앙(士仰), 호는 입재(立齋)·무적옹(無適翁)이다. 우복(愚伏) 정경세(鄭經世)의 6대손으로 경상도 함창(咸昌 : 현 문경군 영순면)의 외가에서 태어났다. 당시 영중삼로(嶺中三老)로 불리던 대산(大山) 이상정(李象靖), 남야(南野) 박손경(朴遜慶), 백불암(百弗菴) 최흥원(崔興遠)의 문하에서 공부하여 영남학파의 학통을 계승하였다. 짧은 기간 동안 관직 생활을 하였지만 인생의 대부분을 향리에서 강학에 전념하였고, 후학 양성에 힘써 248명의 제자를 배출하였다. 또 상주(尙州) 지역에서 일정한 학맥을 세워 우복에서 내려오는 학맥을 유심춘(柳尋春) → 유후조(柳厚祚) → 유주목(柳疇睦)에게 잇게 하여 상주지역 학문의 융성기에 중추적인 역할을 하였다. 사후에 우산서원(愚山書院)에 제향되었다. 저서로 《입재집(立齋集)》, 《소대명신언행록(昭代名臣言行錄)》 등이 있다.

옮긴이 **김영옥(金英玉)**

경북대학교 한문학과 박사과정을 수료하였다. 영남문화연구원 국역연수실에서 강의하고 있다. 현재 한국고전번역원 권역별거점연구소 경북대학교 영남문화연구원 선임연구원으로 재직 중이다. 번역서로는 《입재집(立齋集)1》, 《입재집6》, 《목재집(木齋集)1》, 《구사당집(九思堂集)2》 등이 있다.

한국고전번역원 권역별거점연구소협동번역사업
경북대학교 영남문화연구원 연구진

연구책임자 정병호(경북대학교 한문학과 교수)
공동연구원 황위주(경북대학교 한문학과 교수)
책임연구원 송희준
선임연구원 김영옥
김숭호
보조연구원 이미진

입재집 9

정종로 지음 | 김영옥 옮김
2020년 12월 31일 초판 1쇄 발행
편집 · 발행 경북대학교출판부 | 등록 1973년 10월 10일 ㉣97호
주소 대구시 북구 대학로 80
전화 053-950-3830 | 팩스 053-953-4692 | 이메일 press@knu.ac.kr

값 30,000원

ISBN 978-89-7180-546-6 94810
978-89-7180-469-8 (세트)